丁景唐传

播种者的足迹

丁言昭　著

上海文艺出版社

1984年，丁景唐留影

1934年，14岁的丁景唐就读于上海青年会中学初中二年级

1945年，丁景唐第一本书《心底梦》出版

1944年，丁景唐沪江大学毕业

1948年初，丁景唐与夫人王汉玉在广州

1950年春，丁景唐（右一）和他的地下党员同志们在上海复兴公园草坪

建国初期，华东局宣传部部分同志，丁景唐（右二）、马懋如（左第二排左一）

1956年春，丁景唐一家在上海瑞金花园

"文革"期间,丁景唐(右一)和邹凡扬(左二)在"五七干校"。

1975年,丁景唐在上海虹口公园(今鲁迅公园)鲁迅像前。

1980年，丁景唐与萧军夫妇等。左起：萧耘、王德芬、丁景唐、王建中、萧军、（姓名不详）、汪健。

1982年7月摄于上海文艺出版社。左起：吴承惠、沈毓刚、董乐山、董鼎山、丁景唐、杨幼生、沈寂、徐开垒、何占春

1982年5月，上海文艺出版社成立30周年，历届领导和新老同仁合影于绍兴路74号出版社大门前。第一排左起：钱君匋、姜彬、梅林、丁景唐、李俊民、王元化、蒯斯曛；第二排左起：冯秉序、宋心屏、刘金、李信、路丁、包文棣、李槐之、孙家晋；第三排左起：崔衍、修晓林、马立群、郑煌、范政浩、陆季明、罗建华、刘培康、王须兴、曹予庭、陈巧孙、刘俊光、曹铁民、徐如麒、聂文辉、邵俊平

1986年8月，丁景唐与巴金

1986年，丁景唐与周海婴夫妇、徐开垒（右二）在王任叔（巴人）墓前

2001年6月，丁景唐与夫人王汉玉

2012年7月，华东医院。本书作者丁言昭手捧丁景唐著《六十年文集》与父亲合影

2014年，丁景唐与陈思和

目　录

为《丁景唐传：播种者的足迹》序 …………………………… 1

一	松花江边	……………………………	1
二	姑姑来了	……………………………	4
三	初到上海	……………………………	6
四	回乡奔丧	……………………………	9
五	重回沪上	……………………………	11
六	书中春秋	……………………………	13
七	曙光将至	……………………………	16
八	投身学运	……………………………	19
九	光荣入党	……………………………	21
十	《蜜蜂》飞来	……………………………	23
十一	接受培训	……………………………	26
十二	景玉良缘	……………………………	28
十三	主编《联声》	……………………………	33
十四	二进光华	……………………………	36
十五	沪江读书	……………………………	38
十六	发现《女声》	……………………………	40
十七	结识关露	……………………………	41
十八	第一本书	……………………………	44
十九	抗日之声	……………………………	48
二〇	《小说月报》	……………………………	52
二一	《译作文丛》	……………………………	56
二二	《莘莘月刊》	……………………………	59
二三	独此一期	……………………………	64

二四	紧跟"时代"	66
二五	《文坛月报》	70
二六	文青联谊	73
二七	缘起《祝福》	89
二八	入黑名单	94
二九	谁是丁英	98
三〇	恩师掩护	101
三一	福利站长	103
三二	迎接解放	108
三三	光荣归队	113
三四	宣传岁月	118
三五	政治风波	122
三六	仅此一函	127
三七	瑞园留影	129
三八	影印史料	132
三九	南下见闻	138
四〇	潜心研究	141
四一	忠贞不渝	146
四二	赵丹"同学"	154
四三	编纂"大系"（1927—1937）	160
四四	顾问"大系"（1937—1949）	169
四五	劫后余生	171
四六	学习鲁迅	176
四七	父子共研	180
四八	茅盾赠诗	183
四九	跟随夏公	187
五〇	紫兰飘香	192
五一	千帆隐映	201
五二	董氏兄弟	209
五三	亦师亦友	211
五四	文坛挚友	219
五五	拜会大师	224
五六	山城雷电	231
五七	会面萧军	243
五八	七月流火	249

五九	"北山"伯伯	258
六〇	情深袁鹰	262
六一	梅娘信札	269
六二	感恩家宴	276
六三	魂归大海	279

附录一：丁景唐年表 …… 283
附录二：丁景唐单行本目录 …… 293
附录三：丁景唐单篇目录 …… 297
附录四：评论和纪念文章目录 …… 331

后记 …… 347

为《丁景唐传:播种者的足迹》序

陈思和

丁言昭为她父亲立传,写出了《丁景唐传:播种者的足迹》,将由上海文艺出版社出版。她寄来了电子文稿,希望我为这部传记写一篇序言。但我在去年丁先生仙逝之后已经写过一篇纪念文章,谈了我对丁先生的印象、评价和怀念。现在再写,难免会有重复,所以我就不谈丁先生,先转而谈谈丁言昭和她新写的这本书稿。

在书稿后记中,言昭回忆了她第一次在贾植芳先生家里见到我的情况,那时候我留校任教不久,应该是在20世纪80年代初。但我对这场见面印象不深,大约是先生家里整天接待客人,来来往往很频繁,我也记不住许多陌生人。我的印象里,与言昭相熟是在1984年。那年冬天,我陪同贾先生去徐州参加瞿秋白研究的学术会议,会议是徐州师范学院举办的,那时瞿秋白在"文革"中遭遇的不白之冤已经获得平反,学术界正处于思想解放的高潮中,学术气氛非常浓烈,贾先生在会上做了《瞿秋白对中国无产阶级文艺理论和文艺批评的开拓性贡献》的报告,引起热烈反响。然而我是作为先生的助手陪同参会的,没有发言资格。就在这个会上,我认识了几位青年朋友,其中就有丁言昭,还有研究邹韬奋的专家陈挥,在《语文学习》当编辑的周忠麟等,后来我们几个就成了三十多年的朋友圈子。平时交往不多,但彼此的写作活动都是互相关注的。丁言昭是上海木偶剧团编剧,在父亲的指导下开始研究现代文学,利用业余时间撰写萧红和关露的传记。

后来她就沿着女作家传记写作一路写下去,先后完成了安娥、丁玲、林徽因等人的传记,也写了一些社会名媛如陆小曼、王映霞的文学传记,其中有两本经我推荐到台湾出版,在海外也有影响。我比较看重的是《丁玲传》,这本书原来的书名叫做《在男人的世界里》,讨论了"一个中国伟大的女性如何在这个男人的世界里奋斗、受难、渴望和追求",作者把丁玲比喻为一头矫健的花豹,"腾跃在这个男人社会的群峰之巅"。有关丁玲的传记研究很多,但从女性性别的角度来阐释丁玲一生的悲剧，丁言昭是独具慧眼的。这本传记在两岸出了好几个版本，值得研究者重视。

丁先生培养了一双儿女，都活跃在学术领域。哲嗣言模从事中共党史研究、左翼文艺社团研究，文采斐然；言昭在作家传记、木偶史研究以及散文创作等领域也自呈风骚，为丁先生立传实在是非她莫属。这部传记的形成过程及其书写形式都比较独特。它起先是一部自传，据作者在后记里交代，1998年就开始写作，当初的写作形式是口述自传，丁先生口述，丁言昭笔录整理，并在一家小报上连载。自传写到第七章，刚刚进入抗战岁月，丁先生的政治生涯即将拉开序幕，然而丁先生却中断了口述。根据丁言昭的解释，父亲顾虑的是从"反胡风运动"到"文革"一段历史的回忆，怕有忌讳。事实上也确有忌讳。但历史是绕不过去的。丁先生中断了的历史，在他身后由他女儿接着写了下去。但丁言昭也不是单纯写父亲的传记，她把自己在父亲指导下从事作家研究的过程也写了进去，好像是在她的自传中带出了父亲故事。所以在传记的后半部分，晚年丁景唐与朋友们的交往过程，加入了女儿的直接参与和写作，整个叙述画面呈现出斑斓多彩的景象。如关于王映霞、关露、梅娘等人际关系的描写都是如此。这不仅丰富了丁先生晚年生活场景，也通过这一家人的血缘传承展示了更为深刻的文化传承。

我与丁先生也算是忘年交了。在丁先生的晚年，我经常去他老旧的弄堂房子和堂皇的华东医院病房里，看望他，有时也在他身边吃饭。丁先生身边的朋友，我多半也认识，其中有的还成为我的好朋友。譬如王观泉先生。关于王观泉，这本传记里也有专章描述，读来令人唏嘘，同时也满足了我心中一直存在的好奇：丁先生为人拘谨，又长期在文化领域担纲领导工作，我的印象里他的思想属于比较正统的一类；而王观泉先生思想尖锐，一肚皮的不合时宜，学术上充满活力，思想上处处能有碰撞火花，他潜心研究陈独秀、瞿秋白、李大钊等党史人物，在中共党史研究和国际共运研究领域独树一帜。在我眼里，王观泉最有分量的著作《一个人和一个时代——瞿秋白传》和《被绑的普罗米修斯——陈独秀传》可以代表这个领域里最高的思想水平和最无禁忌的学术成果。丁先生和王先生，从性格为人到思想观点，似乎是风马牛，可是他们感情非常投合。王观泉始终感恩丁先生是他的引路人，丁先生对于王先生的口无遮拦也总是抱着善意的理解。王先生作为一名探索性的战士苦斗不已，傲然独立，但在感情深处又非常需要像丁先生那样的父亲般的精神导师来呵护，所以在王先生晚年病重之时，他一再想住进华东医院，与丁先生同住一个病房。从王先生对丁先生的精神依恋上，可以感受到丁先生谦谦君子的精神魅力。我在晚上灯下读到这个章节，双眼里禁不住噙满泪水。

应该说，这部传记是在传主生前的主动配合下进行的，作者又是传主晚年生活的具体参与者和直系亲属，所以在细节的真实性上是没有什么问题的。从宏观的角度来看，丁先生前半生的传记故事可以为现代文学史的某些阶段补充相关史料，我指的是1940年代上海沦陷区以及抗战胜利后的文艺活动，丁先生本来从事地下党的政治活动，但因为他喜爱文艺，又是个天才的编辑人才，他在担任中共地下党上海学委和文委工作时，自然而然把编辑刊物、撰写文章结合在一起，积极影响到社会上的文学青年，对正在追求进步的青年作者具有直接的提携作用。关于这一点，我过去与言昭合作撰写的《希望之孕——记丁景唐编辑生涯五十年（1938—1988）》一文里有过论述，现在这本传记对传主在20世纪40年代的文学活动有了更加详细的描述，值得细细品嚼。此外，丁先生在20世纪50年代主持出版工作，他影印1930年代左翼文艺期刊以及晚年倡议和推动编辑出版五套百册《中国新文学大系》工程，都是出版史上功不可没的大壮举，造福于后人的文化建设。

总结丁景唐先生的一生，他首先是一个久经考验的老同志、老干部，其次才是一个有良知的现代知识分子，编辑出版岗位上的真正懂行的专家。他在工作实践上把这两种身份结合得很自然，很融洽，从实际意义上为国家的文化事业、为"五四"以来的新文化建设，做出过重要贡献。丁言昭为父亲写了这部传记，我想老丁在天之灵会满意的，老丁的亲朋好友也一定会满意的，但更希望，读者也能从中获得某种启发，感到真正的满意。

2019年12月21日

一　松花江边

1919年,五四运动的浪潮还在全国蔓延,各地军阀还在你争我夺地混战。

这一年,一对年轻的夫妇随着一群操着浓重宁波口音的老乡,离开祖祖辈辈居住的浙江镇海江桥头下新屋(今宁波市北仑区),带着闯关东、发大财的美梦,先乘船到上海,再登上北上的火车。

虽来自农村,男的手却并不显得特别粗糙,因为他每天伏在木板桌上,是个做针线生活的裁缝,从来不到野外耕作;女的一看就是农家女,脸色不好,但长得眉清目秀。男的叫丁方骏,女的叫胡彩庭。

不知过了多少时间,火车终于喘着粗气,停靠在吉林火车站。这群宁波人立刻被包围在北方话中,人地生疏,两眼一抹黑,真不知往哪儿走。幸亏同去的一位男士——胡彩庭的哥哥,适应能力强,没多久,就替姐夫丁方骏在殖边银行找到一份工作,当庶务,相当于现在的茶房。工资不高,但是可以养活妻子,一家人总算安定下来。

殖边银行由北洋军人徐绍桢、王揖唐、许世英创办于1914年1月22日的北京,总经理汪鹏年,资本金额二千万大洋,在上海、东北都有分行。殖边银行是为了扶助边疆金融力量。1916年上海分行倒闭,1919年军阀混战,张作霖买了股票,1924年其儿子张学良接管,改名为边业银行,但好景不长,1925年因受积案所累,被查封。

夫妇俩住在一间小小的屋里,既是起居室,又是厨房。白天,丈夫出去上班,妻子在小天地里忙家务。她不识字,听不懂北方话,可是在异地他乡,与丈夫在一起,又有母亲和大哥的陪伴,她感到非常满足。

1920年4月25日,农历三月初七,松花江还结着厚厚的冰层,怒吼的朔风依旧刮着白白的雪片。这一天,一个男婴出世了,给这个家带来几多欢乐,几多喜庆。要知道,丁方骏是长子,这个婴儿就是长孙啊!一家三口在遥远的北国,享受着天伦之乐。

婴儿的小名叫阿毛,按家乡习惯的说法:"阿狗阿毛(猫),生出会跑。"名字虽贱,可是会长命啊。母亲的哥哥又给他取了个"三全"的小名,就是集福禄寿为一体,作为讨口彩。等到阿毛进小学时,认为"三全"这个名字太俗气,不好听,进中学时,想用"山泉"代之,因杜甫的诗中有:"在山泉水清,出山泉水浊。"然而,觉得太清高,终于不用。而阿毛,这个名字一直用,无论是母亲、外祖母、堂婶、姨妈,甚至成家后夫人也叫他阿毛。

他的族名、学名叫"训尧",据说是祖父所取,希望将来儿孙能够过上唐尧虞舜的好日子。1936年夏天,叔叔为他改名"景唐",即继承祖父命名"训尧"的含意,又赋以学当堂堂正正中国人的深意。丁景唐这个名字,便一直沿用下来。

在吉林平平安安的日子过了三年,殖边银行倒闭,丁方骏失业了。在那兵荒马乱的年代,找工作谈何容易,"闯关东,发大财"的美梦毫不留情地破灭了。与其流落在松花江畔坐以待毙,不如回家乡寻找出路。此时,胡彩庭又有了身孕,便同着丈夫、母亲和哥哥,抱着阿毛,坐上火车,千辛万苦回到浙江镇海。

1923年2月27日胡彩庭生了个女孩,取名叫丁训娴。其实胡彩庭生的头胎也是个女孩,只是一出生便夭折。

此时,家里更加贫穷了,丁方骏虽有手艺,可是环顾四周都是贫困的农民,哪儿有钱缝制新衣服?丁方骏每天只是闷闷不乐地打发日子,妻子一边照顾两个幼孩和有艺无处使的丈夫,一边尽心尽力地服侍生病在床的公公,为他煎汤熬药、洗涤沾满便粪的衣裤和被褥……屋漏偏遭连夜雨,丁方骏不幸得了伤寒,1926年11月5日,撇下年轻的妻子和两个幼小的孩子,撒手而去。接着,公公也相继离开人世间。家中无力埋葬丈夫和公公,只能用砖头垒成坟墓,让他们安睡。

胡彩庭生于1897年,丈夫去世时,才29岁,还是风华正茂的年纪。可是穷困的生活,使她过早地衰老,由于没有营养,脸色发黄,布满了悲哀;丈夫虽是裁缝,可是从没有给她做过一件新衣服,整天穿着灰褐色的大褂,迈着小脚忙里忙外。

家里的顶梁柱倒了,没有经济来源,孤儿寡母的,怎么生活呢?胡彩庭想了想,决定到娘家去,投靠母亲。走的那天,她环顾屋子的每个角落,这里曾有过短暂的欢乐,有过痛苦,有过艰辛……现在一切都结束了,把回忆留在这儿吧!

胡彩庭带着简单的行李,领着一儿一女到十几里外的母亲家去。其母也是年轻时就丧偶的寡妇,与儿子(也就是胡彩庭的哥哥)一起生活,但儿子长年外出经商,家里只有儿媳和孙女。

在丁景唐的记忆里,小时候最开心的就是在外婆家的日子,每天和妹妹,及比他大一岁的表姐到外面去玩。玩的花样可多了:钓虾,捉黄鳝、泥鳅、塘鲤鱼,挖田螺;和同伴们一起看木偶戏,放鸭子,放鹞子(也就是放风筝),下"粪坑棋"……

那木偶戏肯定是非常简陋的布袋木偶。"粪坑棋"也叫三角棋,棋子就是几块小石头。下棋时在地上划成九宫格,待石头成为一直线时,就算赢了。"文化大革命"中,丁景唐在"五七干校"无聊时,和校友们一起玩过,在童年的记忆里寻找快乐。

二　姑姑来了

太阳高高地挂在天上,树上的喜鹊叫喳喳,家里人都乐呵呵地往门外看。小小年纪的丁景唐不明白大人为什么这样高兴,也挤在门口。只见远处一个女子向这儿款款走来,渐渐地近了,丁景唐看清楚了:她戴着圆圆的眼镜,剪着短发,上穿白衣,下着黑裙。"她怎么那么像我父亲啊?大眼睛、高鼻梁……"丁景唐正暗自想着。那年轻女子突然一把抱住他,说:"这就是阿毛吗?"

"是的,是的。"胡彩庭忙不迭地回答。

接着,女子放下小孩子,与大人一起说悄悄话。丁景唐不知道,大人们正在商量他的事呢。以后,那女子将代替母亲,抚育他成长。

来的女子是丁方骏的二妹,生于1900年,叫丁瑞顺,另外还有两个名字:丁秀珍和丁皑。秀珍是小名,丁皑是她在武汉时自取的别名。

1926年11月5日,姑姑丁瑞顺把侄子丁景唐带到宁波。丁瑞顺在宁波女校和上海教会学校受过教育,是宁波城里最早反对缠小脚和买卖婚姻的新女性,有着一双放大的脚,当过多年的小学教师,思想开朗。

白天,姑姑在宁波一所小学教书,就把侄子放在宁波教会办的鼓楼幼儿园。这是一所设备比较完善的实施幼儿教育的幼儿园。20世纪80年代,丁言昭[①]陪父母到宁波去,父亲要去寻找那所幼儿园,问了几位老人,都说不知道,父亲很失望。他说:"幼儿园的窗子很亮,小朋友坐在小板凳上,在矮桌上剪贴外国刊物上的人像、动物或者器物。有一次,玩黄沙,我把沙子铲入小伙伴的脖子里,我被老师关进黑屋,这叫'关禁闭'。"听得丁言昭笑出了声,没想到,父亲小时候还挺调皮。

不到半年,北伐战争开始,姑姑和女伴相约赴武汉,投奔宋庆龄主持的妇女运动讲习班。在姑姑的一本照相本里,有一张女兵的照片,军帽护着短

---

① 本书作者丁言昭是丁景唐之三女。

发,戴着圆圆的眼镜,还有一张是她与几位女伴在阳台上的合影。待到丁景唐入中学,看到茅盾描写北伐战争时武汉的三部曲《蚀》和画报上的图片后,才知道这是姑姑在武汉的留影。

姑姑去武汉之前,把侄子送回浙江镇海乡下,与母亲、外婆生活在一起。在那儿,丁景唐读私塾,接受初级小学教育,读的是"人手足刀尺,山水田,狗牛羊"的新式课本,大一些的学生读《论语》《孟子》。

当年在民间流传着一首民谣:"大大子曰,先生打我……",说的是私塾先生以戒尺为教具,不是启发引导,引起学生的学习兴趣,而是学生在先生的戒尺下挨打、识字、读书。

有一回,班里有个女生遗失了笔套,报告"冬烘先生",先生问遍私塾里的十几个同学,都说没见过。这么小小的案子都破不了,先生的面子往哪儿搁?没办法,只得拿出杀手锏——用戒尺来破案。于是,除了那个女生,每个人都被打三下手心,以示惩罚。丁景唐也不例外,被打后,小手掌立刻又红又肿,一直疼到心里头。

被冬烘先生无缘无故地打,使幼小的丁景唐对私塾产生厌恶心理,第二天赖在家里,尽管大人好说歹说,他就是不肯上学,以示抗议。胡彩庭没有办法,想办法将宝贝儿子送到下邵的初级小学读书。

在镇海的童年生活,也有开心的时候。丁景唐学会了好几首儿歌,会唱《摇啊摇,摇到外婆桥》《三只老虎》《颠倒歌》《孟姜女寻夫》《十二月花名(小调)》等。

到丁景唐晚年,丁言昭还能听父亲唱《三只老虎》:"三只老虎,三只老虎,一只没有尾巴,两只没有耳朵,真奇怪,真奇怪。"这首歌也有叫《两只老虎》的,唱词略有不同,开头唱:"两只老虎……",后面的差不多。1981年,丁景唐参加中国作家代表团访问香港,在中文大学联欢会上,唐弢介绍说:老丁会唱宁波儿歌,他就唱了这首《三只老虎》,受到热烈欢迎。

三 初到上海

1931年夏天,乡下发大水,河水浸上稻场,没入屋内,多病的胡彩庭含着眼泪,把儿子托付给娘家唯一的帮工,带去上海,交给姑姑抚养。一路上他们睡在宁波轮船的最底层(人称"白鸽笼"),每人只能占一小块地方,腿也伸不直,到得岸上,腿发麻,站也站不稳。

那时,姑姑正失业,日子不好过,寄居在一个女学生家的亭子间里,大约六平方米,仅容一床、一桌、一椅。她与学生家长朱家孃孃结成异姓姐妹,与侄子两人的食宿都由朱家提供。朱家的生活来源靠朱家伯伯一人的工资收入,平日里,朱家孃孃和辍学的大女儿操劳家务,有时,姑姑也帮着做。

朱家孃孃一家待丁家姑侄如同亲人——没有血缘关系的亲人之情。姑姑接过丁景唐生母递来的母亲之光的火把,负起教育职责的重任,这让丁景唐虽然离开母亲,从农村倏然进入五光十色的大都市,却并没有染上自惭的孤独感和不平衡的心态,从而健康地成长。丁景唐一直感谢姑姑的大爱和朱家孃孃一家的恩情。

朱家住在虹口区鸭绿江路桥东边靠周家嘴路的三升里(现为鸭绿江路151弄)。这是一条上海人俗称"下只角"的赤膊弄堂,比石库门弄堂房子要低一档,外面没有石库门"包装",砖木结构的二层矮楼房,开间很小。这条弄堂里住了几十户人家,居民有小职员、卖菜的、小商人,个别为洋行职员、外轮水手等,有宁波人、广东人、维扬人,虽四方杂处,邻居里之间倒也和睦相处。

1994年12月4日,丁言昭随父亲到三升里访旧寻根,碰到弄内的老人,问起朱家孃孃一家,老人居然还能够记得。三升里还隐约可见1924年建造时的痕迹,剩余一架沿街弄堂壳子,开着一爿单开间的石灰水泥店,里边的房屋早已毁于1937年"八一三"事变中日军的炮火,瓦砾场上搭筑几间矮平房。他们在鸭绿江路、周家嘴路、商丘路之间徘徊,四周居民在生煤球风炉,洗刷马桶,空气里散发着呛人的煤烟……依稀还能寻觅几十年前的景物。

一到上海,姑姑就把侄子送到尊孔小学读书,校长是姑姑到武汉去的女伴。这个学校在元芳路(今商丘路)一条石库门弄堂里,是"下只角"常见的弄堂小学,没有操场,因此不上体育课,更没有乒乓桌、图书馆等设施。教师连学校校长在内,不满四五位。亭子间(俗称厨房间的灶披间)也辟为教室,采用复式教学[①]。

开学不久,发生了民族大屈辱的"九一八"事件,东北三省沦为日本帝国主义铁蹄下的殖民地。一天,姑姑带着侄子到开裁缝铺的朱老太太家去串门,碰到朱老太太的女儿,是位中学生,剪着童花头,身着白衣黑裙,她大声地对客人几近叫喊着:"丁先生,日军侵占沈阳,我们快当亡国奴了!"

"小朱,别急,慢慢说,发生什么大事了?"姑姑说。

小朱姑娘因激动而涨红了脸,说:"东北发生'九一八'事变,日本炮轰沈阳。你们快看看昨天的报纸号外。"她说着,将一张套着红色大标题的报纸号外递给姑姑。

姑姑接过报纸,看了看,问道:"你们学校有什么行动?"

"我们要募捐,支援东北军,还要当义勇军!"小朱一边回答,一边已跑出门外。

丁景唐在尊孔小学读了半年,有件事给他留下深刻印象。常年戴着绒线帽的女校长,脸上架了一副像玻璃瓶底一样厚的眼镜,令人生畏,实际上却是一位"菩萨心肠"的好老师。每次姑姑带着侄子去看她的时候,她就把他搂在身边,显出真挚的母爱。

有次晚上,姑姑带着侄子去看望女校长,看到一个和尚正在与女校长说话,一见到丁景唐,立刻把他拉到身边,带着羡慕的眼光打量着男孩,对姑姑说:"真是好福气,你有一个聪慧的侄儿!"

回家后,姑姑对侄子说:"那和尚是校长的丈夫,他们的孩子在战争中夭折了。"

"为什么校长的丈夫是和尚?"丁景唐听了姑姑的话后,一直在想:"为什么?为什么?"他想起女校长平时对学生进行正面的爱国主义教育,激励大家牢记日本帝国主义侵略我国领土,残杀我们同胞的深仇大恨,学好本领,将来为国雪耻。

这些话,在丁景唐心坎里留下了民族耻辱的烙印,埋下抗日救国的种子。在往后的岁月里,随着年龄的增长,成为他投身革命的一种原动力。当

---

① 复式教学是指把两个或两个以上年级的学生编成一个班,由一位教师用不同的教材,在同一节课里对不同年级的学生进行教学的组织形式。中国采用复式教学,始于清朝末年。

时的丁景唐根本搞不清他们夫妇俩的政治面貌,只是隐隐约约觉得他们都是好人,以后他参加革命才明白,大革命失败后,一些革命者逃亡到丛林、冷山寺庙,韬光养晦,以待来日重返革命队伍。

四　回乡奔丧

1932年1月日本军队出动飞机、大炮,狂轰滥炸上海的闸北、江湾、吴淞,被史家称为"一·二八"事件。

丁景唐居住的周围,烈火浓烟,空中飘洒着硝烟纸灰,耳边传来日军枪炮声,鸭绿江路的四卡子桥上挤满着扶老携幼的逃难人群。

姑姑带着侄子,与朱家老小一起逃,半路上走散,逃离日军炮火,来到虹口的一隅,艰难地涌向二白渡桥(又称乍浦路桥),到苏州河南边,姑姑的弟弟丁继昌来接应他们,逃到法租界打浦桥,住在姑姑的女友家,睡地铺,吃大伙饭。

说到丁继昌,他可是个非常能干的人,与姐姐长得很像,只是比姐姐瘦一点,双目炯炯有神,他们的共同点是都戴眼镜。

没过几天,姑姑把侄子送到福熙路(现金陵西路)九如里(金陵西路44弄)舅舅家,其时,胡彩庭由母亲陪同来沪治病,也住在这儿。

丁景唐见到母亲,又喜又悲,喜的是能够与母亲团聚,悲的是母亲的脸蜡黄,每天长时间坐在便桶上,脸上淌着大滴的汗珠,异常痛苦。看看母亲这等模样,儿子焦急不安,心头掩上了阴影,母亲会不会离他而去?

家人在忐忑不安中度过旧历年,过了元宵节,申甬①之间,轮船的拥挤程度略有缓和,在日军的炮火中,胡彩庭的嫂嫂带领一家老小回宁波,赁屋于江东泥瓦弄(今银杏巷),以避战祸。这是一所旧屋的东厢房,舅母与女儿住在前间,外婆、母亲及一双儿女住在后间。室内昏暗,不见天日,母亲蜷卧床第,不时发出幽幽的痛苦声,她只有三十岁出头点,可是比老年人还要衰老。

在宁波的短时期里,丁景唐也没断了读书,与表姐到附近的江东小学上学。这所学校设备齐全,教师众多,可惜没到一个学期,就离开了。因为姑姑不放心,待沪上战事一停,立刻到宁波把侄子带回上海继续求学。

---

① "申"是上海的简称,也称"沪";"甬"是宁波的简称。

母亲离不开儿子,想把他留在身边,可是为了儿子的前途,她再怎么舍不得,也必须让儿子去上海求学成才。母亲拉着儿子的手不放,她的心在颤抖……儿子的手在母亲的手掌心里,那么温暖,那么贴心;也许这一别,再也见不着母亲,儿子禁不住眼睛湿润了,男儿有泪不轻弹,不能让泪水流下来……母亲摸着儿子浓密的黑发,嘱咐道:"要好好读书,要听姑姑的话。"母亲说着说着,眼泪哗哗地流出来,此时儿子再也控制不住自己,抱着母亲哇哇地哭起来,在众人的劝慰下,儿子才依依不舍地走出家门,一步三回头,跟着姑姑走了。

不出所料,丁景唐到上海不久,即接到舅母打来电报,要他们马上回镇海奔丧。1932年5月21日,母亲因不堪贫病交迫,服毒自尽,才35岁。

姑姑带着侄子到达乡下老家,河埠头的招魂幡上飘着纸钱的幌子,河岸边烧烬的草鞋、纸锭堆扬起飞尘。小小菜圃里的孤坟,谁也不清楚葬者是何人——她不能进入祠堂,因为是非正常死亡。

奔完丧,丁景唐跟着姑姑又回到了上海。沪甬两地虽然相隔只有海轮一夜航程,但丁景唐的这次离家,一别竟15年,直到1947年夏初,他被列入黑名单而避居故乡。避居时借住宁波江东一位亲戚家中,他曾到泥瓦弄母亲自尽的旧居墙外,徘徊、凭吊、寻思了一番。

1984年春,丁景唐因健康不佳,组织上批准其请假10天,他又回到故乡。这一次的回家,竟又倏忽27年。在宁波师范学院他意外地遇见乡下同村的一位远亲,她帮助找到另一位亲戚,探知泥瓦弄已改名为银杏巷。于是,丁景唐独自一人去银杏巷寻根,想找回半个世纪前飘落在银杏巷母亲旧居的梦忆……

1991年夏天,丁景唐与夫人从象山出席殷夫烈士八十诞辰纪念会上回来,路经宁波,受一位老乡的热忱接待,陪同去银杏巷旧居寻根。他们进入那座旧宅,半个世纪前的旧居房廊依稀可辨,但人事已非。

丁景唐的思乡之情和对宁波父老乡亲的眷眷之情,总是萦绕在心头,常存在于他在宁波鼓楼幼儿园的梦和在江东小学读书的忆念。

丁言昭记得有一次陪父母到宁波去时,父亲丁景唐在一条小街上遇见一位老大爷,问起鼓楼幼儿园在哪里,后又问了几个人,都没有得到回答。他显得很失望,只是说:"年代久了,找不到了。"

五　重回沪上

1932年,丁景唐随姑姑返回上海,与叔叔住在四卡子桥(今鸭绿江路)东面狄思威路常乐里30号(今溧阳路637弄)。

常乐里建于1931年,约有五十多号门牌,全是二层砖木结构的楼房,是虹口区比较有代表性的石库门弄堂。弄内住着各地移民来沪的中国人,也有日本人、印度人、犹太人、意大利人和菲律宾人,在抗日战争中,居民对一般和平相处的日本人没有采取报复行动。

弄口是条石子路,周边沙泾路有上海滩最大的屠宰场,不时传来宰杀牛、猪的嘶叫声;还有一条臭水浜(苏州河支流),对面的工部局验尸所,传来运尸车的刺耳声。大概由于这两个单位的存在,弄口几乎没有商店和街车。

弄堂北边是木材堆栈,南边是竹子和煤块堆栈,臭水浜里浸着木材和竹筏,小孩子们会赤脚下水到木竹排上去玩耍,捉小螃蟹,大人看见,就大声叱责,驱赶小孩子上岸。小孩子上岸后并不闲着,不是踢皮球,就是拿着小竹竿跳高,要不就抓蟋蟀、放风筝,玩得不亦乐乎。

那时,脚踏车行可以租车,一毛钱一个钟点,姑姑花钱,让侄子学会骑自行车、溜旱冰等运动。

丁景唐的叔叔曾在基督教浸会办的明强中学读书,后来进浸会书局当职员。叔叔与他姐姐一样,对丁景唐疼爱有加。他有个朋友在附近沙泾路的金陵公学教书,于是,丁景唐入该校读小学四年级。

这所学校名为"公学",实际只有小学部,学校前门面向梧州路小菜场,后门濒临沙泾路粪码头。奇怪的是学校将这扇后门作为师生出入的大门,而把前门关闭,仅供校长夫人和小舅子进出之用。校长姓黄,毕业于南京的金陵大学,故在上海开设金陵公学,以为号召。

这个学校师资不差,教英语、练书法、打乒乓。学校里有个小小图书馆,陈列着一柜子商务印书馆出版的《小学生文库》,还有郑振铎编的《儿童世界》,丁景唐经常去借阅,除了这些儿童读物,他甚至还读了《古文观止》《三国演义》《水浒》《山海经》等,学业有所长进。

校长夫妇为了剥削师生的钱,巧取豪夺,压低教师的待遇,向学生乱收费,把学校当作谋利工具,就是人们常称的"学店"。校长夫人就是学店老板,每天早上拎着菜篮子,到各班搜取储蓄金,然后到菜场买鱼买肉。

校长夫人的弟弟,在学校前门开了一爿做小学生生意的商店。校长规定,学生每人都要储蓄,发给每人一本储蓄本,那是用几页白报纸折成的小本,学生凭这个储蓄本到那个小店去买文具、糖果之类。这是"黄记"学店的生存之道。

1995年2月7日,日本大阪电视台资深记者和田俊、译员佐藤菊子一行,在上海人民政府外事办公室老富和中国中央电视台国际部傅为民的陪同下,约丁景唐专访常乐里旧居。他对和田俊谈了1931年至1937年,在此居住时亲历两次日本帝国主义侵略上海的见闻。

在春日和煦阳光下,丁景唐和菊子坐在墙角的小板凳上,相互交谈。同来的日本电视台导演,指挥摄像师和录音师,拍摄他们的对话。丁景唐对日本电视台专程来沪拍摄纪念反法西斯战争胜利50周年的纪实新闻,表示赞赏。他说:"我们反对日本帝国主义发动侵略战争,给中国人民造成巨大灾难,也给日本人民带来重大灾难。我们对日本人民是友好的。"和田俊与菊子点头表示同意,他们也谈了日本军国主义发动侵略战争,带给日本人民的灾难。

历史的教训应该牢记,中日人民世世代代要友好下去。

六　书中春秋

姑姑对侄子的教育比较民主，鼓励他多阅读课外读物，练习作文。

那时候，叔叔和几位好友组织一个"励青自省社"，这是一个松散的读书会，他们集体订阅了《小说月报》《语丝》《创造季刊》《创造月刊》《中学生》《新月》《文学》等新文学杂志，放在一个书橱里，任何人都可以去拿来看。丁景唐看到这么多的杂志，如获至宝，如饥似渴地阅读。

姑姑让侄子每周看一次电影，有时两人一起去看，有时侄子一人去看，这一切培养了丁景唐对新文学的爱好，为他以后从事革命文学活动打下了基础。

丁景唐最初看电影是距三升里较近的中山大戏院（以前在梧州路150号）和万国大戏院（以前在东长治路367号），这两个大戏院于1956年因危房而拆除。在这里，他看过《荒江女侠》《火烧红莲寺》一类神怪武侠影片。

在丁景唐的记忆里，这两个是等级最差的电影院，都只有三四百个座位，大门不关闭，买票不限时，随到随看，坐满了，站着看，而且可以连续看。场内秩序混乱，空气污浊，放映机声音夹着小贩卖五香茶叶蛋等小吃点心的叫卖声，嘈杂不堪。但观众中不论大人小孩，都处之泰然。看到银幕上侠客口吐白光、双方交剑，他们会大声喝彩、拍手、跺脚，在银幕前后台边，也常会有人仰着头看得起劲。

1932年后搬家到常乐里，姑姑则带侄子到海宁路乍浦路上的虹口大戏院（后是虹口文化娱乐厅，今只有一块纪念碑）、威利大戏院（后是胜利艺术电影院，今已拆除）去看外国电影。丁景唐最喜欢看卓别林的喜剧片，基顿的冷面滑稽，劳莱、哈台等人的滑稽电影，不喜欢看《蜡像陈列馆》那类恐怖片。

姑姑还带他到提篮桥新开的东海电影院看高占非、王人美主演的《都市的早晨》。

有一年，附近嘉兴电影院开幕，放了天一影片公司的国产片，其中有一部邵氏电影公司老板邵醉翁的太太陈玉梅与马陋芬主演的爱情片《芸兰姑娘》。电影中有一插曲《催眠曲》，过了多少年，丁景唐还记得那温柔的旋律和唱词："摇摇宝贝睡着了……"为了补上以前辍学落下的学业，姑姑让侄子越级考入四川路桥南的上海基督教青年会中学（简称"青中"）读初中二年级。青中师资力量雄厚，校风淳朴，设备齐全。著名教育家、原孙中山英文秘书韦悫任校长，出版家、编辑家邹韬奋和戏剧家洪深曾任过教职。

那时，学校里有公民课及专门教公民课的教员。公民课主要讲三民主义，到大学就上建国大纲。英语课的课本是中华书局出版的英文版《青鸟》，是比利时作家梅特林克（Maurice Maeterlinck）于二十世纪初写的剧本，他曾获诺贝尔奖。

丁景唐刚考入青中时，正巧金城电影院在北京路贵州路新落成，放映王人美主演的《渔光曲》，盛况空前。姑姑带着侄儿去看，回家后，姑姑激动了好几天，不时低声地唱着影片的主题歌："云儿飘在天空，鱼儿藏在水中。早晨太阳里晒渔网，迎面吹来大海浪……"侄子跟着姑姑一起学唱《渔光曲》。后来他们看了影片《大路》，又学唱《大路歌》。

听着姑姑的歌声，14岁的侄子虽无法理解姑姑已过而立之年的心情，但朦胧地预感到姑姑将要离开他。因为这几天，家里先后来了不少陌生人，有男的，有女的，有年轻的、中年的，再看看姑姑，好像特别兴奋。

1935年夏，姑姑出嫁了。那年她35岁，给人当续弦，丈夫袁永定比她大十几岁，在抛球场上开鸿康电料行，是个正派的商业家。丁言昭这一辈称他为姑丈公。袁永定的元配夫人姓王，生有三女两男。

姑姑长得眉清目秀，架着一副眼镜，因为袁家三兄弟中袁永定是老大，故袁家小辈称她为嫂嫂或大舅妈，背后却称她为"外国人"，认为她很洋派，又参加过北伐。丁言昭看到过这对新婚夫妇在上海大光明照相馆拍的结婚照，男的穿着长袍，左胸前带着花，女的穿着白婚纱，美极了。不知为什么，两人都显得拘谨，没有露出一丝笑容。

说心里话，侄子的心里特别难过，比失去亲生母亲还要伤心，那晚，他一个人在街头若有所思地闷着头，徘徊了好几条马路。母亲死了，姑姑嫁人，变成姑母，他忽然有一种当孤儿的感觉。尽管实际上，丁景唐早已是失去父母的孤儿，但姑姑一直负起亡母的抚养重任，在长期岁月中，他从来没有孤儿的失落感。待到若干年后，丁景唐读了许多历史书、文学书、美术书，才明白伟大的母性之爱，是可以补偿母子之情，它自然也是亲子之爱的扩大和延续。

姑母嫁人后，依旧以慈母的心关怀着丁景唐，他能够读毕中学，考上东吴大学，全赖姑母的资助。姑母施与的母爱和开明的教育，对丁景唐后来参加革命,走上文艺工作的岗位,用笔鞭挞旧社会的吃人制度,尤其是吞噬妇女儿童的罪恶,有很大影响。

1936年夏,丁景唐初中毕业后,到乡下外婆家度暑假,把妹妹丁训娴带到上海。妹妹含着眼泪,告别了多年抚养她的外婆,告别了家乡的异姓姐妹,到上海来读小学。

妹妹初到上海时,孤独自怨,沉默寡言,常常背着叔叔坐在床沿旁,悄声低唱电影《天伦》插曲《天伦歌》。这部电影拍于1935年,《天伦歌》由钟石根作词,黄自作曲。唱词是这样的:"人皆有父,翳我独无? 人皆有母,翳我独无? 白云悠悠,江水东流。小鸟归去已无巢,儿欲归去已无舟。何处觅源头……"

妹妹的歌声紧缠着哥哥的心,每到这时,哥哥总是对妹妹说:"妹妹,别唱了,听了让人难受。走,我们到姑母家去玩吧。"慢慢的,妹妹脸上有了笑容,后来在学校里有了女伴,她不再有孤女的失落感。自然,她还时时惦念着乡间慈祥的外婆。

七　曙光将至

自从姑姑出嫁后,丁景唐很少看电影,一有空就去逛书店,淘旧书,跑图书馆,不知不觉染上找书、读书的习惯。

此间,丁景唐接触了新文学,流连忘返于申报图书馆、蚂蚁图书馆、中华业余图书馆、鸿英图书馆和工部局图书馆等处,去看书、借书,并常到福州路河南路口、四川路横浜桥、卡德路、南市城隍庙、梵皇渡路百乐门舞厅一带的书店和书摊淘书。尤其爱看创造社和左翼作家的文学作品,最开始阅读的是《自修大学》《大众生活》《读书生活》,进而阅读艾思奇的《哲学讲话》(后改成《大众哲学》)、钱亦石的《中国怎样降到半殖民地》等进步书刊和马克思主义的启蒙读物。同时对现代革命文献资料、新文学图书版本目录,产生广泛的兴趣,这为他日后从事文化宣传和出版编辑工作,打下坚实基础。

1936年9月,丁景唐升入上海青年会中学读高中,首次读到茅盾小说《蚀》和《创作的准备》。这年暑假,在乡下看到黎锦晖编的《葡萄仙子》和《可怜的秋香》。

但是,这种自学都是自发地进行着,没有接触家庭、学校以外的社会。直到1937年高中一年级下学期5至7月,依照当局的规定,高中一年级和大学一年级学生,都得接受军事训练,丁景唐这才有机会过军训营集体生活,增进不少社会见闻。

他们是第三届上海大中学生,集训于沪郊华漕泾"中正营"。该届集训都由驻扎上海外围的八十七师王敬久部的中下级军官担任教练,共有6个大队,32个中队,其中有单独编制的女生中队1个。大队部由上校任大队长,中队由中校、少校任队长。中学队接受排、班的列队训练,还有实弹射击、紧急集合、夜行军等。

面临日本帝国主义频频侵犯我国领土、民族危机日深的现状,学生们拥护军训,教官也主张抗日爱国,与学生关系也融洽。但是,丁景唐和同学们也看到有些教官对进行学生粗暴处罚,严重损害学生自尊心。有一个中队在野外操练时,教官无理处罚学生,要学生双腿叉开下蹲,手举枪托,还大声斥责学员。这种侮辱学生的暴力行为,激起一部分学生罢操的风潮,好几个学生被关禁闭。

"中正营"内禁止学生阅读《光明》《中流》《作家》等进步文学刊物和抗日救亡杂志,查出者统统被没收并加训斥。

教三民主义党义课的教官既反动又愚蠢。丁景唐所在的中队,三民主义教官大放美化德意志法西斯的谬论,学生以沉默相抗。"八一三"事变以后,丁家第二次从虹口逃难到英租界小沙渡路武定路一石库门底层。那时,丁景唐得了伤寒刚刚病愈,竟意外遇见这位教官,他身穿西服,借住在同屋亭子间,原来此君是复旦大学政治系四年级学生,却不知其如何混迹"中正营"充当三民主义教官?世间,就有那么巧的事啊!

学生们在华漕泾军训,原定8月底结业。可是7月7日,日本帝国主义军队逞其灭亡中国的狼子野心,向北平卢沟桥守卫部队进攻。守军即予还击,吹响了抗日战争的号角。消息传来,军营中学生热血沸腾,群起要求政府全民动员抗战,发给实弹,武装起来,并赴平津前线,参加神圣的抗日战争。教官们也表示保卫国家是军人天职的决心。"中正营"总队长王敬久被迫在广场上召开全营大会,表示抗日爱国不落人后,劝告集训学生服从命令,遵守纪律,听候政府处置。当局为预防日军在上海挑衅,也防止学生冲动,滋生意外事故,这一届军训在一场台风过境之后,提前结束,军营解散,学生回家。

这是丁景唐有史以来第一次,也是最后一次参加军训。军训的空弹练习,至今使他得益匪浅。

1966年春节,丁景唐作为上海人民慰问解放军的分团长,率上海戏曲学校京昆小班学生,到大洋山慰问解放军。在海边实弹射击,成绩不错。回沪后,在《青年报》上,发表一首诗《接过战士的枪》。

20世纪90年代,丁景唐参加在杭州召开的中国现代文学研讨会。东道主浙江大学中文系于会间组织大家到富春江畔郁达夫家乡参观。富阳城内有一排让游人射击气球为乐的娱乐点。同游数人皆年富力壮,停步一试,枪枪落空。

丁景唐在旁不语,友人怂恿他试一试,他笑道:"不行不行,朋辈年富力强,尚且枪枪落空,况且我老朽乎。"架不住友人促之再三,遂选一枪,十发九中,气球砰砰破碎,友人惊愕,摊主惶然,说:"你不能再玩了,请手下留情。"

许多人问丁景唐,为何命中率如此高?回答:一是选用的枪械,准星、瞄中器要成一线,然后三点成一线——准星、瞄中器与射击目标成一线,扣动扳机,即能命中矣。

1937年9月中旬,青年会中学恢复上课,新学年开始,大部分同学又聚集在一起。在中华民族神圣的抗日战争中,丁景唐投身于抗日学生运动,集体谱写了中华儿女的青春之歌。

八　投身学运

1937年11月12日中国军队撤进租界,一直到1941年12月8日太平洋战争爆发,这期间上海成为"孤岛"。原苏州河以北的虹口、杨浦和西区一带的所谓公共租界,早已在日军占领之下。由于当时英、美、法等国尚未卷入战争,与日本帝国主义之间存在矛盾,才形成上海都市中心地区——突立于四周被日军包围之中的特殊地区,称为"孤岛"。然而,"孤岛"不孤。

文化战线上宣传抗日救亡的书刊、戏剧、歌咏等,成为不愿做奴隶人们的精神力量。中国共产党领导出版发行的《资本论》全译本和马克思、恩格斯、列宁的理论著作,毛泽东的《论持久战》《新民主主义论》及其他革命读物,不仅在"孤岛"印行,并且以上海为辐射点,运送到大后方和敌后抗日根据地,对传播马列主义和中国革命理论起了很大作用。

丁景唐忘不了"孤岛"时期出版的《每日译报》《译报周刊》《求知文丛》《上海周报》《时论丛刊》《文献丛刊》,以及《鲁迅全集》《乱弹及其他》《方志敏自传》《西行漫记》《续西行漫记》《战斗中的陕北》和其它进步文学作品、翻译作品给他的思想影响。

1937年冬天,17岁的丁景唐,在上海青年会中学读高二。有个比他高一级的张诚,时常与他交流读书体会,两人很谈得来。张诚介绍丁景唐参加中共江苏省委领导的青年学生团体——上海学生界救亡协会,简称"学协",立志在中国共产党领导下,打倒日本帝国主义,争取民族解放,以实际行动投身抗日救亡学生运动。这是丁景唐走上革命道路的起点。

丁景唐参加义卖救济难民、慰问孤军八百壮士的活动,到"孤军营"演出活报剧,唱救亡歌,听战士讲英勇杀敌的故事,参观营地,举行球类比赛。这些活动,给丁景唐上了一堂堂生动的爱国主义教育课。

起初,丁景唐担任"学协"机关刊物《学生生活》的发行员和通讯员。《学生生活》的宗旨是:对学生进行抗日救国的宣传教育,对学生抗日救亡运动进行指导。该刊主要内容,即宣传党的抗日民族统一战线、全民抗战到底等各项政治主张,分析介绍国内外形势以及上海和教育界的状况。

1938年春天,丁景唐改任"学协"的中学区干事。"学协"有严密的组织和纪律,宣传号召是公开的,但组织联系是秘密的。"学协"由共产党党员领导,各区干事也有秘密的共产党员具体领导,带领工作。

那时和丁景唐在一个"学协"组的组长俞正平(后来才知道他是共产党员),是一所义务夜校的教师,另一位是华华中学的寿彬,他们这个三人小组,不与其他区干事发生横向关系,只有俞正平与外区有联系。

丁景唐负责从外滩到静安寺的几所中学,有沪江附中、晏摩女中联合的申联中学、青年会中学、华尔基督教联合中学的华联中学、难童中学、立达学园、郁英中学,开展抗日爱国活动,办读书会,组歌咏队,出壁报,劝募寒衣等。

在读书会里,同学们出点钱,买《西行漫记》《鲁迅全集》普及本等,大家轮流看,再交流心得体会,热烈地讨论国内外形势和前途。

丁景唐作为歌咏队的队长,组织大家唱抗日救亡歌曲,后来俞正平介绍大众歌声社的马铁飞来教唱,他是位从事救亡歌咏活动的专家,对音乐非常有修养。马铁飞完全是义务教唱,同学们为了表示感谢,特集体买了只怀表送他。他教的歌全是从孟波编的《大众歌声》里选出来的,有《毕业歌》《义勇军进行曲》《大刀进行曲》《游击队歌》《五月的鲜花》《松花江上》等。

丁景唐记得吴康同学经常为歌咏队刻印歌纸,刻的水平很高。歌咏队曾由龚身静带领到别的学校,在群众团体的联合会上演唱。

九　光荣入党

1938年,丁景唐在读书会中,从斯诺的《西行漫记》等书刊里,初步知道了中国共产党领导的中国工农红军二万五千里长征、党的领袖们的革命生涯、共产党的历史和抗日民族统一战线政策。

虽然丁景唐是"学协"的中学区干事,却有些不安心在上海"孤岛"搞学生抗日救亡工作,一心想到延安去,去经历火热的斗争生活锻炼,那儿的"抗大""陕公""鲁艺",对他有巨大的诱惑力。

这时,张诚已毕业留在教务处工作,他似乎觉察到师弟的思想波动,便找丁景唐谈话,摸清了他的思想动态后,问:"为什么要到延安去?"

"为了革命!"丁景唐理直气壮地回答。

"难道在上海就不能干革命吗?"

听到张诚温和的话语,丁景唐低下头,一时语塞,不知道该说什么。接着,张诚耐心地启发着他,丁景唐被深深地感动,终于透露心底的秘密,说:"我要找党!"

张诚听后,对他露出会心的笑,说:"那好,我们一起分头去找党。"丁景唐后来知道,其实那时他已经是中国共产党党员了。

不久,张诚告诉丁景唐,"学协"有个朋友愿意介绍他入党,让他写自传,写对党的认识,对党的抗日民族统一战线的认识……

18岁的丁景唐在家里——劳勃生路(今长寿路)草鞋浜的小阁楼里,写下入党申请书,向党倾吐自己的决心、追求和理想。

经过"学协"工作的锻炼、考察,1938年11月十月革命纪念日前夕,张诚约丁景唐到九江路中央商场附近一家西餐馆的阁楼里,上级派江苏省基督教学生运动委员会书记俞沛文同志来为丁景唐举行入党仪式。丁景唐举起右手宣誓:为中国革命和共产主义事业奋斗终身,必要时为党和人民献出自己的生命!多少年过去,但是当时的情景仍然历历在目,永不忘怀!

丁景唐在党内的名字叫"萧扬"。之后,丁景唐被任命为青年会中学第一任中共支部的书记。那时,校中有三个党员,另外两个是张诚和舒鸿泉(又名舒欣)。

十 《蜜蜂》飞来

1938年秋,丁景唐用"丁宁"化名,与同班同学(王韬、王瑞鹏、王一飞)一起,创办《蜜蜂》文艺半月刊,开始了文艺编辑生涯。

王韬读了高中一年级上学期后,就停学回到青浦家乡自学,1937年"八一三"上海抗战时,他在家乡和当地青年搞过一阵抗日救亡活动,参加歌咏队、壁报等工作。后来上海四周沦陷,逃难到上海市区,住在小沙渡路(今西康路)康脑脱路(今康定路)的一条弄堂里,与丁景唐的住处只隔一条马路,当他俩相遇时,紧紧地握手,互道别后生活。王韬戴着眼镜,穿着竹布长衫,脚上一双破皮鞋,比丁景唐小一岁,矮一些,却显得老成沉着。

王韬失学失业在家,就试着向《大美晚报·夜光》等副刊投稿。与老同学重逢不久,就提议两人合办一个文艺刊物。于是,丁景唐和王韬一起到浦石路(今长乐路)青年会中学老师陈起英家去,请教办刊物的事。陈老师与学生的关系特别好,1935年她在校内组织课余"青钟剧社",在校内外公演田汉等人的进步作品,宣传抗日救亡,对唤起学子的抗日爱国精神起了巨大的鼓舞作用。

陈起英老师介绍他们找一个在公共租界统治机构工部局警务处任职的人,那人原来是"青中"的校友,弄到一张公开出版发行的登记证。陈老师还让这两个刚接触编辑工作的年轻人,到牯岭路去找一位张姓的报社编辑,请教一些编辑和出版方面的业务知识。张先生热心地回答他们提出筹办刊物的种种问题。

以后,王韬约丁景唐到爱文义路(今北京西路)小沙渡路一位年轻报贩住的灶披间(就是厨房间)去见弋人。弋人愿意为他们提供武汉、广州等内地和香港的报刊,如汉口的《新华日报》、香港的《大公报》等,并帮助刊物的发行工作。弋人也是位从事抗日救亡活动的青年,以后参加新四军,失去了联系。

为了解决印刷经费,丁景唐向同情革命救亡工作的姑母问姑丈拉了一张封底广告,解决刊物的经费问题。王韬负责收集内地和香港的报刊,在家中选编。

有了稿源、经费,那么该给刊物取个好听的名字,对,就叫《蜜蜂》吧,因为他们俩欣赏蜜蜂的勤奋、踏实、勇敢和牺牲精神。《蜜蜂》又寓意刊物虽小,却愿博采百花之精华,经过自己的酿造,呈现给读者。

这样,《蜜蜂》成为一份领取登记证公开出版的文摘性和部分篇幅发表文学创作的文艺刊物。

第一期封面上《蜜蜂》两个美术字,是王韬绘制后,在他家弄堂口一家中药房门前的刻字摊上刻的。

铅印《蜜蜂》的是一家小印刷厂,在泥城桥新闸路的小弄堂里,沿街是浴室,碎石子路面上流淌着肥皂气味的脏水。印刷厂设在光线暗淡的客堂和灶披间里,只有六七个工人和学徒。虽然他们俩爱好文艺,看过不少文艺刊物,办过壁报、油印刊物,但没有编辑公开出版文艺刊物的经验,印刷厂的工人老师傅手把手地教,像如何编排,如何选用字体、校对符号,使他们得益匪浅。

《蜜蜂》为16开32页,文摘和创作并重,共出版过两期。两期《蜜蜂》中,有关鲁迅书简和鲁迅研究的文章占5篇,即《鲁迅先生书简钞》(一)(二)、茅盾《关于"鲁迅研究"的一点意见》、老舍《讲鲁迅先生》《〈鲁迅全集〉里一个错误》,反映了两个青年编辑对鲁迅先生的崇敬和对鲁迅作品的爱好。郭沫若的作品有《诗两章》《笔的三阶段》,郁达夫的有《黄河两岸》,靳以的作品有散文《轰炸之后》和小说《乡长》。落花生(许地山)难得写剧本,抗战初期写了木兰从军的历史剧《女国士》,颂扬中国古代女英雄花木兰替父从军、奋战沙场的忠贞爱国精神,以表达他对抗战的热忱。丁玲在八路军组织西北战地服务团,对改良京戏(旧称平剧)有想法,写了《略谈改良平剧》的论文。青年文艺评论家李南桌是抗战初期新进的文艺理论工作者,他写的论文《论典型》,曾被茅盾等评为力作。

《蜜蜂》是抗日烽火中的产儿,入选的作品反映作家抗日爱国、同仇敌忾的决心,如李辉英的《战地掘壕记》、魏东明的《流民》、舒群的《没有祖国的孩子》、欧阳山的《从歌声听出欲望》、刘白羽的《往退却的路上走》、顾提的《浠水和浠水城》,分别以小说、散文、报告文学形式,描写抗日烽火中人民的苦难和希望。

《大公报》的青年记者小方,在战地采访中牺牲于日本帝国主义炮火下,著名记者范长江为他写了篇动人心肺的悼文《忆小方》。

《蜜蜂》的第1期和第2期中,还刊出不少作家行踪的消息,为抗战初期作家的活动情况保存了一些文化史料。刊物的《编后记》由王韬执笔,弋人写的《散文三章》，另有《高尔基少年时代》的影评和苏联纪念托尔斯泰的短文等。

他们原想逐步扩大发表文学创作的篇幅，缩小文摘部分，可是 1938 年 11 月 25 日、12 月 10 日出版两期后，就自动停刊了。

那时，丁景唐刚刚入党，他的第一位领导俞沛文说服他回到校内，集中精力搞好群众工作。

1940 年 7 月，王韬去苏中抗日根据地鲁迅艺术学院学习，入了党。后因革命工作需要回沪，从事地下工作，1943 年夏被叛徒出卖，牺牲。王韬是烈士，在他的家乡，青浦博物馆陈列着他的光辉事迹。

《蜜蜂》的出现，预示了丁景唐的性习和才能。

十一　接受培训

1939年1月,学校放寒假前,俞沛文对丁景唐说,上级党组织要办一期学生支部书记训练班,有六七人,组织上决定让他参加。并说,从各方面因素考虑,训练班就设在他家。接着,俞沛文又向他详细布置了接头暗号,以及地下秘密工作者必须严格遵守的纪律。

训练班开始的第一天,清晨,天色未明蒙蒙亮,声寂人未起。丁景唐心里热乎乎的,早已激动得睡不着了,没有表,只能不停地睁开眼睛,看着"老虎窗"外的曙光慢慢地驱散黑暗,透进窗来。

1938年10月至1940年11月,丁景唐住在戈登路(今江宁路)1243弄俭德村37号平房,地处劳勃生路(今长寿路)和澳门路中间,在一个叫"草鞋浜"的贫民区里。周围都是污泥和石子铺的小路,坑坑洼洼的,到处都是积水。这条一二里长的小路与劳勃生路平行,其中,弄堂与弄堂相通,小路与小路相连。沿着小路,可从戈登路通到小沙渡路。从劳勃生路的时耕里进去,可通到戈登路1243弄,往北转弯,有两排简陋的平房,这便是俭德村。房子都是坐北朝南,每排四间,一共八间,丁景唐家是37号,在第二排东边第一家,现已拆除。

丁景唐家里有叔叔、妹妹和一个老保姆。下面一间约12平方米,是叔叔的住房,上面搭一间阁楼,约10平方米,开一扇"老虎窗"。阁楼一分为二,丁景唐睡前面,妹妹和老保姆睡后间。

没在上海住过的人,可能不知道什么叫"老虎窗"。上海的住房一向很紧张,为了省钱,常常租一间顶楼的小阁楼,天花板是斜的,冬凉夏热,一年四季见不到阳光。聪明的上海人就在天花板上,也就是屋顶上开一扇窗,远远望去,就像一只张着大嘴的老虎,因此称为"老虎窗"。

丁景唐家的四周住着好多中华印刷厂的工人,群众基础好,另外,有许多通道,比较安全。训练班结束后,可从三个方向疏散出去:一是往南穿过时耕里到劳勃生路,二是往东通戈登路,三是往西通小沙渡路。旁边还有不少小弄堂可穿梭进出,正像一条河流有许多港汊,相互可通。

那天一早,丁景唐听到女佣起身下楼去,就悄悄地起来。好不容易等到与叔叔、妹妹一起吃过泡饭,叔叔丁继昌到圆明园路203号中华浸会书局上班,妹妹被哥哥打发到她的小朋友家去玩,丁景唐对老保姆说:"今朝,阿拉有几个同学来补习功课,阿拉会招呼的,侬只管自己汰菜弄饭好了。"

一切都安排好后,晨光中,丁景唐把安全信号——一双湿袜子挂在"老虎窗"外。然后焦急地等待,盼着同志们快来。

参加训练班的同志,连丁景唐在内约有五六人,都是十七八岁到20岁的男同学。此外就是先后来讲课的一男一女两位领导同志。丁景唐记不清当时用的什么假名和接头暗号,大致是每人都带一本教科书,来人问:"你是某某吗?某先生介绍我来补习功课。"暗号对上,便请他们进来。

训练班每周两次,每次两个半小时,上午8时开始,10点半结束,先后共讲了四次。

讲课就在丁景唐叔叔的房间里,同志们围坐着,像在补习功课。

前两次由一位30来岁、身着西装大衣、中等身材、讲带着外省口音的普通话、自称"陈先生"的男领导讲。丁景唐后来知道"陈先生"是假名,他在麦伦中学教书时,使用"林赓武"的化名,他就是中共江苏省委书记刘晓。他刚坐下,丁景唐旁边的朱育勤便叫了声"林先生",但"陈先生"没有答话。

第一课,刘晓,也就是"陈先生",从中国社会性质和革命性质、任务、动力、对象,谈到中国共产党的诞生、党的纲领和第一次大革命失败的主客观原因,总结"左"右倾错误路线的教训。第二次上课,"陈先生"专门谈确立以毛泽东为首的党中央路线、方针、政策,重点谈抗日民族统一战线。他上完课,对丁景唐说,下次将由一位女先生来上课,谈支部工作问题,并约好接头暗号。

后两次来的是一位瘦个子、戴眼镜、穿旗袍、说一口宁波话的女领导。解放后,丁景唐才知道,她曾任中共南京市委书记和中共上海市委组织部副部长,叫陈修良。

女先生讲了两次,使丁景唐这个第一次担任中学支部书记的中学生初步懂得党支部的性质、任务,支部书记的职责和群众工作、秘密工作的方法,要以身作则,组织群众,向群众宣传党的主张,发现和培养积极分子,发展党员,以及在秘密环境中如何保持共产党人的革命气节等问题。

这次训练班虽然只有四次党课,却深深地教育了丁景唐——一个年轻的共产党员,令他终身难忘。

十二　景玉良缘

1939年秋,得姑母资助,丁景唐考入东吴大学。该大学的文理学院原在苏州,法学院在上海,抗日战争后,文理学院迁来上海,设在大陆商场(今东海大楼)。法学院由上海景林堂搬到西藏路九江路的基督教慕尔堂。

当时,大陆商场集中了华东著名的四所教会大学:圣约翰大学、沪江大学、东吴大学和从杭州搬来的之江大学(大部分系科仍在杭州)。圣约翰大学在四楼,沪江大学在五楼,大部分在圆明园路的真光大楼,之江大学在六楼,东吴大学在二楼和三楼。五楼和六楼的图书馆和会场,是四个大学共用。体育场则借用八仙桥青年会底层的健身房。

丁景唐同时考取之江大学和东吴大学,最后选择了东吴大学中文系;此时,有个叫王汉玉的,11岁进启明女校读书,毕业后,入上海市私立清心女中,1939年6月10日毕业,考入沪江大学和东吴大学,也选择了东吴大学,读化学系,第二年因病转到经济系。这样,丁景唐与王汉玉的生活轨迹在此交接。

教会学校没有学生会,但有宗教色彩的学生团契和由团契联合组成的全校性大学青年会,各校青年会组成全市性的上海基督教学生团体联合会(简称"上海联")。

东吴大学有好几个学生团契,每个团契约有20至40人。其中,鸿印团契的主席是王汉玉,引起了丁景唐的注意。王汉玉端庄秀丽,善良正直,待人接物和顺可亲,且品学兼优,要求进步,同学们都喜欢她,愿意和她在一起,被推荐为主席,而丁景唐被推荐为秘书。他俩一个是主席,一个是秘书,自然有很多接近机会。

接近的机会多了,了解也就加深。丁景唐知道王汉玉也是浙江镇海人,出身于一个富裕家庭,她祖父是木匠,儿子继承了木匠手艺,后来逐渐成为建筑行业的老板。王汉玉就如现在的"富二代",可是她没有富家小姐的娇气,对团契的各种活动都热心策划,积极参加,如印歌谱、借场地等,都是王汉玉一手操办,而且完成得很圆满。

团契是教会学校内唯一合法的群众团体,由教授任导师。那时,丁景唐是东吴大学的中共地下党的党支部书记,与同志们执行"勤学、勤业、交朋友"的工作方针,适应同学思想认识水平,开展各种团结教育学生的活动,如歌咏队、座谈会、参观、课外阅读、看电影、话剧等。看过不少苏联电影,有《大马戏团》《女拖拉机手》,回来后,同学中就传唱影片里的主题歌,诸如《祖国进行曲》《火犁进行曲》《坦克手之歌》,激励同学们向上的情绪。看的话剧有:阿英的《葛嫩娘》、于伶的《大明英烈传》(即《苏皎皎》)、曹禺根据巴金同名小说改编的《家》等。还组织同学们参加"上海联"的各种活动,如义卖活动、到各校演出话剧、歌咏节目、夏令营、演讲比赛、欢迎国际学联代表……

丁景唐对一些积极分子讲形势分析,介绍新四军、敌后根据地情况,进行理想教育。每到这时,丁景唐十有八九邀请王汉玉参加。而这些活动对一个年轻姑娘来说,得益匪浅。

王汉玉读中学时,完全是个只知道读书的小姑娘,对国家大事懵然无知,看到亲戚中发生因为封建婚姻而造成痛苦的事情,便更加努力读书,以求将来长大后能够谋个好职业,过上好日子。她在1951年12月写的《自传》里说:"在东吴大学的二年是我思想和人生观转变的时期。这是抗日战争国民党反动派已退出上海的所谓'孤岛'时期。上海的抗日群众运动,在中国共产党的地下组织领导下,开展着日常的生活和斗争。"

教会大学的功课很紧,除国文、中国历史等课程外,多数都用英文课本。王汉玉的英文比较好,在启明女校时,读了第二外语法文。在大学里读的是大学101教材,用的是英文原版《傲慢与偏见》,由彭望荃教授,上海解放后他曾任市府外语顾问。丁景唐的外语较差,读的是大学100教材,用的是美国黑人教育家华盛顿的作品《从一个黑奴到一个教育家》,由一位教《圣经》的老先生兼任教授。第二学期,他读《悲惨世界》的英文原版,授课的是毕业于清华大学英国文学系的周先生。王汉玉在课余时,常辅导丁景唐学习英文。

王汉玉的语言能力特别强,解放初期,学校需要教俄语,她到学习班去学习,回来教俄语,后来又恢复英文,她立刻就教英文。

这样一来一往,丁景唐与王汉玉逐渐产生了恋情。对于第一次见丈人和丈母娘的事,丁景唐记得清清楚楚。那次,他们约定要去王家,事先丁景唐办了一件事,那就是要与人确定游园时间,地点在海格路(今华山路)红十字会医院(今华山医院)隔壁的周家花园。恰好王汉玉幼时奶妈在周家帮佣,她们通了电话后,丁景唐与王汉玉一起去周家,谈完事,他俩在蒙蒙细雨中,一路步行到拉都路(今襄阳南路)去见王汉玉的父母。这可真是雨中曲、雨中情啊……

这对恋人常常一起出去,经过书店时,会进去买书。一天,丁景唐送王汉玉回家时,恰巧被丁景唐的表姐看见,她正乘着黄包车,立刻让车夫直接回家。姑母知道侄子有女朋友,非常高兴,便让侄子带女朋友上家里来。

那天,丁景唐和妹妹约王汉玉一起先到青岛路(今青云路)青鸟书店买了一些书,然后三人到姑母家去。一进门,没等哥哥开口,妹妹便抢着向姑母介绍:"这是哥哥的同学和朋友。"王汉玉上前叫了一声:"姑母好。"姑母眉开眼笑,看着面前端庄大方的陌生姑娘,拉住她的手说:"自家人,随便坐,不用客气。"

姑母和王汉玉闲聊一会后,留下用餐。当他们向姑母告辞时,姑母连声说:"下次再来,下次再来!"王汉玉紧紧的握住姑母的手说:"谢谢姑母,我们会来的。"

丁景唐和王汉玉商量,准备大学毕业后再结婚。1940年12月,当时有人在大学图书馆里,传播丁景唐是东吴大学地下党负责人的消息。经过上级研究,考虑到可能会引起敌人注意,发生意外事故,使党组织受到破坏,根据党的指示,要他们公开举行婚礼,然后撤退到解放区。没想到,这个传播者在他们结婚前,突然去了国民党统治区。领导随即决定,婚后夫妇俩仍留沪,但是丁景唐须离开东吴大学,而王汉玉继续学业。

那时候,王汉玉的父亲王法镐有了相当资产后,就赋闲在家,经常到香港路银行俱乐部去打台球,因此,女儿的婚礼是假借上海银行公会举行的。

结婚的仪式是西式的,新郎新娘的穿着打扮是西式的,连婚宴的菜肴也是西式的。出席婚礼的除了双方家长,还有清心女中、东吴大学的同学。鸿印团契导师——东吴大学的总务长冯家声也前来祝贺,并送了花篮。

王汉玉依照丁景唐地下工作的纪律,没拍结婚照,连结婚证上署的也是别名:王淙漱。

丁景唐与王汉玉的结婚证书,约12开,由商务印书馆印刷,福州路上有专门的喜事店出售。在小天使射出爱神之箭图案下,有新郎新娘的姓名、年龄、籍贯,以及各盖之印章。主婚人为双方家长:丁景唐的叔叔丁继昌、王汉玉的父亲王法镐,各盖印章。双方的介绍人为各自的姑丈。证婚人为沪上知名人士蔡六乘。证书上方贴有壹园的印花税票,这是国民政府规定的结婚税,在1940年代结婚的人都必须缴的。

这张名贵的结婚证书经过七十多年,竟然奇迹般地留存下来,后来由丁景唐捐献给了上海出版博物馆。

1987年5月的一天,丁景唐和三女丁言昭去观看"三S"展览会。"三S"是斯特朗(Strongs)、史沫特莱(Smedley)、斯诺(Snow)三位美国朋友的简称。

在言昭的再三催促下,丁景唐才起步离开展览会大厅。临走前,又朝史沫特莱的巨幅照片深深地看了一眼。上车后,言昭发现父亲的脸微红,嘴角荡漾着微笑,眼睛里放射着青春的光芒,说实话,要不是他的头发过于稀疏了点,人们准以为他是人到中年,而不是年逾古稀之人。

言昭终于忍不住,问道:"爸爸,啥事这样高兴?"

"回家告诉你。"嗨,他还要卖关子呢。

踏进家门,父亲并不忙着回答,只是一个劲地在横七竖八的书丛中寻觅,好不容易他才找到一本书,伸手交给言昭:"看看吧。"言昭接来一看,原来是本史沫特莱的英文版《大地的女儿》。"这有什么稀奇?"言昭随便翻翻,脱口而出。

"当然稀奇,当年史沫特莱送给鲁迅的是法文版,现在鲁迅纪念馆收藏的是德文版,而我这本是作者签名的英文版。"

言昭一听是作者签名本,这才仔细地看,上边确实有史沫特莱的亲笔签名,不过赠送对象是个外国人,她说:"又不是送你的。"父亲对女儿这种不屑一顾的口气并不在乎,反而哈哈大笑起来,神秘地说:"这是我和你妈妈结婚时,朋友送的礼物。"

"什么?结婚礼物?"言昭大吃一惊,要父亲快讲。

"我在东吴大学有个女同学叫潘惠慈,她的嫂嫂就是解放前上海鼎鼎大名的电影演员胡蝶。潘家是富豪之家,在上流社会里颇有名望,没想到家里出了个女共产党员……"

"就是潘惠慈吧?"

"是的,潘惠慈在启秀女中求学时,就加入了党组织,是启秀女中第一个地下党员,不久又发展几个党员后,成立了党支部。"

"茅丽瑛、关露不就是这所贵族化学校的教师吗?"

"是啊,当时我们有不少党员以教师职业为掩护,进行革命工作。潘惠慈中学毕业后,考入震旦女子大学,有一个外籍教师非常喜欢她,就把史沫特莱赠送的《大地的女儿》转送给她。1940年我和你妈妈结婚时,潘惠慈又把这本书送给了我们。"

"原来是这样,怪不得……"言昭恍然大悟。

史沫特莱是美国著名作家、记者,1928年底以《法兰克福日报》特派记者的身份来华后,将自己生命三分之一的年华,都用在致力于中国的革命事业上。《大地的女儿》是一部自传体小说,初版于1929年,曾被译成俄、法、德、意、西班牙等多种文字。言昭记得读初中时,父亲就要她读这本书。乍一看书名,还以为是本童话,看了几页发现不是,就搁在桌旁,过几天悄悄地放回父亲的书橱里。等她长大后,重新看此书时,感到它是那么吸引人。这并不是一部普通的自传体小说,而是一个单纯而正直的少女对一个弱肉强食社会的愤怒控诉,是一个不畏强暴的弱者的战斗历程。

当时潘惠慈将《大地的女儿》送给丁景唐,正是两个共产党员心声的交流,书中燃烧着爱和恨的烈火,是年轻的布尔什维克情感的表露,为了神圣的革命事业,他们不息地战斗着。

丁景唐与王汉玉和和美美地生活了几十年,即使在那十年"文革"中,造反派有人要妻子和丈夫离婚,也不离不弃。晚年丁景唐外出,经常带着妻子同行,日常生活中,也处处依着她。妻子当了几十年老师,因此,丁景唐对外人总是称她为王老师。老伴去世后,他曾对朋友说:王老师"爱看电视里的评弹节目,遥控器交给她控制,我就陪着她,《啼笑因缘》《孟丽君》《闹严府》《珍珠塔》……反复看了好几遍。电视剧《西游记》也是从头看到尾,还有黄梅戏《天仙配》、川剧《秋江》,王老师也爱看。"[①]

---

① 葛芸:《老丁半日谈》,《新民晚报》,2005年1月12日B38版。

十三　主编《联声》

1940年冬，丁景唐因故停学。从此，他不再担任东吴大学的党支部书记，离开大学基层工作岗位，调任"上海联"，编辑《联声》，这是"上海联"的机关刊物。

《联声》是"孤岛"时期进步学生刊物中存在时间较长的一份刊物。1938年创刊，先为月刊，第3卷起改半月刊，共出4卷，共36期。早期参加编辑的有陈一鸣、周绮霖、王楚良等。那时江浙一带的学校涌入上海，其中有英、美、法等西方国家办的教会学校，学生人数大为增加，成为学生界一支不可忽视的重要力量。

丁景唐最早与《联声》发生关系，是从1939年9月开始。那年盛夏，丁景唐参加在中西女中举办的"上海联"中学夏令营。他应《联声》编辑部一位女同学之约，用三个笔名：金子、唐突、姚里，以《上海联中学夏令营杂零》为总标题，写了三篇速写：《迎着太阳》《夕阳会》《夜会》，发表在1939年9月20日出版的《联声》2卷1期上。又以"苏里叶"为笔名，在《联声》2卷7、8期合刊上发了一首诗《给——》，这是作者写诗的处女作。

现在统计，从2卷1期至他担任主编前的3卷3期期间，丁景唐已经在刊物，发表了12篇（首）散文、通讯、速写和诗歌。

当时，丁景唐住在法租界福熙路明德里（今延安中路545弄）沿街的三层楼上，《联声》编辑部设在慕尔鸣路静安寺路口（今茂名北路南京西路口）的基督教女青年会上的"上海联"，他家隔壁是印刷厂。编辑部几位同伴经常在丁景唐家里讨论选题规划，分头写稿、审稿、发稿、校对。不久，丁景唐接替王楚良任主编。

王楚良那时是沪江大学的学生，翻译过美国辛克莱的《不准敌人通过》、A·托尔斯泰的《保卫察里津》，并为王统照主编《大英夜报》副刊，写过小说《延安有"老红鬼"吗？》，得到王统照的好评。1934年王楚良是"左联"盟员和共青团员。

在丁景唐接编《联声》的时候,抗战形势更加严峻,日本侵略者正把战火一步步地烧向租界,英美国家的教会人员也开始撤离上海回国,人心惶惑。诚如丁景唐在《联声》发表署名"黎容光"、题为《走投无路》的文章中描绘的:"异国的教授回国了,美侨回去了,法院接收了,沪西学校已经改课本,远隔祖国的温怀,远隔胜利的歌唱,远隔春天的气息,给四周寒夜吠声所噪乱,不安、疑惑、彷徨像块黑布包扎了年青人的眼,见到的只是漆黑的一片。"

广大青年学生有的担心学校迟早会停课,有的担心踏上社会后就业困难,都感到前途茫然。根据这种情况,《联声》每期都发表具有针对性的思想评论,解决学生思想中的疑问。如《走投无路》对日军占领上海后的形势估计,并指出应采取何种态度;《社会和我们开玩笑》是利用剪报,揭露社会上对妇女解放运动所抱的偏见和反对态度;《耻辱!耻辱!耻辱!》是反对大学生在生活上的腐化和道德上的堕落;《这不只是一个悲剧》是针对有的女学生考试不及格而自杀的现象作出评析;《死读主义和分数主义》谈到学习的态度和方法;《武侠·侦探·行劫》分析了学生的课外阅读情况。这些文章,大部分是由丁景唐执笔所写,文字生动泼辣,有针对性,有爱憎感,能够联系实际谈思想修养。

《联声》从创办起,就有个很好的传统,即能够紧密地联系社会上发生的重大事件,及时地启发、教育学生,对茅丽瑛被暗杀事件的反映就是一例。丁景唐接办以后,继承发扬这一传统,通过各种方法,使国内外政治事件在刊物中及时反映出来。在他主编刊物不久,江南爆发震惊中外的"皖南事变"。由于刊物性质不允许编者正面揭露国民党这一行径,丁景唐便用不同笔名,以春秋笔法,一连写了散文《你们是世上的盐》《复活》和诗《一个以色列民族英雄的死》,曲折地表达反对内战、反对分裂的义愤之情。在《你们是世上的盐》中,他借盐的洁白性来反对颠倒黑白的阴谋,借盐的结晶体来反对分裂,借盐的防腐性来反对法西斯细菌,通篇运用比喻,写来意味深长,弦外之音,寓愤怒于平淡之中。后两篇作品都是通过对耶稣受难的歌咏,表达对新四军的赞美。在3卷9期上,编发了由周绮霖(笔名瑾璁)执笔的《曹子建怎样成了大诗人》的文章,通过分析"七步诗"的写作背景,锋芒直指国民党同室操戈的罪行。

1941年6月22日,苏德战争爆发,第二次世界大战进入一个新的阶段。同时,日本帝国主义配合法西斯在西部战场上的进攻,也正在加快准备发动太平洋战争,局势进一步紧张。为了配合苏联反法西斯战争的宣传,《联声》从4卷2期起,新开辟"海外特辑"。丁景唐用"编者"名义写了《写在前面》,指出"苏德战争的发生,已使今日的形势变更极多,在这里我们不愿对这期的内容多说些话,因为在聪明的读者看了自然会得到一个结论的:好与坏"。

自然,正义与邪恶、是与非、爱与憎,从编辑对稿件选取安排上看,早已表现出来。

"海外特辑"共办了3期。关于苏联一方,有《斯莫伦斯克巡礼》《发明家的乐园》《莫斯科的航空节》《苏联儿童的保卫者》等,都是介绍苏联社会主义建设、科学的成果,以及军事的强大等。关于德国一方,有《希特拉和一个助手》《卐字旗的阴影下》等,揭露法西斯的丑剧。

刊物除了反映学生的生活和思想,反映国内外政治大事件以外,也注意到文学创作。在丁景唐任主编以前,刊物已经向青年介绍过邹韬奋、胡愈之、鲁迅、巴金等作家。他参加编辑工作以后,继续注意对文学作品的介绍和评论。当时"孤岛"上演曹禺根据巴金名著改编的话剧《家》,刊物立刻在3卷7、8期合刊上,组织专栏讨论,通过巴金的作品来鼓励青年冲出思想牢笼,走向社会革命。以后,还继续组织书评和影评,评论分析中外文学名著和电影。

丁景唐以"编委"名义,写过一篇《认识大上海》的书评,介绍10本关于上海的书,其中有茅盾的《子夜》、夏衍的《上海屋檐下》和于伶的《花溅泪》等左翼作家作品。

此外,刊物还发表为数不少的小说、诗歌和散文。丁景唐在刊物上写了十多篇诗歌、散文。他的长诗《远方》,受到鲁迅翻译的苏联作家伦支《在沙漠上》的影响,以《圣经》中《出埃及记》的故事为题材,写出民族的屈辱、苦难和追求的勇气。在当时乌云压城的"孤岛"环境下,这首诗无论从诗的深刻意象,还是艺术上的悲壮气氛来看,都是一篇难得的好作品。作者把这首诗列为1941年9月10日自动停刊这一期的首篇,暗示着中国人民将克服巨大艰难,走向远方,争取民族解放胜利的信心。

《联声》是一个综合性的青年刊物,丁景唐在刊物上发表了六十多篇文章,有评论、杂谈、诗、散文和科学小品。对刊物的思想倾向、专栏设置、联系读者等方面,也作了比较全面的实践。他从《蜜蜂》"飞"出去,在各方面的编辑工作中得到很大的锻炼。

十四　二进光华

1941年春，丁景唐从东吴大学中文系转到光华大学，入社会系二年级。

光华大学诞生于1925年，大西路的校舍在抗日战争初，被日军炮火炸毁，迁入租界繁华地区——汉口路、福建路路口的证券大楼顶层八楼上课。整幢大楼大部分是证券经纪商号和住家，环境杂乱，喧闹。每天大学生和商贾、市民在楼梯上擦肩而过。

在光华大学，丁景唐听过应成一上的社会学。应成一同时兼任复旦大学社会系主任，时常为赶课而奔波。英文系主任周其勋教《世界文学名著选读》，讲解列夫·托尔斯泰、莎士比亚、雨果、左拉的名篇。丁景唐在这本书上签上自己的名字，不承想，此书竟被厦门大学图书馆收购，真是奇迹。而告诉他这一消息的是应成一老师的女儿应锦襄。那是1978年，丁景唐到厦门大学参加中国现代文学史教材讨论会，结识了在该校任教的应锦襄，从此，两家的友谊一直保持着。

张耀翔老师长得胖乎乎的，面团团的脸上，戴着一副圆圆的眼镜，给人留下乐天派的印象，实际上，张老师的生活也很清苦。教《社会心理学》时，同学们常常因为他有趣的话语而大笑。如他调查北平的商店招牌，分析商人的心理活动，生动形象，还举例分析因社会纷乱而引起的病态心理，发人深思。同学们都爱听他的课。

太平洋战争爆发后，日军占领上海租界，学校一时停办。

1943年秋，丁景唐第二次进光华大学，读中文系四年级。其时，光华大学在张寿镛校长、蒋竹庄院长等人主持下，为抵制日本侵略者和伪政府的奴化教育与思想毒害，改组为诚正文学院、格致理学院两个学社，分散在好几个地方上课，坚持爱国主义立场。

中文系学生共有十人左右，而四年级只有丁景唐一人，全系学生经常在一起听课。

丁景唐少年时期便爱好文学，但缺乏古典文学的根基和熏陶，认为中国文字学是一门枯燥乏味的课程。教务处通知上朱晚香的文字学课要带笔墨纸砚,丁景唐觉得很奇怪,懵然有种进蒙童书院的感觉。

朱晚香的文字学课在北京路、江西路路口的盐业银行四楼开课。由于电力极度紧张,电梯早已停运。年过半百的朱先生,他白发苍苍、形容枯槁,身穿褪色的蓝布大袍,用一把旧雨伞作手杖,慢步拾级而上,走进教室,在黑板前面的教席上坐定,将夹在肋下的包袱放在桌上,喘息未定,即带着宜兴口音,开始讲解学习文字学的重要意义。

多少年过去了,可是朱先生第一天上课时说的话丁景唐记得一清二楚。他说:"文字学,古称小学,是读古书的启蒙学课,不识字,何能读书?中国有几千年的悠久历史,倘连本国的文字都不认识,不懂,几千年的中华文明古国的典章制度将失传了。"

朱老师用简朴的语言,扼要地介绍了中国文字的源流。令丁景唐吃惊的是,朱老师谈到了汉字的发展趋势、汉语拼音和拉丁化问题,丝毫没有某些人士对新派文学改造所持的偏见。

朱老师讲课结束前,留出一点时间,让十几位听课的学生,用毛笔写下自己姓名、籍贯的篆文及其义,再看段玉裁的注解。仅仅听了朱老师一堂课,即启迪了丁景唐对文字学的兴趣。

第二堂课,丁景唐从老师手中接过作业本,看到老师用红笔修改之处,不免有些羞惭和疑惑。听老师讲解,顿然省悟。原来,老师以《说文解字》的标准严格要求学生,对字形的起笔:点、横、直、折等一笔也不能马虎。而老师自己,无论是板书,或是批改作业,也是书以端端正正的楷书。从第一堂课起,就培养学生认真写字、识字的好习惯。

从此以后,丁景唐全神贯注聆听老师的讲解。《说文解字》540个篆文部首以及听课笔记,他都书写在直式八行笺的本子上,足足写了十几本。这里灌注着老师的心血,也留下丁景唐学业的迹印。现在,他能够略识一些篆体字,稍稍懂得一些字义,不能不感谢朱晚香老师。

丁景唐记得1943年一起听朱老师课的有:郭若愚、潘照南、唐敏之等。

在光华大学,丁景唐选读的第二外国语是日语,老师是黄白薇的姐姐黄九如,其丈夫是作家王独清。黄老师是日本留学生,对日文颇有研究,上课时,口齿清楚,讲解到位,可是在沦陷时期,谁也学不进日文,黄老师当然非常理解学生的思想,并不强迫学生。

蒋竹庄是光华大学文学院院长,也是诚正学院院长,别看他是两个学院的院长,生活过得极为清苦,他年高体弱,请不起保姆,自己料理日常生活。丁景唐和同学们上他家去上课,围坐在他家客堂间一张粗木桌旁,宛如一家人,亲密无间。

1949年10月后,光华大学并入华东师范大学。

十五　沪江读书

1942年2月,丁景唐从光华大学转到沪江大学中文系三年级,在圆明园路真光大厦,有幸听王治心、朱维之、黄云眉三位老师上课。

按照当时的规定,凡是转入该校的,只需考英文和中文。多少年过去,丁景唐还记得考试的作文题目:《夕阳》。他写了一篇散文,以李商隐《登乐游原》中的诗句"夕阳无限好,只是近黄昏"和巴金《死去的太阳》中的话的相似性,抒发了夕阳下的黄昏景色,期待"死去的太阳",明天将重新升起,给人间送来欢悦的曙光。这篇作文,一气呵成,写得很顺手,寄寓着丁景唐郁积在胸中对日本侵略者的愤慨,蕴藏着对民族前途的信心和希望。

教会学校里,中文系的学生历来是最少的一个系。他晚年还能记起的同学有:虞和敏、刘庆增、冯家礼、石义高、居滋春、夏绿漪、王德平和徐新莲。

虞和敏、刘庆增两位女同学都爱好戏剧。虞和敏在20世纪50年代一度任《戏剧报》记者;刘庆增在20世纪40年代中,为《剧场艺术》翻译过戏剧理论文章,笔名辛薀,1950年代丁景唐介绍她到上海戏剧家协会工作。

夏绿漪和王德平也是女同学。夏绿漪是启秀女中毕业生,她的语文老师是女诗人关露,家就住在关露家的对门。为什么夏绿漪的名字记得那么牢呢?因为这个名字与老作家苏雪林的笔名"绿漪"一样。王德平去了香港,担任香港沪江大学同学会的会长。

王治心教《中国文化史》,朱维之教《中国文学史》,用的教材是黎锦熙的《国语文法》。

黄云眉教《诗词作法》,几位同学共同听课,而上"诗选"和"戏曲选"时,只有丁景唐一个学生。"诗选"课读陆游的《剑南诗钞》,"戏曲选"课读孔尚任的《桃花扇》。学期考试题是《论陆游的诗》和《论孔尚任的〈桃花扇〉》。黄云眉批改考试卷,给了丁景唐最高分:A+。

在沪江大学的一年,是丁景唐学习中国古典文学最多的一年,也是写作较勤的一年。此间,他学过四书五经、《水经注》《楚词》《中国历代文选》《词综》《历代诗选》《历代诗词歌赋》，还有戏剧、《中国文学史》《中国俗文学史》《中国文法》等。

丁景唐一有时间，就钻进市立图书馆，就是原先由上海工部局交响乐团团长阿甫夏洛穆夫兼任馆长的上海工部局图书馆，设在北京东路外滩。日本侵略者侵占租界后，该图书馆迁至福州路浙江路口小菜场楼上，虽居闹市，环境嘈杂，但楼上仍保持该馆原来特色，书刊全部开架，任读者选取阅读，并备有桌椅供阅读、写作、休息。丁景唐在那里看了不少书。

到了夜晚，便在家里伏案写诗、写散文，并且从事民间文学和古典文学的研究。

丁景唐从浙江镇海来到大上海，一直是宁波口音，至今未改，因此分不清四声，而作旧体诗，必须要做到读准字音，但这并不妨碍他作诗，因为身边有一本工具书《诗韵合璧》，里面有中国历代著名诗人的例句，非常管用。

丁景唐还有一本书，专门讲花，一年四季的花都有例句。如月季花，可以用什么名替代；在"冬"字的韵内，又可用什么字；每一个字怎样用，书内都有例句，你只要"凑"即可以了。又如月亮，别称"嫦娥折桂"等。当然，真要写得好，却是很难很难，不然，人人都能够成为大诗人了。

十六 发现《女声》

二十世纪三四十年代在上海同时出现两种《女声》杂志,一种是1932年创刊,由王伊蔚主编;另一种1942年创刊,由佐藤俊子主编,关露、凌大燦和赵蕴华为编辑。

后一种《女声》诞生后,受到一些妇女们的欢迎,也引起了中共地下党的注意。1941年12月8日太平洋战争爆发以后至抗日战争胜利,在日军全部占领上海的沦陷时期,许多同志撤退到解放区,而留下一批有社会基础、没有暴露的同志坚持在上海。他们依照中国共产党关于敌占区的工作方针,隐蔽精干,长期埋伏,积蓄力量,以待时机。这一年,丁景唐觉得自己不能办刊物,便组织一些原《海沫》《中学生活》《联声》的编辑干部等,向敌伪办的刊物或商办刊物投稿,楔入敌人宣传阵地,在当时政治环境允许的情况下,写一些有意义的文章,进行韧性的散兵战。

起初,他们看到《女声》创刊后的几期刊物,认为可以利用它,但不知道编辑是否用外来稿。为了试探情况,丁景唐特选一些文艺修养、写作技巧较好的女同志向《女声》投稿。他让在光华大学的学生钟恕,用"微萍"笔名,写了短篇小说《青色的恋》,投寄《女声》探"路"。

不久,丁景唐在马路边的书摊上买到1942年10月15日出版的《女声》1卷6期,打开一看,发现《青色的恋》赫然出现在眼前,觉得探"路"成功,便借用钟恕的笔名"微萍",写了两文投稿,均被录用。于是,丁景唐和友人们为之写稿。有杨志诚、董乐山、鲍士用、陆克昌、李冷路、陈嬗忱、陈新华、唐敏之、李祖良、沙寄生、杜淑贞等。丁景唐自己用歌青春、戈庆青、秦月、辛夕照、乐未央、乐无恙、宗叔、包不平等笔名,写了诗、散文、小说、评论、古典文学研究等五十六篇文章。

关露是个1932年加入中国共产党的老党员,与这些作者都不认识,更不清楚他们的政治身份,但凭着她多年从事党的地下工作的经验,慧眼识人,在那么多外稿中,选用了青年共产党员的稿件,这大约就是心有灵犀一点通吧!真了不起!

十七　结识关露

1943年4月15日《女声》1卷12期，关露署名"芳君"写了篇《从关于女性的文艺讲到妇女》，丁景唐看到后，用"辛夕照"的笔名，写了一篇《妇女与文学》与关露商榷。过了没几天，丁景唐收到关露来信，约他到她的住处面谈。

关露住在法租界拉都路(今襄阳南路)龙德村161弄2号，在弄内末了第二家，靠近辣斐德路(今复兴中路)。丁景唐住在西爱咸斯路(今永嘉路)291弄，靠近拉都路，离关露家很近，走走也就十分钟最多了。关露的住房，原来是王炳南与德国太太王安娜的家。1938年起，关露即住到那儿，孤岛时，王炳南离沪，半年后，王安娜也到大后方重庆，这房子就让关露住了。

龙德村为二层楼房，关露住在搭建的假三楼，就是上海一种变相的阁楼。房子坐北朝南，朝南斜坡有四扇木窗，灿烂的阳光照得屋内非常明亮。

丁景唐敲了下门，关露开门迎客，室内已有一对青年男女在座。假三层约有14平方米，床放在西墙，墙上有一幅蔡若虹画的关露像，比关露本人漂亮，门旁有一架留声机，放着几张唱片。

关露为丁景唐介绍青年男女，女的姓杨，后来知道她叫杨欧珍，受关露影响，参加革命，改名杨丰。1949年10月后，担任上海园林管理局办公室主任，现已离休。那男的后来是杨丰的丈夫。

南边靠窗的斜坡下，三把椅子围着一小矮圆桌，床边有一张旧沙发，客人即坐在那儿。

关露挪一把椅子让丁景唐坐在她对面，丁景唐觉得关露的普通话特别悦耳，他说着带点儿上海话的宁波话与其交谈。虽然两人都是中国共产党党员，但是当时互相不知道对方的政治身份，就是一个编辑约请一个作者来谈稿件。

谈话从聊家常开始。那时，丁景唐的公开身份是上海沪江大学中文系三年级学生，因此，关露问他一些中文系的课程，而她说自己也曾在中央大学念过中文系。问他最近写点什么文章,鼓励他继续为《女声》写稿。

谈话进行了半个多小时,丁景唐起身告辞。

不久,丁景唐与关露商榷的《妇女与文学》在1943年7月15日《女声》2卷3期刊出。关露谈妇女与文学的第二篇文章《再论女性的文艺跟妇女》刊于1943年9月15日《女声》2卷5期,作为对丁景唐的答复。

丁景唐在20世纪40年代因为投稿而与关露认识,一直到1953年丁景唐到北京中宣部机关学习,在舍饭寺文化部电影创作所重新见到关露,才知道当时彼此都是中国共产党党员。

1980年丁景唐到中央党校学习,与夫人王汉玉、三女言昭到香山去看望关露。后来又请程中原、汪健等朋友去看过关露,并想办法买了全套《女声》准备送给关露。当关露得知这个消息时,非常高兴,在1982年2月2日请秘书写了封信给丁景唐。她说:

> 来信收到,你到香港去,参加作家代表团完成任务,我很高兴。你送我《女声》,我非常谢谢你。不知道你从(哪儿)买到的。你送我刊物我很高兴,但是,我没有写文章,稿费怎么会是我的呢?去年冬天,你来看我的时候,好像听见你说,拿我的稿费买《女声》,以为你随便说的,当时,时间晚了,我没有精神多说话,没想到你真得(的)把言昭写的文章改成我的名字,说是我写的,把她的功劳算成我的,我觉得不大好,现在告诉你,你送我《女声》,我当做(作)老同志、老朋友的礼物,我高兴的(地)领谢,那篇文章的名字,我还给你的女儿,现在印出来了,不好还,将来有机会时再还。总之,我们本来是老同志,现在由于《女声》的关系,尤其你买来送我《女声》,使我们之间的友谊更牢固了。现在,《女声》还没有收到,收到告诉你。

1982年3月11日,程中原受丁景唐委托,将《女声》送到关露手中,当天他写信给丁景唐告知此事。信是这样写的:

丁老:

> 昨天给您写了一信,因复印件尚未搞就,今天未能寄出。今天晚饭后我去拜访了关露同志,把您送给她的全套《女声》恭奉到她的手里。说了将近一个钟头,看起来她精神还好,目光较有神采,说话也清楚连贯,记忆力比以前又有恢复。回忆到当年办《女声》时说,您的来稿她几乎每篇都用,说您年轻聪明,文笔流畅。提到你们出的《中国现代文艺资料》第6辑上有她的文章,她颇愕然,说正生病,如何写得出来。后来

我翻给她看后才恍然悟到是令媛声所写。她说,印上去了又不好把"关露"两个字抠下来。非常感谢您的深情厚意。她赞扬老三聪明又淳朴,兼有这两种品性确是可贵的。我们谈得很热烈。我说,"从您说话与眼睛的神采来看,精神不错,慢慢在恢复。"她高兴地说,"这么说我还能活下去!""那样的苦难都整过来了,现在当然要好好地活下去。"我这样对她说,同时相信她会好起来的。

十八　第一本书

丁景唐的第一本书,是诗集《星底梦》,1945年3月,用了一个虚设的"诗歌丛刊社"名义自费出版。这是一本64开64页的小册子。作者设计了一个简单朴素的封面,请同学陈展云写了三个美术字:"星底梦",他是画插图和广告的青年美术师。《星底梦》于1986年5月由湖南文艺出版社再版。

丁景唐用了"歌青春"的笔名,整个出版过程,从编辑、设计版面、校对、张罗纸张、跑印刷厂,以及包扎,分发到预订的青年朋友手中,这一切全是丁景唐一个人完成。

诗集收入丁景唐发表于1943年初至1945年春的28首诗,外序诗《有赠》一首和附录《诗与民歌》论文一篇,萧岱与王楚良分别用"穆逊"、"祝无量"的笔名,为《星底梦》作跋。

《星底梦》问世后,在社会上产生一定的影响,在某些大学生的文艺晚会上,朗诵其中的诗篇。关露用"梦茵"的笔名写书评《读了〈星底梦〉》,刊登在1945年7月15日出版的《女声》4卷2期上。关露赞扬它的出版"好像在一片黑寂的大海里看见一只有灯的渔船。《星底梦》虽然装订很小,页数很薄,但是仍然发生了'诗'底力量——世界上有好些诗在我们看起来不能够发生诗的力量,在文艺评论家看起来不是诗——好像渔船虽小,仍旧是一只船,星星的光虽然不强,仍然能够把宇宙照亮"。

诗集中的作品大部分都格调明朗,面对生活现实,是对中国诗歌会和太阳社诗人一流风格的继承。由于作者身处异常恶劣的特殊环境,诗作大都发表在《女声》等刊物上,所以不得不用了一些象征性暗示的手法,来曲折地表达思想感情。

在丁景唐的诗中,他追索早晨的阳光、明朗的春天、灯火的光亮、满缀花朵的田野,歌颂在"星光下的梦,会在未来日子中开花"的美好未来,他厌弃"春天的雪花"和"水管呜咽的五月的雨",他讽喻"高高在上,趾高气扬,背后被人牵在手掌中央的风筝",他诅咒"连天的涨风,使劲推生命的船只,横向死亡的港"。

《星底梦》《我爱》《向日葵》《风筝与小草》《弃婴》,是丁景唐偏爱的诗章,其中《风筝与小草》收入《百喻经》,2013年9月由上海书店出版社出版。

有些诗的背后隐藏着鲜为人知的故事,如《西子湖边》《秋瑾墓前》。

1944年春的一天,党组织命丁景唐从上海到杭州,领导浙江大学的张燮文、董为焜等几位地下党员开展工作。同行的是地下党员俞正平,他是去领导汪伪政府办的军官学校中的地下党员,开展策反工作。

当时,一路上盘查很严,为了安全,丁景唐请叔叔和姑母一起游览杭州,组成"家庭旅游"的假象。姑母是个雍容华贵的太太,为了装得像,丁景唐向老俞借了一套西装,一副少爷的模样,果然,顺利地通过日伪的岗哨。

到了杭州,叔叔和姑母住在西湖西泠桥畔的西泠饭店,丁景唐找了个借口,和老俞到城里一个尼姑庵中落脚,以便第二天分散活动。

西泠桥畔通往岳坟的路上,都有铁丝网封锁着,丁景唐就是在这种情况下拜见秋瑾墓,回去即写下《秋瑾墓前》一诗。诗首的"暗云密集,电光闪射,我来自——阴翳下的城",完全是作者当时的心情。诗末是这样写的:

　　暴风雨吹奏夜之葬曲,
　　完工的日子近来,
　　秋瑾的英名——
　　　将如长空的日月,
　　　照彻黎明期的桑叶地,
　　——永远的辉煌!

记录了作者对先烈的崇敬之情。

第二天,丁景唐到将军巷的浙江大学,手里拿本《古文观止》作为接头暗号,和几个地下党员接上了关系,讨论工作,确定任务。当晚因为戒严,丁景唐作为一个地下党员的"表哥",住在学生宿舍里。那时,汪伪政府对大学生心怀余悸,唯恐闹事,常于深夜搜查学生宿舍。那天晚上,正好遇上训育主任来查房。训育主任打着手电筒,刚一推门,同学们放在门上的扫帚和纸篓掉在训育主任头上,顿时房间里一片哄笑声。由于实行灯光管制,那主任怕在黑暗中吃亏,只得悻悻而去。

第二天,丁景唐向几个地下党员再次重申党中央的"长期埋伏,隐蔽精干,积蓄力量,以待时机"的十六字方针,要大家做"勤学、勤业、交朋友"的艰苦细致工作,教育同学团结一致,注意斗争方法,并做好防范训育主任恼羞成怒的准备工作。随后丁景唐绕道通过岗哨进入里西湖,来到西泠饭店姑母和叔叔的住处。

那一夜,丁景唐住在西泠饭店附近的蝶来饭店,房内因久未有旅客而散发着霉味,晚上鼠类奔驰,彻夜未眠,他从南宋的历史想到抗日战争中人民盼望黎明的心情,构思了《西子湖边》的诗。诗的最后一段写道:

> 艳丽的昔日,眼前
> 只残剩幽微的浮光。
> 如垂暮的老人深夜自悼,
> 晚风中的湖水低唱沉叹。
> 何处飘来尘马驰骋的蹄声,
> 从茫茫的湖心将我唤醒。
> 我仰起头来向四方找寻,
> 却发现蓝空闪亮着一颗星
> 冲破铁汁般的天颜高升。
> 从童年起我就认识它,
> ——那是落日光后的长庚!

作者用"长庚"——启明星,来象征中国共产党,坚定必胜的信心。

《敏子,你还正年青》《瓶花》,都留有那个艰苦的岁月里,对一些丧失信念青年人的惋惜、规劝和期待。在《敏子,你还正年青》中,作者塑造了一个姑娘的形象,一个曾经在学校里被称为"一朵六月天的蔷薇",以后在灾难中几经折磨,而"被流行性的伤感侵蚀了健康"的敏子,作者为她吟唱了希望之歌:

> 冬天的风雪孕藏着未来温暖的春色,
> 灰堆里埋没了的
> 火种将会染红那天宇,
> ……何况是你,
> 敏子,你还正年青!

小小的《星底梦》被关露喻为:黑寂的大海里的一星渔火,近年来,已经受到一些诗人和现代文学研究者的注意。

1981年12月,由黄药眠、柯灵、唐弢、王辛笛、田仲济、林焕平和丁景唐等人组成的中国作家团,应香港中文大学之邀,前往参加该校主办的"中国四十年代文学研讨会"。诗人王辛笛在会上宣读《试谈四十年代上海新诗风貌》的论文,提到《星底梦》诗集中的诗,并向大会介绍了丁景唐。南京师范大学的一个刊物编发了一组有关《星底梦》的评介和诗选。由重庆出版社出版的《中国四十年代诗选》中,选入了《星底梦》中的几首诗。湖南文艺出版社推出周良沛编的《新诗钩沉》,选辑了朱湘、俞平伯、梁宗岱、金克木等人解放前的诗集,其中也选入了丁景唐的《星底梦》。

创作《星底梦》时,作者不过二十岁出头,受到革命思想的教育,对人生的看法比较简单,感情也不复杂。诗里既有他青年时代的激情,也有青年时代的缺点。《星底梦》已经成为过去时代的雪泥鸿爪。

十九　抗日之声

1943年8月的一天,丁景唐正在三楼浏览敌伪报刊。忽然听见楼下传来一阵"笃、笃、笃"的敲门声,他赶忙起身下去,从门缝里往外看,一个熟悉的脸出现在眼前。他立刻打开门,紧紧地与田辛同志握手,互相问候,相视而笑。他们已有两年多没见面了,只见他穿着西装短裤,手里拿着一把普通的纸扇,脸上直淌汗,看着他被太阳晒得黑黑的脸,估计他是从敌后根据地来的。

田辛是抗日战争初期,丁景唐从事地下党工作的上级领导。1939年10月,一个细雨飘忽之夜,丁景唐第一次见到田辛,他是中共上海基督教学生工作委员会负责人之一。他身上披着雨衣,按约定的暗号在大光明电影院的走廊里,与丁景唐接上关系。那时,两人都是19、20岁的小青年,又是同乡,一旦得知对方是自己的同志,那种亲切感是无法用语言来形容的,他们心中的热情驱散了四周灰蒙蒙的秋雨带来的阴寒。

他们俩沿着静安寺路,走过一条街又一条街,田辛向丁景唐传达党的指示和对形势的分析,丁景唐则汇报在学校工作的情况……自那以后,田辛经常与丁景唐一起分析研究实际情况,解决同志们思想上的急躁或畏难情绪,使支部工作很快地开展起来。

丁景唐把田辛领到楼上坐定后,田辛连饮两杯冷开水,说:"这次有个突击任务,怕耽误时间,组织让我直接来找你,先把任务交给你,一方面你向上级汇报,一方面我通过领导再逐级下达。"

接着,田辛介绍这次来沪的任务,是要在上海组织力量印发驳斥蒋介石《中国之命运》的小册子。田辛问丁景唐知不知道国民党当局由陶希圣捉刀,以蒋介石名义大量印发《中国之命运》,污蔑攻击中国共产党以及八路军、新四军和抗日根据地之事。丁景唐说:"从敌伪报刊上透露的消息,知道蒋介石抛出这样的一本书,判断它是为反共反人民的阴谋制造舆论,但不知详情。"

田辛为丁景唐分析了形势,这是国民党当局乘五月间共产国际宣布解散之机,大造反共舆论,叫嚣"解散共产党"、"取消陕甘宁边区",调动部队包围和进攻陕甘宁边区和华北、华中抗日根据地,阴谋掀起第三次反共高潮。党中央和毛主席领导抗日根据地军民,对国民党当局这次反共高潮进行针锋相对的斗争。

田辛说:"这个翻印和散发《评〈中国之命运〉》的任务,先交你们学生部门负责。10天后,你们派一可靠党员找一安全地方,等候别的系统派人来取文件,估计那时上级已可与你们联系上。你们约好地点、接头暗号,让那位党员等人来取文件。"

丁景唐与田辛商量好,确定印发的原则:参加的人员要少而精,向同志们分析形势,交待任务,说明意义,做好思想教育,工作要细致谨慎,绝对保证安全,不留手迹,注意纪律和保密;也要考虑可能发生意外事故,要教育党员对党忠贞,沉着镇静,保持革命气节。之后,田辛又问丁景唐:"还有什么困难?要考虑得周到一些。"

丁景唐说:"对敌人出其不意,用邮寄办法可行?同志们接到这一突击任务,一定热情很高,信心十足。我们充分做好调查研究,发挥同志们的集体智慧,多方面考虑问题,努力想办法克服种种困难。通过苏州河上日军岗哨和沙袋铁丝网的封锁线,到河对面日军占领区的心脏地带——虹口、闸北一带去投寄印件,可能困难较大。"

田辛说:"那你们冷静地从各方面考虑可能遇到的困难,大家出主意想办法,努力完成这一次突击任务吧。时间很紧,我还有许多事情要做,不能多待了。"说着,他把手中的团扇和一本伪装旧小说的《评〈中国之命运〉》交给丁景唐,叮嘱道:"团扇的夹层有份文件,取出后,可用碘酒显影,你们看后,交给上级。"

从那以后,丁景唐再也没有见到过田辛,后来在《党史资料》《文史资料》上才知道,田辛在1942年秋天,随江苏省委撤退到淮南抗日根据地,在中共中央华中局城市工作部工作,解放战争期间,受命组织干部力量,密切配合上海市委(地下)向华东解放区撤退二千多名干部。在抗日战争和解放战争中,战斗在华东解放区与上海敌占区之间的交通线上,田辛出色地完成任务。这样一位好同志,没有牺牲在敌人的枪口下,却惨死在"文化大革命"中,那年他才48岁,大有作为的年龄啊!

当天晚上,丁景唐到俞正平家,向老俞汇报田辛交代的任务,两人拆开团扇夹层,用碘酒显影出一份文件。根据党的指示和田辛的意见,他们分析了日伪统治下斗争的形势,可能遇到的问题,具体商量了工作方法和保密安全措施。一面由老俞向上级汇报,一面他们确定参加这一突击任务的几位党员,他们基本都是暑期中学毕业考取大学或转学别校的人员,如徐祖德,原大同附中支部书记,暑假中已考入复旦实验中学;华东联合中学党员张燮文和梁仁今夏毕业,已经分别考取杭州浙江大学和上海大夏大学。丁景唐和俞正平约好接头暗号。老俞布置联系这两个学校党支部的同志将三位党员的关系转出,然后由丁景唐按时前去接上党的关系。

大同附中另有叶学章当助手,常瑛、裘民山被临时抽调参加突击任务,这些人由徐祖德统一安排,丁景唐没有与他们见面。还有一位与丁景唐单线联系的大同大学党员陈某,是以前参加《中学生活》编辑工作的,由丁景唐直接布置他参加部分刻写蜡纸的工作。此外,老俞和丁景唐商量将从沪新中学初三毕业,考入圣约翰大学附中的党员郭坤和的关系转给丁景唐,布置他在他亲戚开设的小工厂里,等待党的另一系统派人来取文件。可是,郭坤和等了三周,未有人来。后来,上级传话说不派人了。这样,圣约翰大学附中党的关系就留在丁景唐这里,与郭坤和一个党小组的,还有一个小刘同志,解放后知道他是刘鑑农的弟弟。

这次突击任务的第一个工作点放在徐祖德住的亭子间,在法租界辣菲德路贝勒路(今复兴中路黄陂南路)维厚里,今复兴中路263弄,用来刻写蜡纸、油印文件;第二个工作点选择梁仁阶住的亭子间,梁仁阶和张燮文的任务是通过苏州河上的日军岗哨,把徐祖德处印好的文件运来,加以包扎、贴收件人的姓名和地址,然后分别投入邮政信箱。

梁仁阶原在思源中学读书,后转学华东联中。在思源中学,他有一个姓王的同学在苏州河北四川路桥堍的上海邮政总局工作,晚上7时至11时当拣信员,梁仁阶与他常有来往,同时还认识一位姓朱的交通大学学生,也是拣信员,他们都鄙弃日本军部派来的监查邮件的日本人。

日本人晚上9时前就离开了。

梁仁阶发觉晚上9时至11时,送去的邮件最能安全分发投递出去,而且邮政总局有个大信箱,文件完全可以放进去。晚上,从梁家到邮政总局的路上,没有日军岗哨和巡逻,行人稀少,距离也近。

现在,他们需要解决两个问题:一是安全地把文件运到邮政局,二是把文件分别包装,开列信封。梁仁阶想起桃源坊有家制作橡皮图章的手工印刷场,只有三四个工人,晚上仅留一个十二、三岁的学徒摄铅字,以备第二天浇橡皮图章之用。梁仁阶曾帮助这个小学徒补习小学语文、算术,建立起了友谊。

张燮文、梁仁阶与丁景唐谈起可以仿制一个日本同盟国经常寄发宣传品的大信封,把油印文件伪装起来投寄,丁景唐同意他们的做法。于是,梁仁阶向小学徒借用包括需要的几个字在内的三四十个铅字,又去买了做大信封的牛皮纸和敲印的油墨。为了以假乱真,他们用硬板纸,仿照大信封,留出字距相等的五个位置,然后,拣五个字沾上油墨,敲印在空格子里,就像真的一样。

关于分发对象,丁景唐记得主要从电话簿上抄写文教、科技和大的工厂、商店的个人和单位,也有一大部分是由组织上提供的。丁景唐与张燮文约定暗号,到静安寺路一条弄堂去取收件人名单,然后与梁仁阶一起,把名单贴在大信封上。

他们分几次把文件运送到邮政总局去,一次是选择大白天中午十一二点钟;一次是一个人把包装好的邮印文件,乘无轨电车,上车后,把文件放在一边,人站在车门口,车后有人骑自行车掩护,倘有特殊情况,即发警告通知车上的徐祖德等同志转移。无轨电车开到四川路桥上,日军岗哨照例斥令车上的乘客下来向他们鞠躬,然后,向车内例行公事睥视一番,再让乘客上车放行。

另有一次是两人分别乘头等和三等车厢,事先约好,万一车上出事,被日军抄获,大家都推说不知道是谁的东西。倘在路上携带文件时被抄获,便咬定是路上行人出钱托带的。

为了安全,为了准确无误地把文件送发出去,丁景唐仔细研究了上海地图,骑自行车实地巡看了全市几个邮电支局和邮筒的分布情况、附近日军和汪伪警察的岗哨位置。在油印和散发之前,还作了几次保密工作检查:他安排徐祖德在完成任务后,暂住陈某家里,丁景唐到陈某家去听取徐祖德的汇报,又骑车到苏州河北梁仁阶住的里弄附近,察看了安全信号。再到法大马路(今金陵东路)一条弄堂口,检查了与张燮文事先约好要贴的一张小字体:"天皇皇,地皇皇,我家有个夜啼郎……"这表明张燮文顺利完成任务后,已离沪去杭州浙江大学报到。

经过大家的一致努力,突击任务最终胜利完成!

二〇 《小说月报》

1939年秋到1944年5月,丁景唐先后在东吴大学、沪江大学、光华大学就读。1944年5月,他已修完大学毕业的学分,8月他拿到毕业文凭,走上社会。这一年,丁景唐由姑丈介绍,到联华广告图书公司出版的文艺刊物《小说月报》当编辑。

《小说月报》创办于"孤岛"时期,在太平洋战争爆发后,成为上海颇有影响的文艺刊物。它和《万象》一样,属于商办性质,由联华广告图书公司出版部出版。"联华"是上海几家最有实力的广告公司之一,总经理陆守伦与丁景唐的姑丈是老朋友、老同乡(舟山人),是个有社会眼光的资本家,与各行各业有广泛联系,交友很广,在南华酒家、碧萝饭店、华成烟草公司等都有一些股金。为了扩大业务影响,他先后办了《上海生活》《小说月报》,抗日战争胜利后,办了《文坛月报》《茶话》等刊物。《上海生活》随《新闻报》赠送订户,专门介绍上海的民俗历史,颇有文化史料价值。《小说月报》专登新旧文艺作品,陆守伦请《新闻报》的老报人严独鹤出任刊物顾问。不用说,这两个刊物都是以迎合小市民的审美趣味而办的,吸引了大量市民阶层读者。陆守伦利用广告,等于"无本钿"办刊物。

《小说月报》于1940年创刊,主编是顾冷观,发行人是陆守伦,作者队伍主要有包天笑、张恨水、周瘦鹃、程小青、顾明道、秦瘦鸥、郑逸梅等。不久又加入了赵景深、胡山源等人的文章。阿英以"魏如晦"的笔名发表过作品。阿英编《文献》的助手李之华(即李一)、鲁思、毛羽等也写过剧本和影评方面的文章。刊物的倾向性在逐步地发生变化,许多旧派文人自"五四"以后,转向通俗文学领域,内容与现实生活贴近,尤其在抗日战争以后,他们所写的作品多糅进了现实的内容,与原先的"鸳鸯蝴蝶派"不一样。

随着时间的推移,刊物作者队伍也在发生变化,一些老作家的文章渐渐地减少,有的连载作品在编排上也移入不显眼的位置,而另一些年轻作者的作品则出现在目录的主要位置上。

《小说月报》自1941年1月4期起,辟出了大中学生文艺征文专栏,刊登学生写的小说散文、和评论,并且标出作者所在的学校。这个栏目推出一批相当有才华的青年作者,如徐开垒、施济美、程育真、郭朋、石琪等人。这些作者的文章在30期后,常常以显要位置刊出。

1944年春,丁景唐参与编辑《小说月报》工作的时候,刊物已经进入第41期。当时他的组织关系仍属于"学委"系统领导,因此他利用公开工作的机会,广泛联系青年作者和学生中的爱好文艺者,组织他们搞各种活动,以进步思想来影响他们的写作。他很快就与徐开垒、郭朋、石琪、沈寂、徐慧棠(余爱渌)、林莽(王殊)等人成了好朋友。施济美、程育真是丁景唐在东吴大学读书时的同学。

丁景唐另一个工作是在《小说月报》上,恢复学生文艺奖金的征文活动,以吸收、团结更多的青年学生。经过一番准备以后,在44期《小说月报》上,他用"英"的名字发了一篇诗意盎然的《征文启事》:

> 经历了无数艰苦的试炼,本刊行将跨入第五年度的门槛。当9月的风吹拂着秋阳下黄金色的果实,在这个农家忙于收获的季节里,我们也企划在一些新的开始和新的改进,以期报答每一个关怀它生长的友人的寄念。关于过去,我们将忠挚地承认我们工作中的缺漏,有负许多相识和不相识友人的垂爱。而现在当我们走向更艰苦的前程,今后尤需读者诸公的鞭策和互助。从下期五周年号起,我们打算革新内容,重行举办"大中学学生征文",给青年学生提供一块耕耘的园地,给读者诸公呈献丰美的鲜果——像成熟于秋野间的黄金色的果实。谨以衷心的热忱向喜爱文艺和爱护我们的友人伸出友谊的手,愿你们紧紧地跟我们挽携起来,敬请批评,指正!

"启事"发表以后,立刻引起了反响,不但投稿者踊跃,而且得到中国华恒针织厂的经济赞助,提供奖金和奖品。于是将这次文艺征文的名称叫做"Coscow学生文艺奖金"。"Coscow"即"开丝固",系该厂产品的商标。

丁景唐以"丁英"的笔名还写了《学生文艺奖金的启端和希望》,指出:"Coscow学生文艺奖金,虽不能说是中国创设文艺奖金的先例,但在爱护后进,鼓励青年学生写作这一点上看,无疑是社会人士关心文化的启端。"在这一次征文活动中,涌现出大批爱好文艺的学生。

1945年3月11日召开征文授奖大会,宣布得奖名单:第一名是复旦大学四年级学生欧阳芙子,作品是《旅店的一夜》(鄂行杂记),载1944年11月25日出版的《小说月报》45期;第二名是复旦大学三年级学生倪江松,作品是散文《松树盆景》，载《文丛·谷音》1辑；第三名是圣约翰大学四年级学生张朝杰，作品是小说《小姐生气了》，载《小说月报》45期。其他还有一些优秀奖获得者。

其实获奖名单是丁景唐一人决定的，曾引起主编顾冷观的责问，亏得中法药房沈先生的大力帮忙，说他看过的，顾才无言。

在中西大药房楼上，举行颁奖大会，参加的有许晓初、蔡仁抱、包天笑、严独鹤、沈禹钟、万卓然等文坛名人，还有《小说月报》、华恒针织厂的同人，并来宾数十人。主持人就是丁景唐。张朝杰在回忆文章中说："我从他手中拿到奖品———一件米色开斯米衫。这一天我初识丁景唐，感到他很热情，很随和，我很愿意和他交朋友。"之后，张朝杰经常到《小说月报》去看丁景唐，他说："他大概听出我是一个要求进步的大学生，就不时给我一些有益的指导。我心想，这个朋友，我交定了。"

在颁奖大会上，有一些党内同志以征文投稿者名义前来参加，其实并未投稿，如解放后担任中国福利会党组书记、副秘书长的杜淑贞等，他们在会上广为交友，发现和培养积极分子，开展"交朋友"的工作。当时来参加的初中二年级学生苏隽，后来经别的同志发展入党，赴解放区参加革命工作，解放后，曾任中共江苏省委宣传部文艺处处长。丁景唐也结识了许多年轻朋友，有不少人就是从这个时候起走上革命道路的，如袁援、陆钦仪等。抗日战争胜利后，陆钦仪、倪江松、张朝杰等都参加了丁景唐负责组织的上海文艺青年联谊会。

丁景唐每次回忆这段经历就非常兴奋，他说："在《小说月报》上开辟《学生文艺园地》，发起大中学生文艺征文。我从来稿中发现一些写作思想内容较好的大中学生，约来谈话，了解情况。这些学生中，后来经过其他党员的联系教育，发展入党，有些成为《莘莘月刊》的积极分子。"

在文学活动中，丁景唐与这些文学青年建立了深厚的友谊。例如青年作者石琪，原名张英福，是震旦大学医科学生。他来自北方，虽在上海已住了七八年，但江南的绵绵细雨和都市里的独居生活，都不时地勾起他心底深处的乡愁，写了《无家之歌》一类的文章。丁景唐便在除夕时做了一首诗赠他，诗名《异乡草》，十分真诚地描绘着：

> 黑夜的北风猖狂，
> 一阵急雪紧打在异乡人的心上。
> 睡梦中遨游了受难的家园，
> 眨眨眼，邻家未灭的灯光，
> 犹且衔接着天光。

听远处的晨鸡报出了破晓,
昂头看朦胧的雾层外,
已可以瞧到——
新的一年跳跃着轻快的步子,
在曙光中走近!

诗的思想起点很高,寓意也很深刻,即要从广阔的境界上启发石琪,希望他能振作起来,不要为个人的乡愁所囿。为了使石琪过节不寂寞,丁景唐还特地为他介绍几个同乡的朋友。石琪对这友情的温暖深深地感激在心,虽然他觉得诗的作者未必完全了解他"乡愁"的内容。为了答谢丁景唐的好意,他写了一篇题为《乡恋》的散文,解释自己内心的惆怅。当丁景唐诗集《星底梦》中收入《异乡草》后,石琪又写了《〈星底梦〉及其他》,真诚地说:"在对于人生的观点来说,我虽是一个多暮气的人,却也喜欢年青上进的心,心情上我不能和歌青春先生携手,但在他的诗集中,我愿紧握着他那青春的手。"

关于这种编辑与作者的友谊,在丁景唐的编辑生涯中相当普遍。曾经有个作者这样写道:每当丁景唐"和友人谈起,他在四十年代发现的一些青年学生,现在都在文教工作岗位上起着骨干作用时,总是充满了愉悦的心情"。这正是一种编辑的职业自豪和价值所在。一个优秀的编辑,当他发现一个有才华作者时的喜悦心情,并不亚于一个作家发现创作的灵感。

《小说月报》因物价飞涨,经常脱期。到 1944 年底,更困难了,成本比售价高出几倍,出了第 45 期后,就无限期地休刊了。第 45 期的版权页作 1944 年 11 月,其实出版则在旧历过年的时候了。

二一 《译作文丛》

在编辑《小说月报》的同时,丁景唐与其他党员同志一起创办了一份刊物,这是在法西斯恐怖下,将公开工作与秘密工作相结合,由党员团结积极分子,利用社会关系办刊物的一个胜利。这个刊物是《译作文丛·谷音》。

《译作文丛·谷音》是丁景唐和"文委"系统的党员萧岱、王楚良一起创办,由丁景唐以《小说月报》的公开职业身份,任编辑者兼发行人。

《谷音》为《译作文丛》的第一辑,也是末了一辑,出版于1945年7月。一个月以后,抗日战争胜利。丁景唐和萧岱、王楚良各自忙着抗战胜利后的新任务,不再有机会相聚一起继续办《译作文丛》了。为配合新四军攻占上海,他们分别在做各项准备工作。王楚良和萧岱属于"文委",而丁景唐属于"学委",专门搞学生的宣传工作,做团结、教育青年学生的工作。

王楚良原先也是属于"学委"的,后来才调到"文委",与马飞海、萧岱一起工作,曾为《上海周报》写文章和译文。1945年初,丁景唐去宁波路470弄《小说月报》编辑部的路上,遇见分别几年的王楚良。谈话中,知道他在二马路大陆商场底层一个运输公司当秘书。以后,在王楚良的办公室里,又认识了萧岱,其实他的真名叫戴何勿,萧岱是小戴的谐音,丁景唐当时称其为戴先生。

用丛刊的形式,可以不必向敌伪登记,但为了争取公开合法,避免引起某种怀疑,丁景唐在《小说月报》稿件送审时,将《谷音》的稿件一起带上,交对方盖一个审讫的蓝印,以示公开合法。实际上,这只是一种形式,对方盖上一个章就算公事完结。敌伪的审查机构,在建设大楼七楼东南隅的房间里。那份带着历史印迹的校样,丁景唐一直保存着,"文化大革命"中被造反派抄家时毁了。

《谷音》的封面很简朴,用铅字标明,并以铅条加框组成。原打算采用紫色套印,后因节省费用,与正文统一,都用黑色。扉页上有黄庭坚的诗句:

别后寄诗能慰我,
似逃空谷听人声。

这两句诗,含有怀念祖国,讽喻此地此时的深意。并配有一副木刻,署名 S.C.,是新世界中法药房的药剂师杨国器所作,他解放后任上海药物管理局副局长。

《谷音》收翻译、创作和学术研究文章共 11 篇。目录如下:

由绘艺说到唐宋文艺思潮	朱维之
六朝的民歌	丁英(丁景唐)
巴尔扎克新论	J.籁英林作,严慈译
在呼鲁图克河畔	萧群(郭朋)
高级课程	A.契诃夫作,沙风译
一笑之失	H.巴尔扎克作,晓铎译
书蠹的牺牲	G.吉辛作,鹿问远译
故居	郭朋
山啸	林茫(王殊)
雨天	石琪
松树盆景	江松
青春之歌——略论歌青春的诗	古道(王楚良)
普式赓湿抄	易名(萧岱)译
但她的鞋子笑了(诗)	白川(朱维之)
巨哥斯拉夫之歌	P.柯杨雪克作,余爱渌(徐慧棠)译
普式赓语录(补白)	
编后	

《谷音》版权页上署:发行人兼编辑——丁英,出版——沪江实验公司,地址——圆明园路 230 号,电话——13522。

未列入编目的,当有第 9 页的补白一则,刊出《征稿简约》,可与《编后》对照着看,说明刊物的性质。第 23 页的一则补白报道《小说月报》的学生文艺奖金的发奖典礼,也颇有史料价值。

《译作文丛》顾名思义,标明是文学创作与翻译的丛刊。其中创作和研究方面的作品,由丁景唐组稿,作者中有些是《小说月报》的青年作者——郭朋、石琪、倪江松等人,还有丁景唐在沪江大学读书时的教师,如朱维之等。译文方面由王楚良、萧岱供稿,有契诃夫、巴尔扎克、普希金、吉辛等作品的译文。当然也有例外，如余爱渌翻译的《巨哥斯拉夫之歌》，是丁景唐约来的。

丁景唐约来的稿件中，有几篇写得比较精彩。如郭朋的两篇小说，一篇《在呼鲁图克河畔》，署名"萧群"，用流畅的笔调，写了一对草原男女的恋爱悲剧，豪放中带有悲婉；另一篇《故居》是对旧家庭的怀恋，都是不错的。丁景唐署名"丁英"，发表了一篇研究论文《六朝的民歌（南方篇）》。

《谷音》是在党领导下在日军占领下的上海出版的唯一一份文艺刊物。

二二 《莘莘月刊》

1944年秋冬之间,吴学谦同志从华中局学习后返沪,到丁景唐家,向陈向明他们传达解放区整风运动精神,分析了形势,谈到国际反法西斯战争的进展,解放区武装力量日益壮大,日本帝国主义的日趋失败,要加紧上海的工作。并传达了中央有关城市工作的新指示精神,中共中央于1944年6月5日发出《关于城市工作的指示》,明确提出"必须把城市工作与根据地工作作为自己同等重要的两大任务,而负起准备夺取所属一切大中小城市与交通要道的责任来",要"认真地与细心地总结经验,研究方法……以期在今年下半年及明年上半年,就能收获显著成绩"。这是党中央从思想上、组织上准备夺取抗日战争最后胜利的重要指示。

当时,上海青年学生对于国际反法西斯战争的顺利进展和军民奋勇抗战的有利形势是认识到的。他们从苏商办的《时代周刊》(姜椿芳主编)上,知道苏联红军已进入全面反攻;从敌伪报刊上知道美军进攻日占的塞班岛等岛屿,以及日本本土受到轰炸。

上海实施灯火管制,电力严重不足,日伪加紧搜刮物资,连一些大楼里的水汀设备、钢窗等都拆下供军用。由于敌人的残酷剥削和掠夺造成物价飞涨,人民群众生活困苦不堪,失业失学情况极为严重。上海人民,特别是富有民族自尊心的敏感青年学生,对日统治的不满情绪好像潜伏的地火在地下运行。同时,在敌伪报刊和黄色刊物充斥市场的情况下,青年学生也需要有一份具有知识性、文学性的学生刊物,以慰藉精神上的寂寞。因此,当时组织上要求丁景唐帮助沈惠龙,争取利用日本人的合法关系,自己办一份学生刊物,丁景唐欣然接受。

那时,沈惠龙在交通大学电机系读书,他有个堂舅吴君尹打算加入《大学周刊》,想邀请沈惠龙参加。沈惠龙立即向联系他的曹宝真同志汇报,曹宝真指示他应当打进去。因此,沈惠龙参加《大学周刊》,担任通讯员,任务是要站稳脚跟,进而了解这份周刊的动向,尽可能摸清它的底细和日本人对大学生的企图。

《大学周刊》创办于1944年初,由华人教育处处长日本人上野太忠发起,得到侵华日陆军报道部和日驻沪领事馆的支持。主要负责办报的是汪伪政府创办的伪"国立上海大学"学生田代阳道和震旦大学法律系学生王洛白,以及上海大学学生王恩博,圣约翰大学学生顾钦栋、袁万钟,沪江大学学生宋颂德等,并吸收一些大学学生为通讯员。

1944年秋,上野太忠宣布《大学周刊》停办。

沈惠龙参加《大学周刊》后,继续在交大求学,由于从事校外地下活动,不久,组织关系就转出交大支部,改由金德琴同志领导,很快又由丁景唐同志负责与沈惠龙联系。

沈惠龙是出头露面、在第一线开展工作的战斗员,丁景唐则是在幕后帮他策划的参谋。他们明确办《莘莘月刊》的指导思想是利用日本人的合法关系,出版公开的学生刊物,要坚定自己的立场,提高警惕性,保持清醒头脑;既要充分运用公开合法条件,在敌人允许条件下努力开展工作,扩大影响,同时又要严格执行党的秘密工作纪律,隐蔽精干,积蓄力量,防止急躁冒进,暴露自己。

他们决定刊物的方针:一、不谈政治,既不发表日伪的宣传文章,也不发表刺激敌伪的"左"倾幼稚病的文章;二、以中间的面目出现,注重知识性、文艺性、生活性;三、以发表学生的作品为主,也要争取教授、学者写些知识性文章。

《莘莘月刊》编辑部的四位党员沈惠龙、金如霆、冯大文、江汎,最初都由丁景唐单线联系,后来为方便工作,将金如霆等三人的关系交给沈惠龙个别联系,不成立党小组。在办《莘莘月刊》时,丁景唐单线联系的党员还有陈新华(笔名陈联)、董乐山(笔名麦耶、史蒂华)等。上述几位党员,沈惠龙和董乐山在交通大学和圣约翰大学读书。冯大文因家庭经济困难,离开沪新中学调到《莘莘月刊》,由莘莘杂志社给他津贴。陈新华也因家庭经济困难,读到高中二年级,就在家帮助照料父母开的小商店。当时,她还不满20岁,用"陈联"的笔名写了一些小说和儿童故事。《莘莘月刊》第1、2期连续发表以女中学生为题材的《马燕珍》,作品以明快、幽默的风格,描写优等生马燕珍为保持年年第一名的荣誉,忌怕同学汪纪芳的功课超过自己而做了错事,后来她过度用功得了急性肺炎,而汪纪芳却不计个人小怨,以宽广胸怀感动了马燕珍。"两个朋友于是紧紧地拉起手来,让泪水涤去那心头的尘渣"。故事的实质是控诉了不合理的教育制度造成同学之间的误会和隔膜。

金如霆原在交通大学读书,生肺病在家休息。他擅长写作,曾在《申报·白茅》《申报月刊》上用史亭的笔名写小说、报告文学和杂文。他写过一篇关于贩大米的作品,描写劳动人民在铁丝网封锁的边沿挣扎死难的故事,用艺术的力量激起人们对日伪的仇恨。他经常带着高度近视眼镜,穿着粗布长衫,像"冬烘先生"。有次,他给丁景唐看一篇才脱稿的八千字小说《年青的时候》,署名柯群。丁景唐看后,不免有点惊喜,因为这次他在小说中用了抒情散文的手法,描写一对青年男女同学,因思想不同、家庭贫富悬殊而分手的初恋故事,结局是女同学被一个男子欺骗结婚而过着流泪的日子。后此小说发表在第 3 期上。

袁鹰是华东联大的学生,由投稿而参加《莘莘月刊》的工作。在第 2 期上写过文艺短论《向生活学习》,第 3、4 期上连载中篇小说《掘墓的人》,可惜没有写完。1945 年他入党后,与丁景唐一起搞过上海文艺青年联谊会的工作。

江沨是高中学生,生肺病在家休息,不幸于 1946 年因病逝世。他病危时,其妹妹江静托丁景唐向郭沫若请求为他写墓碑。江沨去世后,丁景唐以上海文艺青年联谊会的名义,给郭沫若写信提出这个要求,嘱梁达(范荣康)专送郭沫若。郭沫若提笔写了"江沨之墓"四个大字。解放后,丁景唐见到在上海音乐学院读书的江静,她说原件没有保存下来,连刻字的石碑在乡下也被人敲掉了。沈惠龙和冯大文的工作最为吃重,他们全力以赴,团结一批积极分子,在各校学生群众的支持下,为编好刊物作出较大贡献。

在这里要特别说一说吴君尹。沈惠龙说服吴君尹,一同去找上野太忠。他能说一口流利的中国话,并扬言热心中国的教育事业,说中国是他的第二故乡。沈惠龙和吴君尹向上野太忠表示,打算创办的刊物仍然以学生为对象,但是不谈政治,主要传播知识、习作文艺,希望他协助办理刊物登记,解决配给白报纸和办公地点。这几条,上野太忠研究后,都一一同意。于是 1944 年冬,他们去西康路 196 号办刊。刊物的名字是吴君尹提议的,表明是莘莘学子自己创办的刊物。吴君尹担任社长,沈惠龙、袁万钟、陆兆琦为编辑,由沈惠龙主持。吴君尹爱人周清英当会计,她是东吴大学会计系学生。印刷厂也是上野介绍的,是日本人军管的美灵顿印刷厂。经过大家一番紧张的努力,1945 年 2 月第一期《莘莘月刊》出版。

沈惠龙负责杂志社的上层工作,团结其他编辑,做好吴君尹和利用上野太忠的工作。

《莘莘月刊》自 1945 年 2 月至 7 月,共出 4 期。"月刊"就是一个月出一期,实际上根本做不到,第一期是按期出版,但到第 2 期为三四月合刊,第 3 期为五六月合刊。待到 7 月 5 日出版第 4 期时,因为要配合新四军解放上海,迎接抗日战争胜利,他们将刊物停掉了。

《莘莘月刊》为 32 开,64 页,每期约 5 万字。每期封面为双色套印,封面上除刊名、卷期外,还有一幅钢笔画的大学校景。

第1期的《创刊献词》和《编辑室》(《编后记》)说明"莘"本为山泽中的一种野草,又从字形构造上分析"莘"上从艸,下从辛,象征着一条荆棘的途径。《莘莘月刊》是一本以学生为本位,专志学生的论说、创作及生活记事等类的刊物。创刊号的扉页上有"献给同学们"的两句话:"用我们的手和脑来开垦这园地,只有集体的力量才能锦绣繁荣。"刊物的内容呈献于读者面前的正是如此。

第2期为配合学委领导的全市校际性失学义卖活动而增辟《助学义卖市场特辑》,篇幅增加为96页。选登13篇报道、一组照片和统计表,生动地反映了义卖市场筹备的艰辛和开幕后的热烈场面,显示了学生们在敌人铁蹄下团结友爱、患难与共的精神。

《莘莘月刊》还发表《三学期来的学费》《沪上各大学学费统计表》和《沪上各大学本学期学费上涨倍数表》,详细统计:同德、南通、震旦、大同、沪江、圣约翰、大夏、比较法学院(即东吴大学办科)、华东大学(前身即之江大学和东吴大学)、诚正(即光华大学)、交通、上海商学院、德国医学院(即同济大学医科)、音乐学院、上海大学等16所大学3年来学费增长幅度,是一份有历史价值的统计材料。

刊物的知识性,包括科学知识、历史知识、社会生活知识等内容。《莘莘月刊》先后发表了关于《青霉素》《血型ABC》的医学常识和关于昆虫的科学趣味等文章。它还注意争取大学教授和学者撰稿,如第2期上的《星体的诞生、生命及死亡》,是远东著名天文学权威、震旦大学工学院院长R. P. Dumas的讲话,经震旦大学学生子由翻译。这是一篇天文学的通俗讲话,内容生动,毫不枯燥。还有第3期、第4期上连续发表两则《世界史事轶话》:《马赛曲的故事》和《历史上的狂人们》,作者署名"铁翁",他是上海著名史学家,历史知识丰富,文采斐然,看来是一位隐居沪上的社会科学家。

《马赛曲的故事》叙述"马赛曲"在法国资产阶级革命中所起的鼓舞斗志的作用,对沦陷区的青年学生有启迪意义。《历史上的狂人们》揭露中世纪西欧国家法庭诬指无辜妇女为女巫加以残杀的事实,对野蛮暴行表示不平和愤慨,也意有所指。

1945年5月,苏军攻克柏林,德国无条件投降,日本帝国主义也面临崩溃前夕,关心国际时事形势成为许多青年学生的共同倾向。7月5日出版的第4期,《莘莘月刊》发表了叶明的《如何研究国际问题》和从日文《朝日周刊》转译的《纽约泰晤士报》军事记者享松·鲍尔特文写的《桥头堡——登陆的跳板》(顾黄茂译)。叶明的文章只有千字,写得婉转曲折,尽在不言之中。他说:"世界上许多事都在进步的,我们要懂得世界的动向,就得紧跟时代,一步不放松地向前迈进。"他还意味深长地提出应注意：一、不为人所愚，二、不为己所愚，三、不损人利己，四、不舍己利人。

当时，还发生一件有趣的事情。丁景唐用"歌青春"笔名写了一首诗《毕业行》，是为启秀女中毕业班创作的，是其朋友沙寄生向他约的稿。主持刊物的沈惠龙当然不知道这是丁景唐的笔名，而且原稿上的字迹也不是丁景唐的，是其爱人王汉玉重新抄写的。沈惠龙对丁景唐说："有人约来歌青春的一首诗，你知道吗？"丁景唐心里暗暗好笑："这是我写的呀。"但表面上，对沈惠龙摇摇头，脸上一片茫然。

那时，由于地下工作的需要，常常用笔名，有的笔名用过一次，过后就忘了。后来，丁景唐在翻看《莘莘月刊》，发现第 4 期上，有篇署名王淑俊的短文《逃避与等待》，从内容和文字风格看来，竟是自己写的。这种情况，以前常常会发生。

丁景唐在孤岛时期创作许多作品，但是上海于 20 世纪将结束之际，出版了一部《上海四十年代文学作品系列》丛书，包括小说、散文，共十集，在收录作家方面，存在一些缺陷。作为上海孤岛时期的亲历者和见证人，戏曲史家蒋星煜先生说："如始终坚持在上海文艺战线上斗争的王元化、丁景唐等先生的作品收入极少。"[①]

[①] 蒋星煜：《孤岛作家与抗战文艺》，《文学报》，2015 年 4 月 9 日 12 版。

二三　独此一期

1945年7月,苏联红军出兵东北,抗日战争胜利已成定局。为迎接抗日战争胜利后的新形势、新任务,丁景唐向原来负责《莘莘月刊》的沈惠龙、冯大文和田钟洛(袁鹰),传达了地下党组织的指示:积极行动起来,准备里应外合,迎接新四军解放上海,尽快出一份战斗性较强的小报型刊物,仍以青年学生为对象,名字就叫《新生代》。

同志们立即紧张而又兴奋地筹备起来。这个刊物和《莘莘月刊》不同,不需要灰色伪装,它要为配合新四军进上海服务。沈惠龙听到消息,说粟裕将军率领几万新四军健儿正向上海进发,又说党中央已任命刘长胜为上海市长,等等。但是,上海毕竟还没有回到人民手里。日军虽然已宣布投降,却并未解除武装;国民党政府的党政军先遣人员,争先恐后地飞到上海接收;谣言四起,社会秩序混乱,上海人民正用惊喜、震愕、困惑、期待等种种复杂的心情,注视着未来的日子。

《新生代》是一份仅有16开4页的刊物。经过一个月的奋战,1945年8月28日正式出版。这在当时和现在都是很少见的。

这份刊物既要给读者以希望、信心和力量,又不能公开表明共产党的政策和主张。在《创刊词》里,有这么一段:

> 胜利以后,我们要从事建设。在建设的过程中,我们不能忽视这次战争的教训。中国的建设是不可违反历史的潮流的。我们应该为民主的、合作的中国努力。因为,只有民主团结才能保证中国的新生,才会根绝再一次世界战争。

为了配合新四军部队武装解放上海,《新生代》发了一篇介绍反法西斯战争中法国地下武装的文章《自由法兰西的灵魂——地下军》,作者为洛汀(陆伯埙)。文章的末尾,引用了一个地下军工作人员的话:"为了祖国的复兴,我们都准备流更多的血和生命,去争取法兰西历史上的光荣!"如果说把其中"法兰西"一词换成"中华民族",那是完全可以代表他们自己的心声的。

其他还有《我们应该做些什么》(凌敏)、《从黑暗到天明》(史青)、《盘剥》(司马倩),诗歌《上海颂》(沙鸥)、《新生代进行曲》(黎扬),黎扬即丁景唐。

丁景唐的诗如下:

> 我们歌唱,歌唱胜利的节日来到,
> 我们歌唱,歌唱祖国新生代的光芒,
>
> 我们行进,行进在广阔的街道,
> 我们行进,行进在大地的胸膛。
>
> 法西斯蒂强盗已被打倒,
> 希望开花的良辰已经来到,
> 民族解放的旗帜灿烂辉煌。
> 快把苦闷彷徨的情绪赶跑。
>
> 新生代的战士英勇健壮,
> 在战斗的行列间,迎接——
> 诞生在火花中的曙光,
> 把民主、自由、平等的新中国创造。

《新生代》印了1500册,在日本宣布投降两星期后,就出现在街头的书报摊上,同青年读者见了面。可是不到三天,刊物就从书报摊上消失了。田钟洛跑到书摊上问,回答是"卖光哉!"。这三个字给同志们很大的安慰和鼓励,决心筹备第二期的稿件。

此时,丁景唐向青年编辑传达党中央的决策:新四军暂不解放上海,所有地下党员都要作长期隐蔽的准备。《新生代》出版了一期就停刊了。办刊物的三位同志各自接受新任务:沈惠龙搞中国技术协会,冯大文到闸北水电厂,田钟洛当了复刊后的"上海联"刊物《联声》的编辑。

二四　紧跟"时代"

1945年9月15日,上海出现了一份刊物《时代·文艺》,主编是丁景唐,这是他在朋友张朝杰推荐下出任的。

1945年8月日本投降不久,张朝杰的好朋友香港岭南中学的同学周幼海来找他商量,想出资创办一份刊物,苦于找不到合适的人来当编辑。周幼海是大汉奸周佛海之子,1946年加入中国共产党,1985年因病逝世,时年63岁,是上海市安全局的离休干部。张朝杰对他说:"我找找朋友,看能不能帮上忙。"

这天,张朝杰到延安中路四明村(今延安中路913弄)董家,找到董乐山,说明来意。两人一商量,不约而同地想到丁景唐。此时,丁景唐就职的《小说月刊》已停刊,他们估计他会答应的。

于是,张朝杰约了丁景唐、董乐山,一同到周幼海家,即湖南路周家花园,一起商量出刊物的事情。最后决定由丁景唐任主编,周幼海任编辑,出版一综合性刊物,刊名为《时代·文艺》。

刊物在延安中路靠近成都路的富通印刷厂承印出版,这是地下党设的一家印刷厂。

第一期出版后,董乐山告诉张朝杰,当局已下令,出版报刊必须先取得许可证。张朝杰听后,去找南模中学和圣约翰大学好友宓剑青帮忙。他父亲宓季方是老报人,《辛报》创始人,上海滩新闻界知名人士,认识很多人,估计有办法。果然,过了不久,董乐山对张朝杰说许可证拿到了。

办刊物得有稿件,丁景唐利用自己的人脉,动员党员作家郭明、成寂(陈给)和董鼎山、董乐山兄弟俩,为刊物撰稿。

丁景唐也以黎扬为笔名,写了《诗的纪念日》,最后一段是这样的:

　　荒僻的乡土烟囱耸立
　　像森林般举起了手臂

> 无星的黑夜已经消失
> 曙光中诞生一个诗的纪念日

《时代·文艺》第二期主题是要求严惩卖国贼。可惜出版不久,即停刊,因为周幼海被戴笠强行"护送"到重庆,与父母一起软禁在白公馆。

丁景唐对刊物初创的情况毫无知晓,后来才知道,张朝杰在艰难时期对当年邀请丁景唐主编之事,没有透露一字,令丁景唐敬佩不已,说:"历史的多变性与复杂性,常常出人意料。回首一份杂志的创办,可以为我们评价历史人物多一点真实佐证,这可是难得的文坛史料啊!"

1949年5月上海解放后,张朝杰在《青年报》编辑部工作。有一天,他到市委宣传部去,在走廊里惊喜地遇见丁景唐,两人都很高兴。丁景唐将自己的真名、家庭住址、电话都告诉了张朝杰。至此,两人开始来往。有一次,谈起《时代·文艺》,丁景唐说,刊物的撰稿人用的都是化名。张说,自己原来有两本《时代·文艺》,后来因为搬家,已经找不到了,后来丁景唐送给他两本复印本。

当年,《时代·文艺》停刊后,丁景唐仍坚持在编刊物,这份刊物叫《时代学生》,是地下党学委领导的学生刊物,由学委书记张本联系,创刊于1945年10月16日,到1946年5月10日停刊,共出13期。

此份刊物筹备期极短,丁景唐以《小说月报》和《译作文丛》编辑身份出面当顾问,直接找在青年会团契听过他讲授文学知识、受过他影响的学生界的熟人朋友筹备。

那天,丁景唐到圣约翰大学去找英文系女生阮冠三(袁援),表面上看,丁景唐是以《小说月报》的编辑和上海基督教青年会文学团契的讲课人的身份,去找《小说月报》的作者谈稿件;其实,袁援那时是圣约翰大学地下党英文系党小组的组长。丁景唐去时,正好是课间休息,她把丁景唐领到较为僻静的大榕树下,坐在横卧在地上的树干上。丁景唐说:"希望在这迎接'天亮'的大好形势下,你能组织一些要好的进步同学,迅速筹办一份能代表学生呼声、引导学生前进的刊物。"袁援听了,沉思片刻,说:"让我考虑一下,您三天之后再来校找我。"

过了三天,丁景唐再去找袁援,她同意接受这项工作。接着,丁景唐就教她如何去做。丁景唐说:"首先要团结一批积极分子;第二,要筹募一笔基金,用来买纸张、印刷、发行、付稿酬、赠送创刊号;第三,要找一个刊物编辑部办公和对外联络的地方和电话;第四,要有一个可靠的印刷厂;第五,要建立一套发行网。创刊号一出来,马上要找一些上层关系,到国民党市党部登记,争取合法地位。约请著名人士写稿,写评论及编辑工作,都由我负责,你们不要管了。你们也要组织一些进步同学写稿。为了反映学生的呼声,准备专辟一个《学生座谈》的栏目。"

袁援按丁景唐的嘱咐,工作做得非常出色。她发动同学们向自己的家人、亲戚、朋友吁请捐款,约一批党员和积极分子写稿。编辑部设在同学薛庄的家里,她家在莫利哀路(今香山路)1弄3号。丁景唐曾几次以公开身份到那儿去,和他们商量办刊物的事情。其中有一次,是和陈昌谦一起去的。

过了好多年,袁援才告诉丁景唐当时的想法。原来那天她看见丁景唐突然来找她,要她筹办学生刊物,她就估计这不会是丁景唐的私事,但党的纪律是不允许发生横的关系,在没有得到党组织的指示之前,她不好作任何表示,所以用了缓兵之计,说:"让我考虑一下"。

那天袁援离开学校后,向自己的上级领导夏孟英作了汇报。夏孟英说:"这是学委的任务,与圣约翰大学的党组织不是一个领导系统,但你应以公开身份,团结一批积极分子,筹办杂志,这也是为'天亮行动'创造一个舆论阵地。"回校后,袁援立即联系了圣约翰大学的同学成幼殊、潘惠慈、吴宗锡等人,一起为刊物出力。

成幼殊的笔名为金沙,是老报人成舍我的女儿,成舍我当时任《世界日报》《立报》的社长。丁景唐曾把她的诗介绍到《上海诗歌丛刊》《女声》上发表。

在《时代学生》的创刊号上,有一篇丁景唐写的《后记——代发刊词》,署名"编辑室"。文中写道:

> 第一、我们希望《时代学生》能广泛的散布于同学们手中,让同学帮助,支持,甚至于加入我们的队伍,使它更能报道生活情形,沟通思想情绪,提出呼喊要求的任务。使它更确切的成为全上海同学间的一个联系,一块自己的领土。
>
> 第二、我们希望《时代学生》能获得更多的社会先进人士的关注。我们也将尽量敦请青年的先导们为本刊撰稿。要使《时代学生》不但成为同学们的会场,并且在会场上还能听到些知名之士,针对学生种种实际问题的宏论,使本刊能在广泛的同学们中起一点领导作用。

第一期上有《上海学生的要求》和《论伪校学生的学籍问题》两篇专论,提出了当时上海学生的状况。为了纪念鲁迅逝世9周年,刊登了锡金写的《鲁迅诗话》,编者介绍了这篇文章,说:"以诗人来论述诗人,自有独到之处。"锡金的《鲁迅诗话》是由某个大学生、原行列社成员去约来的。锡金在文中点名批评唐弢,审稿时忽略了,印成后才发觉,修改后,重印了一部分,所以流传的《时代学生》创刊号有两种版本。在谈到朱维之的诗《在雨中过40岁》时说:"含意深刻,实不可多得。"

崭露头角的袁鹰特地写了《何冰》,这是反映学生生活的小说。还有通讯《黎明前的作祟》,报道了江西在日军投降前夕所遭受的一次灾难。

《时代学生》出版后,马上引起一些人的注意。有一个三青团分子来打听刊物的背景。法国公园(今复兴公园)茶室老板对薛庄的嫂嫂说:"听说莫里哀路1弄3号里有共产党活动。"

为了安全,丁景唐和同志们立即做了两件事,一是在1945年底刊物出了第5期后,将编辑部转移到圆明园路16号;一是在第6期上,刊登一份特约撰稿人的名单,有:丁英、王治心、白约翰、朱维之、李登辉、周建人、胡曲园、陈巳生、崔万秋、魏金枝、顾仲彝、顾惠人、成舍我。这些都是积极分子以子女、学生、后辈的身份分头去征求同意的。

这份名单中,李登辉是复旦大学校长;白约翰为英国籍教育家,当时是麦伦中学校长;成舍我是《立报》董事长;陈巳生是著名企业家;崔万秋是《大晚报》总编辑;王治心是老国民党员,沪江大学中文系主任;其他是著名的文学家、教育家,都是社会知名人士。丁英(即丁景唐)位列其间,那是组织上出于培养他当刊物顾问的需要。

为了培养文学青年,刊物发起征文比赛,第一次征文有4篇得奖。

《时代学生》出过3期特刊:第2期是战后教育特辑。约请许多教授写稿,如胡曲园的《谈战后教育》、顾仲彝的《战后教育改进的简议》、蔡尚思的《战后历史教育的改进》、朱维之的《战后文学教育》。丁景唐用"丁英"的笔名,写了《关于教育复员》。

第3期是助学运动专辑。有郑振铎的《为助学金呼吁》、顾仲彝的《关于助学金运动》。自第3期出版以后,丁景唐就不管实事了,由陈昌谦负责领导。

第7期是追悼昆明死难师生大会特辑。1945年12月1日,国民党政府派出大批军人、特务,冲进昆明西南联合大学,镇压要求和平、反内战、反美国干涉中国内政的师生,制造了"一二·一"惨案。消息传开后,9日,延安各界集会声援昆明学生的斗争,周恩来、吴玉章发表演说,揭露反动派的罪行。是日,重庆各界举行追悼"一二·一"烈士大会,要求审判凶手。

1945年12月12日出版的《学生时代》第4、5期合刊上,及时报道了《昆明学潮惨案》和《重庆大学生生活》。在第7期特刊中,有《全国学生站起来了》《上海学生怒吼了》《万人大会争民主》《昆明殉难四烈士传》,封底刊登了戎戈的木刻《于再先生精神不死》。第11期上,又刊登了《昆明四烈士出殡记》。

二五 《文坛月报》

抗日战争胜利后，丁景唐争取原先出版《小说月报》的联华广告图书公司总经理陆守伦，不再复刊《小说月报》，改办成传播新文艺的《文坛月报》。

丁景唐和王楚良、林淡秋商量，邀请老作家魏金枝当主编，陆守伦做发行人，丁景唐一人具体负责编辑、组稿、校对、印刷，甚至设计广告等事。这个刊物实际上成为中共上海地下党组织文委系统的党员作家支持并团结上海和解放区、大后方三方面作家共同合作的一份进步文学刊物。

《文坛月报》于1946年1月20日创刊，共出版3期。第2期出版于1946年4月10日，第3期出版于1946年5月10日，由联华图书广告公司出版。这个刊物得到文委部门诸同志的支持，较好地贯彻了党领导的文化统一战线方针。

魏金枝写了陆守伦署名的《创刊辞》，阐明了发刊宗旨："这精神食粮，非为占有，而为贡献；非为杀戮，而为共鸣；故可取之无尽，用之不竭，既可以之忘却人间的黑暗与痛苦，更可进而消除人间的黑暗和痛苦。"《创刊辞》中，还有一些耐人寻味的话，如："而作者的着想，在这洛阳纸贵的高压下，亦难有问世的机会。我们不信抗战的疮痍已经平复，人心的忧闷已经解除……"

当时，抗日战争虽然已经结束，但内战的危机随之来临，国民党反动派以各种宣传检查机构扼杀进步的报刊杂志，追捕革命文艺家。在这种情况下，魏金枝只能用隐晦曲折的话来点明形势，说清意图。

《文坛月报》刊载的稿件，来自解放区的有刘白羽的小说《发亮了的土壤》、散文《从〈荷兰之家庭〉想起》，周而复的小说《地道》，胡征的诗《好日子》，张水华、荒煤、杨文、姚时晓合写的话剧剧本《粮食》。这些作品给上海沉闷的文坛带来了清新的空气，战斗的气氛，奋斗的勇气。

特别要提到剧本《粮食》，这是个五幕剧，但在第3期上，只登了序幕和第一幕，原来打算连载的，后因刊物停办而没有继续刊出。这个戏通过抢粮、护粮，反映了游击区的人心所向。《粮食》在解放区演出时很受欢迎。第3期的《编后》中写道："《粮食》一剧，在北方颇为风行，取材风格，多和此时此地，有点异样，特为介绍，以广眼界。"

《粮食》集体执笔之一的姚时晓曾说：《粮食》是1944年秋冬之间写于延安党校。当时，从敌后来的同志给他们讲了些素材，他们就是根据这些故事创作的。在延安演出时，有凌子风、马可、于蓝、陈强等演员。1948年底，香港出版了单行本《粮食》，哪个出版社已记不清了。1985年4月30日《新民晚报》上，鲁虹的文章《布莱希特与中国》中提到，布莱希特"曾把中国话剧《粮食》搬上他的柏林剧团的舞台"。

来自大后方的有艾芜的长篇小说《落花时节》、散文《聪明的皇帝》，沙汀的小说《访问》，胡风的论文《答文艺问题上的若干质疑》，舒芜的散文《买墨小记》等。

上海作家有夏丏尊特为茅盾剧本《清明前后》写的评论《读〈清明前后〉》、戈宝权的作家研究《罗曼·罗兰的生活与思想》、刘大杰的散文《忆李劼人》、林淡秋的小说《伤兵母亲》、束纫秋（越薪）的小说《节日》、王元化用笔名"函雨"写的小说《舅爷爷》、满涛用笔名"方晓白"写的小说《生产的故事》、艾明之的小说《幼芽》（这篇小说曾被译成日文）、《士敏土》的译者董秋斯写了《关于〈士敏土〉》、萧岱的长诗《厄运》等。

当时，为了培养青年作者，从作品中看出作者的思想倾向，给党组织输送新鲜血液，《文坛月报》向社会上广为组稿。所以在《文坛月报》上，时常有无名之辈的作品。如第3期上的萧蔓若小说《冷老师的倔强》、项伊的报告文学《大年夜》。

为了让这些新作者更早地为人们了解和重视，魏金枝在《编后》中会特地书上一笔："这期有新人萧蔓若的《冷老师的倔强》，报告方面有新人项伊的《大年夜》，均值得一读。萧君的风格，颇似沙汀先生，而项伊君的风格，亦活泼爽利。努力写作，将来都会有前途的。"

主编魏金枝写了小说《苏秦之死》《关不住了》《死灰》。丁景唐用"丁英"的笔名写了散文《灯》，用"洛黎扬"的笔名写了诗《欢迎的期待》。

抗日战争胜利后，组织上曾一度要将丁景唐的共产党员的身份公开。那时我党准备接管上海，拟由刘长胜任上海市市长，张执一任副市长，采取武装起义形式，以接应新四军解放上海。当时，普陀区已经做好了起义准备，丁景唐有个老同学准备在那里参加。但是，很快就接到上级指示，计划停止了。

那时，《新华日报》要丁景唐推荐赵自、周朴之到福州路某处去见筹备处主任，后也因解放上海的计划改变而停止。

1946年1月10日,由张群(不久改为张治中)、周恩来、马歇尔主持的三人军事委员会,就停战问题达成协议。是日,政治协商会议在重庆开幕。1月16日会议通过《和平建国纲领》等议案。可是到了3月,国民党政府发动全面内战,在这种形势下,上海不少刊物先后停刊,《文坛月刊》也遭夭折。

二六　文青联谊

上海文艺青年联谊会(简称"文谊"),这是抗日战争胜利后,上海第一个公开成立的文艺青年团体。

(1) 起因

"文谊"的党组织领导,最初属于"学委"系统,到 1946 年 4 月,由丁景唐征得"学委"领导人同意,将他的组织关系,包括和丁景唐直接联系的党员,转至唐守愚领导的"文委"系统。唐守愚生于 1910 年 1 月,山东梁山县人。1933 年加入中国共产党,1935 年毕业于北京大学历史系,后到上海同济大学建立秘密的共产党外围组织——抗日救国青年团,参加的有顾德熙、朝鲜籍学生李滢来、汪珊(江海粟)等八九人,形成一个领导同济大学学生运动的核心力量。后又以全国学生界爱国会的身份,派到广西进行社会活动。抗日战争时期,历任中共江苏南通地区江北特委书记、中共江苏省委及上海局文委书记,当时化名唐绍宗,在他领导下的有:王元化、邹凡扬、姜椿芳(《时代日报》创办人),以及大联教(群众团体)、《经济周报》,还有就是丁景唐主持的"文谊"。唐守愚于 1992 年去世。

丁景唐将需要留在"学委"搞宣传工作的党员陈给、陈联等人的关系移交给陈昌谦(解放后曾任新华社摄影部副主任、中国摄影家学会副主席兼秘书长),将需要回到交通大学等处去工作的沈惠龙、金如霆等关系交给"学委"。

从事文艺青年工作的郭明、董乐山、江沨、田钟洛仍留在丁景唐处,一起筹备"文谊"的成立。

为"文谊"的成立,丁景唐与一些同志,分别征求鲍士用、杨国器、杨志诚、戎戈、成幼殊、周晔、周朴之等人的意见,酝酿"文谊"理事名单。后来丁景唐才知道鲍士用、杨国器、周朴之都是共产党员。

那时,根据纪律规定,地下工作者彼此是不能暴露各自身份的。这种垂直领导,而非横向关系,是现在年轻人难以理解的。

"文谊"性质是党领导的团结教育广大爱好文艺青年的群众性文艺团体,它争取中华全国文艺协会(即"文协")的指导,并作为公开合法的文艺青年群众团体开展文学、艺术的活动,成立文学、艺术小组,举行文艺晚会和讲座等,以提高文艺青年的文艺修养和写作能力。

在公开的宣言和简章上,宣传党的政治主张和文艺思想,汇集到反对美蒋的政治斗争和争取和平民主的运动中去。

丁景唐和几个党员交换意见后,由丁景唐征得"学委"领导同意,在筹备工作完成后,几个党员作了分工:郭明主持会议,丁景唐作筹备工作报告,并提出15个委员(理事)名单,董乐山负责起草简章和告文艺青年的一封信,江泖负责整理会员名单和部分会员的联系。

筹备工作最吃重的是争取"文谊"指导,邀请老作家出席会议并讲话。

当时,党派中共代表团上海办事处的"文委"成员、"文协"理事叶以群和上海"文委"系统的蒋天佐协助"文谊",与"文协"加强联系。那时,叶以群公开身份为中外文艺联络社专职负责人,《文联》月刊主编,蒋天佐的公开身份为《民主》周刊编辑、《大公报》文艺副刊编辑。

"文协"推郑振铎、许杰、许广平、赵景深、蒋天佐、朱维基,还有"文协"会员兼"美协"负责人陈烟桥,出席"文协"成立大会。

"文协"曾开会研究,推张骏祥、许杰、赵景深为"文谊"的顾问。这三位顾问,在中国文化投资公司楼上,与丁景唐、杨志诚等人开了一次见面会,建立指导关系,给予鼓励。

田钟洛写了一篇文章《文艺新人联谊》,刊登于1946年2月11日《世界晨报》4版上,内中罗列了15位执行委员,有闻歌(包文棣、辛未艾)、丁英(丁景唐)、郭明、刘铁夫、胡序华(胡德华)、袁鹰(田钟洛)、金沙(成幼殊)、周晔、齐洛(陆兆琦)、蒋文治(李大达)、戎戈、田英(杨国器)、陈雪帆、鲍久(鲍士用、席明)、戴容。这些委员分别来自文化、学校、职业三个部门。

在成立大会举行前两天,负责起草宣言的董乐山,突然让人给丁景唐送来一信,说他因故不能起草了。丁景唐紧急自行起草了两个文件,然后骑自行车赶到中国文化投资公司印刷厂,找熟人突击赶印出来。那是32开两面印的宣言和告文学青年书,在成立大会上分发给出席会议的会员和"文协"、"美协"的几位作家。

(2) 成立

1946年2月10日(农历正月初九),上海文艺青年联谊会在南京路劝工大楼中国国货公司职工俱乐部召开成立大会。

首先,由丁景唐报告筹备经过,向出席会议的会员和新闻记者一百余人,逐一介绍"文协"的作家郑振铎、许杰、许广平、蒋天佐、叶以群、赵景深、陈烟桥、朱维基,代表文学青年向他们表示敬意。

丁景唐提到许广平和朱维基曾在日军全部占领上海时,被日本宪兵队逮捕入狱,郑振铎也受到日本人的迫害,激起大家对日本侵略者的义愤。当时,许广平的《遭难前后》在《民主》上只发表了最初几篇,她在日本宪兵队受到的种种酷刑和凌辱,以及日本宪兵队抢夺鲁迅1922年日记等事实,还未刊登,因此,与会者对许广平之事未能全面了解。

接着,上海音专瞿希贤宣读向作家的致敬信和宣言。现在这份宣言已不易见到,丁言昭在1946年2月11日《时代日报》上,查找到《沪文艺青年联谊会成立　发表宣言号召共同努力》一文,内中恰巧有此宣言,故记录在下:

> 在现今中国迈向和平建设,人类春天开始的时候,我们一群上海的年青的文艺学习者,因着文艺的共同爱好和对于新中国文艺的热忱,我们深深地感觉到在我们中间有一个组织机构的必要。如此我们团结起来,以冀在文艺的领域内相互学习,相互鼓励,而想对新中国的文艺工程有所贡献。
>
> 八年的民族解放战争给我们带来了胜利的荣光和民主力量的增长,使我们年青的后一代能获得言论、集会、结社这类基本民权初步的保障。我们得向无数为争取民族解放、民主自由而奉献了他们的鲜血与生命的战士,那些忠实于祖国和人民利益的作家,致我们诚挚的敬意。然而我们也决不会遗忘这八年中,在敌伪刺刀底下我们所曾经遭遇到的一切苦残的迫害。在那些黑暗屈辱的日子里,上海文化界遭到空前的劫难。优秀的作者惨遭杀戮和监禁,大批正义的书刊被销毁,检查制度的横行不法,特工的恐怖威胁,生命失去了保障,言论、出版、集会、结社等自由更是绝对地被剥夺着。而民族败类,无耻文人他们所干的卖国殃民的勾当,以及帮同敌人摧残文化的罪行,也是我们所记着的。我们遍受了生活的煎熬,疾病的困扰,饥寒的追逐。一个无星的黑夜笼罩在我们的头上。但就在这样的黑暗中,我们仍旧燃烧着对祖国胜利和人类幸福的信心。我们也没有放松我们对文艺和写作的学习。正因为我们是在黑暗中摸索过来的,我们才更懂得在黑暗中孤独地摸索的痛苦。
>
> 过去,我们是孤独的,散漫的,从今天起我们应该而且必须团结一致,用集体的力量来进行文艺的学习和从事写作,我们相信集体的力量

一定能克服各种困难和阻扰。让我们集合在民主自由的旗帜下,努力为展开中国文艺运动的一页而奋斗!

然后,许广平代表"文协"第一个讲话,这是她较早一次在群众集会上的讲话,她强调文艺不能离开政治,也不能离开时代和环境。第二发言的是赵景深,他非常赞同"文谊"简章里所制定的各种经常工作,例如文学讲座、出版刊物、文艺座谈。第三个上台讲话的是许杰,他说,青年们是可爱的,有力的,在社会上磨炼出来的青年特别有力量。为此,他希望"文协"和"文谊"特别能注意在各职业部门的文艺青年,因为他们一直在暗中摸索的。许广平、赵景深和许杰的讲话,赢得文艺青年的欢迎和敬意。

随后,会议选举了15人为执行委员。全体代表通过用大会的名义致函大后方的作家们及旅居海外的胡愈之、王任叔、沈兹九诸先生,表示慰问。

最后,瞿希贤指挥音专同学演唱了两首歌,一首是民歌,另外一首是《长城谣》。赵景深清唱两段昆曲:《刺虎》和《山东朱买臣》,嗓子不亚于专业的昆曲演员。

(3) 发展

"文谊"成立时,仅有丁景唐、郭明、袁鹰、江沨四位党员,1946年6月转至唐守愚领导的"文委"系统,逐步从宁波转来杨志诚,从《时代日报》转来朱烈,从"学委"转来廖临、吴宗锡,从小教转来陆子淳、章黎华,从苏州美专转来陆国英。

丁景唐他们也发展了戎戈、陆钦仪、陆钦颐、梁达(向前、范荣康)、吕林(徐益)、戴顺义(茹荻)、戴容和江静,田钟洛联系的唐启绅,廖临联系的蒋锡仍,陆钦仪联系的蒋壁厚(屠岸)。最盛时期,党员人数达23位。

"文谊"在上海的会员有:丁景唐、郭明、廖临、杨志诚、田钟洛、朱烈、戎戈、成幼殊、蒋壁厚、章丽华、陆子淳、吴宗锡、梁达、徐益、杨国器、陆钦仪、戴顺义、戴容、汪里汶、夏田、苏隽、周晔、唐铁海、马积先、陈新华、张香还、王牧群、周朴之、曹予庭、江沨、江静、马蜂、凌镇涛、凌逸飞、倪江松、李佩华、陆国英、朗里等。

北平有王勤本等。

天津有刘涤年、赵征等。

开封有苏金伞、兰洪蔚、刘易士等。

长沙有申奥等。

重庆有黄贞训、羊申甫等。

成都有周泽之、唐隆刚等。

南京有王宜、汪剑平等。

苏州有侯炜、杨波、姚爱仁等。

平湖有王守钿等。

绍兴有赵坚、杨起等。

余姚有周天鸣、楼聚楠等。

宁波有孙绍、谷正、胡回、周生聚、李万容、刘棣华、孙婴、孙瑞、华宣圭、童琇针、童永福、郑月明、毛右军、江静等。

杭州有夏之华、林培茵、徐景、吴祖塬等。

长兴有丁泽民等。

东阳有王达莫等。

建德有为通等。

宁海有吴鼎等。

定海有麦野青等。

奉化有平山等。

江山有邵伯周等。

镇江有鲍雨等。

常熟有梁毅等。

当时,香港也有文艺青年的组织前来联系,寄来油印刊物和香港文艺青年在清水湾畔祭萧红墓的照片。各地的"文谊"之友和上海的"文谊"经常保持通讯联系,研讨文艺问题。

宁波的"文谊"在孙绍的主持下,活动比较多,至今留下不少资料,有几期《宁波文谊》,特别是孙绍于1980年1月13日写的《关于〈上海文艺青年联谊会〉及〈宁波文谊〉的一些资料回忆》一文中,详细地讲了宁波"文谊"的情况。

孙绍从友人处见到一份上海"文谊"的会刊《文艺学习》第一期,觉得这个刊物与他以前看的其他刊物滋味不同:"它不但有一般的民生进步刊物共同的启发人的特点,更有民主、文艺青年迫切需要的精神食粮,读这杂志,只感到是可亲的朋友而不是高高在上的'指导者'。"

他马上写信给《文艺学习》编辑部,谈谈自己对现实的看法、感想、文艺青年的呼声等。

孙绍很快就收到上海"文谊"回信,信中讲得很平易、通俗,完全以朋友的口吻、谈心的方式,鼓励他要多读书,学习和关心文艺、社会等,还关切地询问宁波青年文艺的情况。信末署名为丁英,陆以真执笔。丁英即丁景唐。从此以后,孙绍与上海"文谊"联系上了,主要是与丁景唐联系,他介绍曹玄衣,即曹予庭寄刊物给孙绍。

孙绍对姐姐孙瑞、哥哥孙婴了说了上海"文谊"的情况,并把《文艺学习》给他们看后,孙瑞说:"这可能是一个真正进步的团体,你要多和他们联系。"

孙绍受到姐姐、哥哥的鼓励,在宁波青年中广泛宣传上海"文谊"活动情况,进行交往,经过一段时间的通讯来往,孙绍萌发成立宁波"文谊"的想法,并写信告诉上海"文谊"。不久,上海"文谊"给孙绍写了封正式信件,同意他们成立"上海文艺青年联谊会宁波分会",并介绍一些如何进行各种活动的方式,信上盖有方形篆刻公章,图章约 3.5cm×3.5cm 大小。后来为了保护各地分会的安全,能继续活动,总会通知他们,建议改为独立的团体,与总会是朋友关系。后来改名为"宁波文艺青年联谊会",简称"宁波文谊"。

"宁波文谊"出版了 6 期《宁波文谊》,先为周刊,后改为半月刊。第一期出版于 1946 年 8 月 14 日,印了 300 份,很快就售完,于是在 9 月 12 日再版。这是一张油印的十六开小报,刊载一些会员的诗、散文等,以及"文谊"活动的通讯报道。

在第一期上,有一组祝贺《宁波文谊》的创刊贺信,题为《文谊往来》,有包洪涛、麦野青、春风文艺社、泉谷、上海"文谊"等的贺信。上海"文谊"这样写道:"……我们相信有您们这许多热心的友人在宁波为'文谊'而努力,对我们今后新中国的文艺事业定有很大的贡献,在此谨向您们致衷心的敬礼。"

丁景唐时常寄稿件去,以示支持。在 1946 年 8 月 28 日出版的《宁波文谊》第三期上,发表了丁景唐一首诗《嘉陵江畔的悲剧》。因为此刊现在很难寻,又由于年岁已久,字迹模糊,很难辨认,因此勉强将诗抄录一段:

> 嘉陵江,在那些多难的日子里,
> 你也曾为火焰中的祖国掀起波涛,
> 如今却为何满载着热泪呜咽地流?
> 是那批可恨的人们贪污的斑痕,
> 耻辱了你光荣的声誉?
> 还是给生活榨压得骨棱棱的,
> 可怜的人们引起你的同情?
> 呵!你是替一个平凡的悲剧倾诉愤恨。

在《文谊短讯》里有关于丁景唐的一则消息:"上海会友丁英、曹玄衣等定十月初来甬,本会准备欢迎,闻丁英友并将带新著诗集同来云。"

果然,没过多久,丁景唐和曹予庭到宁波,见到孙绍、孙瑞、吕漠野、邱建民等人,相谈甚欢。

孙瑞用笔名"芸"写了篇书评,介绍丁景唐的《妇女与文学》,该书由上海沪江书屋出版于1946年2月。文章最后写:作者"精选民间流传的歌谣,暴露残余的封建社会里妇女悲惨的遭遇,各时代女性的画像,并指示妇女应走的路向——秋瑾女史的斗争等。作者寄予热烈的情感在书本里,愿大家以最真挚的眼光来接受它。"

文后有《编者按》,说:"《妇女与文学》是丁英君的近著,自出版以来颇受一般前进妇女关心妇女文学的朋友们所欢迎,此次本刊共收到同样稿件三篇,因本刊篇幅短小,不堪容纳,只选一篇,特向读者及其他二位作者致歉。"

"宁波文谊"组织流通图书馆,大家把各自的书刊拿出来,出借流通,互通有无,部分解决青年无钱买书,缺书看的困难。孙绍三姐弟把自家全部书都拿出来,丁景唐从上海寄去《妇女与文学》《文坛月报》,供大家传阅。

"宁波文谊"还组织文艺青年聚会,郊游会等。在中秋节的晚会上,青年们朗诵自己创作的诗歌。为了扩大影响,"宁波文谊"还积极与其他团体联系。

1946年十月的一天,丁景唐再次到宁波,住在孙家,与孙绍同屋,晚上两人长谈许久。丁景唐告诉孙绍如何辨别文艺界一些真民主进步还是假的,怎么样把那些"岂有此理"的事记在心里,摸索改革这种不合理社会的道理。孙绍觉得这是对自己思想政治上一次重要的启发和帮助。丁景唐顺便把带来的三十几张纪念鲁迅逝世十周年的照片送给孙绍。孙一直珍藏着,可惜在十年"文革"中丢失了。

丁景唐乘船回沪时,一路上与孙绍边走边谈,可是脚上的袜子不听话,一直缩到脚尖,痛得无法忍受,只得去买了一双新袜子。孙绍后来无限感叹地说:"可见当时这个'上海人'是怎样的清贫而专志于进步文艺事业了。"

(4) 出版"文谊"会刊《文艺学习》

由丁景唐主编的"文谊"会刊《文艺学习》,共出过三期,每期四开一张。第一期于1946年4月5日出版,第二期于同年6月6日出版,第三期于同年7月20日出版。

当时,办刊物的经济来源很困难,都是靠热心的会员捐助,一部分刊物由会员推销。该刊的征稿简约上写着:(1)我们欢迎一切反映现实生活的来稿:小说、诗歌、杂文、通讯、作家研究、书报评介、生活记录、影评批评。会员非会员均可投稿。(2)为了篇幅有限,文长为二千字为宜,长的稿子我们可以介绍到旁的文艺刊物去……

在《文艺学习》每期里，都有丁景唐用洛黎扬的笔名写的文章。第一期里有《上海文艺青年联艺会的诞生与成长》，在这篇近二千字的文章中，作者充满热情地谈了当前的形势，叙说了成立会上的场景，坦诚了"文谊"目前的困难，文中说："我们都年青，缺乏各种经验，而我们又没有一笔丰富的基金，也没有固定的会址，就在短促的成立时间内，我们已遭逢诸多种的困难，但我们凭籍了会友集体的力量与文协诸位先辈以及其他友人给我们的鼓励与协助，获得成功。"最后，作者向大家提出："我们希望我们自己这个年青的文艺团体，能虚心地多接近大众，用集体的力量克服各种困难与阻挠，改造自己，学习，学习，再学习！"

第二期有《上海文坛漫步》。文中介绍了上海文艺工作者编的七种刊物：魏金枝编的《文坛》、郑振铎和李健吾编的《文艺复兴》、胡风编的《希望》、孔另境编的《新文学》、范泉编的《文艺春秋》等。七种文艺综合刊：茅盾和以群编的《文联》、吴天编的《文章》、吴祖光和丁聪编的《清明》、顾颉刚编的《文讯》、郭绍虞编的《国文》等。还介绍了在外地出版，上海发售的杂志，有《文艺生活》（司马文森主编）《中国诗坛》《音乐与戏剧》等。

在这篇近三千字的文章里，丁景唐讲到刘白羽、林淡秋、周而复、杨朔、荒煤、姚时晓、沙汀、吴岩等作家的作品。最后，作者大声地呼吁道："'文谊'的友人们，努力学习，用我们自己的作品来展开上海文坛新的一页罢！"

第三期里有《上海诗坛漫步》，丁景唐用亲切通俗的语言，向朋友们介绍了当时诗坛上的诗人及其作品。

文章的一开头，丁景唐就比较客观地分析了一些诗作，他说："十全十美的诗作，是很少有的。何其芳的《预言》，偏重于少男少女的情趣，被生活煎熬的人大概没有'那份欣赏的心境'；任钧的诗集明浅有之，深刻不够，不及《冷热集》的泼辣；臧克家的《泥土之歌》，'拘谨'的手法，颇有技巧停滞的感觉。艾青的《大堰河》《向太阳》《他死的第二次》《献给乡村的诗》《雪里钻》《反法西斯》，可能会因为读者理解程度的深浅而大加赞美或认为晦涩的。"

作者觉得歌颂劳动英雄的叙事诗《吴满有》和柯仲平的《李娃和韩排长》，给新诗开辟了一条广阔的新路。

文中向刚刚学着写诗的青年朋友介绍了一些书，如石灵的《诗歌创作法》、穆木天的《怎样学习诗歌》，并说最近出版的艾青的《诗论》和李广田的《诗的艺术》内容丰富，写法新颖，但对一个爱好诗歌的初学者来说，远不如看黄药眠的《论诗》以及臧克家的《我底诗生活》，来得亲切而易于接受。

文章的最后一段，回顾了当时散见于各报刊杂志上的诗作，并进行点评，如袁水拍的《马凡陀山歌》用通俗的形式迅速反映当前的变动，在各种晚会的朗诵节目中获得无数的掌声；作为一个语文学家的倪海曙，写的那首悼念学者张志浩之诗,是稀有的佳作,倪海曙还用苏州方言翻译《诗经》和法国拉芳登等的寓言诗;萧岱的《厄运》、胡征的《好日子》、莫洛的《欢迎的期待》、苏金伞的《你走了》、杜运燮的《伟大的都没有名字》,都是可以再三阅读的好诗。文章结尾处,作者总结性地说:"在整个文化遭到厄运的时代,诗人的愤懑是更深的,正因如此,诗的种子也将在饥饿的地里愈益滋长起来!"

(5) 拜访文学巨匠:郭沫若、茅盾

俗话说,听君一席话,胜读十年书。为了提高文艺青年的水平,"文谊"编辑设法与文学巨匠——郭沫若和茅盾联系,约请他们来给青年讲座。为此,丁景唐、杨志诚(陆以真)、高梁去拜访了茅盾和郭沫若,顺便写了两篇文章,高梁的《郭沫若先生访问记》刊在《文艺学习》二期,陆以真的《和茅盾先生在一起》刊在三期上。

写于近六十年前的这两篇文章,有着珍贵的史料价值。

1946 年 5 月 24 日上午,高梁冒着蒙蒙细雨,跨入群益出版社,有人进去通报后,只听见楼上传来脚步声,他看见青年人崇拜的导师郭沫若缓步地穿着拖鞋,从楼上跑下来,哇,他好年青,出乎意料之外的年青,这年青的气息从他健康的体魄中,充满活力的谈吐中,无形地散播出来。

围着小圆桌宾主坐下,记者向郭先生介绍了"文谊"组织和宗旨,接着拿出《文艺学习》创刊号,郭先生看了看,笑着说:"《文艺学习》? 我看到过……"

为了不浪费宝贵时间,记者开门见山地问了好几个问题:在日本,怎么从学医转到从事文学的? 怎样开始写作的? 写作应该注意那一些事? 怎样来充实生活? 对于记者连珠炮的提问,郭沫若先生都耐心地一一回答。

他说:"学医主要是德语和英语,日本的教法与中国是两样的,着重于阅读。教材是外国著名的作品,如歌德的作品等。读了三年预科后,我增加了对文艺的爱好。进了医科后,因为听觉不便,自己不适合搞医,所以两年后便搞文艺了。起初我用白话写些诗,没有拿出来发表。在'五四'时期,中国大地上新文化蓬勃发展,提倡白话文,于是我将以往的诗投出去,登出来,这样便开始了写作生活。我到沪才十几天,发现上海的刊物很多,但是从事写作的人圈子狭小的很,而且眼前读者购买力薄弱,书报刊物的销量不多,文艺界应该将所有的力量集中起来。"

在记者告辞之前,郭沫若答应为"文谊"第二届文艺晚会演讲,题目为《文艺与科学》。

后来,郭沫若曾为丁景唐题诗。那是在 1965 年丁景唐从北京参加会议回沪后的一天,陈同生来电话说,郭沫若来沪,在上海文史馆练字,约丁景唐同往观赏。

当年,文史馆坐落在幽静的衡山路上,是一座精致的楼房。那天飘着细雨,文史馆的客厅里光线似乎不够明亮,但显得柔和温暖。郭沫若和夫人于立群正站在一张长桌两端各自挥毫作书。陈同生向郭沫若介绍丁景唐后,丁景唐就站在桌旁观赏。郭老挥毫入神,兴致甚高。在他为文史馆写了二三张条幅后,陈同生要丁景唐把名字写在纸上,递请郭老为丁景唐写一张四尺宣纸的字幅。郭老欣然同意,丁景唐帮着把宣纸铺平,郭老即落笔书写。但见上面写的是:

曩见梅花愁,今见梅花咲。
本来东风孕满怀,春伴梅花到。
风雨任疯狂,冰雪随骄傲。
万紫千红结队来,遍地吹军号。

奉和毛主席卜算子咏梅
书为景唐同志

郭沫若

郭老书写的原件无标点。上面抄件中的标点是丁景唐依据郭老收入《东风集》中的《卜算子·咏梅》添上的。这首诗是郭老作于1962年1月30日海南岛崖县鹿回头,盖春日前六日也。郭老为丁景唐书写的字幅右端盖有"乾坤赤"阴文长方印,郭沫若签名后盖上白文姓名章。"乾坤赤"三字,系取自郭老《满江红·1963年元旦书怀》结句:"迎春风革命展红旗,乾坤赤。"《满江红》词亦见《东风集》。

原件中的"咲"是"笑"的异体字。《鲁迅诗稿》第54页记载,1931年9月7日鲁迅书赠内山松藻归日本的欧阳炯《南乡子》词的手稿中也把"笑"写作"咲",如"咲倚春风相对语"。

对于书画作品,丁景唐很少收藏,郭老字幅是他留存的几幅书法艺术作品中的一件珍品,除欣赏他的遒劲俊逸的书艺外,尚可吟味诗意。

1946年五六月间,茅盾从重庆经香港到上海,丁景唐和"文谊"会员得到这个消息后,都渴望能见到茅盾,想得到他的帮助和指导。

根据会员的要求,借育才中学召开欢迎会。在致欢迎词后,朗里用宁波方言朗诵《欢迎茅盾先生》的献词,表演短小的文艺节目,会场气氛十分热烈。茅盾不但欣然到会,还发表演说,从青年的学习、生活谈到青年的创作。

在叶以群的介绍下,丁景唐和杨志诚去拜访他,并请他与"文谊"会员见面。

这天,丁景唐与杨志诚一起到山阴路的大陆新村6号二楼,离鲁迅住所九号很近。来客敲了门后,茅盾和夫人孔德沚迎了出来,像长辈一样把丁景唐和杨志诚领进房间,招呼他们坐下。先生住的房间很小,放了卧床、沙发、桌子、写字台,回旋的余地确实很少。这时,楼下人家正在生煤炉,浓烟一阵阵飘上来,弥漫在房间里,先生习以为常地与来访者坐在桌前谈话。

先生询问了"文谊"的情况,谈起文学青年的问题,感慨地说:"在中国,爱好文艺的青年人是那么的多,他们是文艺阵地中的小士兵,而作家呢,在中国也不少,他们好像是部队里的军长和师长。但是,缺少的是连排长啊!没有连排长,师长和小兵之间就脱了节。这军队还怎样去作战?"这个生动而又浅显的比喻,说得大家都笑起来。先生鼓励"文谊"要多做连排长的工作,还特别强调地提出,文艺青年的学习很重要,要学政治,也要学艺术技巧,平时要多读别人的作品,要不断提高自己的鉴赏能力。怎样才能学得生动活泼呢?先生建议他们办文学讲座,召开座谈会,多多练习写作,在学习中要开动脑筋。年青人既要尊重老一辈作家,但也不能盲从,重要的是自己的研究,真理总是一点一滴的研究中获得的。

那天,丁景唐他们拿出两份《文艺学习》,上面除约请老作家叶圣陶、魏金枝指导青年写作的文章外,刊登的都是会员的习作。茅盾由于长期写作,视力已经衰退,但他还是兴致勃勃地把刊物翻了一遍,说:"为了培植文艺新军,光是刊登了几篇青年作者的作品还是不够的,它应该对这作品作个简单批评,并且收集读者的意见,在第二期上刊登出来。同时这个刊物还可以选刊各种优良的文学作品,并且把它们好好地解释:它的内容是怎样,它的修辞是怎样……一个刊物的编者,他还应该尽可能地回答读者询问的大小问题。"在翻到刊物中《心得交流》专栏,那上面刊登的是各地通讯,他说:"通讯这件事情是有很大的社会意义的,你们要多做这方面的工作,把文学青年团结起来。"

在茅盾的娓娓谈话中,一个上午很快就过去了。丁景唐知道先生很忙,他刚到沪不久,白天文化界来访的朋友络绎不断,只好利用晚上工作。每天,从全国各地寄来的报纸、刊物、书籍很多,信箱里塞不下,丢落在地上。靠写字台一边的墙上,是插得满满的信袋。夜深人静后,先生才靠着放大镜阅读报刊上的文章,用红笔圈圈点点,看完后,小心翼翼地把这些报刊放进橱里,以备将来参考。

临别之际,丁景唐请先生为"文谊"题词。先生听后呵呵一笑,当即乘兴挥毫,在他们带去的米色纸上写下长长的一段话:"今天的文艺工作者不能籍口于'我是用笔来服务于民主'而深居简出,关门做'民主运动',他还应当走到群众中间,参加人民的每一项争民主争自由的斗争,亦只有如此,他的生活方能充实,他的生活才是斗争的,而所谓'与人民紧密拥抱'云者,亦不会变成一句毫无意义的咒语了。"

这份题词,由杨志诚妥为保藏,解放后交给丁景唐收藏。1990年"左联"纪念馆成立时,只有两张鲁迅与茅盾的复制品挂在墙上,他们向丁景唐征集文物时,丁景唐就代表"文谊"将茅盾的题词捐赠给"左联"纪念馆。1981年丁景唐和杨志诚合写了一文:《茅盾关心文学青年——记三十五年前的一次会见》,刊登在1981年8月出版的《青年一代》第4期。

(6) 举行文艺晚会

"文谊"原打算出出丛书,第一辑计八册,内有集体创作的文艺学习、中篇长篇小说各一,还有诗歌、杂文、戏剧、妇女文学、译文。均系会员作品,后来碍于经费,没有出版。

"文谊"聘请"文协"的老作家为顾问,先后成立文艺理论、小说、戏剧、诗歌、漫画木刻五个研究小组。据参加诗歌组的王牧群回忆,诗歌组的指导员是朱维基。有一次在劝工大楼教唱青海民歌,大家学得很快,小组活动结束时,已唱得相当流利了。当时王牧群才22岁,是惠恒小学的老师,解放后,在上海文艺出版社任编辑。他是由田钟洛和周朴之介绍参加"文谊"的。

"文谊"根据文艺青年的特点,开展多种形式的活动,如文艺晚会、文艺演讲会、文艺周会、讨论会等。共举行过三次规模较大的文艺晚会。

1946年3月,在八仙桥(今西藏南路)青年会大礼堂,由郭明主持,邀请叶圣陶和赵丹演讲。赵丹讲到在新疆被盛世才残暴投入牢狱事,情绪激动,痛哭流泪,激起听讲的文艺青年对新军阀盛世才的极大愤怒。演讲后,还有朗诵、歌咏节目。

1946年5月举行的文艺晚会,许杰、柯灵、戈宝权等都来了,坐在前排。晚会上演出周朴之写的活报剧《十字街头》,由钱英郁导演,"文谊"戏剧组演出。内容是以"沈崇事件"为素材,写美国水兵殴打我国黄包车夫,调戏我国女学生,最后引起群众的公愤,起而反抗。那天演出时,舞台上出现真的黄包车,那是会员从街上租来的。节目还有公济小学的四十人大合唱,朗里用宁波话朗诵苏联诗人西蒙诺夫的《等一等》,小陆朗诵屠格涅夫的散文诗《门槛》。最后是独幕剧《拿破仑在后台》,当时没有尼龙袜套,扮演拿破仑的演员就穿了条白色的棉毛裤上台演出。

另一次文艺晚会是在同年6月举行的。那天由住在山阴路留青小筑的梁达（范荣康），到对面四达里群益出版社邀请郭沫若。两人雇了辆三轮车，到山海关路育才中学礼堂。郭沫若到会演讲了《文艺与科学》，接着田汉讲话。演出的节目有歌咏、诗歌朗诵、独幕剧《封锁线上》和钱英郁导演的《女秘书》。

"文谊"还通过叶以群约请胡风，在同孚路新大沽路口同德医学院教室演讲有关文艺问题。丁景唐当时在场，胡风到来，丁景唐因有事，必须先走，便托廖临主持会议。"文谊"还请戈宝权和袁水拍（马凡陀）在大世界附近的红棉酒家楼上，向"文谊"会员演讲《苏联文学》和诗歌的写作与欣赏。那时，袁水拍写的《马凡陀山歌》最受文艺青年的欢迎，社会影响很大。那两次活动是由在上任元企业公司任事的会员盛吉甫（盛丕华侄子）安排会场的。

(7) 为纪念日或传统节日组织活动

每逢纪念日或传统节日，"文谊"专门组织活动。

如1946年的端午节，在上海辣斐剧场（今长城电影院）举行一次规模不小的"诗人节"活动。主持会议的是戈宝权，茅盾来了，文艺界不少同志都来了。会上，赵丹朗诵郭沫若的《雷电诵》，一个宁波青年朗诵赵方拂的讽刺诗《我们来自大后方》。

1946年是鲁迅逝世十周年。5月4日青年节这天，会员们走了好多路，到万国公墓去祭扫鲁迅墓。为了表达文艺青年对鲁迅先生的哀思，他们在墓上献了一束花，花是用会刊《文艺学习》的创刊号包扎起来的，他们心中默默地说："如果鲁迅先生在天有灵的话，希望能接受我们这份礼物。"有一个会员还朗诵了鲁迅的杂文。最后大家一起唱了追祭歌。

同年10月19日，中华全国文艺界协等12个文化团体，在上海辣斐大戏院举行悼念鲁迅逝世十周年大会，"文谊"部分会员也前往参加，大家兴奋地聆听了周恩来的讲话。翌日早晨，丁景唐和"文谊"会员、"文协"、各团体、文化界人士、青年学生等又步行参加鲁迅墓祭，见到了沈钧儒、郭沫若、茅盾、许广平、冯雪峰、洪深、田汉等老作家，聆听了他们的讲话。当时一位之江大学女学生，将他们演说时的形象拍摄下来。田钟洛曾送给丁景唐两套，丁景唐将其中一套捐赠给上海鲁迅纪念馆，幸得完整地保存下来，成为珍贵的文献资料。

"文谊"除了搞文艺活动外，还积极参加社会上的进步活动，如参加欢送上海人民代表去南京请愿的"六二二"大游行等。影响比较大的一次活动是，1947年2月7日在劝工大楼发生国民党特务打死国货公司职工梁仁达的惨案后，"文谊"在1947年2月18日发出抗议书。这份油印资料，经会员张香还珍藏了三十多年，终于保存下来。现将全文抄录下来，印刷不清处以□号标明之：

我们站在文化工作学习者的立场上，对2月7日劝工大楼事件表示抗议。

胜利后一年半以来，由于好战分子的日益猖獗和整个社会经济基础因美国货倾销及官僚资本的垄断而引起的不稳和紊乱，已使全民族遭受到更大的苦难，就文化事业而言，言论出版自由没有兑现，大批进步出版物遭到直接或间接的打击，作家生活的失去保障，好莱坞影片的汹涌，文化事业受到捏杀，统制，民营报纸相继夭折……凡此种种，我们认为不但是文化事业的厄运，也是整个民族的危机。

上海百货业□工会发起的爱国国货运动，我们认为是挽救祖国命运维护民族尊严的新□民族□□的呼声。我们终于又亲眼见到了在号称民主模范的国际都市残害无辜人民达四十分钟之久的血的惨案，而事后在一切御用报纸中我们更看到了罪恶势力蒙蔽真像制造谎言的无耻嘴脸，在伟大的死去英雄身上，这批苍蝇嗡嗡着叫着，并且撒粪。

这是每一个有良心的人所不能容忍的。鲁迅先生说过：墨写的谎语决掩不住血写的事实。我们相信，每个爱好文艺的，也热爱正义，我们相信所有对文化事业有热忱的人士包括在报社里有良心的新闻工作者，都有正视血淋淋现实的勇气，并且，把自己的命运和梁仁达烈士的命运连接在一起的。

死者和伤者的血照亮了路，我们要冲破黑暗前进，我们的要求是和广大人士的要求一致的，我们也一定和爱国人士在一起，为死者伸冤，为伤者泄恨，用我们的笔，向全国文艺的爱好者宣扬真相，戳破黑暗制造者的无耻面目，踏着先烈的血迹，去迎接黎明的来临！

下边签名的有：洛黎扬（丁景唐）、薛汕、袁鹰（田钟洛）、朱烈、包蕾、方拭、金沙（成幼殊）、徐淑岑、陆海、戎戈、葛原、张香还、沙鸥、项伊（陆钦仪、陆谷戈）、黄水、马蜂、英郁（钱英郁）、以真（杨志诚）、史亭（金如霆）、席明（鲍士用）、泥□、田□、子□、萧禺、刘岚山、徐益（吕林）、周晔、谭林、罗林（廖临）、□纹、魏绍昌、凌铸（凌镇涛）、□□、沙□、鸣声、牧群（王牧群）、廖晓帆、向前（梁达、范荣康）、罗马、沙龙、郭明（郭锡洪）、李洁、江松（倪江松）、□平、□

洛、□□、高□、叶平、小诃(赵自)、茹荻(戴顺义)、罗平、唐炜、徐渡、唐棣、玄衣(曹予庭)、容戈、史华、李志耕、黎华(章丽华)、萧毅(周朴之)。

上述的签名人中大部分是"文谊"会员,少数是他们联系的文艺界人士。

(8) 向中国福利基金会求助

1982年10月28日丁景唐收到中国福利会吴之恒的信,内中写道:

> 我们在整理中福会历史资料中,看到在基金会时期有一卷关于上海文艺青年联合会的资料,主要是来信要求中国福利基金会给予经济支援。该会联系人陆以真、廖梦醒同志有复信约面谈,但是否给予帮助,没有记录或材料。此卷资料有该会出版的《文艺学习》三期。据冯秉序同志说,该会是地下党搞的,是你在组织的。
>
> 我们在整理基金会当时帮助文艺界的资料,有不少对文学、戏剧、翻译等经济支援资料,但青年文艺联谊会只有要求,没有结果。请回忆一下,是否可以提供一些情况。

冯秉序说的一点儿也不错,"文谊"是地下党领导的,当时"文谊"成员都是穷学生和穷职工,没有经费。党组织曾经通知丁景唐,有困难时,可以到中国福利基金会去请求帮助。于是"文谊"在1946年6月21日给中国福利基金会的领导人宋庆龄同志写信。根据丁景唐鉴定,信件是杨志诚(陆以真)的笔迹。原文如下:

宋庆龄先生:

> 我们是一群爱好文艺的青年,在中华文艺协会上海分会的赞助下,于本年的2月10日成立了上海文艺青年联谊会,进行文艺的学习和研究的工作。期间承叶圣陶、许杰、戈宝权、袁水拍、叶以群、张骏祥、胡风诸先生出席指导,并郭沫若、田汉、李健吾诸先生来会演讲,会务得以迅速开展,会友也日见增加。然而因为我们大半都是穷困的职业青年和学生,因此在经济方面感到非常的支绌,会务的进行也遇到了许多困难。我们素仰先生以及先生所支持下的福利基金委员会对于各种文化团体赞助扶掖不遗余力,所以我们怀着莫大的敬意,写这封信给先生,把我们这个文艺青年的团体作一个简单的介绍,盼望先生随时给我们以指示,同时更望福利基金委员会的各位先生,在爱护文化团体的原则下,给我们以有力的援助,使我们的工作能够顺利开展,在为文艺而工

作的道路上,供(贡)献出我们一份小小的力量。

我们以万分的诚意期待着先生的答复,并祝颂先生永远健康。

上海文艺青年联谊会敬启(盖章)
卅五年六月二十一日

附奉本会简章及会刊二份敬请指正

1946年8月11日,"文谊"收到廖梦醒同志的信:

迳启者：6月21日大函敬悉一切,关于贵会工作,敝会拟作更深一步的研究,请派负责人一位到苏州路175号201室一谈,时间则请先来电话(15988)约定以免到时失迎为盼。此致

上海文艺青年联谊会
廖梦醒
8月11日

"文谊"收到廖梦醒同志的信后,于8月26日开了介绍信,派杨志诚前往联系工作。介绍信是这样写的：

兹派敝会负责人带同最近工作报告及计划书前来,务希接见为盼。此致

中国福利基金委员会
廖梦醒先生
上海文艺青年联谊会(盖章)
8月26日

虽然最后中国福利基金会没有给予经济援助,可是这段求助的经过还是有历史价值的。

二七　缘起《祝福》

抗日战争胜利后,丁景唐的一位大学同学潘照南受著名藏书家嘉业堂刘承干的子媳刘氏夫妇之托,约他为他们一个取名《前进妇女》的刊物写稿、拉稿。当时,丁景唐联系的都是缺乏经济来源的学生刊物,常常因为经费无着,随办随夭。现在有了这样机会,丁景唐就约了田钟洛(袁鹰)、周绮霖、赵自等去占领这个阵地。

看过《鲁迅全集》的人都知道,鲁迅在《病后杂谈》和在1934年5月8日夜给许寿裳的信中,都曾记起他1934年到刘承干家连去两次,想买刘氏嘉业堂新刻的清朝禁书而两次被拒之门外的事。鲁迅后来托了朋友,才辗转买到此书。鲁迅去买书的地方在爱文义路(今为北京西路)899号,而设在刘家的《前进妇女》编辑部却在胶州路夏丏尊、魏金枝教书的南屏女中斜对面,那是一幢花园洋房。

抗日战争胜利后,丁景唐曾计划连续写一些有关中国现代文学作品中的妇女形象文章,当时写了两篇,第一篇是《祥林嫂——鲁迅作品中的女性研究之一》,写于1945年10月,发表在《前进妇女》第二期,1945年11月出版,署名"黎扬",后收入1946年2月上海沪江书屋出版的《妇女与文学》论文集,署名改为"丁英"。

文中,丁景唐叙述了祥林嫂的悲惨遭遇,分析其社会原因,文章的最后一段写道:"祥林嫂是三十年前的女子,在三十年后的今天还有这种人物没有呢?……今天的妇女不能再有祥林嫂的命运了。在进步的巨浪狂涛中像祥林嫂一类型的乡村质朴的勤劳妇女已经变得坚强,知道为人类和自己的幸福奋斗。"

丁景唐回想起来,觉得这篇文章,虽然目的性明确,也有激情,但毕竟年纪轻,理论修养浅,写出来的文章不成熟。文中同情祥林嫂的遭遇,却未对封建势力的代表者——鲁四老爷之流作出有力的抨击。没想到,这篇文章竟能在读者中引起反响,并能促进南薇、袁雪芬改编上演《祥林嫂》。这实在是出乎丁景唐的意料之外,也使他深受教育,体会到革命文艺工作的责任和作品的社会效果。

《前进妇女》初创到3期,都为丁景唐他们"包办"。第3期出来后,却发生一场轩然大波,从重庆飞来的国民党市党部一位女委员指责刊物被人利用,宣传"赤化"。这使潘照南极为难堪,终于辞职他去。于是,《前进妇女》立即变色。刘氏夫妇弄到第4期,刊物终于"寿终正寝"。

1980年丁景唐去北京中央党校学习,到1981年2月春节前回沪。丁言昭拿了一张1981年1月8日《文汇报》的"周末版"给他看,他指着那篇署名"李仑"的《袁雪芬的艺术道路(九)·与许广平谈〈祝福〉的改编》,说:"丁景唐'让廖临去找南薇,并告诉他,见到南薇,就说,是阿康哥介绍我来的'。'阿康哥'就是吴康,平时南薇就是这样称呼吴康的。"

丁景唐与吴康是中学同学,一起搞学生运动。一次他俩偶然相见。吴康说,他有个妹夫南薇在袁雪芬的雪声剧团当编剧,要丁景唐设法介绍友人去和他联系。其时,丁景唐在主持上海文艺青年联谊会工作,有不少青年同志在搞各种文艺活动,于是他选了廖临。那时廖临从事业余戏剧活动多年。丁景唐就要廖临以"阿康哥介绍我来认识你"的名义去同南薇交朋友。

南薇是越剧编导的早期先行者。南薇姓刘,出生于1922年,1943年就参加大来剧场的越剧改革工作。在他四十多年的编导艺术生涯中,编了四十多个剧目,有《香妃》《绝代艳后》《一缕麻》《洛神》等戏。越剧十姐妹义演剧目《山河恋》也是由他主要编导,他导过近一百个剧目。1957年打成右派。在十年"文革"中,南薇也遭受灾难,幸亏后来袁雪芬给他作了一个证明:"南薇年青时是一个比较进步的艺人,受过进步文艺思想的影响,曾编写过越剧《祥林嫂》,在旧社会很少和政界人物来往,也未参加过什么反动组织。"1980年南薇老了,经有关方面指示,在上海越剧院领退休工资。1989年因病逝世。

1990年代,南薇的子女请言昭和父亲、汪培等在小南国会餐,谈到南薇和越剧界的一些事,准备撰写南薇的传记,不知道后来是否写了。

南薇看了《妇女与文学》,其中一篇《祥林嫂——鲁迅作品中的女性研究之一》,触发他把《祝福》改编成越剧的念头。里面有对鲁迅《祝福》的评论及作品片段。南薇马上找来原作,觉得可以改戏,但担心会招来麻烦,就先读给袁雪芬听。

在化妆间里,袁雪芬一边化妆,一边听南薇读这篇小说,她很快便被吸引了。鲁迅笔下描写的绍兴农村,唤起她深沉的回忆。那些生活习俗和各种人物,她都很熟悉,祥林嫂的悲惨命运,更激起她强烈的共鸣。袁雪芬觉得,在自己的祖母、外婆、母亲、左邻右舍身上,都有祥林嫂的影子。她感到这篇小说和过去演过的戏不同,说出了自己郁积心中而说不出的话,她满以为日本投降后,就会迎来天明。哪知道,社会仍然那么黑暗,她早就想在题材和演出上,再有所突破。因此,一等南薇读完,袁雪芬就说:"我看完全可以改编成戏。"南薇又追问了一句:"改了能演出吗?"

"为什么不可以演出?可以演!"袁雪芬很肯定地回答。

南薇在写剧本时,与袁雪芬一起去拜访了许广平。许广平听了他们介绍后,有些惊奇。在当时的环境中,看鲁迅的作品像是犯法的,现在竟然有人敢改戏,而且是地方戏来改,她很感动,也感到意外。她关切地问:"你们不怕有人会讲你是赤色吗?"

袁雪芬那时与外界联系很少,听见许广平如此问,便天真地说:"那有啥啦?(意思那有什么关系呢?)我只是演戏,怎么会想到那些问题呢?"

许广平又问:"你们改成戏,有人看吗?"

袁雪芬很有把握地回答:"有人看的,我们有观众,加座都卖光。我们规定四星期换一个戏,都是女子演的。"

"都是女子演的?"许广平觉得很新鲜。

南薇说越剧都是小生、小旦这路戏,所以情节上可能要改动一下。听南薇那么说,许广平说:"你们演这个戏是不容易的。在我们这个地方谈到鲁迅就要受威胁,看鲁迅作品好像都赤化了,连我找个工作都困难。在这种情况下改戏,已经很难为你们了。"最后许广平要求剧本写出来后,希望能让她看一看。袁雪芬点头同意。

1946年5月6日,《祥林嫂》在明星大戏院彩排,许广平邀请上海文艺界和新闻界的朋友来观看,有田汉、洪深、黄佐临、张骏祥、费穆、白杨、史东山、吴祖光、李健吾、欧阳山尊、丁聪……这么多文化名人来看越剧,简直是破天荒,可以称为上海文化界的"群英大会"。

关于这次彩排,廖临记得很清楚,他在1981年3月6日给丁言昭的信里说:"我和童礼娟阿姨陪了田汉、许广平在明星大戏院楼厅第一排正中。田和许靠一起,我俩在两侧。"

开演前,《文汇报》记者梅朵在后台,采访袁雪芬。袁雪芬说:"这次只是一种很冒险的尝试,是很幼稚的……希望大家能够指教和帮助。"[①]

演出结束后,许广平到后台向袁雪芬表示祝贺。她对鲁迅作品第一次搬上戏曲舞台感到高兴,并认为这是对进步力量的支持。

有的文章说,《祥林嫂》演出的第二天,廖临和袁雪芬一起去找了田汉,这是不正确的。实际上在《祥林嫂》彩排之前,田汉就约见过袁雪芬。同样

---

① 原载1946年5月9日《文汇报》文章《访袁雪芬》,作者梅朵。

是在 1981 年 3 月 6 日致丁言昭的信中,廖临谈到过这件事。他说:

> 文章说《祥林嫂》演出的第二天,《时事新报》记者(就是我)和袁一起找了田汉。我的记忆不是这样,而是在这以前。田汉约了见袁,是我的组织关系刚刚转到你爸爸那里的事情,在《祥林嫂》上演之前。开始组织上让我做袁雪芬的工作,是先认识南薇,说是阿康哥走了,让我来找你,而南薇将我介绍给袁认识也说阿康哥,说明阿康哥确有其人,不知是谁。我的组织关系刚转到你爸爸那里不几天,约定了田汉要见袁,我先去石门路(原同孚路)大中里于伶家联系了,田当时也刚从重庆回上海不几天。就是田要见袁,而不是文中所说两位剧运前辈想约你们谈谈。会见时,于伶和柏李同志都很忙,招呼一下就离开了,就是袁和我三个人。田很健谈,讲了我国各色各样剧种的特点。
>
> ……
>
> 彩排后第二天,——毕(是)不可能,少不得组织上要经过几番联系到我,两头都要约好,第二天那哪有那么快。

《祥林嫂》的演出,引起社会上强烈的反响,进步报刊鼓励他们不断改革演出,像地下党员廖临分别用罗林和叶平的笔名在《时事新报》上发表评论《祥林嫂》的文章,如 1946 年 5 月 10 日和 1946 年 5 月 27 日的《鲁迅名著〈祥林嫂〉演出后 田汉与袁雪芬南薇谈改良越剧》《〈祥林嫂〉评》。

地下党员田钟洛在 1946 年 10 月 20 日《联合晚报》上发表《祥林嫂新越剧的里程碑 鲁迅十年祭纪念演出》,文中说:"南薇先生把这个人物搬上舞台,而这次,为了纪念鲁迅先生逝世十周年,《祥林嫂》在明星大戏院重演了。"

与此相反的则认为演出《祥林嫂》之类的戏,就是"向左转"、"左倾"、"赤色分子"等。

不久,袁雪芬就被扣上莫须有的罪名,遭到种种迫害,1946 年 9 月 11 日《文汇报》以《袁雪芬挺起胸来!》的标题作了鲜明的报道。她说:"我所以没有被旧社会恶势力迫害致死,主要是得到进步力量的声援和支持。"[①]

许广平署名"景宋",在 1946 年 12 月 28 日《文汇报》上发表一文《慰袁雪芬》。文中说:"越剧巨匠袁雪芬小姐,她的成功的表演,对艺术的贡献,已经有许多内行的戏剧界人士给她介绍过了,毋须我这外行人再来唠叨。……中国需要您这一位有灵魂的好女儿,人民需要您这一位有热诚为公众服务

---

① 详见 1997 年 12 月 2 日《文汇报》文章《忘不了那次声援》,作者袁雪芬。

的艺术家"。

1948年上半年,由应云卫介绍,南薇写了电影剧本,提供给启明公司拍摄《祥林嫂》电影,经过9个月的努力,我国第一部越剧电影《祥林嫂》拍摄完成。

1997年是越剧进入上海80周年,上海文化界举行了大型的纪念活动。丁景唐被邀请到电台、电视台录音、录像。1997年12月19日《有线电视》,刊登了一文《越剧与上海·走向光明》。

1979年秋天,上海芭蕾舞团的几位青年编导蔡国英、钱世锦等,准备把鲁迅作品《祝福》《伤逝》《阿Q正传》等搬上芭蕾舞台,前来采访丁景唐。

在人们的心目中,芭蕾舞台上出现的往往是穿着纱裙的女子,在舞台上翩翩起舞,一个头发花白、衣服褴褛、苍老垂死的农妇形象能美吗?谁见过老太太踮着脚尖跳芭蕾舞吗?哪个年轻女演员肯糟蹋自己的舞台形象?再说阿Q,头上长癞疮,拖着根黄辫子,邋里邋遢的阿Q,也能跳芭蕾,这会是芭蕾吗?真是异想天开!

可是丁景唐不是这样想,这些年青人那种开发艺术新大陆的创新精神和信心使他深为感动。他非常热情地接待了他们,并介绍他们与绍兴鲁迅纪念馆联系,到鲁迅故乡去体验生活。绍兴的乡土、人物、风情……种种现实生活的感染,丰富了他们的艺术构思,他们勇敢地尝试,用芭蕾舞语汇和艺术形象,首次把鲁迅的小说改编成芭蕾舞剧。从此,祥林嫂从越剧舞台登上芭蕾舞台。

1980年5月"上海之春"音乐会上,上海芭蕾舞团演出了根据《祝福》创作的独幕芭蕾舞剧《魂》,获得好评。初试成功后,他们再接再厉,继续尝试把《伤逝》和《阿Q正传》改编成芭蕾舞剧,并在鲁迅诞辰一百周年纪念的日子里,正式搬上了舞台。

长期致力于学习鲁迅、研究鲁迅、宣传鲁迅的丁景唐,兴奋地写了题为《祝芭蕾舞剧〈魂〉〈伤逝〉〈阿Q〉献演》的文章,登载在演出的节目单上。在文章的最后他写道:"祝愿上海芭蕾舞团的同志们在鲁迅精神的激励下,以坚韧的努力,不懈的努力,为社会主义祖国的文艺百花园增添新的芭蕾花朵。"

二八　入黑名单

1947年4—5月间，丁景唐被国民党上海当局列入黑名单，地下党组织领导文委工作的唐守愚立即赶到宁波路470弄联华广告公司，紧急通知丁景唐已被国民党反动派列入黑名单，速离沪隐蔽，并将丁景唐领导的党员组织关系和今后的联系方法一一作了安排。

丁景唐回家后，对爱妻王汉玉说："我有事，必须立即到嘉定去。"他俩婚后恩爱无比，每次丁景唐出外，王汉玉总是提心吊胆地，直到丈夫平安到家，才松口气。

丁景唐从小父母双亡，靠叔父和姑妈的资助，又因革命工作的需要，没有固定收入。王汉玉与他结婚后，孩子一个个出生，家里负担很重。为了减轻家里的负担，她常常孩子一断奶，便出去找工作，如1942至1943年，在大安保险公司任职；1944年在亲戚家里担任记账员工作。大部分时间，王汉玉在家里做家务，照顾孩子，还要上街挤户口米。那时，王汉玉并不清楚丈夫的真实身份，但觉得丈夫做什么都是有道理的，因此她从来不问他每天出去干什么。而丁景唐遇到事情，需要她陪同时，她总是毫不犹豫地去。

这次丁景唐说要到嘉定去，妻子什么话都没问，只是默默地为丈夫整理行李。

第二天，丁景唐便离沪到嘉定，居住在嘉定养病的廖临家中，那是中共上海郊区的一个秘密联络点。

当时的嘉定一派浓郁的水乡风光，廖临的家在嘉定是望族，人称廖家大院。据光绪《嘉定县志》记载，清咸丰、同治年间，廖寿丰、廖寿恒、廖世功、廖世承兄弟分别官至浙江巡抚、礼部尚书、总理各国事务大臣和军机大臣等，在朝野上下显赫一时。进入20世纪后，这个世代钟鼎之家，也受到"五四"新文化运动的洗礼和共产主义思潮的冲击，出现了几个"逆子叛臣"，廖临便是其中一位。

此时的廖家大院被国民党占为县政府，最后一幢楼有三小间房子仍归廖家居住，廖家人就在县政府边门进进出出。丁景唐与廖临在小楼房里，在敌人眼皮下朝夕相处，纵谈国内外的形势变化。丁景唐在廖家大院避居了十天，然后转赴宁波。

夏天，丁景唐从浙江省镇海县城摆渡到南岸，步行越过孔墅岭，经白石庙到岳父家隐蔽起来。丁景唐在宁波、镇海为初中学生补习英文，以此作掩护。在那儿过了半年多，丁景唐按照上级领导的指示，转入四明山根据地。一天，按照组织的安排，他跟随一位农民打扮的中年妇女上了船，可是到了规定时间，通讯员还没有出现，为了防止发生意外，丁景唐只得上岸，根据地没去成。

丁景唐在浙东隐蔽时，曾写信给在宁波的孙瑞，托她找一份当中学老师的工作，以此打掩护，进行秘密工作。丁景唐在信中说："我的学历是……，其他请勿吹嘘。"孙瑞读了信后，非常理解丁景唐的意思，就是不要过分热情地向别人介绍，以免引起敌人注意。但后来丁景唐去了香港，就没有去宁波当老师。

那时，丁景唐非常向往解放区，但是组织上交给他的任务是埋伏、隐蔽，所以他只能在镇海乡下隐蔽起来。但是，没有具体的工作，情绪上感到郁闷而烦躁，于是，他就到民间去收集民歌。丁景唐对民歌一直很喜爱，早在1940年代初就写过《诗与民歌》《她的一生——民歌中的妇女生活》等论文。1945年组织过一个民歌社的团体，公开征集各地民歌。1947年曾出版《怎样收集民歌》（歌谣小丛书），印数2000册，由沪江书局出版，黄河书店总经销。

《怎样收集民歌》附有现代民歌研究书目初稿、成立民歌社的41人名单和编后小记。在《编后小记》中，丁景唐深情地写道："编好这本寒碜的小册子，像在暑天跋涉一阵山程，停歇在苍松下迎向凉风。感谢昌叔帮助我完成蕴藏心底的小小的愿望，他就是那山间的苍松，以他茂荣的枝叶被挡烈日风霜，整整的24年间，荫护一个幼失怙恃的孩子的成长。"

这里说的"昌叔"，就是丁景唐父亲的弟弟丁继昌。丁继昌初中毕业后，先到教会浸会书局管仓库，当营业员，后担任经理。该书局创办于1902年2月，1920年从广州迁至上海，设在圆明园路203号，即1932年建成的真光大楼。丁景唐父母早亡，昌叔多年来像照顾自己孩子一样对丁景唐关爱有加，所以丁景唐在后记中有此感慨。

到香港后，丁景唐托联华图书公司把这本书寄给孙瑞、孙绍姐弟俩。据孙绍1980年1月13日回忆，当时出版社寄书时，还附了封信，说："遵作者所嘱，寄上20本，希代为介绍销售。"

孙氏姐弟在宁波"文谊"停止活动后，曾想出一张《少年新报》，可是因政治和经济上的原因而没出成。直到 1950 年 5 月 15 日才自费创办了第一期《诗与歌》报纸,刊登了丁景唐的一首献诗。末尾编者写了几句话:"本稿系丁英同志在 1947 年夏,因受反动统治压迫,避居乡间时,为难产的《少年新报》而作。"

其他还有吕漠野的《诗的基础》和孙绍的《关于目前民歌工作的商榷——〈关于民歌摘录〉》。

丁景唐在乡下隐居时,又广泛地收集浙东地区农村的各种歌谣和唱本,积累了相当有价值的文学作品。1948 年回沪后,整理挑选出 350 多首,编就一本《浙东民歌》(未刊),其中一部分选入 1950 年出版的《南北方民谣选》中。1951 年 3 月 14 日,丁景唐在自己编的《浙东民谣》内写了自序。

1947 年 11 月,岳父王法镐安排丁景唐夫妇去香港、广州谋职,丁景唐的叔叔丁继昌和妹妹丁训娴,在上海帮助照顾他们的三个女儿:6 岁的丁言文、4 岁的丁言仪和 1 岁的丁言昭。1948 年春节前,丁继昌在天井里,抱着丁言昭,两旁分别站着丁言文、丁言仪,他们拍了一张合影。三个孩子都穿着大花棉衣,那是阿婆朱瑞兴做的。照片寄给在广州避难的丁景唐夫妇,报告家中一切都好,不用担心。

丁景唐称朱瑞兴为阿婶,孩子叫她阿婆。1946 年朱瑞兴从乡下到丁家,从 42 岁到 70 岁,为丁家服务了 28 年,把最好的年华都贡献给了丁家,家里 7 个小孩子的衣服通通出自阿婆之手,每次过年前,她总是忙着借磨,磨糯米,做汤团给全家过年时吃。

丁景唐和夫人王汉玉寄居在香港一家建筑公司宿舍,以后又在广州一家洋行里就业。

流寓港穗时,丁景唐为香港《华商报》《周末报》写稿,为上海《时代日报》《妇女》写些鲁迅佚文研究和香港通讯,为宁波《时事公报》投寄从英文转译的法国左拉《三次战争的回忆》,分期连载。

丁景唐在旅港时写过一篇航讯《香港的侧面——1947 年冬香港航讯》,1947 年 12 月 20 日寄给他曾就职的联华图书公司出版的《茶话》期刊,文章于 1948 年 1 月 10 日第 20 期刊出,署名卫理。1999 年此文被香港学者选入香港天地图书有限公司出版的《国共内战时期(1945—1949)香港文学资料选》。编选者为香港大学高级讲师卢玮銮(笔名小思),并作了说明:"这篇文章原刊于上海的刊物,实际上作者丁景唐那时已身在香港,文中充分看到一个外来者如何观察当时香港的社会情况,所以破例选取了。"

1948 年春,广州洋行停业,丁景唐回香港亲友处闲居,作《香港的阻街女郎》发表于 1948 年 3 月出版的《妇女》第 2 卷第 12 期。20 世纪 90 年代,山东省文联主席、山东师范大学副校长田仲济将此文编入《中国新文艺大系散文杂文卷》。

在香港、广州时,丁景唐从地摊上淘得多种外文字典,后来都送给翻译《鲁迅书简补遗——致日本人部分》的吴元坎。他是瞿秋白的连襟,其夫人杨之英是杨之华的妹妹。丁景唐还淘得盖有作家陈残云印章的一本外文书和一本斯诺的英文原版《远东前线》。《远东前线》当时中国还没有翻译本,在离港返沪前夕,丁景唐怀揣这本书,冒着大风雨到冯乃超寓所,送给他尊敬的前辈。另有一本关于美国黑人问题的原版图书,解放后赠送中宣部图书馆。

丁景唐一生爱书,买书,看书,写书。在香港,他常去一个小小的图书馆,在那儿,他看过夏衍的长篇小说《春寒》,说的是文艺工作者颠沛流离的生涯,穿插着爱情故事。他说,整部小说赛过一首长篇抒情诗,如果改编成电影,一定非常好看。

1948年夏,丁景唐与夫人返回上海。

二九　谁是丁英

时隔几十年后，丁景唐才知道，在他离沪的一年多时间里，发生了一件令人感动的事。这件事，还得从京剧大师周信芳的夫人裘丽琳及其家庭教师丁毓珠谈起。

1936年，19岁的丁毓珠经人介绍，到周信芳家去当家庭教师。那时，周信芳已有两个孩子，丁毓珠非常喜欢他们，经常讲故事给他们听。1937年初夏，周信芳到天津演出，请丁毓珠暂住周家，把孩子交给她管。

当时租界上"救火会"的头子是外国人，手下的人仗着主子的权势，经常胡作非为。有一次，他们又到卡尔登戏院（今长江剧场）看周信芳的"白戏"，就是不花钱去看戏。恰逢丁毓珠那段时期正在给周家管账，实在看不惯这些家伙，就上前去责问："你们有票吗？没票，不能进去！"这些人不屑地转身去找前台经理周翼华，寻衅滋事。周翼华见到周信芳，把这件事告诉他，并说："丁小姐年纪轻，不懂事，叫她以后不要这样。"周信芳又告诉夫人，让她转告丁毓珠。谁知裘丽琳非但不责怪丁毓珠，反而更信任她。后来丁毓珠在党的教育下，逐渐成长为一个革命者，她以自己的行为潜移默化地感染着裘丽琳。

抗日战争胜利前夕，地下党组织为了扩大团结面，丁毓珠接受党组织的任务，把求学、失业以及一部分在职妇女组织起来，筹备成立了一个党的外围组织。在白色恐怖下，为了不引起敌人的注意，这个组织起名为"妇女生活互助社"，以生产自救为名，提高妇女的政治觉悟，发展革命力量。为了扩大"妇女生活互助社"的影响便于开展工作，丁毓珠想请裘丽琳担任该社的名誉理事。热情、善良的裘女士听说这个互助社能使妇女学习文化，还能增加收入，很爽快地应允了丁毓珠的要求。裘丽琳每月总是从家庭开支中抽出较多的钱交纳会费，资助互助社开展活动。裘丽琳还把丈夫也动员起来。周信芳特地义演自编的《钦徽二帝》一剧，为互助社筹集了一笔款子。周信芳还腾出黄金大戏院中一个房间，作为互助社的社址。裘丽琳的支持、帮助,为互助社的活动提供了很多方便。1945年秋,日本帝国主义刚投降,国民党的妇运头子钱剑秋就在报上发布公告,凡是妇女团体一律要进行登记,否则作为非法组织论处。由于裘丽琳担任该社的名誉理事,终于顺利地通过伪社会局的登记手续,成了公开合法的组织。

"妇女生活互助社"的活动日益活跃,引起了国民党特务的注意。警犬的鼻子,嗅到了丁毓珠的身上。1947年初,有一个国民党特务突然找到周信芳家。特务向裘丽琳打听丁毓珠到底是什么党派,聪明的裘丽琳听到这突如其来的询问,立即意识到问题的严重性。她虽然和丁毓珠朝夕相处了几年,但确实不知道这位家庭教师政治上的情况。但是,一颗正直的心促使她尽快地作出了抉择:要保护丁毓珠,她是个好人。裘丽琳若无其事地回答那个特务:"丁毓珠是个地地道道的读书人,从来没参加过什么党派。"特务盘问不出什么,悻悻地离去。

夜深人静,裘丽琳的心却不平静了。

特务的突然闯入,使她联想起白天发生的另一件事:襄理何永麟白天到她家里,无意中告诉她,国民党警备司令部的一个人曾给他看过一份名单,并特别指明名单里有个叫丁英。当时,裘丽琳对此事也只是听听而已,但此时此刻,她的两条思路顿时交叉在一起。丁英……丁毓珠……莫不是?……裘丽琳的心紧张起来,她急忙驱车赶到丁毓珠家里。丁毓珠还没回家,裘丽琳对丁母说:"丁小姐回来以后,无论如何叫她到我家来一次。"

深夜12点,丁毓珠来到裘丽琳的卧室。

丁毓珠急于打听究竟发生了什么事。裘丽琳把窗帘拉得严严实实,悄悄地对丁毓珠说:"外面风声很紧,你快走吧。"

丁毓珠不解地问:"为什么?"

"国民党黑名单上有一个叫丁英的,今天,特务还上门来问起你究竟参加什么党派。国民党是宁可错杀一千,不肯放走一个的啊!"

丁毓珠怔怔地望着眼前这位富商的女儿、名演员的妻子,她虽然和她相识了多年,却好像还是初次相识……

丁毓珠回去匆匆整理了简单的行囊,就悄然离开了家。

丁毓珠虽然暂避他处,但裘丽琳的心总还是放不下来。她从自己的积蓄中拿出二两黄金,找到上门来盘问的国民党特务,要他把丁英的名字从黑名单上划掉。

两个星期以后,裘丽琳感到事情似乎平息下来,才派人去通知丁毓珠回来。丁毓珠问起事情是怎么解决的,裘丽琳笑笑,轻描淡写地说:"国民党不就是要钱呗。"

20世纪80年代初的一天,丁景唐在上海文艺出版社接待为征集上海妇女运动史而来的市妇联同志。丁景唐仔细读着她们带来的一些材料,其中一篇是丁毓珠写的回忆文章。看着看着,丁景唐看到自己当时用过的一个笔名"丁英",情不自禁地惊呼道:"啊呀,丁英就是我呀!"

原来就在丁景唐离开上海去外地避难后,1948年12月底的一个深夜,军警开着警车,到宁波路470弄4号"联华"捉拿丁英。宿舍的职工都说,他早已去了香港,并拿出一本1948年1月出版的《茶话》第20期,说:"看,这是他在香港写的通讯《香港的侧面》。"第二天,"联华"经理陆守伦先生得知后,向有关方面作担保,说明丁英早去香港洋行做事。此事,丁景唐在1949年春节,到陆守伦家去拜年时才知道。

陆经理见到丁景唐,很吃惊地问道:"你从香港回来了。好险呀,一个月前夜里十二点钟,国民党警备司令部开了红色警车到'联华'来捉你呢!"那天在座的还有"联华"公司的同事,记不清姓啥,好像姓龚。他说:"你真是额角头高,幸好那天夜里,住在公司的同事都为你证明,说你两年前就离开上海到香港任职去了。守伦先生在上海人头熟,兜得转。第二天,他打电话给某人,说你是陆先生的学生,要捉你恐怕是误会。"

陆守伦先生宽慰丁景唐说:"我已向某方为你担保开脱,说你早已不在上海,离开'联华'公司,到香港外国洋行就职去了。但是,你自己千万要小心,不要到外边走动。"接着,他还特地嘱咐那同事不要在公司里说,丁英在上海,免得发生意外。

意外的发现,使市妇联的同志顿觉又惊又喜,她们立即将消息告诉丁毓珠。在市妇联的安排下,丁景唐和"丁英"——丁毓珠见面了,劫后重逢,百感交集,他们俩说出了同一个名字——裘丽琳女士。

1968年3月27日,裘丽琳被迫害致死。

1985年4月5日清明节,一个阴雨霏霏的日子,长乐路788号周信芳故居笼罩在悲哀的气氛中,由上海市妇女联合会、上海京剧院等单位组织,裘丽琳女士的追悼会在这儿举行,有三百多人出席了追悼会。丁景唐带着女儿丁言昭和另一个"丁英",一同向裘丽琳的遗像敬献花圈。丁景唐想,正是有千千万万像裘丽琳女士这样正直、善良的人,我们的党才能取得伟大的胜利!

三〇　恩师掩护

1947年11月,岳父王法镐安排丁景唐与妻子王汉玉到香港,不久,到广州英商泰和洋行就职。半年后,这个老牌银行被迫停业。丁景唐夫妇只好回到香港,在亲友处闲居,生活拮据。一天,正当亲友因营业失利下来逐客令之时,丁景唐突然收到来自上海的信,那是叔父丁继昌写的,附有朱维之老师的手札。朱老师在信中说,他已任沪江大学中文系主任,嘱丁景唐回沪,聘任为助教。这可是雪中送炭啊!丁景唐惊喜万分,立刻打点行李,打道回府。

回上海后,丁景唐马上去沪江大学,向朱老师报到,述说感恩之情。朱老师让丁景唐为该校暑假招收新生,批阅语文试卷。此后的几天里,丁景唐暂住已故刘湛恩校长的住所,睡于斯,食于斯,挥汗批阅新生试卷。

丁景唐抽空去看望住在学校附近的王治心老师。王治心是朱老师在南京金陵神学院的老师,又是上一届中文系主任,现告老在家。丁景唐应尊称他为"太师"。王老师对丁景唐前来任助教非常高兴,并赠送了他长期任教的语文教材和备课用书,书上密密麻麻写满了注解和典故,凝聚着他长期执教的大量心血和智慧,也寄寓着他对丁景唐这个后生的殷切期望。丁景唐捧着这"传家宝",非常感动。

朱老师勇于改进中文系课程,欲增聘文学教师,充实师资力量,提高教学质量。朱老师嘱咐丁景唐以他的名义,邀请"五四"时期著名作家魏金枝、许杰来任教,可惜他们俩已执教麦伦中学和暨南大学,无法分身前来。承蒙许杰先生盛情推荐徐中玉,他刚从山东大学来沪。于是,丁景唐手持许杰的介绍信,去见徐中玉先生,说明来意,徐先生欣然允诺。回到学校,丁景唐将此消息告诉朱老师,他也很高兴。

那时中文系共五人:朱维之、徐中玉、廉建中、一位难得见面的讲师和丁景唐。朱老师很少召开会议,营造一个宽松、和谐环境,不搞繁琐事宜,分配丁景唐担任大一国文E班课程,批改大一语文公共必修课的作文。朱老师很重视丁景唐的备课,在得知王治心赠送给丁景唐语文备课用书,了解了丁景唐执教的课堂效应后,对丁景唐勉励有加。

朱师母范德莹待丁景唐亲如一家,她得知丁景唐妻子王汉玉将生第四个孩子时,特地缝制一件五颜六色的百衲衣,就是上海人给刚出生的小毛头用的褓裸,赠送给丁景唐。在朱老师和朱师母的掩护、关怀和帮助下,丁景唐安然渡过难关,没有被敌人发现。

当时丁景唐和几位助教分散住在四年级学生宿舍的顶楼,每人一室,互不往来。地下党组织派王楚良与丁景唐单线联系,告诫丁景唐还在黑名单中,只可以从事教学,停止一切社会活动。

丁景唐住校时,为宿舍取了个"望天听风楼"雅号,极目远眺黄浦江吴淞口的浩瀚海面,海轮劈浪溅花,海鸟自由飞翔,远处点点帆影。江边一带,垂柳织成绿墙。风雨之夜,风声时而呼号,时而悠扬。在日复一日的"望天听风"气氛中,丁景唐倘佯书林。备课之余,丁景唐抓紧阅读鲁迅作品,整理他历年来收集的民歌,编成一本《浙东民歌》。

同时,丁景唐抽空上图书馆浏览报纸,关心国内形势、战局的进展。回到宿舍,翻看《展望》周刊上的战事分析,使自己能够跟上形势。解放后,丁景唐才知道,这本杂志是由唐守愚领导,王元化主编,姚溱、王楚良先后为它写过文章。

为了不脱离群众,丁景唐和朱维之、徐中玉出席过一次中文系师生联欢会。中文系同学办有《沪江文艺》,朱维之、徐中玉、廉建中、丁景唐(署名丁宗叔),都写了文章。编校刊的学生向丁景唐约稿,他便用"郭汶依"的笔名,即国文 E 班的谐音,写了浦江校景的两三篇抒情短文。

1948 年 10 月 15 日晚上,小提琴大师马思聪到沪江大学开独奏晚会,其夫人王慕理钢琴伴奏。丁景唐坐在观众席里。演出非常成功,博得全场师生热烈掌声,一再要求重演。至今,丁景唐耳边还时常响起充满民族风格的《思乡曲》旋律。

后来,丁景唐看到南开大学学友崔宝衡《朱维之先生纪实》中的一段纪事,说的是朱老师在"文化大革命"期间蒙难经过。崔宝衡写道:"直到'文革'结束,落实政策,专案组派人外出调查,才从上海出版界一位领导人那里了解到,朱先生在抗日战争和解放战争期间,滞留上海,生计困难,但他不仅没有投敌附逆,还为革命做了不少工作。他曾以沪江大学中文系主任的身份,掩护和帮助过地下党员、革命学生。上面提到的那位上海出版界的领导人,解放前夕,就因为朱先生的救助,才逃脱了敌人的魔爪。国民党当局为此要解聘朱先生的职务,只是尚未实施,上海便解放了。"

崔宝衡学友所述,确是丁景唐曾经得到朱老师的救助,才免遭敌人魔爪之事。时隔六十多年后,丁景唐读到此文,万分感谢朱老师当年的恩泽之情,同时也感到愧疚,朱老师为了援助丁景唐,差点被解聘,幸好上海解放了。

三一　福利站长

1948年圣诞节前夕,王楚良传达上级通知,指派丁景唐到宋庆龄主持的中国福利基金会工作,要他辞去助教工作,请西北联大中文系毕业生罗明接替丁景唐代课。罗明当时任沪郊工委领导下的嘉定县委工作,需要一个公开职业作掩护。罗明后来任江苏省高教厅副厅长、江苏陶行知研究会会长等职务。

一听到这个消息,丁景唐抑制不住内心的激动。早在中学时代,通过进步书刊,他就知道宋庆龄是为祖国解放和人类进步事业而奋斗的伟大女性,是和鲁迅一样具有英勇无畏斗争精神的"真正的中国英雄"。能在宋庆龄领导下工作,丁景唐深感荣幸。

儿童福利站是融教育、保健、救济工作于一体的文化福利机构,旨在救助贫困儿童,培育未来新人。中国福利基金会于1946年、1947年,先后在沪西、沪东、虹口贫民区创办了三个儿童福利站。每个站仅有一二座铁皮活动房子,面积一百多平方米,内设识字班、图书室、保健室和营养站,以此为基地开展各项文化福利工作。

第三儿童福利站创建于1947年11月7日,位于虹口区乍浦路245号,昆山花园一角,今为虹口区图书馆。丁景唐为是第三福利站站长,第一任站长为教育家马侣贤,曾任苏州市教育局局长。第二任站长为戏剧家于伶的夫人柏李。1948年秋,于伶与柏李撤离上海,去了香港,由丁景唐接替柏李。

丁景唐记得,那时每月工资55—60美元,相当于当时的大米12—13担。

走进第三儿童福利站,迎面就是一座半圆形的铁皮活动房子,面积三十几平方米,三分之二用做课堂,三分之一用作小小图书馆和教师办公室,后边搭出一间牙医诊所,另外还有半间狭长的活动房子辟为卫生室。

三个儿童福利站在中国福利基金会儿童工作组直接领导下开展工作。儿童工作组第一任组长是俞志英,1947年11月由顾锦心继任。宋庆龄非常重视儿童福利站的工作,1948年她编辑、出版的对外宣传画册《上海儿童工作组》的卷首语中写道:"本会的工作,在1946年10月已经开始。从那时以后,我们的三所儿童福利站就成为它们附近居民中不可缺少的一部分。因为不管他们遭遇个人的疾病或火灾的祸害,想读书或做一个舞台演员,无论他有怎样的要求,他们知道他们都会从福利站方面得到同情合作和可能的解决的办法。"

少年儿童的文化福利工作,是宋庆龄伟大事业中重要的一部分。她指示:儿童福利站既要从物质上救济穷苦儿童,又要为他们提供精神食粮。

根据这一指示,儿童福利站为未入学的困苦儿童开设识字班,从小学三年级到高小程度,工作人员担任教师,轮流在活动房子里上课。教育工作主要由副站长陆子淳负责,解放后,她曾担任上海教育出版社副总编辑。丁景唐为五六年级学生上常识课,内容是社会发展史。还挑选年龄稍大、热心服务的高年级学生当小先生,分散到里弄中教一二年级小学生识字、演算术。那小小图书馆也推选大孩子管理。福利站免费为缺乏营养的婴儿供给黄豆、奶粉,向贫困儿童发放救济物资,如棉衣鞋帽等。诊疗所为孩子们免费治疗、打防疫针。

儿童福利站的医疗保健工作,得到医务界各科专家的支持,定期到福利站进行义务门诊。福利站还与上海市第四医院、第五医院和时疫医院建立良好的协作关系,这几家医院经常接受由福利站送来的病人,给予免费治疗。第三福利站有位家境十分贫困的"小先生"张学恕,患了贫血症等多种疾病,病情危急,就由福利站出面与市立第四医院联系住院手续,并写了一封公函:

上海市立第四医院顾院长:

  经孙夫人宋庆龄同贵院联系,承蒙贵院同意为清寒儿童免费治病。现有敝站学生张学恕因患病前来贵院医治,请援引前例予以照顾,免费治疗。即颂近祺!

          中国福利基金会第三儿童福利站(盖章)

宋庆龄十分关心儿童福利站的工作,常来站里看望孩子们,询问孩子们的学习和健康状况,有时和孩子们一起看图书,听孩子们讲故事、唱歌。她看着孩子时,双眼闪耀着慈爱的光芒。

当年识字班的学生,后来工作在各个岗位上,其中有工人、职员,也有文学研究所副研究员、炮兵团长、文艺工作者和教育工作者……每当他们远道来看望丁景唐时,总是念念不忘宋庆龄的培养之情,不忘在儿童福利站里受到的教育。

中国福利基金会有一个儿童剧团,借第三儿童福利站活动。任德耀(后任中国福利会儿童艺术剧院院长)、张石流(后任上海淮剧团副团长)、游惠海(后任中国舞蹈家协会负责人)等负责教授戏剧舞蹈。

新中国成立后,宋庆龄创办了《儿童时代》。1958年中国福利会成立二十周年时,丁景唐为《儿童时代》第11期写了一首题为《我们的家——祝贺中国福利基金会成立二十周年》的诗,其中有一段回忆了当年的情景:

> 铁皮房子十尺阔,
> 好似狭长一旱船;
> 旱船旁边一小屋,
> 好似舢板靠旱船。
> 旱船前舱是教室,
> 后舱还摆图书室。
> 舢板虽小用处多,
> 上面设有诊疗所。
> 黑漆门儿朝东开,
> 一片阳光照进来,
> 老师来了,孩子来,
> 你也来,我也来,
> 来读书,来唱歌。
> 课本老师编,图书自己做;
> 儿童剧团排戏又教歌。
> "三毛"演得好,
> 孩子拍手笑。
> 秧歌扭得妙,
> "沙拉沙拉多拉多"
> ……

这首诗虽然缺乏诗味,可是写得很真实,这是因为丁景唐不能忘怀和孩子们天天在一起的生活,有感而发。

宋庆龄不仅关心孩子,也关心工作人员,她采取了一些措施,保障职工在币值暴跌、物价飞涨时仍能过好生活,还很关心职工的身体健康。

有一次,她陪一位著名的外籍耳鼻科医生到站里来,给孩子们和工作人员检查身体。宋庆龄用英语同那医生交谈,充当临时翻译,再用带着浦东口音的上海话说与工作人员听。当她走到丁景唐面前,亲切地问他从沪江大学调来搞儿童教育工作,有什么不习惯之处时,丁景唐本想用许多许多感想和感激的话来表达自己的心情,但当时他只说了一句话:"很好,很好。"他真心感到母亲般的关怀和温馨,觉得只有踏踏实实地工作,才是最好的回答。

当时丁景唐患严重的鼻炎,经常鼻塞,呼吸不畅,流淌浓涕。宋庆龄知道后,关切地问丁景唐病情,并要这位医生给他诊治。医生检查后,用英文写了一张条子,要他到霞飞路、善钟路(今淮海中路常熟路口)大楼里的一家诊所去。这是一家高级诊所,设备新式,室内宽敞明亮,收费比较昂贵,但因丁景唐是中国福利基金会的工作人员,手术费和医药费全免。经过几次电疗,丁景唐的鼻炎彻底治愈,再也没有复发过。当时,有好些同事与丁景唐一样,由于宋庆龄的关怀,受到免费医疗的优待,解决了治病的困难。

中国福利基金会机构精干,一共才四五十位工作人员。每年召开年会,有二三十人参加,会后聚餐。开会的地方就在总会的办公场所。总会设于林森中路虹桥疗养院(今淮海中路陕西南路口)一块空地上,西边邻近兰维纳公园(今襄阳公园),由两幢草顶竹木结构的房子组成,面积约有一百平方米。在这座富有乡村风味的茅舍里,宋庆龄有一间陈设简朴、面积只有八九平方米的小小办公室。她坐在北边的窗前,面南而坐。窗前放着办公桌,坐的是一只圆的硬木圈椅。桌旁有一只小茶几,两把椅子,写字台的对面有一把座椅,供来客或工作人员前来谈话或请示工作用。茶几上经常放着一架英文打字机,写信撰文时,就将它搬到写字台上使用。丁景唐有时经过她的窗前,可以看到她聚精会神打字的情景。

宋庆龄先生身负重任,但平等待人,很尊重人。开年会时,她和大家欢聚一堂,认真地倾听每一个工作人员的发言,有时还亲切地插几句,问大家工作和生活上有什么问题和困难。

丁景唐至今还记得,在1949年初的那次年会上,有个医务工作人员提出节制生育的问题,认为这样既可保护母亲和孩子的身体健康,又可减轻负担,宋庆龄当场深表赞许。会后,她还和工作人员拍照,可惜这张照片已在"十年动乱"中丢失。

这次聚餐会和往年一样,充满了家庭的欢乐,每人面前放着一个不锈钢格子盘,盛着几样菜,宋庆龄和大家一起围桌用餐。这些可口的菜肴是宋庆龄让她家的李妈在家里烹饪,派车送来的。又有一次,总会约顾锦心、陈维博和丁景唐等几位工作人员,到徐汇区武康路一个僻静的场所去看苏联电影。在放映室里,宋庆龄微笑地与大家一一握手,然后坐下来看电影,这是解放前丁景唐最后一次见到她。放映的是苏联解放塞伐斯托波尔的《第三次打击》,当放到苏联红军打击德国法西斯侵略者时,丁景唐似乎听到解放大军南下的炮声,心里兴奋极了。

1949 年冬,丁景唐离开了第三福利站。1950 年 3 月,第三福利社原址乍浦路 245 号筹建中国福利基金会少年儿童图书馆,5 月 5 日正式成立。1951 年 6 月,图书馆扩大规模,迁至北京西路 1647 号,近胶州路。8 月 1 日开馆。乍浦路 245 号改为该馆的虹口阅览室,戴辉任主任。1952 年 12 月为筹划上海示范性的少年宫,虹口阅览室也随少年儿童图书馆并入中国福利会少年宫。

后来,第三福利站的那座铁皮房搬到了中国福利会少年宫。1956 年,丁言昭参加小伙伴艺术团童声合唱队时,时常看见舞蹈队在铁皮房里排练,记得有孙毅编写的《小白雁》等。后来有一次,丁景唐到中国福利会儿童艺术剧院去谈工作,把女儿丁言昭交给一位女演员,那人长得非常漂亮,带着丁言昭到处参观。在大草坪上,丁言昭惊奇地发现那个铁皮房也在那儿,就骄傲地告诉那位漂亮姐姐,这是爸爸原来工作地方的铁皮房,但是漂亮姐姐一点也不意外,说:"我早就知道了。"原来她解放前就是儿艺的演员,在这个铁皮房里排练过许多节目。临分手时,漂亮姐姐送给丁言昭一套玩具,是小小的餐具,放在一个小盒子里。经过那么多年,这套玩具也已找不到了。

三二　迎接解放

在1949年春节后的一个星期天,即2月6日,丁景唐见到王楚良。王楚良给丁景唐分析了当前形势,认为北平已经和平解放,淮海大战结束,国民党在上海四周构筑工事……为应付事变,上海各社会救济福利宗教团体和中国福利基金会,已经组成上海临时联合救济委员会,由著名社会人士颜惠庆任主任委员,赵朴初任总干事。"联救会"下设难童救济小组,丁景唐和顾锦心、陈维博、王诏贤是小组成员。

陶行知创办的宝山大场山海工学团,因国民党在那边修建军事工事,毁坏田地和房屋,孩子们的家被毁了,流离失所,不得不疏散到市区来,由西摩路(今陕西北路)369号宋家老宅作为难童救济站,收容了这批一百几十个孩子。

王楚良对丁景唐说:"你去和顾锦心商量,你作为难童救济站负责人之一,住进369号照顾难童,就在里面隐蔽下来。"这样,丁景唐住进了宋家老宅,既有公开的工作作掩护,又有了一个可靠的隐蔽居处。

宋家老宅建于1908年,是一所两层楼的英式建筑,原系一位外国人U. U. Johnson的乡村别墅,整幢楼房建筑面积为660平方米,曾经居住过宋氏母亲倪桂珍和他们的子女。

1918年5月3日,宋庆龄的父亲宋耀如逝世以后,宋夫人倪桂珍购置下来,带着刚从美国留学回来的宋美龄一起迁居于此,成为宋家宅第。

宋家南边位于南洋路(今南阳路)转角,隔条马路曾经是1920年代中期上海大学旧址,北邻为基督教怀恩堂,向北为北京西路,是海上名人香港何东爵士的大洋房,现为上海辞书出版社。对马路是菜场,现已改建为大厦。

宋宅的外边围着高高的黑色竹篱笆,在同一条街上,它并不是一幢很显眼的深院高墙的大宅,里面却是别有洞天。当时,宋美龄任全国电影检查委员会委员、上海市议会童工问题委员会委员,社会活动很多。于是,宋家将住宅适当扩建。从铁门进去有一条不长的甬道通向内门的石阶,沿石阶进入镶着彩色玻璃、陈设庄重、嵌木地板的大客厅,东边有一弯形内室,中间有活门开启。其他有餐厅、吸烟室、休息室等。二楼朝南的正房,为倪老夫人的卧室,左侧为宋美龄的闺房,两间居室有门相通。宋子良、宋子安也曾居住于此。三楼居室有些斜形,屋顶是尖尖的,底层有地下室。住屋西边还有若干附属居室。整幢楼宅前边是一大片草坪,筑有花棚,种植四时不谢的花木。大草坪的西边是一座爬满青翠苍藤的高高风火墙,与邻屋相隔。

1927年12月1日,宋美龄与蒋介石结婚。当天下午,先在宋宅举行简短的基督教结婚仪式,参加的仅是少数亲友,由中华基督教青年会总干事余日章为新郎新娘主持。随后两人再到大华饭店举行盛大婚礼,蔡元培担任司仪。典礼结束后,新郎新娘去莫干山度蜜月。自此,宋美龄离开宋家老宅,随丈夫在南京居住。

1931年7月,倪老夫人在青岛避暑时谢世,遗体运回上海,停柩宋宅,举行盛大丧仪,蒋介石前往宋宅参加。上海沦陷期间,宋宅一度被某汉奸占为私邸,直至抗战胜利。

1945年11月,宋庆龄从重庆返沪,住在靖江路(今桃江路)45号。1949年春,迁居林森中路1803号,即今淮海中路1843号宋庆龄故居,但她不时前来369号——她母亲的旧居。

难童们住在369号的大客厅里,在光亮的木地板上铺好绒毯,一起睡通铺。中国福利基金会儿童工作组长顾锦心和第一福利站陈邦藩两位女同志,在东边外间前房搭起帆布床,晚上把中间的移门关闭。丁景唐和王诏贤睡在后间的临时床铺,王诏贤是第二福利站站长,后来住进来的。

中国福利基金会为这些难童准备了毛毯、被褥、衣服和营养品。孩子们生活得很有秩序,每天照例早操、上文化课、游戏、讲故事,悄悄地传唱《解放区的天是明朗的天》《朱大嫂送鸡蛋》等革命歌曲。特别要提一下《朱大嫂送鸡蛋》这首歌,这是崔牛根据民歌《刮地风》改变的,为了配合解放战争的胜利,添上词,共有三段唱词。

第一段为:

朱大嫂收鸡蛋/咕打咕打咕咕打/朱大嫂收鸡蛋/进了土窑窑依呀嗨/筐里的鸡蛋都拿出来依呀嗨/十个鸡蛋刚刚好/手拿鸡蛋出了门。

第二段为:

出了村口/过了大石桥/走了二里地/出了村口呀/到了大凤庄依呀嗨/把鸡蛋给了当兵的依呀嗨/再问声同志打仗辛苦/当兵的听了大声

笑/嘻嘻哈哈/哈哈嘻嘻/好大嫂依呀嗨。

第三段为：

当兵拿鸡蛋呀/唱着歌儿笑/谢谢你好大嫂/大嫂真正好/咱们当兵的要打仗依呀嗨/不打仗对不起朱大嫂/只有你们打胜仗,圆圆鸡蛋管吃饱依呀嗨……

据原上海乐团的男高音陆焕漪先生介绍,当时这个歌非常流行,几乎人人都会唱。

这些儿童还跳秧歌,当然,这些都是悄悄地活动,轻轻地哼唱,表面上,难童救济站的生活是平静的。那时的情形,就如一句古诗"春江水暖鸭先知",水面上鸭子一如常态,水下的脚掌却在不断活动,已感觉到春天就要来到,为春天的到来做着准备。

1949年5月27日凌晨,西摩路(今陕西北路)369号外面,特别安静。

那几天一到深夜,丁景唐就和隐蔽在老宅的同志一起收听新华社广播,电波里不断传来党中央和毛主席的声音,听到百万大军过大江的消息时,丁景唐暗自寻思着:快了,快了！中国人民解放军进军上海,终于隐隐约约听到上海西郊的炮火声。

1949年5月27日凌晨,丁景唐与王诏贤不约而同地意识到,解放军的先遣部队可能已进入市区。

天还未大亮,丁景唐和王诏贤悄悄地跨出369号的大门,沿着西摩路往南,向着静安寺路(今南京西路)走去。一路上,他们没有见到解放军的身影,猜测他们应该乘胜追击去了。越过静安寺路,在平安电影院、沧州饭店附近,看到墙上张贴着朱德总司令和毛泽东主席签署的"中国人民解放军宣言"和"三大纪律八项注意"的公告,确凿无疑,我们的解放军进上海了！

丁景唐和王诏贤对看了一眼,立即撒腿奔回369号,当他们把这个好消息告诉大家时,369号的大草坪立刻沸腾起来,孩子们扭起秧歌,放声歌唱："中国共产党,你是灯塔,照耀着黎明前的海洋,你是舵手……","我们的队伍来了,浩浩荡荡,饮马长江……","解放区的天是明朗的天,解放区的人民好喜欢……"

上海解放后几天,师生们天天在欢庆上海解放,唱着歌、跳着秧歌舞向邻近的贫民窟、棚户区进行宣传。

在1991年8月14日出版的《中国福利会会史资料》3期上,有一篇李钧衍写的文章:《我终于见到了宋妈妈》,文中提到丁景唐。他是这样写的:

> 1949年5月27日上海终于解放了。儿童福利站的大先生们个个喜笑颜开,上课和讲话时更没有什么顾忌了,我不仅从这里学到很多革命道理和新名词,并在大先生的带领下开展宣传活动,欢天喜地迎接解放军,如写标语、贴传单,跳秧歌舞等。那时我们整天耽在儿童福利站里,简直把福利站当成了自己的家。有一天章恒老师在教唱歌,站长丁景唐老师带着一位外国朋友来到办公室,客人即把视线转到墙上一幅画,那是吴棠龄老师画的毛主席像。那位外国朋友用半生不熟的中国话对我们说:"孙夫人现在很忙,如果有空一定会来看望大家的。"

1949年5月27日,上海全部解放,丁景唐和同志们第一个任务是把暂住在369号的孩子,送回失散的父母身边,这花了几天时间。

当时丁景唐的家住在西爱咸斯路(近永嘉路),离369号不远,他已经很久没与家人联系了,本来可以回家一趟,可是要做的工作太多,最终只是打了个电话报平安。然后他就到乍浦路245号,就是第三福利站去看看,因为战时有国民党的散兵游勇在那一带活动,丁景唐很担心活动站是否安好。

到了之后,还没喘一口气,组织上就让丁景唐担任救济会虹口中心站站长,参与闸北、虹口、提篮桥三个区域的难民返乡开展生产自救的工作。

这些难民大多从苏北来,有些因为灾荒逃到上海,有些因为土改流亡而来,人员情况很复杂,一些特务也混迹其中,成为当时社会最不稳定的因素之一。

任务重,人手紧,怎么办?只能夜以继日地干!

艰苦的程度难以想象,危险也随时可能出现,要不是有党和人民的教育培养,有十多年革命工作经验,有和丁景唐共同奋斗的几十个党员干部齐心协力,这工作丁景唐绝对扛不下来。

现在回想起来,这是丁景唐一生中非常重要的一次锻炼,成了他今后人生中,取之不尽的"正能量";也让他深深体会到,党分配的每一项工作都是重要的,一定要全心全意、竭尽全力去完成;也让他明白了,一旦离开群众,我们就将一事无成。

1949年夏天,宋庆龄在369号开办了中国福利基金会托儿所。同年的7月24日,邓颖超、杨之华、许广平、胡子婴、廖梦醒等应宋庆龄邀请,到宋家老宅参加托儿所开幕典礼。1949年11月,托儿所迁出,369号用作中国福利基金会临时办公室。

1952年,中国福利会顾问、美籍专家耿丽淑女士来沪工作,宋庆龄安排她在369号居住到1963年。这儿还住过一些在宋庆龄身边工作过的同志,如陈维博、张珏、邹尚录(邹绿芷)等,后来陆续搬出,369号又成为中国福利会的办公地。

1949年10月1日,中华人民共和国成立,宋庆龄赴京参加开国大典。回沪后,在淮海中路1843号自己的家里举行家宴,丁景唐也应邀参加。那天晚上,有谭宁邦、金仲华、赵朴初、王安娜、沈粹缜等,共有两桌。宴会上,宋庆龄告诉大家:"毛主席和周总理身体很健康。"她还感谢了大家在中国福利会的工作。丁言昭记得,有一天,爸爸给她看一个信封,打开一看,里面有一块精美的手帕,裹着一把银勺,非常漂亮。爸爸说,这是在一次宴会上,宋庆龄女士送的。现在不知道在哪儿了。

丁景唐曾多次带领家人到369号,记得最清楚的是1978年2月20日,年初三,在那儿拍了许多照片。

1980年代,宋庆龄的两位秘书陈维博和张珏,住在369号的一楼和二楼,言昭经常去看望他们俩。张珏的父亲是非常有名的文化人,叫张宗祥,是浙江省图书馆馆长。言昭每次去,都听张珏讲宋庆龄、张宗祥和与他们同辈的往事。后来陈与张搬到别处,这里成了中国福利会的办公室。言昭曾几次到那儿与中国福利会少年宫的有关人员商量"六一"的庆祝活动事宜。

三三　光荣归队

1949年11月,夏衍和姚溱拟让丁景唐"归队",调到中共上海市委宣传部工作,当时由担任中共上海市委组织部副部长的张承宗约丁景唐谈话。

在此似乎应该先介绍一下姚溱,因为他与丁景唐在1950年代共事多年。

姚溱生于1921年,江苏省南通县人,曾用名姚静,化名姚澄波,笔名秦上校、丁静、马里宁、秦佐、波光。在南通中学读书时即投入抗日宣传活动。1938年秋加入中国共产党。在中共江北特委领导下,参加《大众》周刊的编辑工作。

1940年,姚溱上海大同大学中文系肄业后,从事地下工作。1942年赴淮南抗日民主根据地,任新华社华中总分社编辑部副主任。

抗日战争胜利后,姚溱参加中共中央上海局地下党文化工作委员会领导工作,并以姚澄波的化名任《中国建设》编辑,主编《消息》三日刊,又负责联系《文萃》周刊(后改名《文萃丛刊》),以丁静、秦佐的笔名撰写军事评论文章。又用秦上校、萨利根、马可宁和波光的笔名,在《时代日报》《时代》周刊、《展望》周刊上,撰写军事评论文章。

1948年10月,姚溱被国民党特务逮捕,备受酷刑,坚贞不屈,后经党组织多方营救出狱。

上海解放后,姚溱历任中共中央华东局宣传部副科长、上海市新闻出版处处长、中共上海市委宣传部副部长。1954年任中共中央宣传部国际出版宣传处处长、中共中央宣传部副部长,任《红旗》杂志国际问题评论文章的特约撰稿人。

"文化大革命"开始后不久,姚溱遭到诬陷和迫害,1966年7月23日含冤去世,1978年4月获平反。

丁景唐是一名在上海长期坚持地下斗争的地下党员,当时还未公开身份。上海解放半年来,虽然经历不少激动人心庆贺上海解放的热烈场面,但,这是他第一次走进党的华东局兼上海最高领导机关——建设大厦。

丁景唐如约来到位于福州路江西路口的建设大厦,他抬头望见十六层楼顶上,一面鲜艳夺目的五星红旗迎风飘扬,大门前站着威武的中国人民解放军战士。丁景唐怀着激动的心情,踏进二楼组织部办公室。一进门,便有一位同志迎了上来,同时伸出右手,紧紧地握住丁景唐的手,他就是张承宗同志。

丁景唐凭着直觉,感到张承宗比较了解他,估计他已从姚溱和田辛同志处知道自己的情况。

张承宗握着丁景唐的手,开门见山地说:"组织上调你到市委宣传部工作,想听听你的意见。"丁景唐说,"感谢组织上对我的关怀,我要刻苦学习,努力工作,完成党交给我的新任务。"张承宗微笑地点点头,接着与丁景唐商量如何妥善做好中福利会的交接工作,物色一位党员接替丁景唐的工作。考虑到中福会的特殊情况,张承宗决定将丁景唐尚未公开的中福会支部和另一个社会福利团体的联合支部关系,直接移交市委组织部的强毅同志,并当场介绍强毅与丁景唐见面。张承宗嘱咐丁景唐12月底前,正式持市委宣传部调令到组织部转党的关系,然后到宣传部报到。

1950年1月2日,丁景唐拿着夏衍同志签名的市委宣传部正式调令和由原中共上海地下党文委书记陈虞孙同志签名的党员证明,第二次踏进张承宗办公室,然后再持市委组织部的证明文件,到三楼宣传部正式报到,由姚溱同志向丁景唐交待工作任务。从此,丁景唐在市委宣传部工作了11年。

1995年清明节后,丁景唐带着女儿丁言昭和儿子丁言模去拜访张承宗,他穿着浅色的上装,深色的长裤盖住了脚上一双圆口黑布鞋,大家聊得很开心,没想到,这竟是最后一次见到他。1996年12月20日,张承宗同志去世。丁言模在1997年1月15日《新普陀报》4版上,写过一篇文章,题为《他,平静地走了——追记张承宗老同志》。文中说:"上海刚解放时,父亲的地下党关系就是张老审批,转为公开的共产党员身份。"虽然简化为一句话,但对丁景唐来说,却是十分重要,张承宗代表党组织,宣布他的地下党员身份,转变为公开身份,这是他终身难忘的大事。

进入市委宣传部以后,丁景唐经常只是在市委召开的有关会议上见到张承宗,除此之外他们没有直接的个人交往。只有一件发生在1960年的事,使丁景唐挂记在心,甚感不安。

那时,杨永直同志从《解放日报》调任市委宣传部副部长,分管报刊宣传、理论工作等。有一天,他在办公室对丁景唐说:"老丁,你对解放前的上海情况比较熟悉。这里有一份张承宗同志写的回忆上海地下党斗争的稿子,请你先看看。"

市委宣传部机关里有个好风气,部里领导布置任务时,一般都以平等的语气相商。丁景唐在机关工作了十年,所以机关里的同志送以"老丁"的雅号,领导也不例外。

杨永直同志是丁景唐敬重的上司之一,他办事爽直,不含糊拖拉。按惯例,市里各级领导同志写的一些重要文章,必须送市委宣传部征求意见,但张承宗是丁景唐尊敬的领导,因此,杨永直要他看张承宗的稿子,觉得有点难处,在处理稿子上也慢了几"拍"。

张承宗自1947年起担任上海地下党的市委书记,他的文章实际上总结了地下工作的历史经验,令丁景唐十分佩服。但丁景唐根据党中央有关撰写党史和重大回忆录的文件指示精神和在机关工作十年的经验,感到市委宣传部也不好决定他的文章能否见诸报端,还得送市委审定。

丁景唐将读后的两点意见向杨永直同志汇报后,杨永直说:"稿子再往上送,怕要拖而不决,还是把稿子留存,将来再看情况,要否送市委审定。不如你对张承宗同志直说了吧。"接着,他又说:"老丁,你亲自去一次,向张承宗同志解释清楚,他一定能理解的。我见到他,也会向他解释的。"于是,丁景唐怀着忐忑不安的心情,到南昌路科委。当时张承宗任市科委常务副主任,见到他后,把杨永直同志的意见告诉他,并说,永直同志见到你,会当面向你解释的。承宗同志听后,收下稿子,没有多说话,只是要丁景唐向杨永直同志致意。

这件事一直令丁景唐心中不安……

1978年12月,党的十一届三中全会召开以后,张承宗先后出任中共上海市委统战部部长、市政协和市党史资料征集委员会的领导,为拨乱反正,坚决贯彻党的正确路线、方针、政策做了大量工作。

丁景唐虽然没有在张承宗领导下工作过,但十一届三中全会以后,他多次约丁景唐参加统战部、政协和党史办召集的关于征集文史资料、党史资料会议,以及为上海解放30周年、抗日战争胜利40周年征稿的动员大会,聆听他传达中央关于征集史料的重要指示,这些都给丁景唐以思想教育,消除了"两个凡是"的影响。

在1982年之前,丁景唐没有写过一篇本人的回忆文章,写的是学术性文章。此次,丁景唐找到一份写于1982年6月24日向市统战部市政协文史资料编辑室并张承宗汇报的写作计划。这是在市政协礼堂,听了他的又一次动员组织抗日战争时期、解放战争时期上海地下党干部写回忆史料的报告后草拟的。

张承宗在《上海文史资料选辑》第43辑上发表了《解放前上海地下党的

斗争——1937年至1949年5月》,在这篇重要的总结上海地下党解放前的斗争经验大文章结尾有一段话:地下斗争的历史已经过去三十多年,现在不少同志年逾古稀,回忆和撰写解放前上海地下斗争的历史,总结经验教训,是解放前参加过地下工作的同志,特别是负责过一个部门、一个地区的同志,义不容辞,责无旁贷的任务。我们要对党负责,对历史负责,如实地、准确地反映历史,编写党史,研究历史。

张承宗的讲话,鼓励丁景唐草拟了这份写作回忆史料的计划,包括1938年到1939年上海学生救亡协会(简称"学协")的点滴。张承宗看了这一写作计划后,对丁景唐表示鼓励,消除了他向张承宗坦率陈言还有"老框框"的顾虑。

此后,丁景唐陆续写了一些回忆史料,有的交党史资料征集委员会学运组留存参考,有的先后给张承宗阅后发表,如《革命摇篮育新人——记江苏省委办的一次大中学生支部书记训练班》《回忆莘莘月刊》《在宋庆龄同志领导下工作的日子》等。

张承宗对文化界的历史情况与史料也很关心。与丁景唐谈起于伶时,嘱他向于伶问候。张承宗说起于伶以茅丽瑛烈士事迹为题材的剧本《七月流火》(原名《水横枝》),被市委某领导批示不准上演的事,感到那时"左"的危害流毒甚深。

张承宗年轻时爱好文学,搞过创作和翻译。有一次,他托丁景唐查找他用"张人俊"名字,发表在旧刊上的几篇翻译屠格涅夫的散文。丁景唐曾涉猎过许多二三十年代的文艺刊物,费几天功夫,就在叶灵凤(也有说与潘汉年合编)的《现代小说》1929年第3卷第3期上,查得张人俊译屠格涅夫的散文《乞丐及其他》等5篇译文,便复印送给张承宗。他收到这些文章后,在《解放日报》上发表了一篇《重读旧译〈乞丐及其他〉》,文中提到丁景唐为他寻找旧译的事。后来他把这5篇文章收入《晓珠天上》的《勇敢的第一步》1辑。

在张承宗的启示下,丁景唐还写过《从潘汉年的佚文谈到一些新的文化史料》《宋庆龄和1947年中秋游园会》。中秋游园会实际上是上海文化界于伶、叶以群陪同郭沫若、茅盾、沈钧儒等知名人士,撤离上海前的一次文化界大团结会议,此文纠正了党史报刊上的重大差错。

上海各区政协都编印文史资料,内容甚广。有一次,丁景唐偶然看到普陀区政协办的《普陀文史资料》第1辑(1989年3月)中,有徐又德写的《我见到过宋庆龄》等3篇回忆文章,引起他的兴趣,觉得此文内容很好,只是有一日期错了,把鲁迅逝世的日子错为出殡的日子。文中还写到,鲁迅出殡群众大游行时,张承宗担任送葬队伍的纠察队大队长,派徐又德保卫救国会领导及贵宾,特别是宋庆龄的安全。

丁景唐读过张承宗写的《参加上海职业界救国会前后》,知道张任"职救会"第四大队大队长,徐又德是队员,他们都参加了10月22日鲁迅出殡的大游行,但并没有徐写到的事。他感到,徐的回忆文中,还有三处错误。所以,丁景唐想拜访张承宗,问个究竟。

1995年清明节后的一个星期天,丁景唐与张承宗约好,带着丁言昭、丁言模一起去看望他。丁言模是为《新普陀报》采写张承宗的专访,因为张曾两次担任普陀区领导工作。

他们一行三人来到张宅,按响门铃,亚林出来引他们上楼。面色红润的张承宗已候在二楼楼梯口,穿着浅色茄克衫,深色的长裤盖住了脚上一双圆口黑布鞋。他微笑地和大家依次握手,表示欢迎。

走进房间,只见一张宽大的书桌上,摆满各种经济杂志。日历上写着日程议事,有的还重重划上红杠杠。瓷器笔筒里插满各种笔,赭红色的大砚台盒闪着光泽,沿墙的书橱里放着各类学科的书籍。

张承宗说,1936年10月22日鲁迅出殡,他没有派徐又德保卫宋庆龄等救国会的任务,是徐又德记错了。丁景唐又谈了徐又德文中写史沫特莱和茅盾都参加鲁迅出殡大游行一事不实,史当时在西安,而茅盾那时因母亲生病回乌镇老家,一直到鲁迅出殡后才到上海。

张承宗听后,说:我们多与文艺界隔膜,不了解历史内情,是记错了。又说:你努力写下来,将历史事实供后人评说,以免误记、讹传。

三四　宣传岁月

束韧秋比丁景唐迟一天到宣传部报到。丁景唐和老束解放前虽然同属唐守愚领导的文委系统,但没有横向关系,这次还是第一次见面。他们见面时两双手紧紧地握在一起,有许多话不知从何说起……老束曾为丁景唐协助魏金枝编辑的《文坛月报》,发表过小说《节日》,署名越薪。

在这里稍介绍一下唐守愚。他原名杨启哲,山东人,长期在北京和上海中共地下党做组织工作,数次被捕。解放后在华东和中央教育部工作,曾任全国文字改革委员会副主任等职。

丁言昭在杨范著《杨范自述》(1989年5月群众出版社出版)里看到一段话:"我这时尚不是一个成熟的社会主义者,我的真正转变主要得助于北大同学、中国共产党的地下党员唐守愚……"那时,唐是北京大学文学院史学系学生。1937年8月6日,由唐守愚和张执一两位介绍,在上海万宜坊梅雨益家举行杨范入党仪式。杨范在书中还透露了鲜为人知的事情,唐在1933年左右,写过不少新诗,刊登在"左联"文学杂志《洪水》。

丁景唐在市委宣传部工作了11年。1961年5月,丁景唐被任命为上海市出版局副局长后,仍兼任市委宣传部新闻出版处处长,一直到1963年。如此,丁景唐在市委宣传部工作实际达13年。

在宣传部的最初三个月,是在中共中央华东局兼上海市委宣传部度过的。部长舒同,副部长冯定、夏衍。下设三科:文艺宣传科长由副部长夏衍兼,姚溱、林冬白、白彦为副科长;教育科长由华东教育部副部长、党组书记唐守愚兼,部长为党外人士孟宪承担任,舒文为副科长,秘书长徐仑。其他二十几个干部中,有从解放区来的,有中共地下党员,如束韧秋、刘芳、丁景唐等,但都未定级别。

1950年1至3月,丁景唐因家中孩子多,为了工作方便,住在宣传部集体宿舍,地址在淮海中路1610弄逸邨4号的洋房。当时,徐仑、舒文、林冬白、刘芳,还有其他干部都住在这里。他们住的地方,有一扇门通隔壁的房屋,是舒同和冯定的住处,原是何应钦官邸。有次,徐仑、束韧秋、丁景唐和秘书科一位干部,四人均着一色解放军棉制服,在官邸拍了一张照片。这是丁景唐第一次穿上解放装,回到家,孩子们欢跃着用小手摸着衣角说:"爸爸当了解放军叔叔了!"妻子王汉玉也笑着说:"有点像!"

三个月后,两个宣传部分开建制,市委宣传部下设两个处、一个室,即宣传处、教育处和秘书室,工作人员18名。夏衍任市委常委、宣传部长,姚溱、白彦任副部长,分兼宣传处、教育处处长。丁景唐分在宣传处第一科科长。束韧秋分在教育处。

随着华东局与上海市委两个机关分开,华东局搬出建设大楼,市委留在大楼,市委宣传部集体宿舍也迁到马斯南路(今思南路),原国民党政府高官魏道明、郑毓秀夫妇的住宅,今周恩来纪念馆对面。每天早晨大家列队出操,然后乘大卡车直驶福州路建设大楼用早餐。

1951年,宣传部设立报刊出版与广播处,处长由市政府新闻出版处处长张映吾兼任,丁景唐任副处长,欧阳文彬调来一起工作。1952年,这个处改为包括文化、艺术、新闻、出版、广播在内的文艺处。

不久,谷牧接任夏衍的市委宣传部长一职。一年不到,又由彭柏山接任谷牧为部长。在彭柏山任期内,丁景唐于1954年底由文艺处长调任宣传处长。

在市委宣传部最初的四五年,丁景唐经历过反"二六轰炸"、抗美援朝、批判《武训传》、"三反五反"、《毛泽东选集》出版发行、学习与宣传中华人民共和国宪法等等。

林淡秋从《解放日报》调《人民日报》后,1951至1952年,丁景唐兼任过《人民日报》上海通讯组组长,又负责《人民日报》上海记者站工作,建立上海通讯组。因这一工作与丁景唐对口,部领导让他兼任《人民日报》通讯组组长,物色《劳动报》的戈风等为组员,后来戈风为谷牧秘书。林淡秋不时地召集大家讨论《人民日报》的宣传要点,写稿、组稿或发供内部参考用的材料。

1951年庆祝建党30周年,全市各行各业学习党史和发贺信、贺电。丁景唐为《人民日报》写了一份综合报道,反映上海庆祝建党30周年的热烈情况。"七一"前后,《人民日报》编发整版的各界人士和人民群众的贺信、贺电。

1953年5至7月,丁景唐被派到北京参加中央直属机关主办的《联共(布)党史》辅导讲座,听冯定等作辅导报告。当时中宣部通知各省派一名理论干部到北京,回来作传达,还传言可能要考试。上海和华东局宣传部理论干部5人结伴出发,华东局宣传部还批准向上海人民广播电台借调一部录音机,由一位技术人员随行。那时候,录音机很少,电台也没有几部。

丁景唐和各省宣传部理论处的干部,住在北京丰盛胡同中宣部机关宿舍,每周听课两次,回宿舍放录音相互整理笔记,以最快速度挂号寄往上海市宣传部。浙江、江苏来的同志都很羡慕,也坐在一旁对笔记。

丰盛胡同是旧时王府的四合院,中间正屋住着陈翰伯一家,各省来的同志分居东西厢房。早餐自理,午餐、晚餐在中宣部位于舍饭寺的一个机关大食堂用餐。文化部电影创作所和从上海搬来的《大众电影》编辑部,也在这里。在那里,丁景唐去看望过关露和梅朵。

丁景唐是第一次到北京,忘不了到闻名已久的玻璃厂访书,淘得延安版的鲁迅著作《一件小事》、张闻天译的中文版《列宁选集》某卷。在上海川沙召集纪念张闻天学术讨论会时,丁景唐托同住一室的程中原将此书赠张闻天夫人刘英。

中宣部对各省市晋京的同志非常关心,因此,大家有机会在中南海怀仁堂观赏精彩的文艺演出,见到前来审查节目的周恩来总理和朱德总司令;在中宣部内部放映电影的小会议室,见到徐特立和赵树理,那时,赵兼任中宣部文艺处副处长。

丁景唐在文艺处工作时,找过中宣部文艺处处长林默涵。到文化部找周扬,未见,只见到文化部办公厅的蒋天佐。还到《人民日报》、新华总社、北京市委统战部、市委高等学校工作委员会,找熟人田钟洛(袁鹰)、顾家熙(顾明)、梁达(范荣康)、陈昌谦、温崇实、陆钦仪(陆谷戈、项伊)。到人民文学出版社找冯雪峰,也未见,但得到许觉民、王士菁的热情接待。

此外,全体干部还集体登长城,游览颐和园。

丁景唐在宣传处长任内,参与策划制订庆祝上海市"五一"国际劳动节大游行计划和宣传提纲。机关派一辆小吉普卡,与有关干部到北火车站、十六铺码头、外滩海关、大世界、国际饭店等处,巡视大幅标语悬挂的情况,还深入上海的几个大厂,如江南造船厂、上海钢铁厂、上海造船厂检查游行队伍、标语牌、宣传口号。

组织"五一"、"十一"大游行,是全市的大热门的喜事,耗费的人力、物力极其惊人。组织大、中、小学生,集中在人民广场预习唱歌、舞蹈,丁景唐都得参与审查。还有一项是:在主席台旁设立一个临时搭建的宣传鼓动台,集中电影、戏剧著名演员和电台播音员,然后在文化局副局长、兼任上海人民艺术剧院副院长吕复的指挥下,配合走过主席台的不同工厂、企业、学校、文艺等游行队伍大声呼喊不同内容的宣传口号。所以,行家说大游行最辛苦的两个人,一位是大游行总指挥、负责组织工作的总工会沈涵,另一位便是喊破嗓子的文化局吕复。

自从丁景唐进宣传部工作后,生活、学习、工作都发生很大变化。解放区和部队来的干部、"革大"分配来的团员,实行供给制。原先的地下党员,因组织照顾家庭瞻养等实际问题,实行半薪金半供给制,即发给相当于原来工资的一半,以折实单位计算,供家庭之用。丁景唐和上幼儿园的子女按供给制办理。丁景唐的两个小孩穿的衣服,幼儿园都是免费供应,周日、节假日在家,公家还把伙食费结算给家长。

丁景唐自1950年1月至1954年,因职务和级别的变化,吃过大灶、中灶、小灶,即一般干部吃大灶,科级干部吃中灶,处局级干部吃小灶。这种从战争环境中建立的等级制度是挺严格的,丁景唐很不习惯。制服也是如此,一般干部、科级干部发布制服,处级干部发呢制服,到上海大厦管理部门量身定制。办公桌也是如此,处级干部用的办公桌比一般干部、科级干部的几乎大一倍,用的是上好的硬木。处级干部每月还发香烟、茶叶。丁景唐不抽烟,也无饮茶习惯,就分赠同志们,颇受欢迎。逢年过节,行政处专门派人送鸡鸭到家里,中秋节则送月饼。

丁景唐子女多,起先住在公家宿舍里,约在1950年下半年,住进建设大厦14楼,如饥似渴学习理论、政策文件,同时阅读了许多书。

1950年,丁景唐看了荣获斯大林文艺奖金的三部中国书籍:马可等的《白毛女》歌剧、周立波的《暴风骤雨》和丁玲的《太阳照在桑干河上》。同时,还大量阅读了有关志愿军的书,如《谁是最可爱的人》《三千里江山》《新儿女英雄传》《吕梁英雄传》《小二黑结婚》等。1952年、1953年看了一批苏联读物,有《我的儿子》《卓娅和舒拉的故事》《钢铁是怎样炼成的》《古利雅的道路》《普通一兵——马特洛索夫》《青年近卫军》《无脚飞将军》等。

三五　政治风波

1952年到1954年间，丁景唐主编市委指导"三反运动"的《"三反五反"简报》，代管市委党刊《党的工作》和党员教育刊物《支部生活》，任职中共上海青年工作委员会，被选为青年团上海市委委员。1955年1月到12月，丁景唐任中共上海市委宣传部宣传处处长。

宣传工作相当繁重，但因丁景唐理论修养高，有十七、八年的革命活动经验，又正当壮年，故各项事务处理得心应手。同时，他开始研究瞿秋白、鲁迅。

1954年，胡风向中共中央上书《关于解放以来的文艺实践状况的报告》，即"三十万言书"。1955年1月21日，中共中央批发《中央宣传部关于开展批判胡风文艺思想报告的指示》。胡风被定为"胡风反革命集团"，被捕入狱。顿时，全国各地纷纷发表批判文章，标题都是触目惊心的，什么《向胡风反革命集团进行坚决的斗争》《彻底追查处理胡风反动集团》《彻底粉碎胡风反动集团》《给反革命分子胡风以严厉的制裁》，等等。当时，丁景唐也写过批判文章：《胡风——善于伪装的阴险的敌人》，刊1955年5月20日《新民报晚刊》。

1955年2月5日、7日，中国作家协会主席团在京召开第十三次扩大会议，决定开展对胡风的批判，1930年代和1940年代在胡风身边的一些诗人及其作品也被牵连进去。

约在2月中旬，时任上海市委宣传部部长的彭柏山同志，召集当时任《解放日报》文艺组组长的孔罗荪、作家协会的黎家健和丁景唐在市委宣传部开会，商议由上海作家协会开展对冀访长篇小说《这里没有冬天》的批判。这部小说于1954年6月在上海新文艺出版社出版，属于上海市的出版物。会上，丁景唐发表了两点意见：其一，冀是浙江作家，其时不在上海，对他的批判应该与浙江省委宣传部商议，不宜由上海作家协会单方面发起；其二，《这里没有冬天》是部写农村生活的作品，自己对农村不熟悉，是否可以请农村工作部的同志来参与。此时,丁景唐虽已不在文艺处工作,但他觉得自己提的这两点意见是掌握党的文艺批评政策的,彭柏山对此亦表示赞同。于是,这一批判没有开展起来。

1955年5月13日,《人民日报》公布《关于胡风反革命集团的材料》第一批及毛泽东的按语。随后5月24日、6月10日又整理公布第二批、第三批材料,全国上下掀起一场声势浩大的批判"胡风反革命集团"的运动。

丁景唐自3月初开始策划、组织上海市"五一"大游行,在圆满完成这一项重大任务后,5月15日,携着快要生产的夫人王汉玉及6个子女,并邀文艺处的修孟千夫妇及其孩子、徐景贤等几位同仁,包括刚从北京来沪的田钟洛(袁鹰),一起拜见谢旦如先生,然后在岳阳路、汾阳路、桃江路、东平路四叉路中央的普希金铜像前拍了好几张照,摄影者是束纫秋。拍照后不久的5月23日,王汉玉生了第七个孩子,起名丁言勇。

1955年5月24日《关于胡风反革命集团的材料》第二批公布,这批从书信、日记里摘编的材料使一大批人受到牵连,彭柏山同志因"榜上有名",立即被停职审查。第二天,中国作家协会开除了胡风的会员资格,上海作协的"批胡"运动大规模地展开了。

大概是1955年5月26日,丁景唐应《展望》周刊之约,赶写一篇二千字批判胡风的文章,同月28日发表。

正当丁景唐积极响应党的号召,投入批判"胡风反革命集团"的运动中时,领导突然通知他到上海人民广播电台去帮助工作。那时,丁景唐头脑非常简单,认为这种借调是非常正常的,没有任何想法。其实,当时凡是领导认为与胡风有瓜葛的人,一律调往别处。

在上海人民广播电台的两个月里,丁景唐工作积极性很高,分工审阅一些文艺稿件。上海人民广播电台著名播音员陈醇在四十多年后,还有丁景唐"对广播工作很热心"的印象。

在这个时期,丁景唐记得有两件事:一件是他偶然在电台文艺部周行的办公桌玻璃板下,发现一张1927年鲁迅先生在上海光华大学讲演的照片。经询问,原来是周行的一位光华大学的朋友所赠。丁景唐觉得这是张非常珍贵的文献资料,连鲁迅纪念馆也未收藏。临离开电台时,周行将照片慷慨相赠与他,他又转赠给上海鲁迅纪念馆,为鲁迅研究者提供了一件原始资料。另外一件是:6、7月间,他曾与电台故事组几位同志,租了一条小帆船游黄浦江,划到对岸陆家嘴,当时那里除了几座仓库,没有居民,甚为荒凉,与今天的繁华无法相比。看来,他对1955年中国文艺界那场风暴并不敏感,竟还有闲情去游玩。

但运动还是找上了他。大约是7月底,市委宣传部将其从电台召回,要求他立即交待与胡风集团相关问题。1930年代和1940年代,丁景唐并未在胡风主持的刊物上发表过作品,与胡风及"胡风分子"也无书信来往,《人民日报》公布的三批"材料"没有涉及他,大概彭柏山的名字出现在第二批"材料"上,他又曾在彭柏山领导下工作过,议过事,因此遭到审查?

虽然有些不解,但丁景唐还是坦然地接受组织审查,挖空心思地交代了以下一些情况:

一是,他在1955年2月上海作协拟批冀访小说《这里没有冬天》的会上发表意见,这一意见被认为是"包庇胡风分子冀访",并与彭柏山一起阻拦"批胡"运动。

二是,1946年2月丁景唐与郭明、袁鹰组织成立上海文艺青年联谊会,约请文艺名家来演讲,其中有刚刚返沪的胡风,在同德医学院同孚路新大法路口课堂开讲座。当胡风来时,丁景唐与他寒暄了几句,表示欢迎,随后有事离开,由别的同志主持。

三是,1930年代,丁景唐在上海,对太阳社、创造社和鲁迅的争论有所了解。他喜欢创造社的作家和作品,对胡风似乎不太欣赏,也说不出什么样的理由。在他一人编辑的《文坛月报》上,发表过胡风的文章《答文艺问题上的若干质疑——在"职业妇女"文艺座谈会的谈话》,刊于1946年4月10日《文坛月报》1卷2期。这篇文章,起先在重庆《现代妇女》上发表过,《文坛月报》只是转载。文章刊登后,丁景唐将稿费送到胡风家里。

胡风住在永康路141弄文安坊6号整幢房里,这是一条旧式里弄住宅,建于1926年,胡风从1940年一直住到1953年。2007年8月,被上海徐汇区文化局登记为不可移动文物:胡风旧居。丁景唐送稿费时,就是送到这儿,那天胡风不在家,是其夫人梅志接待的他。

于是,丁景唐在家中软禁半年,天天坐在亭子间写检查。宣传部不时派人来,脸上凶巴巴的,口气恶狠狠的。那时,妻子王汉玉正在坐月子,整天提心吊胆地,不知如何来安慰丈夫,倒是丈夫反过来安抚妻子,让她不要太担心。晚上丁景唐经常失眠睡不着,夫人就一边柔声地哼唱催眠曲,一边轻轻地拍着丈夫,就好像母亲对待宝宝一样,不久,丁景唐慢慢地进入梦乡。这个细节是2016年3月6日,丁言昭像往常一样到华东医院去,与父亲说到"反胡风运动"时,他深情地回忆的。这天丁景唐还说起从前一件事:"你母亲十六七岁去莫干山玩,在山上拍照片,后来我1953年正巧也去了那里,就按照你母亲当时的地方拍了一张照片。不知这张照片还能不能找到。"

丁景唐说着说着,开始评论起张春桥、姚文元、徐景贤的文章风格。在此略去。

审查结果出乎丁景唐的意外:市委宣传部召开了一场"丁景唐批判大

会",时间是 1955 年 8 月初,地点在原常德路大礼堂。大会由市委宣传部办公室主任汪晓云主持,一位副部长出席,宣传部机关全体工作人员参加,已离开文艺处的干部也召回出席。他被安排在大礼堂最后一排,接受大家的批判。当时天很热,会场的批判气氛越来越热,干部和群众的话语不断上纲上线,扣大帽子,还有部分人无中生有捏造事实进行污蔑……

会开了好长时间,丁景唐想发言,谁知,汪晓云一拍桌,说:"现在不许发言,散会!"这一举动实际上是无意中保护了他,没给他留下一个对抗批判、对抗群众、对抗组织的大罪名。数十年后,丁景唐谈及此事,还有不尽感慨和后怕,曾不止一次地对人说:"他这一拍,可救了我的命,不然,我也不知道会怎么样呢。"

后来,在一个小范围的支部会上,给丁景唐下了一个"个人主义"的评语,予以党内警告处分,停职反省,继续交代问题。停职半年后,1956 年初,丁景唐便恢复了工作与职务。

表面看来,丁景唐度过了 1955 年那场惊天动地的劫难,比那些遭到惨痛迫害的"胡风分子"幸运许多。这一年的遭遇,使他的思想和生活发生了深刻的变化。首先,他本来是十分自信的人,自认为掌握党的政策,理解党的理论既快又准,吃得透,用得稳,不料一个"比较稳重"的意见却招来一场大风波,被上纲上线,虽然有幸未及"没顶",但那一份理论自信还是平抑下去了。

丁景唐生平第一次的停职靠边审查半年,是在全国肃清"胡风反革命集团"的背景下,他经历的一场严酷的"经风雨见世面"的非正常的锻炼,这实质上增进了丁景唐对历史的认识。

此后,丁景唐在处理日常事务工作时,日趋具体和慎重,一改过去那种勇于兼顾各方面的能力展现,集中于本职、本分工作。在半年的停职反省中,他已编就《瞿秋白文学活动年表》等几本书。

1956 年以后至"文化大革命"十年间,他将职务与爱好极有机地结合起来,全身心投入到出版与学术双重研究之中,在职务上成就了一位造福广远的出版家,在学术上成为成果丰硕的学者和史料学家。

党中央在 1980 年和 1985 年从政治、历史方面为胡风平反后,1988 年 6 月,有关方对胡风文艺思想的几个问题进行复查,又进一步予以平反。至此,如报纸标题所说,33 年前的一大错案得到彻底纠正。

1988 年 8 月,北京和上海都举行座谈会。1988 年 8 月 14 日《解放日报》上发了一条消息,题为《〈文艺报〉在京召开座谈会　重新认识估价胡风文艺思想　与会者呼吁:提倡真正的民主精神和学术自由,坚持学术研究独立品格》。

1988年8月23日中国作家协会上海分会,召开"重新评价胡风文艺思想座谈会",在上海的二十多位曾受胡风一案株连和目睹过批判胡风运动的老作家、学者,畅谈各自的感受。

与会者认为胡风的文艺思想深邃博大,是中国文学史上一份珍贵的遗产。钱谷融提出,胡风的人格值得敬佩,他在种种压力下,终究没有说违心的话,表现了一个知识分子的浩然正气。徐中玉认为,重新评价和研究胡风的文艺思想和文学活动的意义,还在于提醒大家记取这个悲惨的教训,不要让历史重演。

三六　仅此一函

潘汉年是1925年参加中国共产党的老革命,同年与郭沫若等建立左翼文化团体创造社。1927年"四一二"反革命政变后,他曾任中共中央宣传部文化工作委员会书记,同鲁迅等联名发起建立中国左翼作家联盟,并任中共党组书记,是左翼文化运动的创始人和领导人之一。

1931年至1933年期间,潘汉年成为中共中央保卫部门领导人之一,1933年后,他作为中央苏维埃政府和中国工农红军代表,与蔡廷锴、陈济棠谈判,为我党的反蒋抗日统一战线作出重要贡献。1934年,他任红军总政治部宣传部部长兼地方工作部长,遵义会议后被派往苏联。

1937年,潘汉年任八路军驻上海办事处主任,1939年负责组建华南情报局,此后绝大部分时间在上海、香港等地领导对敌隐蔽斗争和开展统战工作。

解放战争后期,潘汉年在极为困难的情况下,安排李济深、沈钧儒、黄炎培、马寅初、郭沫若、沈雁冰等大批民主人士秘密离开香港,先后组织20多批、350多人,无一次失误,并争取"中国"、"中央"两家航空公司在港员工,带领12架飞机起义,还策动原国民党资源委员会和上海海关两个系统起义。

1949年至1955年,潘汉年先后任上海市常务副市长等党和政府的重要职务。

丁景唐从1950年到1961年,一直在上海市委宣传部工作,对潘汉年的工作时有所闻,感觉最大的是,潘市长实在太忙了。那时,姚溱会叫他一起去见潘汉年,对一些文件进行文字润色,有时还和潘市长共进午餐。

有一天,束韧秋来找丁景唐,说:有人推荐他去当潘市长的秘书,可是他有具体的困难。当潘市长的秘书是非常忙的,每天睡在办公室里,但束韧秋有妻室儿女,要照顾家庭。束韧秋让丁景唐有机会对潘市长说说,能否另外派人去。后来,丁景唐很认真地写一封信给潘市长,并亲自送到市委办公室,交给一位女同志。事后,丁景唐见到潘市长也没有问起这件事,但有一点是可以肯定的,那就是束韧秋没有去当潘汉年的秘书。

1955年3月15日,中苏友好大厦(今上海展览馆)落成时,举办展览会,潘汉年参加剪彩,当晚乘火车前往北京参加党的全国代表会议。

1955年4月3日,潘汉年因"内奸"问题被逮捕审查,被定罪判刑,1963年假释出狱,但"文革"中又被重新判决,并开除党籍。潘汉年于1977年病故。

丁景唐为了束韧秋的事,给潘汉年写过一封信,因而也受到审查。

党中央于1982年8月23日发出文件,将潘汉年的冤案彻底纠正。一些老同志纷纷发表纪念文章。丁景唐也写了一篇,题为《从潘汉年的佚文谈到一些新的文化史料》,刊登在1989年第6期《上海党史资料通讯》上。

1997年,28集大型电视连续剧《潘汉年》在全国播出后,引起观众热烈的反响。在1998年1月12日的《解放日报》上,有一条消息《宜兴将修潘汉年故居》。相信,人民是永远不会忘记革命先辈的。

三七　瑞园留影

1996年4月的一天,丁景唐到瑞金宾馆看望来自远方的朋友,大家约定翌日找几位半个世纪前的老友叙谈后,丁景唐就告辞了。

丁景唐没有走出大门,而弯到北边瑞园的大草坪。1940年代起,瑞园与宾馆之间有堵墙隔着,虽有小门可通,但在瑞园办事的机关干部是不过围墙的。园中静寂,四周无人。丁景唐伫立在一泓池水的小木桥边,望着北边修缮一新的四层主楼西侧的三层辅屋,他沉思着……

多么熟悉,却又是陌生。这是1950年代,丁景唐在市委宣传部工作的办公楼宇。跑近前去,他们以前办公楼的大门前竖立了一方商行的牌碑,表明它已租赁出去做了办公楼。

人间正道是沧桑!

回家后,丁景唐好不容易从杂乱的零星照片中,找出40年前,几个机关干部和石西民同志在瑞园大草坪合影的小照。照片小小的,只有几厘米,但蕴藏着重重的情谊。照片上自左而右,为小罗、小陶、丁景唐、石西民、蒋文杰、周天、杨瑾。现在重睹昔日风貌,音容宛在。石西民同志已离开人间。小陶是新闻出版处的小秘书,她在1960年代初随夫君调安徽工作。小罗(女)后来调书店工作,现已退休。而蒋文杰、周天和丁景唐还时有见面。蒋文杰晚年与丁景唐同住华东医院,周天后来到上海文艺出版社,成为丁景唐的同事。

赵超构(林放)在为石西民论著《时代鸿爪》写的序文中,甚赞"西民同志为人简易谦和",老蒋(虞丹)即以"简易谦和"为题,写了纪念文章。这张摄于1956年春天瑞园的留影,反映了西民同志因为人简易谦和的形象,而受到这些在他领导下工作的机关干部的敬爱。

石西民在工作上是他们的领导同志,在日常生活中是他们的兄长,是可以在工作之外随便谈谈的。这一点,丁景唐这个长期在上海从事地下工作的干部感触犹深。丁景唐长期在地下工作,在党内同志之间,总有一种同志加兄弟(姐妹)般崇高的亲密感情,而在机关日子久了,就感到有些干部并非如此。丁景唐在一篇回忆夏衍同志的文章中,曾写到他们在机关中与领导同志都是工作之间关系,没有工作以外的交往。而不在一个机关工作之后,也只有夏衍、石西民与他有一些书信来往。丁景唐在同一个机关工作了11年,只有石西民同志在1956年春留下的唯一一张照片。

当时,这张照片是束纫秋要为丁景唐他们几个人择大草坪留影,碰巧石西民也到大草坪上来活动体肢,这群青年人邀他合影,并非事先到办公室去请他下楼特地拍摄的。照片上的人物形象都很自然,衣着朴素,石西民穿着绒线衫,随和得很。机关上午在中间有一点休息时间,新闻出版处的干部都是陆续下楼走到大草坪来活动的。许鲁野、周珂下来比较迟,大家在甬道边的丛树前留下一影。还有吴云溥和徐哨可能仍在办公或外出工作,没有入照。

1956年充满春天的阳光与温暖。

1月,党中央召开关于知识分子问题的专门会议,周恩来代表中央作了《关于知识分子问题的报告》。报告首次提出,知识分子已经成为我们国家各方面生活中的重要因素,他们中间的绝大部分已经是工人阶级的一部分,并明确落实知识分子政策的任务要求。毛泽东也在会上讲话,号召全党努力学习科学知识,同党外知识分子团结一致,为迅速赶上世界科学先进水平而奋斗。全国出现"向科学进军"的新气象。

4月,党中央提出"百花齐放,百家争鸣"的发展科学、繁荣文学艺术的重大方针。

5月,陆定一在中共中央宣传部的报告会上,做了题为《百花齐放,百家争鸣》的讲话。

在石西民同志的领导下,机关干部围绕知识分子工作和"双百"方针的贯彻执行,各就分工范围进行调查研究,了解情况,参与议论,民主风气大为发扬。早两年,从档案中,机关干部为丁景唐复印了一份资料,这是1956年上半年,石西民嘱丁景唐到傅雷先生寓所,听取他对知识分子工作问题和"双百"方针意见后写的汇报材料。石西民对傅雷的意见很为重视,曾将汇报材料印发给大家作参考。

1956年这一年,石西民为落实党中央关于知识分子工作和"双百"方针做了许多工作。根据荆位祜帮丁景唐提供的1956年3月11日《解放日报》关于市委召开全市党员负责干部会议的相关内容,除了市委领导传达并部署贯彻党中央召开的知识分子问题会议的精神之外,石西民还作了专题报告。现在丁景唐回忆不起来报告的具体内容,但报告上留下的要点,包括上海知识分子工作的基本情况,关于改善知识分子工作条件和充分发挥工作潜力的问题,以及根据知识分子特点来进行工作的问题等等,都是石西民和其他同志结合中央精神,作了大量调查研究工作并经过他本人深思熟虑后归纳成文的。

石西民与上海一些有代表性的知识分子时有交往。1930年代抗日战争时期和解放战争初期,他在上海《申报》、在武汉和重庆两地的《新华日报》当记者、采访部主任、社委,与新闻界、文化界人士有广泛的联系。他调上海工作之后,除以市委宣传部名义召开党内外社长、总编会议之外,还用社会活动方式,由《解放日报》《新闻日报》《新民晚报》等轮流做东,与更多的新闻界人士交谈,了解情况,吸取意见,传达意图,推动工作,大家心情比较舒畅,办报较活泼有生气,版面上也反映出"双百"方针的贯彻。

石西民十分关心出版工作,经常亲自布置丁景唐与许鲁野集中力量,审读上海的主要出版物,写出综合材料,分析问题,提出改进的意见。也是在1956年,他在年初部务会议上,又提出召开上海市第一次出版工作会议的要求,让他们深入上海几家出版社与社长、总编谈话,研究选题计划,召开编辑座谈会,了解情况,听取意见,向他与另外两个副部长陈冰、白彦汇报。然后在部务会议上讨论通过,明确会议的任务、规模、内容要点,就放手让分管这项工作的干部,起草报告和文件。

上海市第一次出版会议,自1956年3月底至4月初,开了5天,出席大会的,不仅有各出版社、新华书店的工作人员,还有其他系统党委和区委宣传部、群众团体、文教系统的代表,共1344人。会议讨论了石西民同志的报告和上海十家出版社的方针、专业范围、改进工作的具体办法(草案)。经过集中会议讨论的意见,修改了改进的办法,4月20日,再由石西民作会议总结。明确上海出版工作的方针、任务,改善与加强党对出版工作的领导,提高出版物的质量,以及改进与作者的关系,培养干部,改善编辑、校对、发行工作等具体计划。由石西民亲自主持的上海市第一次出版工作会议,对改进上海出版工作起了重要的、长远的作用。而石西民同志这种善于将党的方针政策密切结合实际,加以贯彻的领导思想,善于发动大家深入下层,集中群众智慧的工作方法和工作作风,使那些在他领导下的干部,深受教育和鼓舞。

丁景唐是在石西民同志直接与间接领导下工作近十年的一个老兵,丁言昭现在只能从这张照片,引起对当年情景的思念,写下这些对石西民同志的敬意和怀念之情。他活在大家心中,正如这张照片上,见到他微笑着,沐浴在春天的阳光下,和大家亲密地站在一起……

三八　影印史料

1950年代中期，丁景唐在上海鲁迅纪念馆看见一批1930年代的左翼文艺刊物，有的是罕见的珍本，深深地感到保存和抢救革命文艺资料的迫切性。

丁景唐记得鲁迅先生曾说过："中国无产阶级革命文学的历史的第一页，是同志的鲜血所记录。"在白色恐怖的年代里，由于反动统治者的摧残，革命文化和革命斗争的艰苦条件，革命文艺期刊很难保存下来，许多刊物已经流传很少，有些已成为海内孤本。如果我们今天在人民掌握了政权以后，还不重视这些资料的整理收集，那就对不起先烈，也对不起革命文艺运动中作出过贡献的老前辈。在研究现代文学史面临重重障碍的情况下，唯有及时保存革命文化资料，把事实真相公布于世，才能揭穿歪曲历史者的谎言，发扬革命的文学传统。

从1958年开始，丁景唐就向新文艺出版社（即上海文艺出版社前身）建议要广泛收集现代文学书刊，并同其他同志一起制定了长期规划，包括整理和影印革命文艺史料。在丁景唐的倡导和努力下，得到石西民、罗竹风、叶以群、孔罗荪、方行、李俊民、蒯斯曛等同志的支持，又获得刘金、周天的协助，上海文艺出版社出版了《中国现代文学史资料丛书》甲、乙两种。

甲种是有关现代文学历史的编选、整理、编目等专题的丛书，包括文艺运动、社团、期刊、出版物、思想斗争和作家作品等各方面的调查、回忆、访问、汇编和编目等。1960年代初期，出版了《鲁迅研究资料编目》《艺术剧社史料》《左联五烈士研究资料编目》等。乙种是"五四"至解放前的革命文学期刊的影印本。

从1958年到1962年，上海文艺出版社先后影印出版了两批四十余种1920年代末、1930年代初的革命文学期刊。"左联"的机关刊物有：《前哨·文学导报》《萌芽月刊》《新地》《世界文化》《巴尔底山》《十字街头》《文学月报》《北斗》《文学》《文化斗争》《大众文艺》（第一卷为郁达夫等编，第二卷为

"左联"刊物)《拓荒者》《文学新地》《文艺讲座》《五一特刊》《文艺新闻》《文学杂志》《文艺月报》《文艺研究》《今日之苏联》。文总(中国左翼文化总同盟)刊物有:《文化月报》《正路》。创造社后期刊物和有关刊物有:《文化批判》《思想月刊》《流沙》《日出》《新兴文化》《新思潮》。太阳社刊物有:《太阳月刊》《时代文艺》《新流月刊》《海风周报》。艺术剧社刊物有:《艺术》《沙仑》。引擎社刊物有:《引擎》。剧联广东分盟刊物有:《戏剧集纳》。

1962年以后,丁景唐又选定第三批影印目录,范围扩大,除了第二次国内革命战争期间的外,还有抗日战争时期国统区和解放区的文学期刊,另外一部分是解放战争时期的解放区刊物。可惜后来由于来自"左"的指导思想的重大干扰,第三批书目只印了几种,就不得不中止了。

丁景唐在主持这项工作时,曾得到社会上各界人士的支持和赞同。在这里特别要提到的是谢旦如和瞿光熙。

谢旦如是上海鲁迅纪念馆第一任副馆长,他一生从事进步文化事业,参与创办上海通信图书馆,开设西门书店、公道书店、许区书店、金星书店,在掩护瞿秋白夫妇和保护瞿秋白、方志敏烈士著作,以及在精心收集保存革命文物等方面,都有所贡献。他是影印进步文艺刊物的积极支持者,他慷慨提供"左联"机关刊物《前哨·文学导报》等珍贵革命文献资料,同时也是影印母本的赞助人。

谢旦如先生,据他的自传所记,原名澹如,又作淡如,后来改用旦如。1924年他参加我国早期著名的湖畔诗社,于1925年出版诗集《苜蓿花》。1929年至1930年,编辑《出版月刊》,都以旦如署名。

1904年3月25日,旦如先生生于上海,1962年9月26日患脑溢血逝世。上海解放后,曾任华东军政委员会文化部研究室副主任。1951年9月任上海鲁迅纪念馆秘书,参加由许广平、黄源、唐弢等筹建我国第一所鲁迅纪念馆的工作。1954年3月,任第一任副馆长(馆长一直空缺),直到1962年9月逝世。他同馆内外人士,为上海鲁迅纪念馆的筹建、陈列展出、征集文物,勤勤恳恳地做了许多工作。

1962年9月29日,为悼念谢旦如先生,表彰他从事进步文化的贡献,上海文化界人士举行公祭。公祭会由上海市文化局副局长方行同志主持,丁景唐作为出版局的行政人员,向旦如先生的友好致悼词。方行和丁景唐联合署名敬献一副对联:

　　　　旦如馆长　　　　千古
　　　　传播革命文化对学习活动积极促进
　　　　保存先烈手稿为文物工作矢志终身

谢旦如先生出身于富商家庭,父亲是上海福康钱庄的经理。少时读私塾。13岁时,其父逝世,遵遗志到福源钱庄,从学徒做起准备接班。"五四"运动起,他受应修人等影响,大量阅读新文化书刊。1921年至1929年间,曾先后就读于惠灵英文学校、东南高等师范专科学校、南方大学、国民大学。时或仍在钱庄做事。业余和应修人、许元启、徐耘阡等,创办上海通信图书馆,任执行委员之一,恽代英任监查委员。谢先生还担任《上海通信图书馆月报》的编辑工作,推荐进步书刊,传播新文化、新思想,影响甚大。1929年5月该馆被国民党查封。1929年10月,又与友人周全平、孟通如合办西门书店,编辑《出版月刊》。1930年,参加中国自由运动大同盟,后又自办公道书店、西区书店,这些书店为共产党人应修人、冯雪峰、楼适夷等提供了联系工作的方便。1938年至1941年,上海"孤岛"时期,设立金星书店,以"霞社"为笔名,根据他保存的瞿秋白、方志敏烈士的遗稿,出版《乱弹及其他》和《方志敏自传》,以防烈士遗稿遭到意外毁损。谢旦如取"霞社"为名,含有纪念瞿秋白夫妇避居南市紫霞路68号谢家之意。这两部烈士遗著的出版,对读者的教育很大,特别像丁景唐这样的老同志受益难忘。谢先生曾为《鲁迅风》代办发行业务。1942年,日本侵略军占领全部上海租界,他又受郑超麟先生之托,负责收藏保管瞿秋白烈士亲自订的《瞿秋白文集》原稿,厥功甚伟。

特别是在1930年代初,在严重的白色恐怖下,经冯雪峰介绍,于1931年夏到1933年春,谢旦如以自己南市紫霞路68号的住所掩护瞿秋白夫妇,并为党精心保管瞿秋白、方志敏烈士的遗稿,还保存了胡也频烈士等的手稿以及革命报刊和革命文献史料。上海解放后,他将过去在反动派统治下,冒着生命危险保管下来的瞿秋白、方志敏烈士遗稿,全部交给冯雪峰,归还中央机关;并将鲁迅先生为预备编印瞿秋白烈士遗文而向他借用书刊的手条、由江口涣签署的日本普罗作家同盟于1931年感谢"左联"抗议日本反动当局因禁止发卖日本共产党机关报《赤旗报》而逮捕日本无产阶级作家的信件、"左联"为纪念战死者出版的《前哨·文学导报》专号以及鲁迅著作初版本等珍贵书籍三十余种,都捐赠给上海鲁迅纪念馆。

谢旦如先生是真诚的革命同情者,是瞿秋白、冯雪峰、应修人等著名共产党人的好朋友,他在收集、保存革命历史文献、掩护瞿秋白烈士等方面,为党为人民立下功劳。

1950年代末,在影印这批1930年代的书刊时,谢旦如先生将他长期珍藏的海内孤本——《前哨·文学导报》等借予丁景唐,用为影印的母本。

丁景唐和谢旦如先生从认识到相知,说来很有意思。关于谢旦如先生保藏革命文献和掩护瞿秋白同志的事迹,他最初是从冯雪峰回忆方志敏遗著、回忆鲁迅的文章中得知的,而不是某一位同志的介绍。也许,这也可说是一种"以文会友",使他们两人成为"忘年之交"的一段文字姻缘。

1933年,丁景唐在中学读书时,参加抗日救亡活动,组织读书会,学习过《大众哲学》《论持久战》等。也激动地看过复社出版的《西行漫记》,浏览过《鲁迅全集》,还有以后霞社出版瞿秋白的《乱弹及其他》和《方志敏自传》,留下深刻的印象。对于出版《大众哲学》的读书生活出版社、出版《论持久战》的译报社,以及在青年中享有威望的复社,丁景唐是略有所知,唯独对出版瞿秋白、方志敏两位烈士遗著的霞社,却是一无所知。他暗暗猜测,它会不会也是共产党办的一个隐名埋姓的出版社。直到上海解放后,丁景唐在机关里读了1951年冬上海出版公司影印的方志敏烈士《可爱的中国》和冯雪峰写的"出版说明",这才知道在上海"孤岛"时期,用霞社名义出版瞿秋白、方志敏两位烈士遗文的,原来是一位党外的真诚朋友和共产党的同情者谢旦如先生!

冯雪峰在影印本《可爱的中国·说明》中,详细地叙述了谢旦如先生历经国民党和日伪统治,冒极大风险,长期负责地将瞿秋白、方志敏两位烈士的许多遗稿完整地保存下来,于上海解放后,将全部文稿交还他的经过。冯雪峰说,这都"应该感谢谢旦如先生的帮助"。

冯雪峰1951年8月起在《新观察》上陆续发表《回忆鲁迅》(1952年1月刊毕),这些文章1952年8月又由人民文学出版社汇集出版单行本。丁景唐便从中知道了谢旦如先生曾经在严重白色恐怖、警犬密布的1931年到1933年二三月间,以自己的住所,掩护瞿秋白、杨之华夫妇。丁景唐对谢旦如先生这种与共产党人患难相济、安危与共的高尚品德和正义行动,十分景仰。也就是在这种崇敬的心情下,大概在1954年初,丁景唐到鲁迅故居去拜访了他。以后就常到鲁迅纪念馆,和他在黄陂南路(原贝勒路)立国新村68号寓所去叙谈。

谢家原在南市区紫霞路的三开间三进的大楼里,早在1937年抗日战争爆发时被毁。后来在国立新村住了18年,直到1957年,才由文化局安排,迁居到山阴路大陆新村8号三楼。他家隔壁9号,就是鲁迅的故居。

丁景唐记得他们住在立国新村假三层的顶楼,居室很挤,从地板上到天花板,堆满了中外书刊,湫隘几如"蜗庐"。1954年10月和1955年5月初,谢先生陪丁景唐、沈嘉儒、修孟千,两次专程到瞿秋白住过的地方去,一是紫霞路68号,一是毕勋路(今汾阳路)毕勋坊10号。后来,丁景唐根据谢先生的介绍,写了《瞿秋白同志住在上海紫霞路的时候》,发表在1955年6月16日《新观察》12期。

谢先生是个谦逊的人,他很少主动谈他个人与冯雪峰、应修人等共产党人的友谊。有关瞿秋白、杨之华夫妇住在他家的情况,也都是经丁景唐提问以后,才谈了一些。

他们谈的最多的,还是鲁迅手稿和遗物。他让丁景唐鉴赏了鲁迅纪念馆的珍贵藏品,如:当时尚未经过鉴定的陈赓将军手绘的苏区地图、瞿秋白为帮助鲁迅编选《引玉集》的说明、从沈端先(夏衍)翻译高尔基《母亲》中译本摘出的句子等等。还让丁景唐看了他本人捐赠给鲁迅纪念馆的革命文献,如:鲁迅为预备编印瞿秋白烈士遗文,向谢先生借阅一些书刊的手迹等等。特别引起丁景唐注意的,是几本1931年创办的"左联"机关刊物,为抗议国民党反动派杀害"左联"作家李伟森、柔石、胡也频、冯铿、殷夫五位烈士和一位左翼戏剧家宗辉烈士的《前哨》第1期《纪念战死者专号》以及从第2期起改名为《文学导报》的革命文学刊物。这还是丁景唐第一次看到的自认为最珍贵的左翼文艺运动的瑰宝。在鲁迅生活和战斗过的大陆新村故居里,谢旦如先生和丁景唐反复摩挲这份从战火灾难中千辛万苦地保存下来的革命刊物。他俩一起在鲁迅故居度过难得的欢乐时光。

根据丁景唐当时的判断,这份刊物可能是真正的海内孤本。事实也确实如此,1958年12月上海文艺出版社《前哨·文学导报》影印本问世几年后,人们才在北京鲁迅博物馆收藏的鲁迅遗物中,发现了另一本。但是未发现第2期起改名为《文学导报》的第2期至8期。而在谢先生辞世20年后,丁景唐在1982年3月上海鲁迅纪念馆馆刊《纪念与研究》第4辑上,看到陈友雄写的《关于〈前哨〉及其影印本的几个史实》中所公布的1961年7月15日谢旦如先生与他谈话的记录,才知道他保存的《前哨》,上海解放后曾给冯雪峰借去,作为他写《回忆鲁迅》时的参考,封面上有三个错字,由冯雪峰改正。

丁景唐之所以要特别提到几十年前,他从谢旦如手中第一次看到《前哨·文学导报》时的惊奇之情,一方面固然由于这本刊物重大的革命文献价值,另一方面,它的发现,对丁景唐不久以后倡议和筹划大量影印中国现代文学期刊的重大工程,起了启迪和促进作用,而谢旦如先生是丁景唐酝酿这一宏大的影印计划的赞助人和支持者之一,这是丁景唐永远不能忘怀的。

丁景唐是1957年春认识现代藏书家瞿光熙的,他收集了许多1930年代的文学书刊,也提供了一些革命文艺期刊的母本。他那丰富的藏书,几乎成了丁景唐的私人图书馆。瞿光熙后来在十年"文革"中,被迫害致死,听说是被人推下楼的。丁言昭记得小时候,父亲经常带孩子们到南昌大楼瞿叔叔家去,大人谈事情,他们就到楼顶上去玩,或者你追我赶,或者学骑自行车……等到他们玩得汗流浃背,跟着父亲回家,往往父亲书包里装满了借来的书刊。

  这套大型影印期刊的出版,曾受到国内外学术界的重视,在日本和香港被反复重印,成为第二个十年文学遗产的珍贵史料。郭沫若曾以中日友协的名义,将它作为礼品赠送给日本朋友,使日本影印"左联"刊物和创造社刊物的十卷本大型书。

三九 南下见闻

解放前,上海曾出版过两套工具书:《辞源》和《辞海》。听说在战争时期,毛泽东都没丢掉这两部书,一直带在身边。1950年末,毛泽东下指示,要求上海重新修订《辞海》。

上海市委非常重视这件事。在锦江饭店包了13层楼的整个楼面,召集一批人住在那里开会研究,其中有丁景唐、李俊民、杭苇等人。

1961年11月,市委宣传部决定兵分三路,到全国各地去征求意见。这三路人马分别由丁景唐、李俊民和杭苇带队,赴南方、北方和西南。

丁景唐带队的小组里,有一位在铁路局工作的,丁景唐请他先往南昌去打前站。1961年12月21日,丁景唐带着上海教育出版社编辑邱建民、上海教育出版社副总编辑陆志仁、市委党校哲学教研室主任周抗、复旦大学历史系教授田汝康、市教育学院副院长陈光祖、市委党校党史教研室副主任时进、市教育学院讲师黄杰民、上海科技出版社副总编辑俞克忠、辞海编审兼文艺组组长杨荫深、辞海生物编辑毕兆基等出发去江西南昌。

到南昌后住在省委招待所。一天吃午饭时,意外地碰见两位熟人:夏征农和杜宣。他们住在丁景唐一行人的楼上,在那里画画写字。离沪前,丁景唐曾找过杨永直,请他给广东的王匡写张纸条。杨永直说:"你们有市委的介绍信,我就不写了。"没想到在南昌碰见夏征农,想想还是请他给广东写张条子,工作可方便点。因此,对夏征农说:"你能否为我写一张介绍信给广东宣传部的王匡?"夏征农一口答应。

丁景唐在南昌参观了八一南昌起义纪念馆、江西省图书馆、新华书店,买了一些书,看了一些革命文献。

接下来是去湖南长沙。他们去找了宣传部和文化局的干部,但大部分都在住院,只有一个副局长在主持工作。那天见面,看到他满脸浮肿,当时正值三年困难时期,每个人的口粮极少。丁景唐看见长沙的街上,有人在排队买营养汤,凑近一看,原来是红糖水。那些住院的同志,都是因营养不良引起的各种疾病。

在宾馆里,丁景唐带的小组里有一位同志对餐厅的负责人问:"我们来了一位局级干部,能否吃小灶?"那人回说:"不行,只能吃中灶,只有中央来的干部,才能吃小灶。"丁景唐觉得和外面的老百姓比,中灶的饭菜已经算是可以的了。

离开湖南,丁景唐带队去了福建厦门和福州,叶飞接待了他们。

当时,彭柏山在厦门大学,丁景唐带大家去看望了他,并拍了照。

第四个地方是广州。

丁景唐一行人拿着上海市委介绍信和夏征农写的条子,到广东省委宣传部去找部长王匡。他非常热情,还告诉他们,周扬、康生、胡乔木都在这儿休养。

1961年年底的一天,王匡事先与周扬约好,介绍丁景唐去看周扬,同去的有史寿康。会见时,史寿康躲在丁景唐椅子背后,悄悄地记下周扬的讲话。

一阵寒暄后,由丁景唐汇报了《辞海》修订情况,其中提到"活人不收"原则和"三性"原则,依靠知识分子编写的经验等,还提到"出版八条"。周扬都称好。接着,周扬认为:出版社应当是一个文化学术单位;"活人不收"的原则很好,不要对大人、洋人作阶级分析,给他们戴帽子;词目要稳定,有关"大跃进"等不稳定的东西不要收,要像文科教材一样,成立主编责任制,要署名,要让权威人士带助手;要收集外国辞书,作些比较研究。

对于"三性",后来石西民根据大家的意见,归纳为"六性",即:"政治性、科学性、通俗性、正面性、知识性、稳定性"。[1]

周扬要丁景唐回沪后,代他望望曾彦修、王元化、满涛,他们三人被打成大右派或是胡风反革命骨干分子,日子不太好过。如王元化的文章再也不能见报,周扬的意思是,应该发王元化的文章,并说要曾彦修好好努力,将来还是有政治前途的。

那天与周扬谈话回来后,丁景唐即整理下来,寄给《辞海》副主编陈落,打印分发市委宣传部、出版局和《辞海》编辑部,并提出要陈落转告曾彦修,说周扬代为望望他。

1962年1月初,康生接见了丁景唐、史寿康、周抗、时进,周扬和许立群等也在座。康生说:你们关于"活人不收"原则一般可以,但是否要收毛主席,要正式打报告先向中央请示。

周扬再一次肯定"活人不收"原则,反对收入毛主席。那天谈话,由史寿

---

[1] 荆位祜:《追忆老书记石西民》,《上海滩》,2017年第12期。

康整理,丁景唐修改,没有听康生的,而是按照周扬所说,不收毛主席条目。回沪后也打印出来,分送各有关部门。

丁景唐回家后,分别找曾彦修、王元化、满涛,把周扬代为望望他们的话转告。丁景唐对曾彦修说:以后可以写入党报告。争取为王元化增加稿费,介绍发表稿子的园地,上海和北京的《文艺报》等先后发表了王元化的文章,都是关于古典文学的。为了向丁景唐表示谢意,王元化、张可夫妇,杨村彬、王元美夫妇,请他在政协吃饭。丁景唐曾把周扬的意思告诉石西民、陈其五,后来,市委宣传部找王元化谈话,发给他糖和肉等当时少见的副食品,当时丁景唐、束纫秋和满涛也在场。

1965年12月9日,周扬在中宣部主持召开会议,讨论修订《辞海》和编写文、史、哲、经、医五部辞典,参加的有于光远、杜大公、林间青、石民、包之静,丁景唐和鲁平也参加此会。

周扬在会上讲,以北京、上海为主,组织全国学术力量,编写文、史、哲、经、医五部辞典,五部词典同时上马,并修改《辞海》。石西民、丁景唐回沪后,向市委宣传部汇报,并草拟计划等。后因"文化大革命"迅猛发展,修改《辞海》的工作停止。

在厦门,丁景唐还碰到当时任上海市委宣传部副部长的陈其五,他带了妻子儿女正在鼓浪屿休养。

在广州,丁景唐请了一位专业摄影师,到沙面去拍了几张照片。那是丁景唐在1940年代末去过的地方。那时,他夫人王汉玉正怀着老四,孩子出生后,取名丁言穗,以纪念广州之行。

最后,丁景唐一行人在杭州住了几天,进行总结。回沪后,三个小组碰头,丁景唐那个组的任务完成得最好。

四〇　潜心研究

随着现代文学期刊的大量影印出版,对革命文学史料的整理、研究工作也有了进一步的深入。为使这种研究成果的早日问世,在1960年代初,丁景唐与孔罗孙、叶以群、方行等一起创办了《中国现代文艺资料丛书》,由周天具体负责,与《资料丛书》配成一套研究出版系列书刊。

《中国现代文艺资料丛书》1962年5月出版第1辑,原来打算几个月出版一本,但终因客观上的干扰,到1963年11月就停止出版了,仅出3辑。直到1979年以后,才恢复出版第4、5、6、7、8辑。这本丛书为现代文学研究提供了许多有价值的材料,尤其是第一手研究材料。

在"文化大革命"前的3辑中,有鲁迅、蒋光慈、洪灵菲等人的著译系年,创造社的期刊和《抗战文艺》《文艺阵地》等刊物的总目,还有殷夫、胡也频等人的佚作,朱自清的日记等等。丁景唐也发表了《关于参加中国左翼作家联盟成立大会的盟员名单》《关于〈中国左翼作家联盟为国民党屠杀同志致各国革命文学和文化团体及一切为人类进步而工作的著作家思想家书〉的几种译文》《殷夫烈士和〈列宁青年〉》《记日本译印的"左联"五烈士的纪念集》等文章,开始了丁景唐对于"左联"五烈士和整个左翼文艺史的研究工作。1961年,丁景唐和瞿光熙合编的《左联五烈士研究资料编目》,由上海文艺出版社出版,先后再版4次。

在现代文学研究界,丁景唐在鲁迅、瞿秋白、"左联五烈士"等方面的研究,应该说是起步比较早的。特别是对资料的收集、分析和研究,为后人的研究提供了很大的方便。丁景唐觉得资料工作就好比是造房子的砖和瓦,是最原始,也是最基础的。

早在1930年代参加革命后,出于对献身伟大共产主义事业先烈们高贵人格的敬仰,要从他们的著作中吸取坚毅的战斗力量,丁景唐就陆续收集了一些瞿秋白的作品。但在解放之前,不仅收集瞿秋白著作是一件犯"法"的事,而且连阅读瞿秋白作品也是不允许的。因此,这些资料的收集不仅数量有限，有时甚至由于环境的险恶，还随收随毁。

中华人民共和国成立后，丁景唐长期从事文艺、宣传、出版工作。1953年至1954年，随着《瞿秋白文集》的出版，丁景唐结合学习毛泽东《在延安文艺座谈会上的讲话》，比较系统地阅读了瞿秋白的文艺论文。他经方行的介绍，结识了瞿秋白夫人杨之华同志，听她讲述1930年代瞿秋白在上海的革命活动，给丁景唐以有力的鼓励。同时，他经常到鲁迅故居和鲁迅纪念馆去看有关鲁迅和瞿秋白交往的材料。

1954年，丁景唐怀着对革命烈士高度的虔诚编著了一份《瞿秋白文学活动年表》，得到当时主持上海作家协会日常工作的孔罗荪协助，虽然排出了校样，却因故未印，在"文化大革命"中被毁。

1955年，丁景唐根据杨之华和冯雪峰的回忆，以及与谢旦如的交谈，并在谢旦如的陪同下，和修孟千一起到南市区紫霞路68号谢家旧址及邻近街坊进行实地考察后，写出了《瞿秋白同志住在上海紫霞路的时候》，载1955年6月16日《新观察》12期，以纪念瞿秋白就义二十周年。这是第一次比较系统地记述瞿秋白1930年代在上海活动情况的文章，为以后一些研究人员撰写有关文章不断引用。1956年丁景唐根据研究鲁迅日记的心得，发掘鲁迅和瞿秋白革命友谊的第一手材料，撰写了《从〈鲁迅日记〉看鲁迅与瞿秋白的友谊》一文，发表在1956年10月16日《萌芽》8期上。正是这两篇文章，奠定了丁景唐从事鲁迅和瞿秋白系列专题研究的基础。

瞿秋白因革命工作的需要，曾用各种笔名和别名，撰写与翻译政治论文和文艺作品。因此，要从事瞿秋白研究，首先得下一番苦功夫研究和考证瞿秋白的笔名、别名，弄清楚瞿秋白用笔名、别名撰写和翻译的各类文章，才能全面地研究瞿秋白的著作和译文。为了考证瞿秋白的笔名、别名，丁景唐仔细推敲《瞿秋白文集》，和发表在党刊党报上各类文章的文风，多次同谢旦如面谈，并写信向杨之华、冯雪峰请教。功夫不负有心人，丁景唐这项可以说是开拓性的研究，取得重大成绩。1957年《学术月刊》第8号、第9号，连载他经过多年考证的《瞿秋白笔名、别名集录》(上、下)。1959年《学术月刊》第1号，又发表丁景唐根据新掌握的材料，校正一些误写的《〈瞿秋白笔名、别名集录〉补正》，这对以后的瞿秋白研究起了推动作用，并经常为广大的瞿秋白研究工作者所引用。如陈玉堂编，1985年红旗出版社出版的《中共党史人物》，就注明用了丁景唐的研究成果。

1958年，丁景唐推出在瞿秋白和鲁迅研究中的第一部专著《学习鲁迅和瞿秋白作品的札记》。其中除了二十余篇考证翔实的文章外，还附有他首次编制《瞿秋白生平及其著译的参考资料目录》，这是第一份瞿秋白研究的专题目录，为研究者提供了极大的方便。时隔一年，丁景唐与文操(方行)合编的《瞿秋白译著系年目录》又问世了。凡是当时能找到的材料,几乎都收入了这本书。

瞿秋白从事革命活动和著述的时期,正是中国革命极艰苦的年代。特别是大革命失败以后,白色恐怖笼罩全国,革命文化横遭摧残,他的不少论著和译文已经遗失。同时,瞿秋白为了使自己的著述和翻译能够在群众中广泛流传,唤起广大人民同反动派作斗争,在发表这些著述和翻译时,用了各种各样的笔名。加以,当时档案材料又无法问津,受到种种条件的限制,因此要搜集瞿秋白比较完整的著译目录,是一件十分艰巨的工作。他们不仅搜集了丰富的材料,且对这些材料,作了一番精细的研究和考证,纠正了以往流传的错误。例如:《三死》《伊拉司》《阿撒哈顿》《人依何为生》等篇,《瞿秋白文集》的编者曾经根据郑振铎的鉴别,认为是瞿秋白所译,收入《瞿秋白文集》第5卷中。但丁景唐从1919年、1920年北京《新中国》《曙光》上的译文,证实这4篇译文均不是瞿秋白所译,而是出于耿济之之手。

丁景唐对瞿秋白写作情况和著译版本比较熟悉,因此书中绝大部分的著述和翻译,均注明著译日期。对许多书目的版本和译作情况,都加有按语和详细说明,这对研究瞿秋白的生平、思想发展和民主革命前期的历史状况,尤为可贵。此书曾经得到杨之华的大力支持,提供了不少珍贵材料,也得到当时中共华东局宣传部副部长石西民的支持、同意,最后加上上海人民出版社主持者的勇于负责,才能于1959年1月初版,10月再版,两版的发行总共印了2500册。这本书虽然是内部发行,发行面受到限制,但仍能在10个月里连续印了二次。至今还不断有人索求而无书,引起遗憾。应当说,在瞿秋白研究的工作中,这是一本有较大社会影响的书,一本有用的文史检索的工具书,也是从事瞿秋白研究必备的参考书。该书虽内部发行,可是初版不久,香港就出版了翻印版,日本、欧美及苏联的一些大学和研究机构中都有收藏,足见受到海内外学术界的重视。以1950年代到1990年代末的几十年后陆续发现的新资料来看,此书尚可修订补充,以臻完善,但当时出版界不重视学术著作,则亦难矣。

丁景唐写文章喜欢反复修改,稿纸的天地头和左右空白处,经常被他写得满满的。而在文章发表后,倘发现尚需提高修正之处,即在文章上校订,以备他日收入集子时用。有时发现自己的文章中,有失误之处,也重新订正。如《学习鲁迅和瞿秋白作品的札记》1958年6月初版时,对于瞿秋白和鲁迅第一次见面的时间、地点,基本上采用冯雪峰在《回忆鲁迅》中的说法,认为是1932年初,在上海紫霞路68号,瞿秋白夫妇寄寓的谢旦如家中。后来,丁景唐以1961年4月杨之华和许广平一起共同回忆的事实为依据,在1961年9月三版时,作了重大修改:"瞿秋白和鲁迅的初次见面,大概在1932

年夏秋之间,会面的地点在北四川路底川北公寓三楼鲁迅的寓所。"为了对读者负责,丁景唐在《三版增订本后记》上,写明了改动的原因。丁景唐这样写道:"在研究工作中,不断地发现新问题,根据新发现的资料,不断地补充订正原有的文字,得出正确的结论,这是科学研究工作中的屡见不鲜的事情,也是一个研究工作者不断前进的正确态度。"

1959年初,郭绍虞先生以他纪念瞿秋白的一首诗,写成条幅送给丁景唐。可是在十年"文革"中,由于瞿秋白被诬以"叛徒"的罪名,因而丁景唐这位瞿秋白的研究者,也被祸及,就连这幅字也成了他的罪证,被造反派掠夺而去,化为乌有。

时隔23年,1982年的春天,丁景唐怀着对瞿秋白崇敬的心情,托郭绍虞之女郭信和转信给郭绍虞。他收到丁景唐的信后,不多几天,郭信和就转来他重写的《忆秋白同志》条幅。条幅上书写着:

　　君说思潮如壅水,
　　我因君去比流星。
　　迷方壅水幸归海,
　　不及星光照汉青。

　　此1959年忆秋白同志之作
　　　　　景唐同志指正

绍虞时年八十有九(印)

郭绍虞的《忆秋白同志》一诗,书写在4尺对开宣纸上,直式,行草,自有一种高山流水、秀逸蕴藉的风度,给人一种宽厚的、从容不迫的感觉。郭绍虞先生以89岁高龄而写出这样遒劲有力的书法作品,他的功力之深,令人钦佩不已。

郭绍虞先生是瞿秋白"五四"时期在北京的相契之一。1959年初,丁景唐看到瞿秋白《饿乡纪程》中,记载1920年10月15日深夜,瞿秋白和郑振铎、耿济之、郭绍虞等好友叙谈。瞿秋白决心第二天一早离开北京,到"没有吃,没有穿"的饿乡——苏俄去寻求真理。翌晨,郑振铎、耿济之、郭绍虞等又去车站送行。他们三人与瞿菊农和瞿秋白告别后,都写了诗赠送瞿秋白,而秋白也有《去国答〈人道〉》的诗作。他在诗中表达了"辛辛苦苦,苦苦辛辛……采花酿蜜:蜂蜜成时百花谢,再回头,灿烂云华"的理想追求。郭绍虞写《流星》一诗相赠,他说:"流星冲开凝雾,直往西北飞去,顿打破了这岑寂境地",希望迎接一个"新的宇宙呀"！该诗刊于 1920 年 10 月 29 日北京《晨报》副刊。

丁景唐以此请郭绍虞作纪念瞿秋白一诗以留纪念。郭先生说："瞿秋白同志说到当时的青年虽喜欢讨论社会主义,但对于'社会主义流派都是纷乱,不十分清晰的。正如久壅的水闸,一旦开放,旁流杂出,虽是喷沫鸣溅,究不曾自定出流的方向。'这话是确实的。我当时也为研究社会主义流派,写了一些社会改造家传略,但正由于旁流杂出,不曾自定出流的方向,也就辜负这一段时期。秋白同志出国时我赠以诗,题目《流星》。"

这段话说明郭先生的《忆秋白同志》一诗前两句的背景。后边三、四句是自谦。郭绍虞先生晚年终于参加党的队伍——万流归海,献身于共产主义理想和实践。但是,终究"不及流星照汗青"。这明亮照耀祖国长空的,则是为中国人民的解放事业而流血牺牲的瞿秋白烈士们！

四一　忠贞不渝

1966年5月16日,《中国共产党中央委员会通知》(即"5.16通知")发表,自此,"文化大革命"开始……

1966年6月9日,上海文艺出版社有两个人写了第一张大字报,揭发丁景唐"吹捧反党反社会主义黑线代表人物夏衍的三件事……";6月13日,他写《交代我与夏衍的关系》。从这时始,没完没了地写认罪书、交代材料、思想汇报,隔三岔五地开批斗会,或陪斗……

丁景唐因收集、整理、研究、出版有关左翼革命文化的历史资料,被指斥"为三十年代文艺黑线树碑立传",原定的整理、影印史料计划被迫取消。北京、上海、常州等地印发的《讨瞿战报》,都点名批判了丁景唐,说他为大叛徒、汉奸。他因此被划入"三十年代文艺黑线人物"和"走资派"行列,他多年之前追求的理想顿时破灭。

面对铺天盖地的"声讨"和难以忍受的精神压力,丁景唐曾为国家命运和文化毁灭而忧伤迷茫,他主持影印的左翼文艺期刊有些被毁之一旦。

"文化大革命"开始不久,上海在文化广场召开规模巨大的批斗会,上海几乎所有的局长都被揪上台,有出版局、电影局、文化局……当时,造反派印制了一张大海报,上面有所有挨斗人的头像,往全国各地散发,连丁景唐的家乡浙江省镇海也发到了,所以凡是认识他的人都知道这一情况。据说,改革开放后,市委宣传部内部曾经放过当时批斗会的录像资料。

随着"文化大革命"的发展,红卫兵运动也越闹越厉害,到处抄家"破四旧",从文斗到武斗,对"走资派"采取"革命行动"。但是,在众多的干部中,还是有不少为人正直的人,如马飞海就是其中一位。1966年的一天,马飞海就向丁景唐报信,叫他某个星期天不要呆在家里,说是红卫兵要来家进行"革命行动"。于是,丁景唐带着11岁的小儿子丁言勇到徐家汇,到天完全黑了才回家。不过,这天红卫兵竟没来。

1966年9月30日,快到中秋节的时候,丁景唐家里只有老人和孩子。

老人就是爷爷丁继昌,三个孩子是丁景唐的大女儿丁言文和六弟丁言伟、七弟丁言勇,其他人都没在家。丁言文正在睡午觉,听到急促的敲门声,赶紧起来,刚刚打开门,就冲进来一批人,是银行派人来抄家的。丁言文上去问:"为什么来抄家?""你们家是否有一个叫丁继昌的?""是的。""他与你们银行有什么关系?"再问下去,才知道是同名同姓,搞错了人。

丁宅最多的就是书,其中有《海上述林》等几十种珍稀版本,这些书下落如何呢?此事,丁景唐多次对家人和朋友说起过。

2016年8月2日,丁景唐在上海华东医院1910病床上,写过一篇文章:《大批革命报刊书籍是怎样抢救下来的》。他担心"我工作单位上海市出版局也会来第三次抄家,就迅速把大批革命报刊书籍整理好。我是出版局的党委委员、副局长,亲自到局里借了黄鱼车,把革命报刊书籍妥善装上黄鱼车,运到局里。请党委秘书照我办法,整整齐齐放入党委办公室的壁橱里,反面贴上出版局党委的封条,打上红色的'×××',加盖党委的红色印章。以我几十年地下工作的经验,用飞过海的策略保护起来。造反派不敢直接破坏党委红色封条。我本人早被多次大批斗,下放劳动,每天超负荷劳动……但这大批革命报刊书籍却被我……抢救下来,保护下来。"

丁景唐用"瞒天过海"的办法,抢救下这批珍贵书刊。体现了老党员的机敏和智慧。幸好那时是"文化大革命"初期,不久,形势越来越紧张,就不可能这样做了。

上海市文化"五七干校"先是文化局系统包括作家协会、文联的干校,时间为1969年至1972年;后来将新闻出版、电影、文化三所干校合并为统一的文化"五七干校"。以后,又将音乐学院、戏剧学院并入,成为文教"五七干校"。

柘林是奉贤临近杭州湾的小镇,历史上曾是抗倭前沿,当年民族英雄戚继光的部队在这块土地上战斗过。然而,丁景唐在柘林"五七干校"度过的6年,却是一场噩梦。

1969年11月14日,丁景唐以出版局"走资派"和"文艺黑线人物"的身份,被编入新闻出版"五七干校"的第12连,除了被大字报、批斗会所包围,他们还得参加各种劳动。

文化局系统和作家协会组成的文化干校在塘外杭州湾边的另一片荒滩,与新闻出版干校中间隔着部队的打靶场和星火农场的一大片土地,那边有巴金、孔罗荪、王西彦、王元化、吴强、杜宣、菡子、黄宗英等知名文艺家和大批演员。

干校所在地是片白茫茫的盐碱地和水荡,上面点缀着一撮撮的盐碱草和芦苇。丁景唐他们开进荒滩时,响应国家人民防空的要求,先要在荒滩上挖出三尺深的地窖来,然后架起竹架,上面铺上油毛毡和稻草,地窖四周虽然开了水沟,但因为上海的自然地理环境,窖内还是湿漉漉地淌水,时值秋雨绵绵的季节,又寒又潮。

为了居住,他们搬运毛竹、搭建茅草屋。

按校部的号令,在断头浜的东边,几千人上阵开掘一段人工河。他们脚踏烂泥,在寒风中开始一场大战役。

1970年是干校集中"斗、批、改"的一年。年初,校部集中火力,加强"斗、批、改"的力度,大批大斗"走资派"和"牛鬼蛇神",上纲上线的大字报铺天盖地布满干校。大饭厅兼大礼堂内高呼口号,营造紧张气氛,主席台上演出一幕幕大批大斗的流行剧,有各种角色扮演声嘶力竭的斗批手,狂轰猛斗丁景唐这些"走资派"。

1969年,曾与丁景唐一起工作的康嗣群老编辑(1930年代《文饭小品》主编),因患有高血压,在插秧时倒在了水稻田里。1970年6月,对岸的电影系统"五七"干校里,上海电影厂的导演顾而已因过去与江青有过交往,被迫自缢。在干校,丁景唐看到过两个"皇帝"拉粪车,这两个"皇帝"就是影帝金焰和扮演光绪皇帝的舒适,也看到过白杨养小鸡、电影局长张骏祥在老虎灶烧开水等情景。打入另册的"牛鬼蛇神"被严加管束,不准乱说乱动。世界上没有不透风的墙,他们无辜受迫害致死的噩耗经无数次口耳相传,引起普遍的震惊。良知的人们有义愤,可只能埋藏在心底。

但是,也有真的被封锁住的事情。如1970年11月的一天,《解放日报》(在"五七"干校被编为17连)在大礼堂召开的批斗大会上,夏其言被宣布为"犯有'防扩散'的严重罪行",当场被押到漕河泾的上海市少年犯教养所关押。

这样大的事,丁景唐在干校几年却一点都不知道。直到1980年代丁景唐上夏其言寓所聊天时,才由老夏亲口告诉他。实际上,张春桥之流唆使《解放日报》造反派头头逼迫老夏,是要他交待1930年代,同唐纳(马季良)、蓝苹(江青)的一段关系,"四人帮"的爪牙狠狠地抓住这个问题不放,阴谋诬陷周总理。

1971年"九一三"事件发生后,军宣队大部分人员调走,工宣队也换了一批人。丁景唐和上海人民广播电台台长邹凡扬,还有被剥夺自由的"牛鬼蛇神"们,如《文汇报》的容氏兄弟(即黄裳和容正昌),以及各出版社被打入冷宫的高级知识分子,由原属连队抽调到"尖刀连"。"尖刀连"原是从解放军那里学来的一个名词,如今却变成强迫劳动连,干的是建造房屋等重体力活。但对丁景唐个人来说,因此而离开了长期被监督被批斗的压抑环境,心情反而好了一些。说实话,"尖刀连"的工宣队员也是辛苦的,与这些"牛"们的关系也较原单位缓和。

"尖刀连"的劳动量确实非常大。比如用大船经杭州湾到杨树浦上海钢铁厂装运废弃矿渣,在河边驳运上岸,再装上大卡车,运输到干校工地,一路上十分辛苦。矿渣老沉老沉的,两个人一前一后扛着一二百斤的矿渣,走在一晃一晃的跳板上,如前后不协调,就会连人带筐一起掉入河中,相当危险。将矿渣翻运到大卡车上,再从大卡车上搬下来,也很容易伤人。

与丁景唐搭档的朱建平,人称小朱,是较早起来"造反"的小将。当时正赶上清查"五一六"运动,他被打成"五一六"分子,落入"牛鬼蛇神"的行列。在挑运矿渣时,小朱为了照顾丁景唐这个年过半百的"走资派",有意将分量较重的一头移到他肩上,以此减轻丁景唐的负担。可见在"阶级斗争"笼罩一切的年代,人间仍有真情在。

丁景唐原本不认识小朱,小朱却认识他。丁景唐后来才知道,1961年小朱从出版学校毕业后,分到中华书局上海编辑所(上海古籍出版社的前身)。丁景唐曾看过他的文章,写得非常有水平,是个很有潜质的青年人。他的同班同学刘争义说他口才书法俱佳,丁景唐暗地里称赞他为"天才儿童"。经过这一段劳动,丁景唐与小朱结下了深厚友情。1977年朱建平结婚不久,因心脏病不幸去世,令人痛惜。

"尖刀连"将矿渣运到建筑工地后,还得把矿渣与碎石头、水泥搅拌成砌墙的灰浆,这也是一种重劳动,一不小心很容易闪腰,直不起身子。丁景唐的腰部疾病,就是在"文化大革命"中弯腰挨批斗、在柘林干重体力活而落下的。怪不得,他平时老在腰里绑上护腰带,爱妻王汉玉曾特地为他做了一个棉的。

"尖刀连"有两位工人老师傅,随出版局机关和《解放日报》社两个连队一起下放到干校,当了"尖刀连"的技术指导,教他们砌墙、起梁。在工人师傅的指导下,"尖刀连"的知识分子硬是把一座座新屋建了起来。

1972年夏天,原新闻出版、电影、文化三所干校合并成统一领导的上海文化"五七干校",人员集中在新闻出版"五七干校"原址,从"斗、批、改"为主改为以轮训干部为主。原先被下放劳动搞"斗、批、改"的几千人已分流出去。只剩下极少数人留在新组成的文化干校,成为办校人员。

局一级的"走资派"中仅留下丁景唐和夏其言、邹凡扬三人在干校等待处理。

说起邹凡扬(1923—2015),可是个了不起的人。他1939年参加中共地下工作,被党组织派送到上海新闻界工作,先后任上海大光通讯社记者、采访部主任以及《新夜报》记者、中联通讯社总编辑、《新闻观察》杂志主编等职。大光社是国民党三青团办的,党内同志不了解情况,认为他是反动记者,他觉得好冤枉。他找到共产党办的《新华日报》总编辑潘梓年,希望能调到他们报社去工作,但潘梓年叫他最好想办法到国民党办的报社去。潘梓年给他介绍认识了许涤新,许是《新华日报》副主编,经济学家,他教邹凡扬如何写政治新闻、经济新闻,成了邹凡扬的第一位老师。1949年5月25日凌晨,中国人民解放军攻入上海市区,他按照中共地下党组织的预定部署,率先撰写了"大上海解放"的电台新闻。新中国成立后,邹凡扬历任上海人民广播电台副总编辑、电视台总负责人,上海市广播电视局党委书记、局长等职。

丁言昭记得"文化大革命"期间,曾与父亲一起到泰安路邹家去放照片,至于大人在讲啥事,记不得了。

那时,丁景唐被调政宣组当资料员,一位72届的中学女生当打字员;夏其言、邹凡扬两位与《新民晚报》摄影记者老胡调在新设的校史室办事。

干校改为以轮训干部为主后,大家边劳动,边学习:"学一点马列",批林批孔,学习儒法斗争,看《红楼梦》等。丁景唐趁此机会看了几本马列著作。

校部搞来一本大学理论辅导书,学习恩格斯的《费尔巴哈论》,大家学习后,提出一些问题,校部分配丁景唐与周谷年撰写解答。结果,他们俩花了三个月的时间,编成了一部十几万字的解答集。

对于古典文学,丁景唐有时重视,有时随便翻翻。年轻时,丁景唐读中文系,读过一些古籍和古典诗词歌赋,写过论述《诗经》、陆游、朱淑真、秋瑾和批判孔孟儒家对妇女的封建说教的文章。《三国演义》《水浒》这些文学名著,丁景唐有空就会拿出来翻翻,看了也不止一遍。在宣传部工作后,写了一些总结报告、时事纵论等文章,却也不敢再在古典文学上下功夫,丁景唐怕自己一钻下去,又要着迷,难以做到"古为今用"。对"古为今用",丁景唐有自己的看法。

毛泽东号召要读三遍《红楼梦》,丁景唐却一遍也未看完。但是有关《红楼梦》的研究资料却搞了不少,还特地访问了赵景深,向赵先生借了两本有关《红楼梦》研究的书。他按《红楼梦》中的外国舶来品、家具、衣物、阶级斗争、历史名词、诗词等类,整理成厚厚的一本资料。

在整理资料中,丁景唐发挥自己比较熟读鲁迅著作的优势。编了一份《鲁迅论〈红楼梦〉的汇编资料》。值得玩味的是,"文化大革命"中批某些人研究《红楼梦》的观点,其实是类似鲁迅的观点。在《汇编资料》中,有鲁迅1933年8月21日发表于《申报·自由谈》(署名虞明)的杂文《娘儿们也不行》,文中引用《红楼梦》中林黛玉的话:"不是东风压倒西风,就是西风压倒东风"。

其实,《红楼梦》中林黛玉说话原文是"不是东风压了西风,就是西风压了东风"。鲁迅写了两个"倒"字,《红楼梦》里林黛玉说话中用了两个"了"字。毛泽东说的、写的是和鲁迅句子相同,而与《红楼梦》中林黛玉原话相差两个字。但这在当时是点明不得的,点明了,有可能会发生意想不到的事情。因为丁景唐在干校时,听说过一件事。有一位编辑因校勘《毛泽东选集》时,指出与早期报刊上发表的文字有修改之处,即受到隔离审查。这位编辑想不开,半夜里跳进那座直径五六米、深达六米的号称"远东第一大粪坑",试图自杀,结果被人救起。这是多么触目惊心的事啊!

丁景唐在干校6年,也发生过类似的事。工、军宣队曾命令他将《毛泽东选集》和《联共党史》上交审查,审查书上是否有校改、批写的字句。

丁景唐受了这位好学编辑的"前车之鉴",在摘编鲁迅引录《红楼梦》中林黛玉的话,只注明鲁迅引语出处"见《红楼梦》第82回"。再也不会天真地去点名三者之间的异同了。于今思之,他读鲁迅著作和《红楼梦》,还是有一点心得的。

丁景唐在干校还搞了许多中草药的资料,种了许多药材。搞资料,他不但投入,有时甚至忘记了吃饭。那时,是他在干校最快乐的时期。那时,干校经常不定期的重复放映电影《地道战》《摘苹果的时候》以及8个样板戏的电影。

在丁景唐"文化大革命"中发回的一大摞材料中,丁言昭发现有一份材料特别珍贵,那是在1971年4月9日写的。材料中写:

> 十二连工宣队、军宣队、革命干部负责同志:
>
> 最近在学习伟大领袖毛主席有关论述鲁迅的光辉著作时,同时也看了鲁迅的有关杂文。毛主席在《反对党八股》中,在分析党八股的第二条罪状:装腔作势,借以吓人时,曾引鲁迅批评过这种装腔作势,借以吓人的人,他说:"辱骂和恐吓决不是战斗。"(见《毛泽东选集》第三卷第792页,66年9月普及版)注释[4]说明:"这是鲁迅《南腔北调集》中一篇文章的题名,1932年作,载《鲁迅全集》第五卷。"(同上第803页)我查解放后人民文学出版社57年出版的《鲁迅全集》,《南腔北调集》中这篇文章(即《辱骂和恐吓决不是战斗》),在《鲁迅全集》第四卷344页。我又查了解放前(38年)《鲁迅全集》是列入第五卷的。53年7月《毛泽东选集》第三卷出版时,这个注释根据《鲁迅全集》旧版,注作《鲁迅全集》第五卷。57年出版了《鲁迅全集》新版本,《南腔北调集》编入了第四卷。由于《鲁迅全集》版本,或按新版《鲁迅全集》改作第四卷。
>
> (又:我女儿的一部《毛泽东选集》67年旧版的注释也相同,不知以后出版的注释是否相同。)

在那个疯狂的年代,丁景唐自身难保,却一直关心着目录学和版本学,这是他多年的习惯,改也难啊!

记得 1961 年,丁景唐和瞿光熙合编《左联五烈士研究资料编目》时,就锲而不舍地努力着,好像一位采矿人在寻觅宝藏一样,常常为了一个目录、一本刊物、一个笔名、一个日期,反复地考证、搜寻、补正,然后作出准确或接近于准确的结论。经过 20 年后,该书于 1981 年增订后再版。

在长期版本学研究中,丁景唐并不是一帆风顺的,也有弄错的时候。丁景唐凭着严谨的治学态度、科学的工作作风,予以订正。

1987 年 5 月 7 日的《解放日报》上,发表了一篇题为《冯铿〈红的日记〉的最初发表》文章,同年 5 月 31 日《人民日报》全文转载,作者是上海图书馆张伟。内称:"1931 年 4 月 25 日,中国左翼作家联盟机关刊物《前哨》刊出'纪念战死者专号',冯铿的《红的日记》和胡也频的《同居》等,作为遇难作家的遗作发表在'专号'上。这在以后的有关研究文章和专著中,都把《前哨》上的《红的日记》作为这篇作品的首次发表。"这是不确的。早在"1930 年 10 月 16 日,北新书局出版的《现代文学》第 1 卷第 4 期,就发表了冯铿的日记体小说《女同志马英的日记》(即《红的日记》)。"

丁景唐关注这篇文章,在 1987 年第 3 期《出版史料》上,写了一篇《欢迎校正　相互切磋——兼谈冯铿烈士〈红的日记〉的版本问题》。他说:"张伟同志在文章中提到我和亡友瞿光熙同志合编的《左联五烈士研究资料编目》和我写的《记日本译印的左联五烈士的纪念集——〈中国小说集·阿Q正传〉》(刊 1963 年 11 月《中国现代文艺资料丛刊》第 3 辑),以及花城出版社新近出版的冯铿文集《重新起来》都以《前哨》上的《红的日记》作为首次发表的依据。"他一方面为张伟找到冯铿文章的最早发表处而感到高兴,一方面也有一点疑虑。因为当年他提出冯铿的《红的日记》最早发表在《前哨》上的说法,并不是随便说说,而是经过一番考证和研究的。

1961 年,丁景唐曾请教过夏衍和赵景深。让我们来看看他当年查阅书刊和访问赵景深的一段记录:"日本译印的左联五烈士纪念集(用了《中国小说集·阿Q正传》的书名)中尾崎秀实(笔名白川次郎)的序文《谈中国左翼文艺战线的现状》和《冯铿小传》中,有一个新的资料,为国内所未见。两文中都记述了冯铿烈士的《红的日记》,日译所根据的是冯铿亲笔书写的原稿。这篇作品的题目曾由冯铿苦心地作了多次的修改,最后才用了《红的日记》。日译者为了使日本读者易于理解,把它改译作《女同志马英的日记》。据日译者介绍中说,这篇描写革命根据地红军女战士生活的《红的日记》原拟在北新书局的《现代文学》第 4 期上刊登,后来因为北新书局暂时被封,刊物也被没收而未能发表。"丁景唐曾根据这一新资料写了《〈冯铿小传〉的新史料》。当时查考了1930年7月到12月北新书局出版的《现代文学》6期内容,第4期上并未发表过《红的日记》,因此认为可能是"左联"其他刊物之误。以后访问了当时《现代文学》编者赵景深先生,他说:"见过《红的日记》原稿。但《现代文学》因刊登誊森成吉的日本无产阶级革命文学理论而受到国民党的警告,就自动停刊,以后《现代文学》和《北新半月刊》合并,改出《青年界》。所以,《红的日记》在《现代文学》上没有发表。"

事隔二十多年后,丁景唐读了张伟文章后,立刻想到冯铿的《红的日记》会不会和胡也频的《黑骨头》一样,由于遭到国民党的查禁,刊物版本不同,而出现两种内容不同的作品?

为了证实自己的想法,他到上海图书馆,再次查看《现代文学》第1期到6期的全部内容,结果在第4期上还是没有找到《红的日记》。于是他去找了张伟,并把全套《现代文学》给他看。那上面确实没有冯铿的作品,张伟也感到很奇怪。就到书库里拿出他看过的另一本《现代文学》第4期,两本刊物一对照,果然证实了丁景唐的想法。《现代文学》第4期果然有两种版本,因而有两种不同的内容。

四二　赵丹"同学"

丁景唐三女丁言昭当年考上海戏剧学院时，就听人说：考戏剧学院表演系，女的要像白杨，男的要像赵丹，可见赵丹在人们心目中的形象有多么完美。丁言昭小时候看过赵丹主演的《林则徐》《聂耳》《青山恋》《马路天使》《十字街头》等，常常被他激情的表演所感动，有时和母亲及兄弟姐妹们，跟着父亲到文化俱乐部去玩，偶尔会见到赵丹，他总是与朋友们在一起谈笑风生。在丁言昭印象中，如果赵丹不说话，他的朋友们保准会生病。到赵丹家去做客，那已是"文化大革命"以后的事了。丁言昭惊奇地发现他还是像以前那样爱说、爱笑，永远是那么快乐。

赵丹与丁言昭这个小字辈交往不多，与父辈丁景唐的交往，在1940年代便已开始，到"十年浩劫"，他们的友谊更有了质的飞跃。因为他们曾同台"演出"。

丁景唐与赵丹是同时代的人。早在1930年代，丁景唐就看过赵丹拍的电影，对他的表演非常赞赏。1946年春，丁景唐负责上海文艺青年联谊会的工作，为了团结更多的青年，向党组织输送新的血液，他们通过文艺活动的形式，提高青年的思想觉悟。他们经常邀请一些老作家，如茅盾、魏金枝等来作文学讲演，也请了些进步、爱国的名演员来做报告。当时，赵丹由重庆回到上海，联谊会就请他到八仙桥基督教青年会礼堂来。

1937年抗日战争爆发后，上海话剧救亡协会于8月20日在卡尔登大戏院（即长江剧场，现已重建）召开大会，成立12个抗敌演剧队。赵丹与妻子叶露茜参加三队，沿京沪线北上，一路演抗日爱国剧目。1939年8、9月份到新疆，赵丹不幸被盛世才逮捕，叶露茜多方设法营救，都无济于事。1942年12月下旬，盛世才妻子代表盛世才找叶露茜谈话，通知她赵丹已死在监狱，她必须限时离开新疆。1944年4月1日，叶露茜与杜宣生活在一起，此是后话。

在礼堂上，赵丹愤怒地控诉了新疆军阀盛世才把他和友人投入监狱的罪行,赵丹富有感染力的演讲,使观众个个义愤填膺。那感动人心的场面,多少年后,丁景唐还记忆犹新。

全国解放后,丁景唐在市委宣传部工作,后又调任出版局主持工作,赵丹则忙着拍电影,两人似乎无暇细聊。

1960年中期,在那一片红色海洋的疯狂年代里,尽管"要文斗,不要武斗"的口号叫得震天响,但对当权派、"三名三高"的批斗却是越来越升级。1967年10月,值鲁迅逝世31周年,一小伙"造反英雄"打着纪念鲁迅的旗号,在南京西路的杂技场上开了个批斗会,被批斗的有电影编导陈鲤庭、杜宣,扮演鲁迅的赵丹,扮演电影《祝福》里祥林嫂的白杨,扮演越剧《祥林嫂》中祥林嫂的袁雪芬,写鲁迅研究文章的孔罗孙,还有就是主持修订上海鲁迅纪念馆陈列方案的方行和丁景唐。这些被批斗的同志,心中都很清楚,"造反英雄"对鲁迅并不知道多少,赵丹面对这群无知者,表面上似乎在老实交代,低头认罪,实际上是变着法愚弄他们,他觉得自己在这场戏中演得很好,很快乐。

这次同台"演出"后,丁景唐和赵丹都不知对方在何处,在干什么。1973年春,赵丹从漕河泾"少年劳动教养所"假释出来,遣送到奉贤文化"五七干校"监督劳动,这样两人成了"同学"。

杭州湾的水像往常一样无情地拍打着堤岸,剃着光头的赵丹被押送到医务室看病。这天,丁景唐也正在那儿看病,人还没进门,就听到吆五喝六的训斥声,丁景唐循声抬头向门口张望,进来一个人,那宽宽的前额,浓眉下的大眼——这是多么熟悉的脸啊,是赵丹!此时的他,又黑又瘦,与往日全然不同,猛然看见,丁景唐差点没认出来。这时,赵丹也认出这位同台"演出"的演员,眼睛不觉一亮,四目相视,却不敢打招呼,都怕给对方招惹不必要的麻烦,就在擦肩而过时,他们用眉目传递着信息,进行了感情的传递和语言的交流:

"你也来了?"

"你好吗?"

"我在外面等你。"

"有数。"

赵丹表情生动,丁景唐也不差。这里有同志的信任,朋友的问候,重逢的喜悦……知道对方还活着,双方都感到欣慰。

丁景唐静静地等在外面,赵丹出来了,后面没跟人,两人彼此心照不宣。他低着头跟在丁景唐后边,闷声不响地往僻静处走去。走到无人处,停下脚步,丁景唐问:"侬啥辰光来格?"

"刚来几天。"赵丹说。

"侬到此地,大家只当不认得。侬有啥事体要阿拉帮忙,只消告诉阿拉,不过,不要多讲话,弄得大家晓得,讨厌来兮。侬吃饱饭多睡觉,把身体养养好。"

丁景唐简单地把话说完,转身就离开了。走了几步,他回头瞧瞧,见赵丹还站在那里,便朝他摆摆手,示意要他快回去,赵丹这才恋恋不舍地转身走了。可以看得出,在荒凉的海边,赵丹遇到熟人,而且是能够理解自己的人,很想再多说几句话,然而在那种环境中,对赵丹来说,只能是罪加一等。

赵丹到干校,是来服劳役的,监工头子对他监视极严,而赵丹是个艺术家,天性好动,耐不得寂寞,常受到训斥,丁景唐看了,很为他担忧,想找机会和他谈谈。一天,赵丹在僻静处,找到丁景唐,说想看蒋和森写的《〈红楼梦〉论稿》,因为赵丹没有"资格"领借书卡。

那时,丁景唐虽然还属于"走资派",但大概也查不出什么罪行,就把他挂在政宣组,与上海人民出版社的巢峰隔着两张写字台,相对而坐。巢峰在政宣组当讲师,丁景唐是无名称的事务员,查查资料,发发讲义,但因图书馆就在附近,丁景唐又熟悉图书馆里的图书资料,所以借书比较方便。

丁景唐一口答应,同时和他"约法三章",传授"地下活动"的历史经验。丁景唐说:"这事蛮讨厌,侬目标太大,这本书又是被批判的,不过,我可以想办法替你弄到。"

赵丹一听,高兴地拉住丁景唐的手,连声说:"太好了,太好了!"

"但是,要约法三章。一、放假辰光带到上海去看,不要在干校人前公开看。二、侬回来辰光,也不要声张,找个无人地方把书还给我。三、别人闲谈《红楼梦》时,不要插嘴。"因为丁景唐知道,赵丹最爱说话,一不小心说漏嘴,那可了不得,于是特意提醒他。赵丹听了,点头称是,照章办事,后来果然没出过纰漏。

赵丹爱喝酒,爱画画,常自得其乐。但在那非常时期,他连喝酒、画画的自由都没了,不知有多少次,赵丹因做了这些人之常情的事,而被抓回来严厉批斗。丁景唐和朋友们都为他打抱不平,想方设法让赵丹过过酒瘾和画瘾。

为了使赵丹在干校不至于太寂寞,丁景唐便安排赵丹与富华相识。

富华是位老共产党员,做过地下党的交通员,多少次,出生入死地护送自己的同志安全抵达目的地。1949年10月后,担任上海画院和上海油雕室党支部书记,有侠义心肠。他当时刚"半解放",下放到干校政宣组当副组长。丁景唐是经友人蔡耕介绍认识富华的。

那时富华搬到一间无人住的旧茅草房里,便于闭门画画。丁景唐跟富华说了赵丹的情况,他很乐意与赵丹见面。天黑之后,丁景唐先引赵丹在外面转了一圈,然后来到富华住的茅屋门前,见四处无人,向赵丹示意一下,他立即进了屋。在那茅草屋里,赵丹与富华两人沉浸在绘画的幸福之中,一切痛苦和烦恼都暂时消失了。这是丁景唐运用解放前长期搞地下斗争的经验,在柘林干校进行的一次"秘密活动"。

1975年间,丁景唐和蔡耕、富华约好,傍晚让赵丹到老蔡家去写字作画。老蔡家住在黄浦区孝和里,那是为了纪念烈士王孝和而取的里弄名。

太阳下山,黑夜笼罩着大地。大伙按不同的时间,一个个踏上老蔡家的楼梯,陈旧的小楼梯发出吱嘎吱嘎的响声,赵丹的心因兴奋而颤抖起来,到了顶楼的假三层,朋友们早已在等候他。富华看到赵丹进来,情不自禁欢呼道:"欢迎你安全到达!"一句话,说得赵丹的眼眶湿润了,几多哀怨几多愁,刹时间烟消云散,露出那充满魅力的笑容,他抓起老蔡早已准备好的笔,在纸上大笔大笔地画起来,画得那么强劲,那么舒畅,他心中好快活,好快活……酒来了,大伙儿品酒品画,富华也挥毫泼墨,他们心中的绿洲在延伸,在延伸……忘记了凶神样的狂徒,忘记了窗外呼啸的西北风,小屋里充满了温馨……

1976年10月的金风,打扫得天空一片华丽。在一个美妙的夜晚,他们又欢聚在假三楼的小屋里,还是喝酒,还是赵丹画画,但已不需要避人耳目,他的心在笑,他的眼在笑,笑那祸国殃民的"四人帮"可耻下场。他挥毫愤然画了只横行的大河蟹,富华在画的上端添了几条枯黄的芦苇,宣告着横行者的末日已来临,赵丹把这幅画送给了丁景唐。

1978年9月的一天,丁景唐清晨起床,吃过早饭,看着桌上杂物纷呈,正在想应该做什么事时,忽听得后门有敲门声,打开门,见老朋友蔡耕行色匆匆,谓有便车在弄口,约他一起到湖州选笔。他还富有情趣地说:

"等会,经过一个地方,阁下将会高兴地看到一位老朋友,等在那里。"

"是否富华?"丁景唐问。

蔡耕没有正面回答,只催着快走:"反正是与你在上海杂技场同台演出的老朋友。也许你要尝到他一记'老拳'!"丁景唐听了此话,蓦然间有些纳闷,但终于坐进车内。

旅游车启动了,当驶过上海音乐学院校门,丁景唐心中一动:哦,是阿丹!不用说,他猜对了。

果然,车停在淮海中路1273弄新康花园弄口,这条弄堂里住着许多名人,除赵丹和黄宗英夫妇外,还有袁雪芬、章靳以、颜文梁等。蔡耕下车,不一会,他搀着走路一跷一跷的赵丹迎了出来。原来粉碎"四人帮"后,赵丹两年内尚未上过镜头。近日,脚气病大发,在家休息。他是个闲不住的人,于是,寄情于书画艺术,与丹青翰墨作伴,这才有空闲与大家去湖州溜达。

车门打开,随着赵丹的出现,丁景唐的肩上受到有力的一击:"好家伙,果然是你这位难弟!"

车到湖州,先到李承威工程师家中吃丰盛的午餐,主人举杯祝贺,说:"不是粉碎'四人帮',怎能邀请赵丹同志来舍间作客!"主人讲着带有湖州腔的普通话,声明道:"我的普通话讲得不好,请赵丹同志多多指教。"赵丹笑着回答:"不,不,你讲得好,我还以为你是个演员呢!"赵丹风趣的谈吐,不时引起宾主的哄笑,称得上是"如沐春风,满室生香"。

午餐将毕时,赵丹建议邀请两位临时帮忙的厨师,飞觞共饮,互祝健康。

厨师说:"菜烧得不好,不知可吃得惯?"主人说:"怠慢!怠慢!"赵丹做了个惋惜的表情:"这么多的好小菜,太丰盛了。早知如此,我应该带个饭盒子来。"逗得厨师嗨嗨笑了起来。

饭后,去市区途中,在桥上拍摄了几张照片留念。

丁景唐、赵丹一行人,没有惊动当地党政机关,悄悄地进入一家笔店。善琏湖笔厂来人出示各种精制的湖笔,请书画家鉴赏、试笔。待铺纸研墨,准备诸色容器后,阿丹诗情激奋,精力惊人,手不停笔,挥写自如,又绘画又写字,分赠在座的各位,包括两位厨师。

给丁景唐的字幅是:

> 湖州羊毫远名扬,
> 更有丝绸鱼米香。
> 条条河叉连大海,
> 家家门前皆植桑。

落款:1978年夏游湖州即兴一首,书奉同行者老友景唐正,赵丹。

最后是赵丹的印章:阿丹书画。

这几位患难朋友相约到湖州……谁知过了两年,赵丹就谢世了,看着与赵丹在湖州桥上的合影,丁景唐想以诗纪事。回想年轻时在沪江大学中文系就读,师从黄云眉学作旧诗,1940年代写过很多诗,被人称为诗人,在青年中有一定影响。可惜1950年代以来,忙于工作,诗作随年龄增长而反比例地急剧下降,诗思大退,远离诗坛久矣。虽经几番冥思苦想,终无佳句,难以表达湖州之旅的激情。夫人见他如此操心苦恼,劝他勿急于求成,容徐图之。

正巧,上海古籍出版社的友人陈邦本同志来访,畅谈甚欢,说起与赵丹去湖州之事,想作诗以示纪念。丁景唐久慕邦本的诗才,他能执笔,可以了却丁景唐的一件心事。

邦本经月余构思，三易诗稿，复承赵朴初同志亲加校订，乃成《贺新郎·题湖州桥上与赵丹同志合影》一阕。文采斐然，情意深厚，好一篇佳作。朴初前辈在原稿上眉批"词极好"三字赞之。

词如下：

> 此日湖州会，正桥边、沧波摇碧，遥岑堆翠。放眼河山妖氛扫，风雨当年如晦。尚记否、搏人魑魅？君演迅翁余筑馆，任雌黄、翻作弥天罪。算只有，冷眉对。
>
> 重逢干校惊憔悴。但相视、无言默默，万重滋味。雪压霜摧知劲骨，还见青松妩媚。更识得、友情堪贵。佳作琳琅时馈我，羡彩毫、妙把千红绘。喜华宇，春风被。

快乐的阿丹，朋友们都想你！

在干校落难时，丁景唐和一些老同志都结下了深厚友谊，如邹凡扬、巢峰、富华、赵丹，还有《解放日报》副总编辑夏其言等。他将永远珍惜这份患难中的友情。

四三　编纂"大系"(1927—1937)

《中国新文学大系(1917—1927)》(简称《大系》)第1辑出版于1935年—1936年,主编是赵家璧。当时,赵家璧走出学校不久,尚是在出版界初露头角的年轻人,他在创造社元老郑伯奇的支持下,依靠鲁迅、茅盾、郑振铎、阿英等前辈作家的支持相助,设计了这套丛书,为"五四"以来的新文学保存了重要资料。

这套丛书共分10卷,由蔡元培写总序,鲁迅、茅盾、郑伯奇、郑振铎、周作人、郁达夫、洪深、朱自清、阿英分别负责编选,并每人写出各集的导言,这无疑是现代出版史上的一个创举。

《大系》第1辑问世后,在国内外产生很大的影响。1948年,赵家璧在上海辗转收到日本作家仓石武四郎的信,征求他的同意,拟翻译出版他主编的《大系》。赵家璧复信同意了。翌年初,赵家璧就收到东京讲谈社寄来日译本茅盾编选《小说一集之上》一册,及作广告用的薄薄8页的《大系月报》一份。此后,就如石沉大海,再没有下文。

1954年,日本作品代表团来沪访问,赵家璧见到《大系》日译者仓石武四郎,仓石很抱歉地说,他的翻译计划仅出一卷就停了。当赵家璧问他是何原因时,仓石支吾其词,似有难言之隐,赵家璧也没有再追问。1975年11月14日,仓石武四郎与世长辞。这样一来,这段历史就成了一个谜。

1984年,赵家璧有缘东渡,带回来摘自《讲谈社所走过来的50年》社史资料速记记录的部分日文资料,才揭开了这个谜。原来日本翻译出版《大系》时,恰巧赶上美国占领军总司令部对共产党开始镇压,由于收在《大系》里的新文学,代表中国的新倾向,因此,美国战略军总司令部说什么也不批准,终于只出1卷即不了了之。

1935年,丁景唐还是一个爱好文艺的中学生。他从《大系》第1辑中吸取文艺营养,并促进他在文艺编辑道路上的成长。

编辑、影印、出版中国现代文学书刊,是他任上海文艺出版社长时期形成的一大特色。

1979年,当丁景唐重新走上工作岗位,出任上海文艺出版社社长兼总编辑以后,主持这项深受国内外文化学术界关注的中国现代文学期刊的影印工作,恢复《中国现代文艺资料丛刊》,恢复《中国现代文学研究丛书》,并创办《中国现代作家创作丛书》,组成一整套规模较大的中国现代文学的书系。还把影印工作扩展为影印重要书集的工作,继续影印的期刊有《语丝》和《光明》2种,重版《前哨·文学导报》1种。1980年,为纪念"左联"成立50周年,影印了瞿秋白编辑并作序的《鲁迅杂感选集》(共印2次),接着,又影印《中国新文学大系》第1辑(1917—1927),每卷印数达13500册,产生重大的影响,受到文化学术界的赞许。

当时赵家璧编定《大系》第1辑后,曾想出版第2辑,由于战争、经济诸多原因,终究未能成功。直到1980年代,才有条件出第2辑。

在党的十一届三中全会后,排除"左"的思想干扰,恢复了党实事求是的思想路线,也恢复了瞿秋白、张闻天、潘汉年以及冯雪峰、王任叔、丁玲等在1930年代文学史上有重大贡献的作家名誉,在正确的政治路线指导下,才使得在影印《大系》第1辑的基础上着手主持编纂《大系》第2辑(1927—1937)的计划,有了实现的可能性。

1982年,上海文艺出版社成立30周年。在此之前,丁景唐在北京、南京、上海专访了叶圣陶、夏衍、周扬、匡亚明和巴金,请他们题词、撰写纪念文章。丁景唐觉得文艺出版社应当下大功夫,组织力量,克服困难,在业已影印出版的《大系》第1辑基础上,续编第2辑,而以出版中国现代文学书刊著名于世的上海文艺出版社,具有适当的编辑力量、比较丰富的中国现代文学书刊资料,以及与1920年代、1930年代老作家的亲密联系等有利条件,并且,他们在影印《大系》第1辑的工作中,已有有了经过主观努力、克服困难的经验。丁景唐向出版社的同仁们谈了这个设想,大家同意以文艺出版社自身力量和资料为主,适当组织社外力量,筹划这项中国现代文学重大工程。首要的工作,是约请前辈作家,为《大系》撰写序言,争取他们的大力支持和指导。丁景唐也征求了上海市出版局和赵家璧的意见。

1982年12月,丁景唐趁赴京出席全国出版工作和出版工作者协会成立之际,专程访问夏衍同志,承他允为电影集撰序,并推荐聂绀弩为杂文集作序。接着和赵家璧一起看望叶圣陶前辈,叶老推荐吴祖缃为散文集作序。以后,丁景唐又专访了周扬、吴祖缃等前辈作家,以及国家出版局的陈翰伯、边春光同志,得到他们的大力支持和鼓励。

丁景唐和同仁们参照《大系》第1辑由蔡元培写总序的先例,特意进京向胡乔木汇报工作,并恳请他撰写《大系》第2辑的总序。胡乔木认为,对这段历史作总结不是那么容易,与其写得没有棱角,不如不写。他意味深长地对丁景唐他们说:"有些事要当仁不让,有些却不能不让。总序不写是息事宁人的办法。我看你们不要被'第一个十年'的格局所束缚,非要总序不可。"就这样,他们以后编的《大系》,都摆脱撰写总序的束缚。

丁景唐还和中国社会科学院的许觉民(洁泯)、人民日报社的田钟洛(袁鹰)及上海的有关同志交换意见。在这里,要特别提到已故的边春光同志。在他热忱支持下,国家出版局为上海文艺出版社编纂《大系》第2辑(1927—1937)的设想,特地编发了一期《简报》,得到中央和上海领导的关注和支持,为编纂《大系》的工作,提供了有力条件。

1983年春,由丁景唐主持、赵家璧任顾问,正式续编《大系》第2辑。这次《大系》的续编,参照第1辑的体例,又根据新的历史情况,有所发展:分为文学理论、小说(短篇、中篇、长篇)、散文、杂文、报告文学、新诗、戏剧、电影、史料·索引,共20卷。并集体讨论,明确《大系》出书目的意义为:

> 发扬五四新文学的革命传统
> 反映新文学运动的历史画貌
> 展示第二个十年的辉煌实绩
> 促进新时期文学的繁荣兴旺

《大系》第2辑的编纂指导思想及编选原则为:

一、在马克思列宁主义、毛泽东思想指导下,认真吸取三中全会以来拨乱反正的成果,排除"左"的和右的思想干扰,实事求是地、历史地反映1927—1937年间,中国新文学运动的基本面貌。

二、充分体现党领导下的文化统一战线的团结战斗的精神,在确立反帝反封建的作品占主导地位的前提下,兼收各种流派、风格的代表作品。

还确定各卷所选作品,要求选自最初发表的报刊,采用最初出版的版本。除明显的错字外,不作任何改动。除个别的地方,由丁景唐作必要的注解外,一律不加注释。后来,只在当年广为讹传"东三省失陷是张学良不抵抗"之处,加注为"蒋介石下令东北军不得抵抗"。对街头剧《放下你的鞭子》的一群作者,加注说明该作者是陈鲤庭。

为了替这套"大书"装帧设计富有时代特色和庄重气派,他们动员全社美术人员,开展友谊的竞选。将几十幅美术装帧设计在会议室展出,请全社同仁和出版局领导、兄弟出版社美术人员观摩评选,最后评定采用青年美术编辑袁银昌的作品。此外,全书的开本、用纸、体例、字体等也经专人负责,集体研究后确定下来。他们还到工厂、书店去开协作会议。这样,就从思想、工作规章和方法上,保证了《大系》第2辑内容和出版、印刷诸多方面的质量。还建立了《大系》的书稿档案制度。

《大系》第2辑煌煌20巨册,一千二百余万字,分别约请周扬、巴金、吴祖缃、聂绀弩、芦焚(师陀)、艾青、于伶、夏衍,为文学理论(2卷)、小说(7卷)、散文(2卷)、杂文(1卷)、报告文学(1卷)、诗(1卷)、戏剧(2卷)、电影(2卷)撰写序文。其中,中篇小说、长篇小说、杂文、报告文学、电影文学,《大系》第1辑未曾独立成集,因此第2辑篇幅也增加一倍多。1984年国庆前后,首次出版了中篇小说、长篇小说共4卷,并隆重举行发行仪式。原计划3年完成,但因人力和资料困难等问题,最后两卷《史料·索引》出齐,已是1989年10月。整个续编、印刷、出版过程,达五六年之久。

《大系》第2辑的分卷,是根据编辑工作进度不同,先后陆续出版,给发行工作带来一些困难,各卷印数相差较大。出版早的(1984—1985年)小说、散文(1)、杂文、报告文学、诗集、戏剧、电影等15卷,每种印数达2万册。出版迟一些的,如1987年出版的散文(2卷),印数为7400册,文学理论集2卷,印数分别为7500册和7200册。《大系》编辑工作难度最大的两卷《史料·索引》,几经返工,最后请武杰华同志一一核实,费力费时甚多。杰华同志抱病工作,未及看到《史料·索引》两卷于1989年5月、10月出版,就不幸离世。多卷本整套的多次分卷出版,容易造成有几卷积压,有几卷脱销,使整套书难以配齐,这是今后应当设法改进的。《大系》第3辑的发行工作,吸取了教训,采用一次集中出书的办法,已有所改善。

《大系》第2辑的续编工作,除前述的情况外,还得到领导和前辈作家的热情支持和鼓励。丁景唐和同仁们多次访问为《大系》作序的周扬(后期已住院治病)、巴金、吴祖缃、聂绀弩、芦焚(师陀)、艾青、于伶、夏衍8位作家。三次专访叶圣陶老人,聆听他们的意见,还请他们为续篇《大系》题词。

上海文艺出版社的资深编辑宫玺当时与丁景唐一起去拜访叶圣陶老前辈,他于2004年6月9日在《新民晚报》22版上刊登一篇文章:《回忆:拜访叶圣陶》,文中回忆了当时拜访的一些情景:"1983年1月上海文艺出版社决定续编第二个十年(1927—1937)《中国新文学大系》,由社长丁景唐率领理论编辑郝铭鉴、戏剧编辑孟涛和作为诗歌编辑的我,赴京拜访前辈作家听取意见并约请专家为各卷撰写序言。"

这年6月6日上午,丁景唐和同仁们一起去东四八条拜访叶圣陶老人。因为事先约好,客人一到,其长子叶至善已在门口相迎。走进房屋,叶圣老正缓步走出,只见他戴眼镜,长长的白眉,穿一身灰色卡其布衣裤、一双布鞋,显得质朴沉静,他右耳装助听器,但听觉仍不甚灵。

丁景唐向叶圣老说明来意,请为《大系》写总序。老人一口回绝:"不能写。我不能欠账,一元两元的欠账,我也会睡不着觉。不欠账,我可以睡八个小时。"

老丁便同叶至善商量,说试试看,如果起草后满意再说,老人立即明确表示:"我可没有答应写!"丁景唐向叶圣老汇报各卷写序人选,他们是周扬、巴金、吴组缃、聂绀弩、师陀、艾青、于伶、夏衍等,老人表示满意:认为不必写总序,可以打破过去的旧例。

老前辈们写的这些题词先后编入《大系》宣传手册和《大系》第1卷的卷首。现代文学研究者和上海图书馆等从事图书馆资料工作的同志,也给予他们大力协助。中国现代文学研究会于1983年夏,在上海召开第二次全会,特地为《大系》开座谈会,提出各种建议。许多新闻机构:新华社、《人民日报》、《中国日报》(英文)、《解放日报》、《文汇报》、中央和上海的广播电台,以及其它报刊,为续编《大系》作了广泛的报道,并有专文评述。美国、日本和香港的报刊,也有专文评介。日本东方书店和香港三联书店主动以整版的篇幅在书店专刊上编发了《大系》第2辑的各卷名称、内容、简介、序文和作家名录。

丁景唐参加这项工作的体会是:

第一,《大系》作为文化积累工作,对开创现代文学研究的新局面,具有重要性和紧迫性。我国的现代文学,发轫于1917年俄国十月革命以后的"五四"时期,进入1927年到1937年,又有新的发展。1927年到1937年,这10年是新民主主义时期革命史上重要的10年,阶级矛盾和民族矛盾错综复杂地交织在一起。中国人民在中国共产党的领导下,进行艰苦卓绝的反帝反封建的斗争。"九一八"事变以后,日本帝国主义侵略步步深入,激起中国人民强烈反抗,抗日救亡的怒潮汹涌澎湃。文学是时代记录。在这民族存亡之秋,抗日救亡、民族解放、民主自由的呼声,成为各类文学样式的基调。在党的领导下,以鲁迅为旗手的左翼文化运动的蓬勃发展,在粉碎国民党文化"围剿"中,作出了重大贡献。鲁迅说过,革命的文艺运动的"第一页","是同志的鲜血所记录"。它是和中国人民的解放事业一起发展壮大的。

《大系》第1辑,自1935年至1936年出版以来,迄今已经半个多世纪了。在这几十年里,不少文坛前辈谢世,他们都是那个时代的见证人,而大量的书面资料毁坏散佚,也使大家在查考资料遇到很多困难,这些都是难以弥补的损失。

丁景唐和同志们深深地体会到抢救史料、收集整理史料的重要性和紧迫性。如果再不及时采取措施,新文学运动前驱者的功绩,势必会被时间湮没,而现代文学研究工作的进展,也将因资料的损失而缺乏坚实的基础。

第二,充分体现党领导的文化统一战线原则,在反帝反封建作品占主导地位的前提下,兼收各种流派、风格的代表作品。

这样,他们在取舍选目时,不致偏离编选原则。文化的积累和整理工作,首先是鉴定工作,判断工作。现代文学书刊众多,单是期刊,当年就有几千种,报纸上的文艺副刊,文学作品的单行本,更是不计其数。《大系》第2辑,虽说有一千二百余万字,比第1辑增加两倍多,但也只有极少数的具有代表性作品人选。选什么,怎么选,就都离不开前述的指导思想和编选原则。

《大系》第2辑,除选入有影响的名家名作外,同时选收由于各种历史原因被淡忘、被遗忘的优秀作品。例如潘汉年的《左翼作家联盟的意义及其任务》和小说,张闻天用哥特笔名写的论文,郑振铎纪念胡也频牺牲的散文等。中、长篇小说的重大成绩,是1927年至1937年间新文学水准提高的一个重要标志。

《大系》第1辑中,之所以未曾选入中、长篇小说,反映了"五四"时期新文学创作中,短篇小说兴起取得可喜的成绩,而中、长篇小说尚处于低产阶段。《大系》第2辑中,专门列出长篇小说2卷、中篇小说2卷,标志着文学园地里新的丰收。长篇小说选入叶绍钧的《倪焕之》、茅盾的《子夜》、巴金的《家》、田军的《八月的乡村》、李劼人的《死水的微澜》5部作品,都是公认的杰作,具有国际影响。可惜,由于篇幅有限,未能收入王统照的《山雨》。老舍的《骆驼祥子》,因初版于1939年,收录在《大系》第3辑内。

又例如现已出版的《大系》的中篇小说2卷中,按出版前后为序,收入18篇中篇小说:即蒋光慈的《野祭》、黎锦明的《尘影》、柔石的《二月》、茅盾的《动摇》、胡也频的《光明在我们的前面》、废名的《桥》、丁玲的《母亲》、黑炎的《战线》、沈从文的《边城》、叶紫的《丰收》、巴金的《电》、马子华的《他的子民们》、萧红的《生死场》、张天翼的《清明时节》、周文的《在白森镇》、郑振铎的《桂公塘》、老舍的《我这一辈子》、杨逸的《送报夫》,其中有几种在解放后没有重印过。

在《大系》中,他们强调用历史唯物主义的眼光,实事求是地编选了周作人、林语堂、杜衡(苏汶)、穆时英等人的代表性作品,他们并不因这些人后来的变化,而忽略他们在当时的影响。《大系》也选了赴台湾的诗人番草、覃子豪、路易士(纪弦)等人的诗文,以及台湾作家杨逸的小说。

第三,《大系》所选作品,力求选自最初发表的报刊,采用最初出版的版本,以显示《大系》具有历史文献性质的特色。

鲁迅在《大系》第1辑的《小说二集导言》中,曾阐明选入《大系》中的作品,采用初版本和报刊上最初发表作品的意义。他说:"有些作者,是有自编的集子的,曾在期刊上发表过的初期文集,集子里有时却不见,恐怕是自己不满,删去了,但我仍收在这里面,因为我以为就是圣贤豪杰,也不必自惭他的童年,自惭,倒是一个错误。"又说:"自编的集子里有些文章,和以前在期刊上发表的,字句往往有些不同,这当然是作者自己添削的,但这里却有时采用了初稿,因为我觉得加了修饰之后,也未必一定比质朴的初稿好。"丁景唐想,鲁迅先生这些话的用意,也在要求保持作品最初发表时的真实历史面貌。

他们强调《大系》具有历史文献性质,主要是由《大系》"反映新文学运动的历史面貌"的宗旨决定的。作家修改自己的作品是常见的现象,研究者正可以从作家后来修改的作品对比最初发表的作品,作为作家研究的一个方面。他们常常苦于找不到作家名著的最初版本,不能进行这种有意义的比较工作。大家为《大系》提供了很难见到的初版本而感到欣幸。这里,丁景唐试以选入《大系》长篇小说卷中的《家》和《倪焕之》为例,作了些简单的说明。

巴金的《家》最初以《激流》为题,发表在 1931 年 4 月 18 日至 1931 年 5 月 22 日的上海《时报》上。1935 年 5 月,开明书店出版初版本时,才用了《家》的书名。这个初版本,巴金自己也在"文化大革命"中丢失,他只有再版本。《家》经过七八次修改,1933 年 5 月出单行本时,作者补写了第 36 章;1936 年第 5 版改排了 5 页。1937 年"八一三"事变,日本帝国主义轰炸上海,虹口的开明书店印刷厂也被炸,《家》的排版被毁,后来重排时,作者作了较大修改。

叶圣陶的《倪焕之》,最初在 1928 年 2 月至 1928 年 12 月的《教育杂志》上连载,1929 年 8 月开明书店初版。原有 30 章,解放后 1953 年出版的《倪焕之》,把原来的第 20 章和第 24 章以及末了的 7 章删掉。最初原作中倪焕之的结局是病死,而删改后的倪焕之还活着。后来收入 1958 年出版的《叶圣陶文集》第 3 卷和 1978 年版的《倪焕之》,根据初版本重印,但作了文字上的修改。

《家》和《倪焕之》初版本及后来修改的情况,是开展现代文学初版本研究和作品研究,不可多得的材料。把初版本与每次修改本相对照研究,可以看出作家思想发展、人物变化、文字技巧的成熟等,开展各方面的研究工作。

丁景唐还补充一个胡绳同志的例子。胡绳在编辑《胡绳文集(1935—1948)》时,从《大系》第 2 辑的杂文集中,找到了他 20 岁以前发表的杂文《报复》。他把这篇《报复》列为《胡绳文集》中的第一篇文章。胡绳在 1991 年第 9 期《群言》上,写了一篇文章,叫《胡绳同志读〈胡绳文集〉(1935—1948)》。他说,他写《报复》时,还在北京大学读一年级。文末写"3 月 16 日晚在北平图书馆",那就是在北海旁的北平图书馆,即后来的北京图书馆。"我本来已经忘记了这篇文章。但是有一次偶然看到 1927 年到 1937 年的《新文学大系》(杂文卷)中收入《报复》这篇文章。这篇文章当时是投给上海由曹聚仁主编的《芒种》杂志的。我很佩服丁景唐同志,他竟然这样勤于爬罗剔抉,注意到了这篇短文。因为《新文学大系》选登了这一篇文章,就使我有勇气把我的 20 岁以前写的这篇文章收入本文集里面。"

这个例子,也充分说明作家对最初发表在刊物上的文章的重视。

文学反映生活,而且高于生活,比生活中的现象更为概括,更为集中,也就更为典型。文学作品是一个时代的投影,是认识那个时代的社会生活、精神面貌、人情、民俗、社会心理等的极为生动的形象材料。丁景唐中学时看过生活书店出版的一本青年自学读物,是著名社会科学家钱俊瑞写的《怎样研究中国经济问题》。他通过茅盾《子夜》,深入浅出地分析了中国社会的性质和经济问题,至今难忘。

1984 年夏,北京大学乐黛云同志刚从国外讲学回来,在 8 月间哈尔滨召开的中国现代文学研究会第三次会上作了一个发言。她介绍了国外学者通过《子夜》,来认识中国当时社会的情况。丁景唐想,这些都是从不同角度和感受,证明文学的认识作用。

马克思、恩格斯在形成并发展马克思主义时,就十分重视文学艺术反映社会和认识社会的作用。他们总是从政治的、历史的、社会的角度去看待文艺作品。比如恩格斯在致《城市姑娘》的作者玛·哈克奈斯信(1888 年 4 月初)中,就认为巴尔扎克的小说对于法国社会的认识,比历史学家、经济学家著作提供的东西还要多。我们不妨把原文转录一下:"他汇集了法国社会的全部历史,我从这里,甚至在经济细节方面(如革命以后动产和不动产的重新分配)所学到的东西,也要比从当时所有职业的历史学家、经济学家和统计学家那里学到的全部东西还要多。"这就充分说明优秀的文学作品对于时代的巨大概括力。苏联诗人马雅可夫斯基说过:"挑出一行诗来,站在我们面前的,应是一个时代。"但愿《大系》也能留下时代的投影。

对于勤奋耕耘的农家来说,看到收获的成果,心情自然是愉悦的。丁景唐和同仁们共同为《大系》的问世而欢欣。成功的经验可以借鉴,而工作中的缺点,更应当正视,这不仅为了今后在新的工作中努力奋进、精益求精的需要,更重要的是书籍是社会的精神财富,"书比人长寿",会长久地流传下去,缺点和错误也会传播开来,小小的疏失,往往变成"以讹传讹"的不良后果。

丁景唐非常感谢陈原同志、臧克家同志,他们在出书不久,就来信指出某些需要校正的地方。丁景唐本人也在重新翻阅中,发现过一些不应留下的某些纰漏,他都记下来,归入书稿档案,希望在重版时改正。

陈原同志是我国著名的语言学家。他最早来信,指出《大系》英文译名卷名不够准确。后来丁景唐专门到兄弟单位——上海译文出版社,请教几位朋友,作了校正。也有读者和朋友来信询问《大系》的诗集,为何不收戴望舒的名诗《雨巷》。这是因为它已收入《大系》第1辑朱自清编的《诗集》。细心的读者,如果阅读一下《大系》第1辑和第2辑中的作品,就会发现有些作品,在时间上是有交叉的。特别是郁达夫、周作人编选在第1辑的散文时,"以人为标准"进行分工,他们各选若干作家作品,在选材的时限上有所突破,自1932年到1934年间的散文都有入选。这在郁达夫的《散文二编·导言》中是有说明的。

四四　顾问"大系"(1937—1949)

上海文艺出版社印制的《中国新文学大系(1937—1949)》(简称《大系》)第 3 辑的广告语是这样的:

《中国新文学大系(1937—1949)》,由本书编委会编选,赵家璧、丁景唐任顾问,王瑶、康濯、沙汀、荒煤、洁泯、柯灵、唐弢、刘白羽、臧克家、陈白尘、张骏祥等为各卷作序。

这套《大系》,展示抗日战争、解放战争时期新文学创作和理论的巨大成果,总结这个时期文学发展的规律和历史经验,以利继承和发扬我国革命文学的光荣传统,促使新时期文学事业的更大繁荣。

本《大系》以马列主义、毛泽东思想为指导,力求准确、客观、全面地选编这个时期发表、出版的优秀作品和有代表性的作品,实事求是地、历史地反映这一时期我国新文学运动的基本面貌。凡入选的作品,均选自最初发表的报刊或最初出版的图书,除明显的错字外,不作其他改动。

《大系》第 3 辑是由比丁景唐年轻的同仁们——孙颙、江增培、余仁凯、周天、范政浩、郝铭鉴、聂文辉、倪墨炎诸君,以及赵家璧和丁景唐组成的编辑委员会进行编纂的。年轻的 8 位同仁分任各卷执行编委,赵家璧和丁景唐任顾问。编委会于 1987 年秋召开第一次会议,议定《大系》第 3 辑的编纂指导思想及编选原则不变,仍以"发扬五四新文学的革命传统,反映新文学运动的历史面貌,展示第三个 10 年的辉煌实绩,促进新时期文学的繁荣兴旺"作为目标。吸收编纂《大系》第 2 辑的一些行之有效经验,并根据新的情况又有所发展。

1937—1949 年,包括全面抗战和人民解放战争两个历史时期,地区包括国统区(大后方)、解放区、沦陷区、上海"孤岛"以及香港、台湾等地区;在国统区和解放区中,又包括不同的地区。这一时期,战火遍及全国各个地区,加以纸张印刷等物质条件差,土纸印刷的文学书刊、报刊副刊等不易保存,残缺、毁损情况严重,原始文学资料的收集也较第 2 辑时要困难些。

为了避免《大系》第 2 辑分批出版的拖沓弊端,必须很好的运用社会力量,加速编纂速度,集中力量,争取一次出齐,全套书同时发行。故而分别约请四川大学、福建师范大学、四川师范大学、武汉大学、南京大学、上海市电影局等有关同志参加编选。而由 8 位执行编委分工与之联系、定稿。王瑶等几位专家学者分别为文学理论(2 卷)、短篇小说(3 卷)、中篇小说(2 卷)、散文(2 卷)、杂文(1 卷)、报告文学(1 卷)、诗(1 卷)、戏剧(3 卷)、电影(2 卷)作序,第 3 辑字数约 1200 万字,篇幅与第 2 辑相当。惟因戏剧集增为 3 卷,《史料·索引》相应压缩为 1 卷,全套书仍为 20 卷。

这里说上一段小插曲:

1992 年,为纪念上海文艺出版社创建 40 周年编印的《书海知音》,收入了丁景唐写的《我与〈中国新文学大系〉》一文。这篇文章印出后,他重看了一遍,发现有一处差错:在列举《大系》第 3 辑各集的序言的作者时,竟漏写了著名诗人臧克家。

1992 年 6 月 8 日,丁景唐离沪赴江西井冈山,参加北京、上海、江西三地"版协"出版研讨会之前,向臧克家同志写信致歉。

6 月 12 日,臧克家即回了丁景唐一信。信中说:"今得来函,读及漏了我的名字之事,足证你办事认真。你的这篇文章,我未读过,你不说及,我根本不知此事。这是小事一桩,况已过去。"诗人宽以待人,对失误不仅予以谅解,而且还勉励有加,这使丁景唐感到惭愧。

现在《大系(1949—1976)》第 4 辑也已大功告成。

四五　劫后余生

1976 年 10 月,"四人帮"被打倒后,人们奔走相告:祖国的春天到了!

此时,丁景唐的心情也如春天一样明媚无比,阳光灿烂。他与丁言昭、朋友钟嘉陵一起创作了一首儿歌:《"小喇叭"又响啦!》,刊登在 1979 年 4 月 3 日《小朋友》1979 年 4 期上。画家陈力平在文章的周围设计了一些满是童趣的画。你们想听听这首儿歌吗?

> Da di da, da di da,
> "小喇叭",又响啦!
> 十二年呀没见了,
> 快快拍手欢迎它!
>
> 教儿歌,讲童话,
> 猜谜语,做解答……
> 小朋友呀用心听,
> 眼睛一眨也不眨!
>
> "四人帮",真可恶,
> 狠心砍掉"小喇叭",
> 想叫种子不发芽,
> 想把幼苗连根拔。
>
> "四人帮",被打垮,
> "小喇叭",又响啦,
> Da di da, da di da,
> 清脆的声音传万家!

当时,上海少儿出版社召开编辑、作者座谈会,会上,我们亲爱的圣野爷爷朗读了这首儿歌,那亲切动人的语调,激起到会者的共鸣。

不久,丁言昭写了篇《我们怎么会想起写〈"小喇叭"又响啦!〉》,刊于1979年6月《小朋友笔谈会》。文中说到1978年10月,丁景唐出席在庐山召开的少年儿童读物出版物座谈会,并发了言。回家后,在"文革"中落下的腰伤复发卧床休息,骤闻中央广播电台播放"小喇叭"节目,激动不已。没几天,钟嘉陵到家里来,丁景唐说:中央人民广播电台对学龄前儿童的"小喇叭"恢复了。在庐山的座谈会上,电台的同志愤怒控诉"四人帮"砍掉亿万小朋友喜爱的"小喇叭"时,很多人都情不自禁热泪盈眶。

"四人帮"横行,给"小喇叭"带来巨大的灾难,一些编排和播送"小喇叭"节目的同志受到残酷的打击迫害。现在,那熟悉的"哒滴哒,哒滴哒"再一次重新响起来的时候,大家多么高兴,一种强烈的创作欲望油然而起,丁景唐提议,我们一起写首儿歌吧。就这样《"小喇叭"又响啦!》诞生了。

1979年10月30日至11月16日,丁景唐赴京参加全国第四次文学艺术工作者代表大会,劫后余生,老朋友、老战友、老同志相逢,个个都像小孩子那样欣喜万分,互相问长问短,不亦乐乎。

1979年11月,丁景唐参加中国鲁迅研究学会成立大会,被选为理事。同月,参加中国民间文艺工作者代表大会,被选为理事。1979年12月20日,参加中国出版工作者成立大会,被选为理事。1981年,参加中国鲁迅研究学会第二次代表大会,续选为理事。

1981年12月,丁景唐参加以创造社老诗人、文艺理论家黄药眠为首的的中国作家团,应香港中文大学之邀,赴香港。同去的有唐弢、柯灵、田钟济、林唤平、王辛笛、楼栖、叶子铭、吴宏聪、理由、刘锡诚诸位。在香港中文大学召开的"四十年代中国文学研讨会"上,丁景唐宣读论文《四十年代上海的鲁迅研究概述》。九叶诗人王辛笛在宣读论文《试谈40年代上海新诗风貌》时,引起一些小轰动。其中他提到40年代有一位笔名"歌青春"者,从1943年至1945年间在《女声》杂志上不时发表诗歌,不下二三十首之多,并出版了诗集《星底梦》。这位作者是谁呢?王先生在此稍作停顿,然后环顾四周,见大家都用企盼的目光注视着他,这才慢条斯理地"揭秘"道:这位"歌青春"不是别人,正是"我们这次同来的丁景唐先生。诸位如要进一步了解,不妨就在此地问他本人,我无须多讲了"。全场对此报以热烈的掌声。

与海内外学者相聚一堂,相互切磋,增进友谊。这次香港之行,距丁景唐1947—1948年间旅港,倏忽已30余年。他的重来香港,立即引起香港《明报》记者杨怀之的注意,他于1981年12月22日发表长篇报道《自上海来香港讨论现代文学　丁景唐整理左联史料有成》,内中说:"丁景唐与香港发生过关系。在40年代末期,他曾住在香港,常在《华商报》《周末报》刊载文章。1945年出版诗集《星底梦》……"

那天在主人盛情宴请海内外学者的告别晚会上,新知旧雨,齐唱友谊之歌,激起了丁景唐久已淡逝的诗意。临别之前,为几位友人涂抹两首小诗:

> 新知旧雨抒胸怀,
> 碧海青山入画来。
> 三日会文兼会友,
> 十年花落又花开。

> 千里重来岁几迁,
> 且留鸿爪印沙田。
> 友情长共诗情在,
> 一片文心两岸连。

到了1990年代,只要有空,在身体健康的情况下,丁景唐都会参加一些文化活动。

1996年2月,虹口区文史馆专门在左联会址纪念馆举办了"左联五烈士"就义65周年纪念会。丁景唐应邀参加,为中国人民解放军86425部队部分指战员和虹口区文化系统部分团员青年作了专题报告。这天,虹口区文化局的党委书记王志渊同志也出席了。他说:虹口拥有左联纪念馆、李白烈士故居等众多爱国主义教育基地,可以为虹口文化规划的实施作出重要的贡献。

1996年10月21日,在纪念鲁迅逝世60周年之际,鲁迅研究学术研讨会在上海外国语学院国际文化中心举行,国内鲁迅研究界的专家近百人与会,丁景唐也应邀参加。研讨会的中心议题为《民族魂——世纪之交的鲁迅》。来自各地的专家在缅怀鲁迅光辉战斗的一生之余,就鲁迅精神对中国现代文化建设和民族精神的历史影响、鲁迅文化遗产在人类文化宝库中的重要地位进行深入研讨。

与此同时,上海鲁迅纪念馆举行文物、资料捐献仪式。丁景唐捐赠了一本1944年延安刊印的《一件小事》,这是存世稀少的鲁迅著作版本。同时,还有虞金迅捐赠1935—1936年出版的鲁迅著作14本,金性尧捐赠《柏林生活素描》,包子衍夫人桂祖琦将包子衍先生所有藏书和资料捐赠给鲁迅纪念馆,湖南人民出版社朱正捐赠一批珍贵的图书资料。

1996年12月10日,左联纪念馆、曲阳图书馆高级专家沙龙联合举办"巴人诞辰95周年纪念会"。丁景唐应邀参加。这天到会的有王元化、贾植芳、束韧秋、何为、蓝瑛、沈寂等。巴人家乡奉化文联专门派代表出席会议。

巴人原名王任叔,他著译等身,是堪与鲁迅、郭沫若、茅盾、巴金、老舍为侪的文艺家,又是一位社会活动家和历史学家。早在1922年,巴人就加入文学研究会,1924年加入中国共产党,是中国左翼作家联盟创办人之一。1949年以前,已出版诗歌、小说、剧本、理论译著等作品集五十余本。曾任新中国首任驻印度尼西亚大使,人民出版社社长兼党委书记。

巴人一生颇多传奇,曾二度入党,三获雅号:伧和尚、雷雨先生、大众情人,四遭婚变,五陷囹圄。反右斗争中因受牵连而被扣上"宣传资产阶级人性论"的帽子,受到批判。在最艰难的日子里,他潜心研究印度尼西亚历史,以惊人毅力写出中国学者完成的第一部《印度尼西亚史》。

巴人传奇的经历,充满魅力的人格,卓有成就的文学硕果,已引起全国学者的热切关注。他一生留给历史、留给后人的是一个巨大的惊叹号。

这次纪念会同时还展出巴人生平照片及创作手稿。会上有人吟诵他的著名诗歌《印度尼西亚之歌》。

1997年5月,为了纪念内山书店创立80周年,屡次在上海鲁迅纪念馆举行座谈会。丁景唐应邀参加。这天到会的有内山完造先生的亲属、原书店的职员、鲁迅先生的长孙周令飞、市委宣传部副部长方全林、日本驻上海总领事松村敏夫、杜宣、曹白等。内山书店在传播进步文化、增进中日人民友谊、团结进步人士和文化交流方面作出重要贡献。内山完造也与鲁迅结下了深厚友谊。

1997年6月28日,丁景唐和王铁仙、陈鸣树等应邀参加虹口区图书馆召开的座谈会,会上成立"文化名人文献室"专家顾问小组。这个文献室,主要收藏以鲁迅为代表的虹口文化名人专著、生平传记、研究史料等文献,对同时代的文化名人史料,也进行有选择的收集整理。当时,他们正四处走访解虹口文化名人的专家学者,希望能让虹口人了解自己光辉的文化传统,使其获得良好的终身教育,把专家学者们的研究成果,介绍给普通读者,引发他人对虹口文化的兴趣,使他们参与到这项造福后人的精神文明建设之中。丁景唐觉得这件事做得非常有意义,他们利用图书馆保存的大量旧上海文化史料,抢救出在虹口生活、战斗过的众多文化名人生平史料,研究沉淀在虹口的历史文化信息,让虹口图书馆的文化名人文献室独具虹口文化的特色。继承虹口独特的"雅文化"传统,开发展示民族精英文化,挖掘普及革命历史文化,创造一个带有鲜明时代标志的虹口社区特色文化。丁景唐想,如果每个区都能这样做,那可太好了。

"文化大革命"结束以后,丁景唐曾到厦门、西安、哈尔滨、四川等地去参加一些学术讨论会,在此不一一赘述。

四六　学习鲁迅

《学习鲁迅作品的札记》早在1966年春天就已校毕清样,且待付印。正当其时,林彪勾结江青,抛出"文艺黑线专政"论,大肆打击迫害老一辈革命作家和许多文艺工作者,砍杀和禁锢无数优秀文艺作品。在林彪、"四人帮"横行的日子里,文艺界和出版界,都是受害极烈的"重灾区"。

丁景唐因长期在业余时间从事鲁迅和中国现代文学史的资料收集整理和研究工作,而蒙受其害。保存在出版社和本人手中的《学习鲁迅作品的札记》的清样,连同印刷厂中的排版,统统被毁弃,几十年苦心经营收藏的许多革命书刊,其中包括1931年间鲁迅主编的追悼左联五烈士的《前哨》等珍贵的革命文艺书刊,连同历年来许多手稿、抄录的珍贵史料,都荡然无踪。

寒凝大地发春华。一时间令人窒息的重重乌云毒雾,挡不住光华万丈的太阳照耀。1976年,十月的惊雷,唤醒大地,迎来美丽的春天。郭沫若在《卜算子·咏梅》中吟:"万紫千红结队来,遍地吹军号。"在这嘹亮的军号声中,在党组织和同志们的关心、帮助下,丁景唐重新拿起人民交给他的这支笔来,恢复了中断10年的鲁迅研究和中国现代文学史料的整理工作。

1978年6月间,丁景唐参加了在厦门举行的,由北京大学、南京大学、厦门大学等9所高等院校召开的《中国现代文学史》教材协作会议。在会上,大家谈到在"文化大革命"中的遭遇。有的人在讲授《中国现代文学史》时,联系到三十年代革命文艺的历史事实,就被蛮横地加上"文艺黑线吹鼓手"等莫须有的罪名,受尽凌辱和折磨。许多单位和个人多年来收藏、整理的大量有关中国现代文学史的书刊资料被查抄,毁弃。

那次,吴黎平同志也应邀作了题为《关于三十年代左翼文艺运动的若干问题》的报告,提供了我们党领导左翼文艺运动的历史事实,澄清了一些在"文化大革命"中被颠倒的重大问题,使丁景唐受到很多启发。吴黎平的讲话后来发在1978年第5期的《文学评论》上。丁景唐曾转录一段筹备成立左联的史实,附记在《鲁迅参加社会活动和政治斗争的一些文献资料》之后。

在厦门这次讨论会上，丁景唐也作了一个书面发言，先发表在《厦门大学学报》上，后来稍作修改，标题为《伟大共产主义者鲁迅的光辉的战斗的丰碑——纪念〈鲁迅全集〉出版40周年》，收入《学习鲁迅作品的札记》，作为书的首篇。

1978年6月15日，当他们在厦门大学开会的时候，得悉郭老逝世的消息，全体与会同志起立，遥向北京，沉痛哀悼为共产主义事业奋斗终生的郭沫若同志。邓小平同志曾说："他和鲁迅一样，是我国现代文化史上一位学识渊博、才华卓具的著名学者。他是继鲁迅之后，在中国共产党领导下，在毛泽东思想指引下，我国文化战线上又一面光辉的旗帜。"

对于从事中国现代文学史的研究者来说，鲁迅和郭沫若都是革命文化战线上的巨人和先驱者。丁景唐在《学习鲁迅作品的札记》里，有意识地增补了鲁迅与郭老之间战斗友谊的历史篇章。

1941年，周恩来在重庆为庆祝郭沫若诞辰暨创作生活25周年，在11月16日《新华日报》上发表了《我要说的话》一文，他高度评价了鲁迅和郭沫若对革命文化的卓越贡献。周恩来在文章写道：鲁迅和郭沫若"他们在北伐期中，谁都没有'文人相轻'的意思，而且还有'同声相应，同气相求'"的事实。接着，举了鲁迅和郭沫若在广州列名共同发表"文学家宣言"和在"广州事件"后，郭老邀请鲁迅参加创造社刊物，再度列名发表宣言联合作战的历史。

关于1927年春天，鲁迅和成仿吾等在广州联名发表《中国文学家致英国知识阶级及一般民众宣言》的历史，丁景唐原来写得比较简单，而且由于当年没有掌握随军北伐的郭老也与鲁迅共同列名发表这个"文学家宣言"的史料，没有在文章中提到郭老列名事实。在丁景唐找到有关史料后，便作了较多的补充。

1927年10月，鲁迅和郭沫若先后到上海。郭沫若为了筹划恢复《创造周报》，曾通过郑伯奇和蒋光慈的活动，邀请鲁迅合作，实践大家原拟在广州组成联合战线向旧社会进攻的夙愿。

关于周恩来在《我要说的话》中，提到郭沫若邀请鲁迅参加创造社刊物，再度联合列名发表宣言的事，丁景唐在原来的文章中也写得比较简略。他在寻找《创造月刊》校对原来引文过程中，也作了较多的补充，摘录了不少原始资料。同时，解决了一个久悬的问题，就是为什么在厦门会议上，有好几位同志向丁景唐提出疑问，说他们看到的《创造月刊》上，找不到像丁景唐在《鲁迅参加社会活动和政治斗争的一些文献资料》中所介绍的在《创造月刊》第1卷第8期上鲁迅和郭沫若共同列名发表在《创造周报》"复活预告"的类似宣言。在厦门，丁景唐去了几家图书馆，查到《创造月刊》第1卷第8期，有两种版本，才解决这个疑问。原有一种版本如丁景唐介绍的一样，是有

《创造周刊》复刊的撰稿人名单(郭老化名麦克昂)和类似宣言的"复活预告",而另一种版本却没有,只刊登另出《文化批判》的广告。两种不同版本的所有其他内容完全相同。

在《学习鲁迅作品的札记》中,还有一篇《关于〈阿Q正传〉日译者山上正义回忆鲁迅在广州的一些补充说明》。文中丁景唐引用了郭老自己的文章,而这两件史实,确实很少有人或甚至未被重视过。一是郭老在1946年11月所写的《纪念邓择生先生》中,谈到郭老参加北伐政治部工作,是经孙炳文推荐的。郭老随军北伐之前,政治部曾邀请周恩来、恽代英、郭沫若等一起开会讨论,拟定政治工作方案。"有好些计划,大抵出自恩来之手"。郭老这段回忆,是现在见到的回忆周恩来文章和北伐史料中所没有提到的。另外,鲁迅先生到中山大学任教,也同郭老向当局推荐有关。这也是郭老自己写的文章为证。这是郭老1936年10月惊悉鲁迅逝世不久就写的《坠落了一个巨星》的悼文中所记。由于该文最初用日文发表在日本东京《帝大新闻》,后来译成中文,刊于1936年11月出版的《现世界》第1卷第7期,并未收入1937年鲁迅先生纪念委员会编印的《鲁迅先生纪念集》中,所以这件史料,也一向较少有人谈到。

丁景唐在许多从事中国现代文学史和鲁迅研究的朋友们鼓励和关怀下,自参加厦门盛会回来以后,即着手整理新作,编选旧作,寻找从前在报刊上发表过的一些鲁迅研究文章。丁景唐在编选过程中,因收藏了几十年的书刊在"文化大革命"中遭到很大损失,笔记、资料、书信荡然无存,因此困难甚多。幸得几位老友和青年朋友的协助,代丁景唐奔走,向图书馆、纪念馆、旧书店等处借阅、抄录有关文章和资料。他们同丁景唐都是在业余进行这些工作的,所以进度比较缓慢,时断时续。自1978年盛夏,至1979年岁尾,集好友之群策,经半载之努力,终于编成了这本《学习鲁迅作品的札记》。

这本集子,仍然用了《学习鲁迅作品的札记》的书名,但内容与12年前印成清样而遭劫难的那本已有不同。共22题、25篇文章。

首先,收入了丁景唐在粉碎"四人帮"之后,重新提笔撰写的《伟大共产主义者鲁迅的光辉的战斗的丰碑——纪念〈鲁迅全集〉出版40周年》《关于〈阿Q正传〉日译者山上正义回忆鲁迅在广州的一些补充说明》《鲁迅和凯绥·珂勒惠支》(与王观泉合作)《鲁迅和里维拉》和《关于鲁迅〈阻郁达夫移家杭州〉诗的一些史实》5篇。这5篇曾先后在厦门大学、南京师范学院、山东师范大学的学报上刊载,这次都经增补收入书中。

其次,选入1960年代初写的文章5篇。《记新版〈鲁迅全集〉以外的佚文》和《鲁迅参加社会活动和政治斗争的一些文献资料》,都是1961年8、9月间,为纪念鲁迅先生84周年诞辰而作的。这两篇文章,是丁景唐同叶以群、方行 3 人主持修改上海鲁迅纪念馆陈列方案时,有机会看到上海鲁迅纪念馆收藏的许多珍贵的鲁迅手迹、照片、图书以及有关资料,而奋力写成的。叶以群于 1966 年 8 月 3 日,因受到残酷迫害而去世。粉碎"四人帮"后,1979 年 1 月 3 日在上海龙华革命公墓,举行了以群同志骨灰安放仪式,予以平反昭雪,恢复名誉。回想当年,大家欢聚一堂讨论修订上海鲁迅纪念馆陈列方案的情景还在眼前。

《记日本译印的左联五烈士的纪念集——关于〈中国小说集·阿 Q 正传〉》则是丁景唐 1961 年在上海鲁迅纪念馆见到 1931 年 10 月东京四六书院出版的山上正义(笔名林守仁)译的《阿 Q 正传》日译本以后,请吴元坎译出有关内容,在第二年 2 至 9 月所写的第二篇文章。在此以前,1961 年 11 月,先是写了《关于〈中国左翼作家联盟为国民党屠杀同志致各国革命文学和文化团体及一切为人类进步而工作的著作家思想家书〉的几种译文》,简要地谈到四六书院出版的《阿 Q 正传》,实是一本纪念"左联"五烈士的专集,着重介绍了尾崎秀实(笔名白川次郎)撰写的序文中,全文译出的左联为柔石等烈士被国民党杀害的"呼吁书"。1975 年 6 月,在日本新发现鲁迅 1931 年 3 月 3 日写给《阿 Q 正传》日译者山上正义的 85 条校释,同年 12 月文物出版社出版了《鲁迅〈阿 Q 正传〉日译本注译手稿》。北京鲁迅研究室张杰给丁景唐寄来 1976 年 11 月南方一位现代文学研究者的一篇有关书评。这篇书评对上述注译手稿的译文又提出商榷,还提供一些他们所不知道的关于山上正义生平史料的出处。书评中还提到丁景唐文章中所介绍的四六书院出版的日译《阿 Q 正传》,不单纯是翻译鲁迅先生的《阿 Q 正传》,而且是具有重大政治意义的纪念"左联"五烈士的专集。

《〈程十发绘《阿 Q 正传》108 图〉前言》和《关于至尔·妙伦〈小彼得〉的出版说明》,是丁景唐 1962 年、1963 年,分别为上海人民美术出版社编辑部、少年儿童出版社编辑部代笔写的。

再次,尚有《鲁迅和柔石为介绍外国美术作品而作的努力》《关于鲁迅给邹韬奋的一封信》《对〈鲁迅全集〉(10 卷本)注释的几点意见》《继承和发扬鲁迅翻译出版儿童文学作品的优良传统——重读〈小约翰〉〈小彼得〉〈表〉有感》等 15 篇短文章,则取自旧作《学习鲁迅和瞿秋白作品的札记》。

丁景唐的这本《学习鲁迅作品的札记》,随着文艺春天的来临,于 1980 年 5 月由上海文艺出版社重新出版。丁景唐在想一个问题,那就是:鲁迅研究是一门学科,要完整地、准确地、科学地研究鲁迅,必须进行长期、艰巨的工作。

四七　父子共研

1979年夏，丁景唐遇到一个极好的学习机会，应北京孙克悠等几位同志的约邀，并得到中共上海市委陈沂同志的支持，到瞿秋白家乡常州调查研究，到无锡访问瞿秋白曾经教过书的学校，并参加座谈会。又到南京第二档案馆查看有关瞿秋白的历史资料，这对丁景唐进一步研究瞿秋白起了很大的推动作用。

1979年冬，丁景唐在北京参加第四次全国文代会时，参观了中国历史博物馆新的陈列展品。这是"文化大革命"后第一次恢复陈列了瞿秋白光辉名字和放大的照片，以及瞿秋白烈士的一段文字说明。丁景唐在北京写了粉碎"四人帮"后第一篇有关瞿秋白的文章：《关于瞿秋白的通信》，向广大读者介绍中国历史博物馆重新陈列瞿秋白革命事迹的信息。同时，丁景唐为上海社会科学院院刊《社会科学》，写了《鲁迅和瞿秋白的革命友谊》。此后，丁景唐连续发表了二十余篇瞿秋白研究论文。其中，有他与王保林合作，对瞿秋白与鲁迅合作的14篇杂文进行深入研究的文章，分别发表在全国高等院校学报和文学刊物上。

1980年，瞿秋白正式平反后，丁景唐就应邀到瞿秋白家乡常州，作关于瞿秋白生平和对中国革命贡献的报告。1985年，瞿秋白就义50周年时，瞿秋白家乡常州和瞿秋白就义的福建长汀，都举行隆重的纪念会的学术报告会。丁景唐除了写文章以志纪念外，还于6月13日与夫人王汉玉以及方行同志，应常州市文化局之邀到常州，为瞿秋白纪念馆的陈列展出提出一些意见和建议。6月18日丁景唐夫妇坐长途汽车，一路颠簸又赶到福建长汀参加瞿秋白烈士纪念碑仪式和瞿秋白研究学术讨论会。在长汀，丁景唐特地为常州瞿秋白母校——觅渡桥小学四年级少先队的一份油印刊物，写了一则发自长汀的特约通讯。长汀会议刚结束，丁景唐夫妇又急忙赶回常州，参加那里的纪念会和学术讨论会。

1989年，常州瞿秋白纪念馆拟举行瞿秋白诞生90周年的书画展，希望丁景唐替他们向一些革命前辈、作家、书法家、画家征集一批书画。丁景唐欣然应允,立即向上海、北京、山东、广东等地朋友发出信函,或上门去拜访。在不长的时间里,征集到顾廷龙、许杰、王尧山、张承宗、臧克家、周艾若、许觉民(洁泯)、田钟济、杜埃等的字画和上海几位画家的作品。

当时已86岁的许杰先生听了丁景唐的话后,用碗口大字写了一副对联:"鲁翁知己文坛颂,诸夏怀霜大地心。"这是丁景唐认识许先生四十多年来,第一次看到他写这样大的字。臧克家写了"革命家、文学家,勇于贡献!为祖国、为人民,终以身殉!"从北京寄到上海,再由丁景唐转交给常州瞿秋白纪念馆。

丁景唐把自己珍藏多年的郭绍虞、赖少其、陶白、戎戈送的有关瞿秋白的书画,转送给瞿秋白纪念馆。戎戈的版画《秋菊傲霜》是撷取瞿秋白14岁时写的《白菊花》一诗"今岁花开盛,宜栽白玉盆。只缘秋色淡,无处觅霜痕"的意境创作的。丁景唐把这幅画转送给瞿秋白纪念馆时,题了几句诗:"寒凝大地,秋菊傲霜。耿耿丹心,永世留芳。"

1994年6月,丁景唐收到常州瞿秋白纪念馆寄来的一份邀请书,全文如下:

丁景唐先生:
　　为了纪念瞿秋白同志英勇就义59周年,现定于1994年6月18日下午2时半—5时,在市政协礼堂举行"丁氏父子瞿秋白研究学术报告会",特邀请您来常州作学术报告。

据丁景唐所知,父子俩联合做学术报告的,在学术界仅这一次。

与丁景唐一起做学术报告的是丁言模,在孩子中排行老五,因为属虎,因此小名称虎妞。他1967年从上海五十一中学(即现在的位育中学)初中毕业时,正值上山下乡的热潮,到安徽插队落户,后来进安徽滁县一建筑公司当泥水匠。在艰苦繁忙的劳动之余,丁言模刻苦努力地学习,终于在1985年,获得中央电大中文系的毕业文凭。从1980年代开始,丁言模跟着父亲丁景唐在业余时间研究瞿秋白,在京、津、沪、皖、川、甘等地的科学院和大学学报上,发表了四十多篇论文。他平时尊仰瞿秋白等人高风亮节的品德,于是从瞿秋白研究扩大到鲍罗廷的研究上,经过数年的努力,写成40万字的《鲍罗廷与中国大革命》,出版后,得到圈内外人士的好评。

1994年6月18日这天,一走进礼堂,迎面看到主席台上的横幅写着:"丁氏父子瞿秋白研究学术报告会"。与会的有常州文化界、教育界、新闻界近百人。上海历史研究所的唐振常等人还专门从上海赶来参加,并热情地发言。

那天,丁景唐谈了自 1954 年编印《瞿秋白文学年表》至 1993 年由陕西人民出版社出版《鲁迅和瞿秋白合作的杂文及其他》(与王保林合作)刚好 40 年的研究生涯。丁言模结合自己的研究实践,认为瞿秋白研究必须有整体观,运用开拓性思维方式,不应受条条框框的限制,既继承前辈研究的优良传统,又勇于为跨世纪的瞿秋白研究再作努力。

关于这次丁氏父子瞿秋白研讨会,丁景唐感到非常荣兴,丁言昭找到他写给朋友的一封信,谈到常州研讨会:

> 常州的会开得有"历史意义"(这种殊荣,终生难忘!)。6 月 19 日,《常州日报》也发了一则三人写的报道。三人中,有位林以勤小姐,是中山大学李伟江的"高足",1989 年我在常州开会,她由李介绍来看我。这次我们(父母子女)四人去常州出席盛会,也约小林一见,还拍了一张照片。常州宾馆前丁氏父母子女与小林(最小的像小阿因)、章姚姚(这个名字很怪,南师大教育系毕业,现任常州教育学院心理学教师。1980 年 6 月她陪王老师参观,其时章姚姚还在文化馆搞"群众文艺")六人合影。还有一张丁、王、丁五在瞿秋白母校觅渡桥小学与师生合影(是丁三拍的,所以没有丁三的影子)。这次最可惜的,是没有留下"丁氏父子"标志下的父母子女合影。因为,丁三向人借了一只照相机,没有闪光灯,拍得模糊(也是"难得糊涂"也!)重要的照片都寄厚望于侯小姐。侯小姐历来办事干练,这次却"跑"了光,据赵庚林来信说,她底片出了毛病,一张也没有拍好。(她一定极为难过。我写信都不提此事。你也不必提起此事!)
>
> 亏得丁三在散会之后,为我与常州市委宣传部一位副部长,拍了一照,背后有"丁氏父子"字标,另一张隐约有丁五的影子。
>
> 现送你三张照片和《常州日报》复印件留念。
>
> 6 月 19 日,我们应邀到无锡参观无锡革命陈列馆、王昆仑故居、聂耳纪念亭。在王效祖(王礼锡之孙)家宿二夜,21 日返沪。这次收获大大的,王老师"表现"特好。

下面署名"景玉公"。

信中说丁氏四人在王效祖家住了二天。6 月的天,蚊子特别猖獗,一到傍晚,蚊子就围着人们舞蹈,赶也赶不走,王家只有两个床有蚊帐,都让给客人,主人晚上就"喂"蚊子,早上起来,发现王效祖脸上有好几个红块,一问,才知道他晚上就睡在客厅里,怪不得……原先以为他睡到朋友家去呢,真是不好意思啊!

四八　茅盾赠诗

1981年3月27日,我国现代文学巨匠茅盾与世长辞。读着报上的讣告,丁景唐思绪万千。

早在1940年代中期,丁景唐就拜访过这位文坛巨匠,后来一直致力于鲁迅和瞿秋白的研究,自然就对这位鲁迅和瞿秋白的朋友茅盾也很了解。

茅盾写过几篇悼念瞿秋白的文章,尤其是他晚年撰写的长篇回忆录《我走过的道路》,满怀激情地系统地回顾他与瞿秋白的友谊,高度评价瞿秋白在左翼文化运动中杰出的贡献。他特别提到瞿秋白在受到王明路线排挤打击之后,和鲁迅一起参与"左联"的领导工作所取得的成绩。

1931年11月,"左联"执委会通过《中国无产阶级革命文学的新任务》的决议。茅盾认为这个决议标志着"左联"趋向成熟期,基本上摆脱"左"的桎梏,开始蓬勃发展、四面出击阶段。而促成这转变,主要是瞿秋白,应该给瞿秋白记头功。

茅盾根据自己的切身体会和半个世纪以来中国革命文化运动历史的经验和教训,认识到瞿秋白在1930年代左翼文化运动的特殊作用。这在以前是一个不敢触及的无形"禁区"。茅盾在《我走过的道路》(1984年人民文学出版社出版)中,率真地用史笔写了下来。他说:"当然,鲁迅是'左联'的主帅,他是坚决主张这个转变的,但是他毕竟不是党员,是'统战对象',所以'左联'盟员中的党员同志多数对他是尊敬有余,服从则不足。秋白不同,虽然他那时受王明路线的排挤,在党中央'靠边站'了,然而他在党员中的威望和他在文学艺术上的造诣,使得党员们人人折服。所以当他参加左联的领导工作,加之他对鲁迅的充分信赖和支持,就使得鲁迅如虎添翼。"因此,茅盾又指出:"鲁迅与秋白的亲密合作,产生了这样一种奇特的现象:在王明'左倾'路线在全党占统治的情况下,以上海为中心的左翼文艺运动,却高举了马列主义的旗帜,在日益严重的白色恐怖下(1932年以后上海的白色恐怖,比之1930、1931年是更为猖獗了),开辟了无产阶级革命文学的道路,并且取得了辉煌的成就!"必须补充一句,推动1931年"左联"工作的转变的,还有"左联"成员中的一批坚决信任和支持鲁迅和秋白的同志,这些同志中间就有冯雪峰、夏衍和丁玲。

在回忆中,茅盾既实事求是地补充鲁迅为首的"左联"主流是正确的,成绩是辉煌的;同时也指出,1932年以后的"左联"并非一点缺点都没有,它仍旧要继续克服诸如关门主义、宗派主义等等毛病。

茅盾和鲁迅、瞿秋白不仅有着亲密的同志友谊,共同经历了左翼文化运动,此外,茅盾还经历了瞿秋白、鲁迅逝世以后的伟大历史变革和革命文学新的历史进程,新中国成立以后,他又长期担任社会主义建设时期的文化领导工作。所以,他有更好的条件回顾和思考1930年代左翼文化运动的经验与教训,他对鲁迅、瞿秋白的评价更具有历史的权威性。

粉碎"四人帮"以后,丁景唐又恢复了瞿秋白研究活动。1980年9月底,他进入中央党校学习。国庆后,丁景唐和妻子王汉玉、三女丁言昭到北京大学看望孙玉石,拍了很多照片,其中有一张是在未明湖畔的斯诺墓前留影。茅盾的内侄女孔海珠访北京大学,知道丁景唐在中央党校学习,就和孙玉石结伴来看望丁景唐。丁景唐早有意向茅公请教关于瞿秋白寄寓他家中和瞿秋白牺牲后鲁迅与茅盾在郑振铎家中商量编《海上述林》的两件事。丁景唐嘱海珠问问茅公和其子韦韬,在他们认为适当的时候,前往访谈。海珠把电话留给丁景唐,以便他能与韦韬通话联系。

1980年11月2日星期天,按照事先与海珠、韦韬相约,是日上午,丁景唐到人民文学出版社鲁迅编辑室,看望王仰晨、蒋锡金、包子衍、朱正、王锡荣,他们几个正在倾注全力注释新的《鲁迅全集》。中午和大伙一起在出版社的大食堂用餐后,丁景唐和包子衍同往茅公寓所访谈。

那天,天气相当炎热,但茅公身上仍穿着较多衣服。丁景唐向茅公问候后,就提出两个问题:一、瞿秋白当年住在他家里的情况;二、瞿秋白牺牲后,鲁迅主持编印瞿秋白《海上述林》,是否约他一起到郑振铎家中开会相商?

这两个问题,丁景唐事先已请韦韬转达,所以,茅公略作思考后即予回答。他说:有些情况,孔另境在回忆瞿秋白一文中曾写到过,可以参考。现在他正在写回忆录,将在回忆"左联"和写作《子夜》的篇章中,写到他和瞿秋白的交往。对于第二个问题,茅公说:事隔多年,一时记不清,还要回忆回忆。

丁景唐发觉茅公说话时,有些气喘,为了不妨碍他休息,随即起身告辞。临别之前,丁景唐对茅公说:"您在抗战胜利后,我们上海文艺青年联谊会邀请您演讲过,我也曾到大陆新村访问过您,并承您为文艺青年联谊会题词,至今我仍珍藏着。建国以后,我从事鲁迅、瞿秋白的研究。很想请您在方便的时候,为我写一首关于纪念秋白同志的诗,作为永久的纪念。"茅公欣然允诺,答应丁景唐的请求,随手在一张纸上记下他的名字。

此后,茅公病情日益严重,多次住医院紧急治疗。翌年3月,终因医治无效,与世长辞。使丁景唐感到意外而感激的是,茅公逝世以后,韦韬在整理茅公的遗物时,在一本笔记本上,意外发现1980年11月茅公在病中为丁景唐写下的纪念瞿秋白和鲁迅的七言绝句的手稿页。韦韬根据茅公生前的遗愿,于1981年10月将手稿寄赠与丁景唐,作为纪念。韦韬在信中说:"这首诗大概写在去年11月中,是我父亲写的最后两首旧体诗之一(另一首是赠老舍夫人胡絜青同志的)。本来他打算写成条幅送给您的,但入冬后气喘愈演愈烈,条幅终于未能写成。现在留下的手迹因为是草稿,所以没有署名。"

茅公手稿的原文是:

左翼文台两领导,
瞿霜鲁迅各千秋。
文章烟海待研证,
捷足何人踞上游。

赠丁景唐

这页手稿是这样的:这是人们日常使用的最普通的那种64开笔记本的一页。印有灰色行格,共13行,蓝黑墨水直行书写,6行字,每行6字或4字不等。虽用钢笔,但仍见起落笔的交代,颇具中国传统书法的情趣,俊逸中显出苍劲。通篇用了不少简化字,有标点符号。丁景唐捧读这份手稿,真是百感交集。这首七言绝句固然是应他请求而作,而实际上却是茅公对鲁迅、瞿秋白在左翼文化运动和左翼文艺运动中历史功绩的高度评价。同时,他又是多么热心关怀鼓励丁景唐他们对左翼文化运动、左翼文艺运动的历史经验和瞿秋白、鲁迅作深入研究,作出新的贡献、取得新的成绩。

茅公晚年撰写的长篇回忆录《我走过的道路》,对鲁迅、瞿秋白领导的左翼文化运动和左翼文艺运动作了很好的历史总结,是后辈学习的典范。鲁迅、瞿秋白、郭沫若、茅盾,都是丁景唐所尊敬的文坛前辈,他们的文学遗产丰富了我们伟大祖国的精神宝库。

丁景唐也十分感谢韦韬以兄弟之忱,将茅公这幅手稿交他保存。

同时,丁景唐在衷心感激之余,也因了他的提问,引起茅公的重新回忆,对其写作回忆录有一点细微的助益而感到欣慰。

1980年11月2日,丁景唐向茅公提了两个问题后,茅公说:时隔多年,一时记不清楚,要再回忆回忆。他逝世后,根据茅公生前的录音、谈话、笔记以及其他材料整理的《回忆录》第 18 章《1935 年纪事》中,经过茅公的反复思考回忆并查证有关材料,得知瞿秋白牺牲消息的半个月后,鲁迅曾约茅盾到郑振铎家中去商量编瞿秋白遗作的事,详细交换了编选范围、筹集资金、联系印刷厂等意见。"最后决定,由鲁迅与杨之华商定遗作编选的范围,并由鲁迅负编选的全责。由郑振铎去联系印刷所,等有了着落,再由振铎出面设一次家宴,把捐款人请来,既作为老朋友聚会对秋白表示悼念,也就此正式议决编印秋白的遗作。"

茅盾在《回忆录》中,还详细记下那次在郑振铎家中聚会的珍贵史实。《回忆录》上写道:"(1935 年)8 月 6 日,郑振铎在家中设便宴,到 12 人,都是当年商务、开明的老同事、老朋友,也是秋白的老朋友,记得有陈望道、叶圣陶、胡愈之、章锡琛、徐调孚、傅东华等。大家回忆起瞿秋白当年的音容笑貌,没免凄然。"

看来,茅公在丁景唐 1980 年 11 月 2 日那次访问之后,一定花了不少功夫,查阅不少资料,终于使模糊的往事,逐渐地清晰起来,最后并在回忆录中,留下珍贵的篇章。茅公的回忆,充分说明鲁迅、茅盾、郑振铎等好友对秋白的深切悼念。《海上述林》的出版,在当时为秋白同志树立了"诸夏怀霜"的丰碑。

在瞿秋白就义 50 周年的时候,丁景唐写过一篇文章:《记茅盾悼念瞿秋白的一首诗》。此文曾寄给韦韬斧正。1985 年 5 月 21 日得韦韬来信,他说:

"您的回忆阐述了先父与秋白同志的友谊,读来亲切感人,使人难忘。……

"先父赠您的七绝,是对您长年不懈研究秋白同志的赞扬。有人对第四句理解错了,以为'何人'是指秋白和鲁迅,其实只要一看题目《赠丁景唐》就明白了。所以您的这篇大作对于匡正这种谬误也很必要。

"赠老舍夫人的诗也是一首七绝,现在就抄在下面:《怀老舍先生——为胡絜青夫人作》:

  老张哲学赵子曰,
  祥子悲剧谁怜恤?
  茶馆龙沟感慨多,
  君卿唇舌生花笔。

    1980 年 11 月

"这首诗和赠您的那首诗已编入上海古籍出版社将出版的《茅盾诗词集》中,当然也将编入《茅盾全集》第 10 卷。"

四九　跟随夏公

夏衍是丁景唐1950年代在市委宣传部工作时的上司。

1952年夏,丁景唐参加了夏衍主持的第一次文化考试。他记得,考试前只通知去听报告,到了考场才知道是文化考试。参加的人范围很小,仅限于上海科、处级文艺干部,大约一百人左右。

考试题目包括政治、时事、文艺和少量的自然科学知识。采用的方式是:问答题、是非题、填充题等。考试内容极广,有共同纲领、上海市人民代表大会、七届二中全会、印度的首都和太阳系的九大行星,鲁迅、郭沫若、茅盾的文学名著等。事后,丁景唐还去问过于伶,于伶记得还有米价和上海到北京的铁路长度,于伶夫人柏李补充道:还有古典文学知识。

这次文化考试,丁景唐搞错了几道题目。一个人有时对某些错误的事记忆特别牢靠,有的忘了,有的记忆犹新。如"印度的首都是新德里还是旧德里、太阳系有哪九大行星"等,他只答出了八道。

夏衍考虑到参加考试者的"面子"问题,规定答卷一律不署名,测验结果只供领导参考,不公开成绩。但在事后发给大家一张正确答案,做到自己心中有数。

考试几天后,陈毅知道了,找夏衍谈话。陈毅认为:搞这样一次测验是好的,但是你们文化人办事就是小手小脚,要我来办,答卷上一定要署名,测验结果一定要公开。只有让他们丢一次脸,才能使他们知道自己的无知。陈毅还提出水平不高的干部办补习班的主张。后因人力、工作紧张等原因,未能实现。

1954年6月30日,夏衍在上海人民大舞台为第二次文艺干部文化考试作了动员报告。

这次考试的范围扩大为华东文化局直辖的在沪华东各文艺单位,及上海市委宣传部领导上海市文化局的各直辖文艺单位。参加考试的华东局宣传部和上海市委宣传部的文艺处、华东行政委员会文化局和上海文化局、解放日报、人民广播电台、作家协会、文联、美协、音协、上海电影厂、新文艺出版社、华东人民美术出版社、新美术出版社、少年儿童出版社,还有上海人民艺术剧院、华东话剧团、歌剧团、上海乐团等24个单位676人。

7月7日举行考试,分几处同时进行。考试内容有政治文艺常识测验题30道,包括政治、时事、历史、地理、中外古今文艺名著与作者。分别有填充题、说明题、是非题三类,每题均得5分、3分、2分不等。

如政治、时事类的有关日内瓦会议、周总理与印度总理尼赫鲁的会晤、法国组织新政府、印度支那三个国家、党的过渡时期总路线任务在农业方面的要求、社会主义社会与共产主义社会的分配原则、我国宪法的性质等;历史、地理方面的有王安石、李自成、我国人口总数、奠边府、危地马拉,还有劳动模范等;文艺方面的有:敦煌莫高窟壁画、德沃夏克、《儒林外史》《兵车行》《三姐妹》《彷徨》《子夜》《向太阳》等。

这次考试的结果,有半数以上的人落选。但是夏衍说:"我从来不悲观!"以后又说:"现在我最担心的是全民文化素养问题,特别是从领导干部到基层干部的文化素养的问题,是提高全民文化素养的关键所在。"

1957年底、1958年初,丁景唐策划影印1930年代文艺期刊,列入夏衍编的《艺术》《沙仑》,并由他写了影印本的说明,特地说到这些影印期刊的执笔人夏衍、周扬等人的贡献。还将说明征求周扬、夏衍的意见。

1958年11月,丁景唐的《关于艺术剧社》是参考夏衍《难忘的1930年》写的。此文原附在瞿光熙编的《艺术剧社史料》之后,于1959年1月上海文艺出版社出版。1961年春,刘厚生让丁景唐修改补充,由刘厚生寄给夏衍看后,重刊于《上海戏剧》。当年刘厚生担任中国戏剧家协会上海分会副主席、《上海戏剧》副主编。艺术剧社是中国共产党领导下的一个革命戏剧团体,它"第一次举起了无产阶级戏剧的旗帜,在舞台上进行了艺术的实践,而使无产阶级戏剧运动,不再是革命戏剧理论上的一个口号";"首次自觉地要戏剧向工人群众开门,到工厂中为工人群众演出"。演出的剧目有《爱与死的搏斗》《西线无战事》等。

1960年,丁景唐根据鲁迅纪念馆复制的一份左联盟员名单的照片,写就《关于参加左联成立大会的盟员名单》,托沈彭年去北京时,带给夏衍,但夏衍没有来信。1961年夏,丁景唐和于伶、章力挥、徐景贤到北京拜访夏衍。夏衍对此文提了一些意见,如"莞儿"即"俞怀";潘漠华也参加左联成立大会,因政治关系,未发表其姓名;茅盾当时在日本,但征得其同意,也列名为发起人。丁景唐谈到上海文艺出版社计划要出版《中国现代文艺资料丛刊》等,此文可否在《丛刊》上发表?夏衍表示出版《丛刊》很好,文章当然也可以发表。

1961年10月27日,方行给丁景唐写信,说他把此文给夏衍看了,提出关于盟员的变化,在第三类中,应该分别一下,即一部分是"消极退出",不参加工作,也未做坏事,或多或少帮共产党做了一些工作,另一部分是真的卖身投靠,做了坏事。方行又提及,夏衍认为还是分别一下的好,否则对前一种人不大好。

夏衍的这些意见,丁景唐在文中作了补充,发表在1962年5月《中国现代文艺资料丛刊》第1辑。

1962年,丁景唐写就《记日本译印的左联五烈士的纪念集——关于〈中国小说集·阿Q正传〉》初稿,托孙家晋到北京人民文学出版社谈工作时,带交夏衍审阅,并说上海最近编了一本《中国现代文艺资料丛刊》,等第一辑出版后,送他指教。夏衍看后,来信讲要借丁景唐在文中提到的尾崎秀实狱中遗书《爱情像星星一样》和那本日译"左联五烈士"纪念集(即《阿Q正传》),想写回忆文章。丁景唐就向上海图书馆、鲁迅纪念馆借了寄去。后来,夏衍书退还,文章未写。

1961年冬,上海市青年京昆剧团拟去香港演出,原来是派丁景唐带队的,但因为《辞海》征求意见要去外地,改由刘厚生带队。有一次,刘厚生、丁景唐和上海戏曲学校的负责人一起去夏衍那里汇报赴港演出剧目时,丁景唐顺便问起关于1936年两个口号论争时,中国文艺家协会和中国文艺工作者协会的名单上,为何没有他与周扬、冯雪峰的名字。夏衍说,当时他们都很"红",不好出面,两个口号是冯雪峰提的。

1963年春,上海少儿出版社有一本夏懿译的《文件》,丁景唐写信问夏衍是否其笔名,如是,寄他稿费,还问他"突如"是否他的笔名。他说前者不是,后者是的。

丁景唐还热心收集夏衍的著作,编书目,为夏衍翻译高尔基《母亲》征求版本目录,从老朋友田钟洛(袁鹰)、姜德明处,征得夏衍用笔名"黄似"写的《教子篇补》手稿一篇。

时间过得很快,1992年的冬天,八十余岁高龄的人民教师陶赢孙女士受陶晶孙夫人弥丽和三位侄儿的委托,在两位小辈的扶持下,由京来沪,约丁景唐为创造社早期成员陶晶孙先生编选一本文学作品选集。陶女士自我介绍说,她是经夏衍同志、吴朗西及夫人柳静介绍来的。夏公曾是她早年就读上海立达学院时的老师,夏当时是教物理的,柳静女士是她立达学院的同窗好友。

听了陶女士的一番话后,丁景唐欣然同意,并表示感谢夏公和陶先生亲人们对他的信任和期望,必将竭尽全力,共同合作,做好编选工作。

与夏衍的多年交往,丁景唐了解他为开展中日人民友谊和文化交流方面的贡献,同时也知道夏公在1980年代接见陶晶孙在日本的三个儿子楗土、访资和易王,并为陶晶孙受潘汉年的领导,留在上海沦陷区从事秘密工作的历史作过证明。

丁景唐把编选《陶晶孙选集》当作一种社会责任,以期望清除多年来涂抹在陶晶孙身上的污垢,纠正某些讹传的历史,还陶晶孙在文学史上应有的地位,让他的作品供读者和学者作公正的评价。

编选工作是在陶先生亲人们的帮助下完成的,特别是得到陶晶孙弟弟陶乃煌的鼎力相助。陶乃煌与丁景唐同辈,毕业于上海同济大学医学院,在校时参加革命,离休前任南京部队总医院副院长,1930、1940年代,曾帮助其兄陶晶孙校阅书稿。

陶乃煌负责陶晶孙日文作品的翻译和参与编选,那段时期,经常从南京来沪,与丁景唐商量如何编好这本书,帮他解答陶晶孙作品中夹杂的日文、德文疑难。他们一起走访陶晶孙的旧居、执教的东南医学院等处,还常与人民文学出版社、上海师范大学图书馆的朋友们切磋研商。

当编选工作快完成时,陶先生的亲人和出版社的同仁一致向丁景唐提出,是否请夏公写序,其实,这也正是丁景唐的心愿。但是,夏公生于1900年,此时已94岁高龄,而且体弱多病,不时住进医院,他能亲自动笔写吗?丁景唐心中无数,不过想起陶先生亲人们的嘱托,他还是写了封恳切的信,向老人申述了众人的愿望,同时又整理了一份供夏公撰写序文的参考材料。丁景唐曾在夏公领导下工作过,深知他最不愿意由他口述、别人记录的。

1994年四月间,丁景唐将信和材料用快件邮寄北京以后,天天在家中注意报上有关夏公的病情和信息,并托在京的朋友与夏公女儿沈宁和秘书林缦保持联系,尽管心里着急,但又不能催问,只好耐心等待。

1994年10月,丁景唐和夫人王汉玉、三女言昭,到江西景德镇的四女言穗家休养。有一天在晚间新闻联播中看到庆贺夏公九十四诞辰的镜头,只见夏公坐在轮椅上,手捧鲜花,精神尚佳,丁景唐心中默默地遥祝夏公健康长寿,另外暗想,他的序文恐怕已写好了。

回沪后,丁景唐的猜想,果然应验,收到北京寄来的夏公序文,落款的日期为1994年11月,夏公那熟悉的签名,还是那样遒劲有力。

夏公在序文中充分肯定了陶晶孙"一生热爱祖国、热爱人民,为夺取抗日战争的胜利,以及在增进中日两国人民的友谊方面,默默地作出了可贵的贡献",还提到陶晶孙自1929年1月回国后,在潘汉年等同志引导下,热忱地投入党领导的"左翼"文化运动的历史。他再次以历史责任感,为陶晶孙蒙受不白之冤的一段历史作证。正如夏公所说,"过去的传言,已经造成了'先入为主'的不良影响"。让我们来听听他如何讲:

抗日战争爆发后,陶晶孙和他的夫人陶弥丽(郭沫若夫人安娜的妹妹)留在上海。我和潘汉年同船离沪南下香港,潘曾告诉我,他们的人都作了安排,陶晶孙留下来,因为他长期留学日本,与日本文艺界有广泛的交往,让陶隐蔽下来,为我们做些工作。由于这是党的秘密,所以外界都不知道。有人随便说他是"汉奸",使他蒙受不白之冤。事实上,他和左翼女诗人关露一样,他的行动是受潘汉年领导的。

1995年5月25日日本笔会访华代表团团长、日本笔会会长尾崎秀树访沪,他是1944年被害的日本反法西斯战士尾崎秀实的弟弟。尾崎秀实与丁景唐会面时,丁景唐将刚收到的样书《陶晶孙选集》赠送给他。他手捧着夏公作序的《陶晶孙选集》,激动地说:夏衍、陶晶孙都是他哥哥的好朋友。他还说:他在北京时去夏衍故居,在夏衍遗像前献上一束花,表达代表团对夏公的敬意。

1995年7月,丁景唐到北京,在沈宁、沈丹华陪同下,访问夏衍故居,那次,丁景唐的老朋友袁鹰也同去,拍了张合影照。

文艺界对于夏公,没有人当他是官,他待人就是那么亲切、和蔼。

五〇　紫兰飘香

万物复苏,满目苍翠,春姑娘将大地装点得繁花缤纷,花香阵阵。在这春意盎然的季节里,桃花、梨花、樱花等竞相开放,美不胜收,整个山河都陶醉在花的海洋里。此刻提笔写关紫兰,就会想起紫藤花,那么典雅优美,色彩淡雅,香味不是那样冲鼻,却令人心醉,好似一位穿着紫色的长裙姑娘,飘飘欲仙……

1991年春节,冬日的太阳暖洋洋地照在人们身上,在徐汇区永嘉路上从东往西,飞驰着两辆自行车,骑车的是一对夫妇,男的英俊挺拔,女的优雅亮丽,他们是谁?是关紫兰的女婿叶鹏飞和梁雅雯。别看他们已到中年,骑术可高明了,因为有童子功嘛,梁老师4岁即会骑车,往往跟在母亲关紫兰的小汽车后边练车技,你想想,骑了三十多年车,怎么会不好呢!

"到了,到了!"自行车戛然停止,两人飞身下车,姿势好优美啊!房屋的主人正笑眯眯地迎接他们……

那时候,丁景唐在研究洪野的生平和美术成就,洪野是关紫兰的老师,于是翻阅《辞海》里的美术卷,竟然找不到关紫兰的条目,觉得很遗憾,也有点气愤。他通过美术家协会朋友和文史馆的同志帮忙,找到关紫兰的后人。一天,他和夫人王汉玉一起乘车去看望梁雅雯夫妇,受到热情招待,还品尝到梁老师的厨艺,至今仍回味无穷。今天他们是来回访的。

虽是第二次见面,可是交谈甚欢,从此,两家结下深厚的友谊。丁言昭最先看到的不是关紫兰的画,而是父亲收集的她的照片,言昭只觉得这个人怎么这么美,美得让人惊奇。父亲告知,她是中国第一个闺秀画家。

一眨眼到了2006年12月27日,上海滩发生一件事。南京西路378号王开照相馆地下室,一场因为消防龙头爆裂引发的"水灾",让一只尘封40年的旧纸箱意外地闯入人们的视线。打开纸箱,一批上世纪二三十年代的珍贵老照片,赫然映入眼帘。其中有一张酷似"阮玲玉"的照片特别引人注目:秀气的瓜子脸,精致的眉目,削肩微垂,气质优雅。就在见报的第二天,梁雅雯拿着"关冠阮戴"的报纸来到王开照相馆,对副总经理孙孟英说:"这是我妈妈,不是阮玲玉。"接着,她拿出一张 1926 年母亲同样在"王开"拍摄的正面肖像照作对比。孙副总从两人的眼神中看出了"破绽":阮玲玉的眼神比较忧郁,照片里几乎没有笑容,流露出惆怅、伤悲的气息,这与她的性格有关;而关紫兰是大户出身,又长期从事艺术工作,所以眼神显得非常自信、高贵,眉宇间多了一丝恬静。

事后,言昭带着外孙女赵乐乐,来到上海虹口区溧阳路上一条大弄堂,寻访关紫兰的旧居。虹口老街幢幢房子差不多,房客大部分都是知识分子,有作家、出版家、芭蕾舞演员、高级职员、工商业者,如曹聚仁、赵家璧等,还有国民党的虹口区副区长也曾在此住过。关紫兰一家当时住在 1 号,房子的楼层比较高,天井也比别人家的大,因为造这条弄堂的主人是叶鹏飞的朋友,所以特别照顾。抗日战争中,关紫兰一家曾经搬离这儿,一个日本搞航空的高级知识分子接着居住在此。1943 年此日本人回国,把房子还给了关紫兰。

敲开关紫兰故居的大门,大门旁墙上立着一块白色铝牌,上面刻着:"关紫兰,我国早期杰出的油画家,二十世纪 30 年代至 80 年代在此居住。"当我们走进满栽花草的天井,步入关紫兰生前的居室,望着悬挂在墙上那张清丽遗照时,顿时感到满屋幽兰馨香。

当我们说起王开照相馆那张搞错的照片时,梁雅雯老师拿出那张照片,笑着说:"不过这是复制件,原照已经捐赠给上海市历史博物馆。"梁老师肤色白皙、眉目秀丽、举止优雅,与其母甚像。她当了一辈子教师职业,退休后十几年来义务从事虹口区侨联和四川北路街道侨联分会工作,现在才"第二次退休"。

关紫兰的外孙叶奇高兴地向我们展示向上海市历史博物馆捐赠的清单证书,并拿出他收藏的外祖母画册。

关紫兰是广东南海吉利村人,1903 年 1 月 10 日出生于一个富裕家庭。从事纺织行业的父母除经营外,还亲自为棉布设计图案,生了一个宝贝女儿,甚是疼爱,从小让她受到良好的教育。由于受到家庭环境的影响,关紫兰对美术表现出异常的兴趣,父母见了心里暗喜,有意识地把她往这方面培养。

岁月如梭,一眨眼关紫兰成为亭亭玉立的大姑娘,天真如春风,快乐如小猫,长长的睫毛下一对炯炯有神的双眸,正观察着外面的世界。在那个年代,关紫兰属于前卫新潮的都市女孩子,会弹琴、骑马、游泳、开车等。

沪西的大西路(现为延安西路)是条很有特色的马路,一半是柏油路,一半是煤屑路,那煤屑路是专门供骑马用的,路中有一个马房,去骑马的人不一定带马去，可以租马骑。如杨杏佛家有三匹马，每次去总是由马夫牵着去。

当关紫兰上着茄克衫，下穿马裤，第一次骑马时，心里不免有点紧张，因为她听说马会欺生，它感觉到骑马的是个陌生人，往往会给你一个下马威，活蹦乱跳，直把你摔下为止。可是这匹马却温顺得很，出奇的老实，也许是看到美丽的姑娘，也许是驯马者教育有方，反正关紫兰骑马是一路顺风。以后与马熟悉，成为好朋友，只要关紫兰轻轻地一跃上马，马便似一道闪电流火，飞奔而去，转眼之间，又似一颗耀眼的流星，在跑马场上旋转，等到关紫兰觉得有点累时，会轻轻地勒住缰绳，马立刻平稳地行走，骑马者就像乘着一叶扁舟在草海里漂浮，此时，姑娘的脑子里突然冒出一句李白的诗句："人生在世不称意，明朝散发弄扁舟。"想着想着，会高兴地哈哈大笑起来……

那时候社会上没有什么驾驶培训学校，好在关家有不少会开小汽车的亲戚，关紫兰在这些表哥的带领下，不久即会开车。小汽车里绵软的座垫、靠背，薄薄的、勾花的窗纱，淡淡的香水味，轻微的颠颤……小车宛如一只舒适柔和的摇篮。可是有一回出问题了，关紫兰开着车，与朋友在杭州沿着西子湖玩，一不小心，一头冲入湖中，幸好没出大事，不然，可麻烦了。

关紫兰对生活无比地热爱，对艺术更是情有独钟，十几岁时，便考入上海神州女校美术科，后转入中华艺术大学学画。

根据丁景唐的文章所述，关紫兰的老师洪野，是安徽歙县人，任上海美专西画教师，于二十世纪二十年代初离开，到神州女校任美术科主任。"五四"前后，洪野历任多所艺术院校的教授，教过西洋画、国画、色彩学、透视学……创作过融中西艺术技法于一体的革新画种。洪野教关紫兰素描和色彩学等，教学认真负责，对学生极为爱护。

1927年"四一二"反革命政变后，洪野起初还在上海几处艺术大学任教，家住松江县城，辛苦地奔波于上海、松江之间。当时艺术院校穷得连薪水也发不出，而"上海的学生对于艺术大都没有忠诚的态度"。洪野说，"有名无实的事我不愿干。"所以他"倒不如息影江村，教几个天真的中学生，闲时到野外去写生，或在家中喝一盏黄酒之为安乐"。于是，洪野后来干脆辞去多年空负"艺术教授"的美名，却连生活费用也难以领取的教职，安于淡泊，遂以松江县立中学的教师身份终生。

洪野生活清苦，而对艺术的追求孜孜矻矻，不断有新的追求、新的创造。施蛰存和洪野在松江县中共事五六年，过往甚密，对画家的艺术观、人生观有深刻的感觉。

有次，施蛰存和友人到洪野家中看画。画家为来客展示了许多国画和西洋画，客人连连称赞。洪野问道："你们是不是真的以为这些画都很好？"

客人回说:"是的。"

"那么,请教好在什么地方?"画家又追问一句。不待客人答话,洪野却率真地大笑,说:"这些都不中看,这些都是抄袭来的,我给你们看我的创作。"说着,捧出七八卷画,以西洋画的方法画在中国宣纸上的写实题材,有:《卖花女》《敲石子工人》《驴车夫》等新意画,而不是什么山水花卉之类的传统题材作品。

在1920年代中期,洪野运用西洋画的技法,在中国宣纸上描绘富有社会意义的现实题材,在当时无疑是一种开拓性的艺术创造。融合中西技法,表现新的题材、新的人物,自是艺术上的一个突进。

1932年"一·二八"淞沪抗战爆发,洪野举家逃难到佘山再过去的天马山一带,贫病交迫,染病去世,只活了四十几岁,撇下寡妻和年幼的子女。

常言道:一日为师,终身为父。但也不是任何学生都能做到这一点的。1933年,关紫兰已成为名画家,生活优越,可是她永远不忘启蒙老师对自己的教育和培养。关紫兰不知从哪儿得知洪野夫人裘练吾的困境,主动资助洪野的儿子洪强上大学。

施蛰存在一篇记念洪野的文章中说:"他就只是以一个忠诚的艺术家的身份而死的。在活着的时候,也未必有人会注意他,则死了之后,人们亦不会再长久地纪念他。一个水上的浮沤,乍生乍灭,本来是极平常的事情,但我却从这里感到了异样的悲怆,为了一个友谊,为了一个伟大的人格。"可是作为他的一个女学生,关紫兰却记得他,并帮助他的家人,这是何等的受人尊敬啊!

1925年冬,上海艺术大学被国民党反动派封闭之后,在中国共产党领导下创立了中华艺术大学。在政治经济方面,由上海地下党负责人潘汉年领导与策划;在教育行政方面,则由夏衍、冯乃超主持与领导。学校由中国共产党创始人之一、著名语文学家陈望道任校长,夏衍任教务长,下设中国文学科和西洋画两门专业。学校采取委员会领导制,陈抱一为行政委员,首任西洋画科主任。其他有洪野、王道源、王陶倩、黄鸣祥、钟慕贞、张联辉、徐悲鸿、陈子佛、丁衍镛等,丁衍镛是关紫兰的表妹夫。

中华艺术大学原在青云路,后迁到窦乐安路233号,现为多伦路145号,原来定这里是中国左翼作家联盟纪念馆,后经许幸之等前辈的确认,中国左翼作家联盟成立大会是在多伦路201弄2号举行的。

1926年2月24日《申报》刊登一则《中华艺术大学招生》的消息,全文如下:

本校现设绘画科西洋画系(主任陈抱一),中国画系(主任洪野),艺术教育科(主任丁衍镛),图画音乐系(主任钟慕贞),图画手工系(主任张联辉),文学科中国文学系(主任陈望道),均招收一二三年级插班生(报名),自即日起至卅日止,(地点)上海闸北青云路西首本校,(考试)二月廿五日,如迟随到随考,索章附邮票一份,(行政委员)陈望道、陈抱一、丁衍镛、黄鸣祥、王陶倩启。

这次入学考试,关紫兰也许没有参加,因为她是经陈抱一介绍转学去的。1925年12月31日正式开学。学校经常举行画展,作品有老师的,也有学生的,第一次画展是在1926年6月13、14、15日,假三洋泾桥安乐宫举办。有的作品是学校的师生在5月到杭州写生所得。有记者撰文道:"这实在是上海艺术同志中的结晶,因为其中教授,就是陈抱一、丁衍镛、洪野、徐悲鸿诸君,他们对于教授方面,异常努力,所以学生成绩甚速。"

1927年关紫兰从中华艺术大学毕业后,何去何从?在陈抱一的建议下,她去日本留学。

1927年6月的一天,关紫兰上船东渡日本,入日本神田的文化学院。

关紫兰一生除两度赴日外,长期生活在上海。除此,与其最有缘分,去的次数最多、最为钟情的地方就属杭州西湖了。这不仅仅与她作品有关,更重要的是她认为西湖太美了,"浓妆淡抹总相宜",的确非同一般。

1927年关紫兰创作成名作《悠闲》,画中人物主角系作者自己,背景便是西湖。1930年创作的《秋水伊人》,作者完全将自己融合于西湖之中,升华为一种理想化的境界。中国美术馆收藏的关紫兰1929年油画《西湖风景》,更是纯粹以西湖为主题的作品,通过俯瞰取景,将西湖的秀丽景致尽入画中。她的"西湖"系列还有《湖畔》《三潭印月》等。

梁雅雯说,她母亲常以杭州说事。1934年造访杭州时,关紫兰还特意光顾当地照相馆拍摄留影,还驾车游过西湖。

1981年,年近八旬的关紫兰生前最后一次重游西湖,再次亲近她理想中的天国。她对家人说,人死了,什么都没了,开追悼会,既要别人请假,还要送花圈、送花篮,都要人家花钱,这不好。所以她留给家属的遗愿是:过世后,不开追悼会、不要送花圈、不要放音乐、不要戴黑纱,告别仪式也不要。她生前还幽默地关照家人:"我死后骨灰就撒在西湖里,这样你们还可以每年去一次杭州。"

1985年6月30日因心脏病突发,关紫兰卒于自己的寓所。虽然她生前曾关照家人不要开追悼会等事宜,但是最终还是举行了简单的追悼会。追悼会于1985年7月6日下午二时半至三时半举行,由文史馆陈云娥主持,美协何振志致悼词,全文如下:

我们以万分沉痛的心情悼念关紫兰同志。关紫兰同志在二十年代就是海外闻名的女画家，她在1923年毕业于中华艺校绘画科西画系，随后就赴日本留学深造。当时我国出国留学的画家，屈指可数。女画家出国更是少见，亦可见关紫兰同志当时对艺术的热爱和钻研精神，也反映出她的思想不受制于旧中国的旧观念。在日本5年期间，她曾开过个人油画展览，并以一幅静物品《水仙花》入选日本的美术展览会，她是中国女画家有作品入选日本美展的第一人。当时国内外报纸皆予报道，影响很大。以后这幅作品又在日本被发行为日本邮政明信片，她以自己的艺术为祖国争得荣誉，回国后，在上海举行过二次个人画展，并受聘于中华艺术大学绘画科西画系的教师。她的作品两幅被选入世界名画集。

解放后，中国美术馆收购了她的油画四幅作为藏品。1963年关紫兰同志参加中国美协上海分会为会员，她的艺术又得到新的生命。当时她虽已年过花甲，仍然对协会的活动充满热情，尽管路远，总是参加各项学术活动，虽患有心脏病，仍然到工厂、郊区、新住宅区蕃瓜弄去写生，把自己对新中国的热爱表现在作品中，参加美协举办的画展。她的晚年虽然身体不好，但在党和政府的关怀下仍然没有完全中断她的艺术生活。

近年来，中日文化交流频繁，日本艺术界人士仍然不忘中国女画家关紫兰，日本友人多次探望并带信问好，希望她能重游日本，但这一愿望因年迈多病未能实现。关紫兰同志已经以她的艺术给日本艺术界留下了深刻的印象，她一生中这生动的一页将永远留下来。中国美协上海分会对关紫兰同志的逝世表示深切的悼念。

此外，我个人在美协工作近三十年，25年前因工作关系认识了紫兰同志，我们一见面就十分相投。我敬重她这位前辈，我们成为真正的朋友。她待人亲切谦和，有文艺家的真实情感和宽厚的胸怀，这种气质表现在她的作品里。她的绘画风格洒脱、简炼，艺术味较高，半个世纪之前的作品，仍然含有新意，我对于失去这样一位自己所敬爱的前辈和朋友感到内心悲痛，不禁把交往中的情景一一回忆，这点记忆也变得十分可贵。在今天的告别时刻，更觉得她仍然活在我的心中。紫兰同志请安息吧！

在民国时期有5位颇负盛名的女西洋画家：关紫兰、潘玉良、邱堤、蔡威廉和方君璧，她们是中国新女性文艺运动史上不可忽视和极有研究价值的画家。

随着时间的推移,关紫兰的作品越来越受人重视和赞赏,她的作品已入选《中国油画百年图史》《中国油画图典》《20世纪中国美术》《中国女性绘画史》等大型画册;1964年关紫兰的油画赴阿根廷展览;1972年关紫兰油画作品《菊花》被日本文化交流协会收藏;1983年关紫兰的作品《紫罗兰》参加上海文史馆建馆30周年藏画展;1995年关紫兰的作品《民国妇人》参加上海油画回顾展。1998年10月,关紫兰画于1929年的油画作品《少女》被国家文化部选中,参加在美国举办的中华五千年文化展,这是唯一一幅入展的这个时期女画家的作品。当画作在纽约古根海姆美术馆展出时,人们为之惊讶,可这时,关紫兰已经离开人世13年了。

关紫兰穿越时空,用画作延续着自己的美丽。

2010年6月30日上海市历史博物馆举行"梁雅雯女士 叶奇先生文物捐赠仪式"。2010年是关紫兰逝世25周年,其后人选择以捐赠的方式来记念这位不朽的艺术家。这天,丁言昭应邀参加。

叶奇说:"我外婆在即将去世的时候,拉着我的手对我说,如果将来祖国的文化市场好的话,一定要将这些作品捐献给国家和政府。从那时起我就记着她的这句话。"

关紫兰家人捐赠的有关紫兰早期的素描作品及晚年的绘画作品、关紫兰艺术肖像等;关紫兰的恩师陈抱一先生早期的油画作品、陈抱一与夫人的婚姻情况登记书及书信等相关文物史料共50件。其中有一张保存完好的上海中华艺术大学的毕业证书,证书上清晰地写着:"学生关紫兰,现年22岁,广东南海人,在本校大学部绘画科西画系修业期满,考查成绩及格准予毕业,此证。中华艺术大学主席陈望道,中华民国十六年六月十日。"这张有着陈望道先生亲笔签名的毕业证书,据透露,是目前所知唯一存世的该校毕业文凭。

现在谈谈丁景唐一家与关紫兰后代的友谊,就以丁景唐写给梁雅雯的信作为结束吧。信写于1991年2月15日,正值春节年初一。原文如下:

梁雅雯同志:

在春节伊始的元旦之晨,给你写信,我是怀着对中国美术教育的先驱——美术家洪野先生的敬意和对你母亲作为洪野先生的女弟子的崇敬老师的义气、援助……而写的。当然,这之间有一个重要原因是我看到两本大型美术词典上没有洪野先生和你母亲的名字,感到不平。我曾花费二、三年时间,查阅了一些材料,为洪野先生写过两篇探索他生平的文章,有一篇长达一万字的文章刊在1990年《艺术界》(我以后要复印送你的),内中写到你母亲1932年当洪野先生去世时,你母亲资助他的遗孀,帮助洪野先生的儿子进大学读书。我写这篇文章曾多次访问了著名作家、华师大教授施蛰存先生,也与洪野先生1919年在上海美专教过的刘苇女士(她是倪贻德的夫人,已八十多岁了)和写《画魂——张玉良传》的石楠女士通信(张玉良也是洪野先生的女弟子),并到刘海粟先生处去查过洪野在上海美专的材料。

我不是搞美术的专家,也不是研究中国现代美术史的学者,我是专研鲁迅、瞿秋白和现代文学史的人。但爱好美术,喜欢发掘为人所遗忘而令我生敬的美术家,洪野先生和关紫兰女士是我近几年来注意要为他和她从被人遗忘中介绍出来。我想,一个人有美好的心灵,对人民(譬如对前辈、对老师、对儿童妇女……)做过一些有益的事,都不应被人忘却。当然,世界如此之大,一个人的能力极为微小,不可能做很多的事,但既然已经发现了,就应当努力去做。我从小失去母亲,依我姑母抚养长大,并资助我进大学的(我1939—1944年读过东吴大学、沪江大学和光华大学)。我现在已是72虚岁……在我进入古稀之年后,我仍念念不忘我亲爱的姑母给我的母性之爱,而我和我的老伴(她是清心女中毕业,和我同时读东吴大学而结为终生伴侣的,她是中学英语教师)也以这种伟大的母性之爱给予我们的第二代和第三代。

去年夏天,我为寻找你母亲的材料,曾从上海文史馆得知,老美术家季小波先生知道你母亲从事美术的简况,我去访问了他。季老以高达九十高龄在高达37度的酷暑下亲自步行到溧阳路尊处。季老的这种热心肠令人感动。世界自有真诚的友爱,人间毕竟好人多。

一年多来,我从《良友》1927年10月号上找到你母亲在中华艺术大学的毕业照和油画作品,还从谢六逸先生(很久以前是复旦大学中文系和新闻系主任)的大事记中找到一则史料:

"1928年2月28日,日本画家、文学家有岛生马(日本著名作家有岛武郎之弟)携女儿等自日本赴法国,路经上海,陈抱一在上海大东旅社附设之大东酒楼设宴欢迎。谢六逸、关紫兰、徐悲鸿等作陪。"

又在《鲁迅日记》(1931年6月29日)中得悉:鲁迅与日本学者增田涉往上海艺术专科学校参观画展。有一个注解,说明陈抱一、王道源、关紫兰在该校任教。自然,这次展览会上也展出了你母亲的作品(内容不详)。

今天是年初一,我的信不断被来访的亲友打断。暂时就写到这里。希望有机会能见到你,谈谈你母亲助人为乐和她从事美术创作的事。

丁景唐写了篇文章,题为《中国现代美术教育的先驱——画家洪野》,刊登在《艺谭》1984年第4期上,后又收入2004年1月上海文艺出版社出版的《犹恋风流纸墨香——六十年文集》。

自从丁景唐于2009年住医院后,几乎每年梁雅雯和儿子叶奇都要到医院去看望丁景唐。叶奇是位摄影师,为丁景唐拍了许多很好的照片。

至今人们还想着关紫兰女士,2012年6月台湾出版了一本非常精美的关紫兰画册,里面有纪念文章,还有大量关紫兰的画作。看着这本书,好像关紫兰就在我们身边,这真是关不住的紫兰香啊!

五一　千帆隐映

每逢丁景唐和家人经过复兴中路608弄，总会情不自禁地朝弄内看一看，这条弄堂一共只有三幢洋式楼房，一号那油漆红门对着弄口，左边四扇窗正亲切地望着人们，旁边墙壁上充满童趣的画仍然存在，可是我们熟悉的王映霞老师却不在了……

王映霞老师生于1908年1月25日（农历一九〇七年十二月廿二日），2000年2月5日在杭州去世，享年92岁。王老师虽然去世多年，但是每每想起与她在一起畅谈的情景，想起她与丁家的友谊，丁言昭总是非常怀念。

1979年11月，丁言昭在《中国现代文艺资料丛刊》4期上，发表了《鲁迅和〈奔流〉——纪念〈奔流〉出版50周年》，当中有些细节就是来自于王映霞老师。

这个题目是丁景唐布置丁言昭写的，并嘱咐她应该寻找那些资料。一天，丁景唐说："过几天我们去拜访王映霞吧。"

"就是郁达夫的夫人，大美人？"

他笑着点点头："《奔流》是鲁迅和郁达夫合编的，写文章，要'死'材料和'活'材料放在一起分析、研究，才能写出好文章。"

那时，王映霞住在威海卫路190弄23号，靠近成都路口。1977年一天，丁景唐和三女丁言昭吃过晚饭，出发到王老师家去。走进狭窄的弄堂，走啊走，一直走到弄底，才找到23号。沿着暗暗的木楼梯进到二楼前房，在一盏黄灯下，一位高挑的中年女子站在桌边，正招呼坐着吃饭的青年："不要客气，多吃点菜。"说着，用筷子往他碗里夹菜。看样子，主人家已吃完饭，这个客人刚到。

1996年1月16日，王老师给丁言昭的信中，还说到此事。她说："丁老带了女儿傍晚到威海卫路190弄最后一家的二楼，这两位来客却惊动了我们正在吃饭的人。（座上还有一位是杭州来的嘉利的同事钟元，他在杭州工作）。"接着王老师又感慨地说："现在，这幢房子已因建造高架而动迁掉了。

前年我走过时望了一眼，真是人去楼空。"

因为此前，王映霞曾由赵景深先生介绍上丁家来过，所以认识丁景唐。她抬头看见丁景唐，连忙走过来，柔和地说："你们来了，请坐，请坐。"丁言昭看着她，往日美丽清秀的脸庞，虽然增添了细细的皱纹，但以她的风度、气质，仍不失为一个大美人。

丁景唐和她聊天，丁言昭静静地在旁边听着，他们海阔天空地说着，言昭心里着急，想，你们怎么还不谈到《奔流》啊？等聊到王老师谈兴浓时，他们才说到《奔流》之事。回来的路上，言昭问父亲："你怎么一开始不奔主题啊？""这叫说话的艺术，好好学着点。"

王老师的家，离丁言昭上班的木偶剧团很近，骑自行车几分钟就可以到达，于是她经常上班时，一溜烟跑到她家去，然后一眨眼又回到剧团。1981年9月25日，丁言昭和剧团的好朋友余志惠，约了王映霞一起到人民公园去玩。关于这次游玩，王映霞很高兴，在1982年3月28日致朋友黄世中信中还特地提到："去年秋天，菊花黄时，有些小朋友要我去人民公园拍照。拍了不少，再寄去香港印，印回来一看效果还都可以，就挑了三张寄给贤伉俪留作纪念。"那时，彩色照片沪上很难找到地方印，就是有，价钱也贵得吓人，王映霞就让这些小朋友交给她负责印出来。

她们谈鲁迅，谈郁达夫，谈上世纪三十年代文坛情况，谈她小时候的趣事……每次从王老师家回来，心中总是充满了欢乐，装满了知识，丁言昭老觉得她不会变老，永远那么精力充沛、口齿伶俐、红光满面、手脚灵便，走起路来比丁言昭还快。

言昭和父亲后来又几次到王老师家去，说起她与郁达夫1933年清明以后移家杭州，自筑"风雨茅庐"，鲁迅为他们写过一首诗。1980年3月7日、8日，香港《文汇报》发表言昭与父亲合写的文章：《王映霞谈鲁迅给她的诗》，用笔名：胡元亮，沪语即父女俩，"胡"是父亲的母亲姓，叫胡彩庭。当时丁家里没有这份报纸，父亲说："你去向柯灵伯伯要，他家里肯定有。"父亲说得一点儿也不错，果然言昭去他家，一拿就拿到了。

这首诗就是后来有人加了个题目：《阻郁达夫移家杭州》。当我们请王老师谈谈鲁迅先生1933年12月30日送她"四幅一律"条幅的情况时，她的双眼放射出愉快的光芒。

"我第一次见到鲁迅先生是在1927年10月5日，那时他刚从广州到上海，自此以后，就经常去鲁迅先生家。"……接着她详细地谈了整个经过。

《鲁迅在杭州》是西湖丛书之一，里面收了一篇丁景唐写的另外一篇鲁迅赠王映霞诗的文章。王映霞在1983年1月11日给黄世中的信里说："《鲁迅在杭州》内，有一篇丁景唐写的关于鲁迅当年赠我的诗的问题，写得比较详细,也比较真实,你可以看一看。这三本书都是别人赠我,我今拿来'宝剑赠英雄',值得一笑吗?"这三本书是:孙百刚的《郁达夫外传》、郑逸梅的《艺坛百影》(书中竟然还夹了封郑老寄给王映霞的信,信写于1982年1月26日),另外一本是《鲁迅在杭州》。

言昭与王老师相差两代人的年龄,所以每次问及郁达夫的事,总有点不安,有一次,丁言昭悄悄地问她儿子钟嘉陵:"我老问你妈妈关于郁达夫的事,她在意吗?"钟嘉陵回答说:"没关系,她现在对一切都无所谓。"以后每次去,我们总是随便地谈起郁达夫和他同辈的老作家,如蒋光慈、吴似鸿、丁玲……,这使丁言昭获得许多知识。谈完后,丁言昭问她:"王老师,你为什么不写文章呢,多有趣啊!"她总是笑笑,回答着:"你要写,你写吧,我可不愿写。"

后来丁言昭真的写了一些关于郁达夫和王老师的文章,有《何似举家游旷远,风波浩荡足行吟——关于鲁迅作〈阻郁达夫移家杭州诗中的几个史实补正〉》《郁达夫和"风雨茅庐"》等等。

就在此时,北京人民文学出版社副社长兼副总编辑楼适夷给丁景唐写了一封长长的信,意思是问,为什么要女儿去研究王映霞?起先,丁言昭根本不知道这件事,直到有一年去北京,正在北京人民文学出版社帮助搞鲁迅全集注释工作的包子衍先生请吃饭,她才得知。包老师对她说:"楼先生让我对你说,你可以研究的人物多的是,王映霞是茅坑里的石头,又臭又硬。你不知道,她在重庆外出吃饭时,总有几个穿国民党军装的军官陪着她……"

回沪后,丁言昭告诉父亲,父亲笑笑,并不说话,只是把楼适夷的信给她。当时她接过信,也没马上看,只是随手一放,现在也不知道放哪了。心想:你说的重庆那些事可能是真的,但是也很正常啊,那时,王老师已与郁达夫离婚,1942年4月4日与重庆华中航业局经理钟贤道结婚,证婚人是王正廷,也是他们俩的介绍人。王正廷是国民党政府的驻美大使,而钟贤道是王正廷的得意门生,所以来参加婚礼的人大部分是国民党的高官啊。丁言昭想:你越反对我研究,我就越要研究。

接着丁言昭写了《听王映霞老师谈吃》《我记忆中的鲁迅和许广平》《你们好,我的新朋友》《王映霞的第一本书——〈我和郁达夫〉》《王映霞谈邵洵美》《王映霞为蒋光慈介绍女友》《王映霞·王莹·池田辛子》等文章。

王映霞在给朋友黄世中的信里时常提到丁景唐和丁言昭父女俩。她在1983年1月27日信中说:"丁景唐是上海文艺出版社的社长,'文革'前是上海出版局副局长……丁师母也是中学教师,现已退休。""由于家长与家长的关系,更由于住处较近,我和他们一家都极熟。丁言昭是老丁的三女儿,时时来我家聊天。看上去只有廿多岁,实在是和我的女儿相仿。《达夫书简》中替我作注释者,就是她。""王观泉是老丁的得意门生。这本《达夫书简》是全赖他们大家帮忙,我未写一个字,实在不愿写。"

1988年台北《传记文学》负责人向王映霞约稿,要她写一本自传。起先王映霞想请住在湖州的徐重庆帮忙,徐重庆是现代文学专家,看到有人乱写,就会出来写文章,以事实服人,影响很大。可是他远在外地,联系起来诸多不便。又想请黄世中,可是考虑到他工作在身,离得远,只能作罢。黄先生于1970年代末,开始"古今诗人情感心态研究"课题,列有《郁、王之恋与婚变研究》一题,从1982年至2000年,与王映霞书信及电话往来近二十年,应该说对王映霞非常了解。最后决定让丁言昭担任这本书的写作,王映霞在1989年3月4日致黄世中信里说:"后来凑来了个丁言昭,一谈便满意,而且有她上代支持,作顾问,查资料,这就落实了。有关我的东西,她家全有,所以大家忙了一个多月,便已脱稿……"

王映霞说的"上代",指的就是丁景唐。丁言昭写《王映霞自传》,得到父亲的首肯,并把家里的有关资料完全交给丁言昭,以便写传时运用,还时不时地加以指导。

一个人的长寿,除基因外,最重要的是与和谐的家庭有关。王映霞老师与郁达夫离婚后,与钟贤道先生结婚,丁言昭叫他钟伯伯。他是位心地善良,为人忠厚的知识分子。

结婚时,钟伯伯对王老师说:"我懂得怎样能把你的已经逝去的年华找回来。我们会有一个圆满的未来的,请你相信我!务必要相信我!"

后来他们生了两个孩子,钟嘉陵和钟嘉利,生活得很美满。王老师1952年12月被陷囹圄20天,后又无罪释放。当时把钟伯伯急坏了,四处打听,接着又想方设法给妻子送东西。在里面,王老师没哭过,因为她相信自己是无辜的,可是看到亲爱的丈夫在门口接她时,眼泪忍不住哗哗地流淌下来。

钟伯伯很会体贴人,在国际饭店开了间房,让爱妻安安静静地休息几天,然后两人到苏州、无锡、常州、镇江、南京、扬州旅游了半个月。王老师觉得像在度蜜月,幸福极了,终生难忘。

钟伯伯对妻子是言听计从,有一回,丁言昭在她家里为注释《达夫书简》而忙着,只听得王老师对钟伯伯说:"去做点汤团给小丁吃。"

"哎!"钟伯伯答应着,连忙从床底下拖出一个箱子,取糯米粉,过一会儿,热腾腾、香喷喷的两碗团端了上来,言昭忙去接,王老师说:"你别动,让他端。"钟伯伯说:"我来,我来!""钟伯伯,你的呢?"言昭问道。"我有,我有。"说着,走到后间去了,也不知道是真有,还是假有,因为言昭不好意思跟着他到后间去瞧个明白。

这使言昭想起王老师曾说的一件事情。她告诉言昭,每次烧水泼蛋,总是她吃蛋,钟伯伯喝汤,也许,钟伯伯到后间去喝汤了。

1980年11月19日钟伯伯因病去世,当时曾让言昭晚上过去陪王老师,后来大概另有安排,言昭就没去。王老师无限悲伤地说:"他实在是一位好丈夫、好父亲、好外公,我和他共同生活了38年,是他给了我许多温暖、安慰、帮助的38年。"

王老师的一双儿女非常孝顺,哥哥在深圳、妹妹在杭州,父亲去世后。他们俩不是把母亲接到深圳,就是接到杭州与他们一起生活。

王老师非常热爱生活,房间里总是打扫得干干净净,床被叠得整整齐齐,而且经常换新床单。言昭有一次去,看到床单是白底上大红的圆圈圈,沙发扶手上是红和白色直条子的,可好看了。言昭说:"这床单和沙发上的是新换的?真好像走进新房。""这是我前几天经过布店,柜台上一块白底红圆点的布吸引了我,那圆点好像是钟贤道眼镜片上的闪光点,又好像是我小外孙和小孙孙衣服上的纽扣。我一步跨进布店,就买了许多,我要用它做条新床单,与沙发上的红白条子的毛巾互相辉映。"

她从来不买名牌的衣服或包。有一次,接到王老师的电话,约言昭陪她到城隍庙去买包,说几天前买的包被女儿拿去了,今天还要去买个包。那时,她家门口有一辆24路的电车,直达城隍庙。言昭陪着王老师东逛逛西望望,忽然王老师指着一个黑包,说:"就是这只。"言昭一看,价钱不贵,不到十元,不过式样很大方。

王老师每天都穿得很鲜亮,很得体,很有气质,看上去就是一位有文化的老人。有一次,她寄给言昭一张照片,言昭一看眼前一亮,王老师穿了件粉红加翠绿大花的衬衫,一般人家会觉得太"乡气",可穿在她身上,感到很美。衣服美不美,要看是什么人穿的,对吗?

王老师爱好拍照,丁景唐和家人经常在她家门口拍,因为她家隔壁是所幼儿园,墙上画满了卡通图案,有时到她家对面的宾馆去拍,丁家都会"拥"过去玩。

王老师还爱写信,每次信中总忘不了说:"向你爸爸妈妈问好。"1996年1月22日在给言昭的信中说:"爸爸妈妈都好,他们写信也怕烦了,只有我,永远不怕烦,而且总在清晨半夜起来写,像现在才两点钟,我就在为你写信,要不要看随便你。我是有那么多的精力呵!"

受王老师的鼓励,言昭的妈妈中断十几年不写信的习惯,居然也写起了信。妈妈叫王汉玉,也姓王。信写道:"收到您信,很高兴,老三拿来您的贺金,谢谢。我近几年懒于动笔,一直由老丁代笔,这次由老三催着,随之瞎涂几笔,真对不起。你在杭州请(休)养身体,待春天来上海玩玩,到那时我们可聚聚谈谈。"信中说"老三",指丁言昭,因她在家里排行老三。"贺金"指的是妈妈过生日,王老师送的贺礼。

信的下面,是爸爸的"续写":"果然王老师有办法,王老师一催,上海的'王老师'只好拿笔来给杭州王老师写信了。哈,哈,杭州王老师真有办法。你记性'太'好。(这是二女口头禅,她们一些现代派叫很好为'太好'或'绝对好'。太好还可接受,'绝对好'、'绝对漂亮'等等说到'顶'了,就会变化。我是反对用'绝对'的字眼。但与二女说,也是'白不说',她们是'绝对对的'!)"

1996年1月13日,丁言昭第一次用电脑给王老师写信,说:"你1月9日写的信,是前天收到的,当天晚上我就拿给爸爸、妈妈看了,他们一边看一边笑,还不停地议论着。爸爸说:'啊呀,王老师的记性怎么那么好?我早就忘掉了。'同时,大家动员妈妈写信。以往,我们动员的结果总是以妈妈为胜——不写。这回不同了,居然动笔写了,爸爸连声说你厉害,厉害。我们当然是乘胜追击,要妈妈每次看到你的信就要写回信。妈妈光笑不回答。"

原来王老师信中说到10年前,丁言昭拿了稿费请她与爸爸、妈妈,到卢湾区政协菜馆去吃饭之事,王老师居然还记得那天吃的有一个菜是鱼香肉丝。怪不得爸爸说她记性那么好!言昭也早忘了。

过了十天,即1996年1月22日,妈妈再次给王老师写信,一开始,妈妈就说:"这次我又要懒笔头,后一想,不好,我又拿起笔。""很久不写信,写的时候不是写错字,就是写别字,像老三说的,人老了,多写写,那就好了。"下面爸爸又写道:"上海王老师受你的关照,第二次写信,可见你的威望很高,还希望多给她以鼓励,关照她多多动笔,帮助开动脑子,就不会感到'老'了。哈哈。祝大家快快活活过老年生活。"

妈妈的这两封信,言昭当时也不知怎么搞的,会复印下来,不然,文章中也没有这精彩部分。爸爸常说,这两位王老师可要好了,不是你来,就是我去,吃过来,吃过去。王老师说:"我在你妈妈家里也不知吃过多少顿饭,现在已经算不清了。"记得有一次,妈妈看到王老师穿了一条棉裤,感到颜色很好,式样也挺满意的,便问这是哪里买的?谁知第二天,王老师拿着新棉裤送到丁家来。有时为了说一句话,写信来,1995年12月19日,王老师写道:"你妈妈胃口好,我胃口也好,她们说我会得吃。不写了,这封信就为了一句话。"1996年1月9日的信里写:"汉玉想吃蹄胖皮,要七弟煮得烂一点。"两位王老师还时常通电话。丁言昭在寻找王老师的材料时,发现一张纸,上面记载着三天的日记。一天是1993年12月3日:给王映霞送去两个挂历。另一天是同年12月18日:王打电话给妈妈,云挂历给人拿走了,还要。再一天是同年12月19日:送一挂历到王家,聊天。她们聊什么呢?但见丁言昭这样写:王老师"早上3时醒来,躺在床上,想想一天干什么,明后天干什么。5时起床,喝奶粉拌麦乳精。8时喝粥。11时半到12时吃午饭。4时吃晚饭。6时上床睡觉,7时睡着了。"聊天时,言昭看见桌上放着好几个菜,便问:"你每天吃那么多菜啊?""每次吃一点点,吃面时,各种菜放一点。"

原在上海歌舞团的主要演员顾蓓蓓从美国寄来一张照片,是两位王老师在后台祝贺她演出成功,照片拍于1981年6月。当时丁言昭到哈尔滨参加纪念萧红的会,在此之前,她为顾蓓蓓和胡嘉禄的舞蹈晚会写了串联词,所以请两位王老师,还有二姐丁言仪也陪同前去观摩。

1988年6月10日,丁景唐为王老师写过一幅字,是这样写的:

青山缭绕疑无路
忽见千帆隐映来

录此宋王安石诗句以应

落款是映霞吾友雅嘱,景玉书,1988年6月10日于沪上。父亲为什么写这幅字呢?丁言昭有点记不起来了,可是在另外一幅字上,她找到了答案,那是1988年1月父亲在安徽滁县写的诗。在诗的开头写:"1987年冬,余偕淙漱养病琅琊山野。一日,接三女自沪寄来家信,谓1988年1月25日(旧历丁未十二月廿二日)为王旭姑母八秩寿辰。乃书宋人王安石《江上》一诗以祝。"

"淙漱"是母亲的另外一个名字,"王旭"是王老师的名字。外人可能不太知道。

诗如下:

江北秋阴一半开
晚云含雨却低徊
青山缭绕疑无路
忽见千帆隐映来

奇怪的是写于1月的没给王老师,留在丁言昭这里,而写于6月的却送给了王老师,丁言昭这儿只有复印件。

从丁景唐写的"王旭姑母"、"吾友映霞"等字眼来看,他完全认可女儿与王老师忘年交的来往,并没有因为楼先生的反对而阻止她们的来往。1980年代初,丁言昭为王老师的书《达夫书简》做注释;1990年代初,丁言昭为王老师写传时,父亲也出了不少力,做了许多工作。还有一件事,记得王老师为了感谢父亲,送给他一把她外祖父王二南的扇,后来好像转送给补白大王郑逸梅先生了。

丁景唐有时忘记一些事,会请教王老师。1996年1月12日他写信说:"你记起一些事,可我忘了。我这人随随便便,是自己人,直来直往。如要回忆,我也记不起,是你为嘉莉(利)印江山县地图托赵景深先生(真是个大好人)介绍来的。不知是不是?""还要问一个地名,我1944年春第一次到杭州,领导浙大的学生抗日工作。旧浙大在学院路、大学路,还是将军路,还是场官弄?离开你们'风雨茅庐'很近的。"最后又说:"你的笔头灵快,随手写几句答案给我。这次,出了两道题目,征求答案。下次再出几道题目,征求解答。"下面署名"景玉公"。

1996年1月16日,王老师在给言昭的信中,详细回答了父亲的问题。她说:"嘉利由于写江山市地图,第一次踏进丁家的门。这是对的。我和赵景深先生较熟,当年他和北新书局李小峰的妹妹结婚时,在从前的四马路振华旅馆,我还去吃过喜酒。"接着又回答另一个问题:"1944年的旧浙大,是在大学路上,旁边就是浙江图书馆,再旁边,是我们住过的庵堂,再旁边,就是后来的《风雨茅庐》也就是场官弄口,你曾去拍过照片的。这些答案对不对?"最后,王老师加了一笔:"现在是16日清晨四时。"哇,王老师居然清晨起来给我们写信,好感动啊!

王老师在言昭为她整理的《王映霞自传》里说:"如果没有前一个他(郁达夫),也许没有人知道我的名字。"

人们常常说:仁者寿。丁景唐伉俪都是这样的人,平时糊涂一点,潇洒一点,心胸宽一点。笑是营养素,"话疗"是特效药,朋友是"不老丹",宽容是调节阀,淡泊是免疫剂。

五二　董氏兄弟

　　有一年，丁景唐要三女言昭寻找董乐山、董鼎山的照片。父亲一声令下，女儿立即放下手头工作，翻箱倒柜地找，结果找到三张，摄于1982年7月。

　　其中两张是1982年7月18日，在丁家三楼，影中人有父亲、母亲王汉玉、董乐山、二女丁言仪、言昭及其老公董锡麟；另一张仍是五个人，只是董乐山，换成董鼎山。董乐山和哥哥董鼎山，一个矮，一个高，但是有一个共同点，那就是两人都戴眼镜，笑起来特别像。照片里，每个人脸上都带着灿烂的笑容。可不是嘛，有朋自远方来，不亦乐乎。

　　董乐山在北京中国社会科学院美国研究所工作，与丁景唐时或见面。董鼎山是从美国过来，以美国新闻出版界评论员的身份访问中国，而丁景唐则以上海出版工作者协会主持人身份接待他。董氏兄弟已有三十多年未见面了。

　　丁景唐和董氏兄弟是1940年代的老朋友，而且都是浙江镇海人，他们操着宁波话，谈得好开心。丁景唐向客人介绍自己主编的《新文学大系（1927—1937）》正在编纂中，将宣传小册子送给董鼎山。他回到美国后，立即在报刊上写了上海的出版状况。

　　丁景唐知道董鼎山喜欢篆刻，便把多年来，一些名家，如唐云、钱君匋等人为他刻的印章，盖在一张宣纸上送给董鼎山。有一回，丁景唐的老朋友成幼殊出访美国，回国后写信告诉老丁，她去看望董鼎山时，看见这幅篆刻挂在客厅里，每个上家里来的人，他都要介绍，这是我老朋友丁景唐送的。

　　1982年7月21日，董鼎山在丁景唐陪同下，参观了孙中山故居和宋庆龄故居，拜访《新民晚报》老朋友。

　　7月24日，丁景唐夫妇出面在上海大厦宴请董鼎山，由上海文艺出版社办公室主任崔衍张罗，邀请柯灵及夫人陈国容作陪。言昭当然跟着父母同去咯，照片中言昭和董乐山站在旁边，其他人坐在沙发上。

巧的是，一天早晨丁言昭到地处南京西路上的木偶剧团去上班，在20路公交车上，居然遇到董鼎山夫妇及董乐山，回来告诉父亲，父亲大为惊讶，连说："那能这么巧的啊！"

董鼎山和董乐山两兄弟年龄相差2岁，一个1922年生，一个1924年生，1940年代都是上海圣约翰大学英国文学系学生。毕业后，都曾在《东南日报》工作过，均出版过文集。

董鼎山17岁时就在柯灵主编的刊物上发表文章。1947年去美国留学，原来打算两年后归国，谁知风云变幻，自此定居美国，一直到去世。在近一个世纪的生命里，25岁前，在华夏大地上，他经历了民国、抗日战争、几次国共内战、新中国等几个时代。25岁后，定居美国，经历了美国的黄金时代、大动荡、大分化、大革命、女权、多元化、经济衰落、走下坡路的时代……可以说，董鼎山就是一本活着的20世纪历史百科全书。他致力于中美两国文化交流，是美国华文协会主席，纽约市立大学教授，出版过《天下真小》《西窗漫记》等，于2015年12月19日去世。

1940年代，董乐山用麦耶、史蒂华等笔名，在《女声》等杂志上发表不少影剧评论。1949年10月后，曾是新华社编译、北京第二外语学院副教授、《桥》杂志主编。《第三帝国的兴亡》、新版斯诺《西行漫记》（即 Red Star Over China）的译者。

作为一位知名文化人，董乐山在翻译西方著作方面的卓越成就，早在解放前上海的文学创作和文化活动中就已逐步被人们了解。1979年《文汇报·笔会》举办短篇小说征文，在八千多位应征者中，时年56岁的董乐山以《傅正业教授的颠倒世界》获得第一名，发表在1980年2月3日《文汇报·笔会》副刊。小说叙述了一个知识分子的故事：科学家傅正业教授在"文化大革命"中下放劳动，学会了木工活，回来后给孩子打造家具，给女儿讲故事时，梦见人房倒置的"童话"，结果地震把梦惊醒了，"那傅正业教授的木工活儿又可大显身手了"。

对于董乐山的小说，丁景唐也许有同感，不过他没有对家人说起过。

董乐山于1999年1月16日去世。

丁景唐看着老照片，思绪万千，嘱言昭写一小文，纪念这对老朋友。

五三　亦师亦友

1973年6月的一天傍晚,有人喊着"丁老师,丁老师!"敲开了丁家大门。在那个年代,有的人觉得丁景唐这个1930年代的黑线人物、修正主义分子、走资派,应该离得越远越好,唯恐沾上一点关系。这个人倒好,不但找上门来,还一口一声丁老师,是谁呀?在昏暗的灯光下,丁景唐看不清他的脸,只见一头白发。他迅速地在脑子里转了一圈,搜寻着快要失去记忆的脑细胞,可还是没有想起来这是打哪儿冒出来的学生。

"丁老师,你不记得我了?我是你在第三福利站的学生呀?我叫王观泉。"

说到中国福利基金会第三福利站,丁景唐的记忆闸门一下子打开了……

1949年底的一天,丁景唐一清早就到三站去了。上课时,丁景唐向同学们宣布:得北京消息,宋庆龄同志在中国人民政治协商会议第一届全体会议上,当选为中央人民政府副主席……他的话还没讲完,大家顿时鼓起掌来,欢呼声差点把屋顶掀翻。

有人提议,向正在北京开会的宋庆龄表示祝贺。有的说写庆贺信,有的说拍电报,有的说送一件纪念品……大家七嘴八舌,丁景唐真不知该听谁说话。忽然有一个声音盖过了所有的人:"我提议送一块匾额,上边写'祖国万岁'……"他刚说到这儿,一阵欢呼声打断了他的话,他急忙又喊了一声:"大家勿要瞎吵啊,我话还没有讲完呢。"他顿了顿,见大家不响了,才又接着说:"这个匾额,要自己动手,制法别致。""怎么作呀?"有人问道。"用邮票贴成'祖国万岁'四个字,上款书'祝贺宋庆龄同志当选为中华人民共和国中央人民政府副主席',下款署'中国福利基金会第三福利站全体师生'。我负责制作。"当丁景唐宣布散会时,他又喊了一声:"请保守秘密,勿要让别人知道,晓得哇!"

这个男孩子就是王观泉。

过了一天,王观泉就把一块精致的匾额拿来了。用邮票贴成"祖国万岁"四个字,大部分是孙中山先生像普票,极小部分是烈士纪念像普票。上课的时候,丁景唐向同学们展示了这件珍贵的礼物,面对热烈的掌声,王观泉好得意。

大约过了一周,丁景唐把王观泉叫到办公室,告诉他,礼物已由总会收到,在众多礼物中,三站的最为突出。临走时,丁景唐交给他一个信封,要他按着信封上的地址去找一位老先生,会得到一份礼物。"什么礼物?"王观泉暗自想着,不过没有问。那份礼物,是丁景唐托人买的外国邮票,他觉得他对邮票是情有独钟。王观泉到了晚年,还珍藏着这些邮票。

"在这种时候,你怎么还敢来看我这个'走资派'啊?"丁景唐疑惑不解地问。

"你当副局长的时候,我是不会来看你的,现在别人不来,我就要来,我就是这个脾气。"王观泉坚定地回答。

看着眼前这位已到中年的男士,那雄赳赳、气昂昂的模样,令丁景唐很感动,不知说什么好,只听得王观泉说:"丁老师,还记得你对我说的话吗?"

"什么?"丁景唐说过多少话,怎么会记得曾几何时对当时的学生说的话呢?

"那时,你对我说:向鲁迅学习,还送了一本书给我,那是冯雪峰送给你的《雪峰寓言》,里边有黄永玉插图,使我特别迷恋,你还在书上签名盖章,我就是带着这本书参加了中国人民解放军。先在文工团工作,1953年调到北京,在训练总监部工作。1958年转业到北大荒,后来参加《北大荒》文艺编辑部工作,这算是我从事文艺理论工作的开始。1962年,调到黑龙江文联……"夜深了,丁景唐和王观泉还在交谈,这二十多年的话怎么说得完呢?此后,他只要从哈尔滨"散步"到上海,必定来看丁老师。

在闲聊中,王观泉得知丁景唐的五儿丁言模在安徽插队落户,后抽调到滁县建筑公司当泥水匠,便主动提出到那儿去探望丁言模。当丁言模在安徽收到家里的信,得知王观泉叔叔要来的消息后,高兴得不得了,天天盼呀。一天,王叔叔终于风尘仆仆地来了,丁言模就好像见到亲人一样,说长说短,中午吃饭了,丁言模炒了一大脸盆的鸡蛋来款待他。每当王叔叔说起此事,总是啧啧嘴,好似还在回味无穷的样子……

丁景唐想起安徽还有一位张韧,何不乘王观泉此去安徽的同时,去看看这位"小朋友"呢?张韧原来叫刘祥林,与丁景唐的二女丁言仪是徐汇区第一中心小学的同班同学。1962年她考上上海戏剧学院导演系。这个班特别难考,一个班只招15个同学,可是张韧考上后却放弃了,去安徽当农民。那时张韧在上海是个大名人,各种报刊杂志上都在介绍她的事迹。

1964年春天,张韧在徐汇中学作报告,丁景唐带着三女丁言昭前往参加,会议结束后,丁景唐带着女儿到后台,与她见面,说起家里三姐妹丁言文、丁言仪、丁言昭都曾在徐汇区第一中心小学就读,从此张韧与丁言昭通信来往。丁景唐关照丁言昭,每次写信时,必须夹一张明信片,希望不要给她增加任何经济负担。现在,这批信还保留在丁言昭手头呢,可惜只找到4封,地址是安徽肥西元店公社。时间分别是:1964年10月24日、1965年春节、1965年10月5日和1966年1月13日。虽然明信片已发黄,但是上面的字非常清楚,正反面都写得满满的。

　　在1965年10月5日的信中有这样的话:"又一段时间没给你写信了,不知你们最近在学什么,搞什么。你的父亲身体还好吗?我们省文联的一些同志知道他,他是一个可尊敬的革命长辈,在此,请代我再一次向你父亲致谢和致敬,我不直接写信去了,因为怕他又得抽出时间回信。"

　　一个在上海牵挂她,一个在安徽惦念着他。

　　丁景唐听说张韧在"文化大革命"中被整得很厉害,很不放心,托王观泉去看望张韧。王观泉和丁景唐一样都是属猴,但王比丁小一圈,也就是说小12岁,可是他俩一见面总有说不完的话,谈的最多的是鲁迅和瞿秋白。

　　1932年7月1日,在上海黄浦滩畔一个繁忙的码头边,一家姓王的裁缝铺里,一个男婴出世了,这就是王观泉。王观泉9岁时,发生珍珠港事件,日本势力扩展进入租界,使王家这个小康人家陷入贫困。具有民族气节的父亲,不去上班了,靠母亲去做工,年迈的祖父祖母成天趴在作台板上操针线,这才勉强得以糊口。

　　王观泉小学毕业时,迎来了1945年的抗日战争胜利。国民党接收大员从重庆飞抵上海搜刮民脂民膏,而人民日益贫困。勉强维持到王观泉读到初中二年级的家,已经实在入不敷出,他被迫辍学。1947年初,15岁的王观泉踏上社会,在一家茶叶公司当学徒。

　　王观泉从小住在七浦路,和弄堂里的小伙伴一起玩:刮香烟牌子、抽贱骨头、打弹子、斗蟋蟀……凡是小男孩玩的东西都玩过,而且记忆深刻,一辈子也忘不了。丁景唐喜欢把每天报纸浏览一遍,然后将需要的内容剪下来,日久天长,剪报堆积成小山。言昭见状,常常帮着整理。一次,她发现2006年11月24日《新闻午报》A2版上,似乎没有对父亲有用的文章,为什么要留下来呢?刚刚想处理掉,忽然在报纸的最下端发现一个非常熟悉的名字:王观泉。啊,因为这个原因才留下的,再看看内容,不觉笑出了声,王观泉是在给编辑"捉扳头"呢。

　　文章说:

贵报11月21日A2版"说闻解字"中对上海话"野胡弹"的解释有所不确。"野胡弹"不是西瓜弹的抵挡品,不是"什么花头也没有的,就是'野胡弹'。""野胡弹"指的是:弹子不是正圆形的,而是有些变形的弹子。

这种弹子用手弹出去,因其有点椭圆而会改变规定走向,这是"正宗"野胡弹;再是弹子破损、在玻璃成型时有裂纹,或是半"磨砂"后有瑕疵的弹子,都是打弹子时"不带的",都谓之"野胡弹"。经公议,"野胡弹"须立即投入阴沟洞。

他的署名才叫好玩,自称为:"一个六七十年前的'弹子大王'王观泉",日期是2006年11月23日。

文章后面有编辑的话,挺有意思,说:"感谢'老顽童'王老先生的指正,上海话的发扬光大离不开您这样的'活字典'。"王老先生看到这段话,一定非常开心!

王观泉文化水平本来不高,但凭着勤奋,后来竟成为黑龙江文学研究所的研究员、研究生和博士生导师。每每想起当年在艰难的生活条件下,在没有老师辅导下的自学情况,说起来真是感慨万分。

1983年3月21日,王观泉在一篇未刊稿《读者,这就是我》中说:"在劳动之余就进夜校并跑旧书店,旧书店是我的学校,那真是美妙的地方,它谁都接待,一视同仁,大学问家可以在此找到'百宋千元'珍本佳籍,如我般年纪的小学生也可以在此找到开启知识之门的钥匙,我的文化知识是在旧书摊上站出来的。我知识来源的第二渠道是图书馆。"

经过长达35年自我知识结构设计和拼命自学,1979年的一年里,连续出版了三本书:《鲁迅年谱》《鲁迅美术系年》《鲁迅与美术》,分别由黑龙江人民出版社、人民美术出版社和上海人民美术出版社出版。三本研究鲁迅的书在同一年出版,自然引起社会注意。海外报纸惊呼道:内地一位青年研究人员出版了三册鲁迅研究著作。王观泉看了心里暗笑:我都48岁了,还是个青年研究人员吗?

在人生道路上艰难地走着,不知何时,霜鬓偷偷地铺满王观泉的天顶了。每次,他乘公共汽车时,有人让座时,心里总有股说不出的味道,难道我"老"了吗?可是我的心可年轻了,我刚刚年过半百啊,还要写很多书呢!人,只要有求知的愿望,同时又能对自己的智力、学识、思想和身体状况,来一个总体设计,实事求是地为自己列一张求知表,持之以恒,成功是会向任何一个介乎于半文盲的小学程度者招手的。出于这样的信念,多少年来,王观泉丝毫不敢怠慢于时光流逝,放松自己的学习和写作生活。为迎接1983

年马克思逝世 100 周年,他出版了一部《"天火"在中国燃烧》,简述马克思主义文艺理论在中国的传播。接着又出版了《席卷在最后的黑暗中——郁达夫传》《一个人和一个时代——瞿秋白传》《陈独秀传》《欧洲美术中的神话和传说》《人,在历史旋涡中》等。成就是辉煌的,但付出的代价也是沉重的。为了收集资料、访问有关人员,他每年有相当一部分时间是在火车上度过的,当然,钱也就在滚滚的车轮中消失了。一本《席卷在最和的黑暗中——郁达夫传》,使他几乎付出了一只右眼,一本《一个人和一个时代——瞿秋白传》,又使他失去了一只左眼。后来,又开过几次刀,但他仍然仅靠右眼微弱的视力工作。

在这本《瞿秋白传》书中,王观泉不只叙述了瞿秋白在党中央工作时,所开展的波澜壮阔的斗争,还对共产主义国际与早期中共的交往与关系史、马克思主义在中国的传播史等,作了详尽的描写和独到的解说。他还首先提出"红色丝绸之路"研究命题,同时,王观泉对中共三次"左"倾路线也提出了一些新的研究观点,对瞿秋白个人史中的重要史实,如入党日期、结婚日期、是否参加过俄共十大等,进行了考证、更正。由天津人民出版社出版的这部长达 50 万字的人物传记,是王观泉在从事研究、写作几十年,在运用资料、分析问题、提炼理论的思维力和写作技巧较为成熟之后,写出的一部可读性较强的传记。这部传记的校样复印件已被美国斯丹佛大学胡佛研究所东亚图书馆视为珍贵本,予以收藏。

丁景唐的小友,上海文艺出版社的编辑修晓林,写过一篇文章,题为《瞿秋白研究两师友——访丁景唐和王观泉》(1989 年 6 月 19 日《书讯报》)。他写道:"王观泉,是靠着他自己长期坚持顽强自学成长起来的学者。一定程度上,他又是受了老丁的影响去研究鲁迅和瞿秋白的。"可不是吗,从王观泉第一次到丁宅来以后,就经常来看丁老师,有时一个人来,有时与夫人鲁秀珍同来,有时与美国朋友葛浩文一起来,有时与丁景唐的老朋友蔡耕来……丁景唐经常约他到上海鲁迅纪念馆、左联纪念馆、上海图书馆……凡是丁老师足迹到过的地方,王观泉大部分都去过。

1999 年 9 月 25 日上海鲁迅纪念馆新馆揭幕后,辟"朝花文库",收藏文化界前辈陈望道、许广平、王任叔(巴人)、陈学昭、黄源、曹靖华、李霁野、吴朗西、赵家璧、唐弢、钱君匋、杜宣图书文物。2000 年 1 月 7 日,上海鲁迅纪念馆馆庆 50 周年之际,丁景唐有幸在该馆新辟"丁景唐专库"。7 月 31 日,丁景唐夫妇特邀王观泉夫妇并偕儿女赴上海鲁迅纪念馆参加丁景唐续赠藏书活动。在已入藏的图书中,有丁景唐长期从事鲁迅、瞿秋白和左联五烈士研究的著作和主编的《中国新文学大系(1927—1937)》、为友人作序的书、友人送的著作;也有丁景唐子女们的著作,孩子们在自己的书内扉页上写了题赠父母的美好祝词。

2009年8月丁景唐住华东医院后,王观泉经常在丁言昭的陪同下,到医院去探望。2011年11月14日,王观泉、鲁秀珍,还有当时在美国的张昳丽(2018年去世)一起到华东医院去看望丁景唐。老朋友相见,话也就多。鲁秀珍原是哈尔滨《北方文学》的负责人,曾培养过无数个作者,其中有的现在是很有成就的作家,如张抗抗、迟子建等。鲁秀珍平时是美术爱好者,老看见她一手拿着小本子,一手拿着笔,看见什么就画什么。2016年12月去世后,老伴王观泉为她出版了一本画册。现在她看大伙谈兴正浓,情不自禁地向丁景唐要了一张上海文艺出版(集团)有限公司的便笺,顺手画了一只猫,丁景唐在猫的上面写"画,一只",在纸的最下面写"2011年华东医院"。王观泉在猫的下面空白处,风趣地写了一行字:"见证人:丁景唐、张阿姨、鲁秀珍。"大家看后都哈哈大笑,惹得医生、护士们不知道发生啥事,都拥到会议室来看,结果也都乐得合不拢嘴。

1996年,上海文艺出版社社长室的同志来看望丁景唐,说:"明年是你从事革命工作六十周年,又是香港回归的好日子,你能否将自己历年来的文章编一本文选,由我们出版社出版。"丁景唐听后,经过几天的考虑,就接受了这个建议。

丁景唐初步拟了个草稿框架,并且确定六十年文集的书名:《犹恋风流纸墨香——海沫文谈六十春》。"犹恋风流纸墨香",取自为革命作出特殊贡献的著名作家关露的诗句,"海沫文谈"原系文艺理论家蒋天佐在上海"孤岛"时编印的一本论文集书名。他觉得这些字句很能体现他编"六十年文集"的用意,就取来题作书名。可是后来由于里弄大修,生病,妻子过世……又加上家中书刊堆积如山,杂乱不堪,找文章很困难,根本无法定下心来编书。一直到进入21世纪,经过大伙的努力,终于编成。

丁景唐写书,从来不约请师友作序。1945年,他自费出版诗集《星底梦》,是由萧岱、王楚良主动为他写序。这次由谁来写序呢?是原中国社会科学院文学研究所所长许觉民(洁泯)和《人民日报》文艺部主任袁鹰。其实,当时还有一个人,是王观泉。他于2002年4月20日写成,题为《金不依倚纸墨而留存》,是个打印稿,不知为何后来没用,现在这份稿件不知去向,但在丁言昭为丁景唐收集的《评论与纪念文章目录》里留存着。

丁景唐晚年曾组织过两次老朋友聚会,一次是到淮海西路富华家,请的第一位就是王观泉,还有蔡耕、上师大的沈爱良及学生孙言。还有一次是2013年6月20日在延安中路、陕西南路路口的梅园邨酒家。到会嘉宾有:王观泉与夫人鲁秀珍、富华、蔡耕、陈思和、沈飞德、张安庆、何瑛、韦泱诸位,以及二女丁言仪、三女丁言昭。两次均由丁言昭当"礼宾司司长"。

聚会的前几个月，丁景唐就与女儿丁言昭商量：哪天、请谁、哪个酒家、由谁接送这些老朋友、座位如何排、拍照时怎么样安排等诸多细节。开宴前，丁景唐先讲了几句话，说与观泉订交一个甲子，与蔡耕、富华订交40年，今天还请了一些"小朋友"作陪……席间，88岁的老画家富华向丁景唐敬赠国画和画册。王观泉即席感言，回忆从1950年起"立雪丁门"的种种往事，并在韦泱准备的《癸巳雅集》纪念册上写道："生活到今天的我，景唐先生是引导我参加革命的导师，指引我学习鲁迅的老师。"84岁的蔡耕听后，忍不住发出感慨："在丁老的影响下欣然寻找失落的年青的梦。"翻开纪念册，每个人都写了一句话，其中陈思和写："仁者寿"。最后，大家拍照留念，以留住甚为难得的欢聚时光，丁景唐题词："有缘相会，其乐融融"。说得多好啊！你瞧：照片上每个人都笑逐颜开，写满了快乐、幸福。丁景唐坐在正中间，穿一件大女儿丁言文为他准备的外衣，显得特别青春，充满年轻人的活力……

陈思和写了一短文，题为：《题韦泱〈癸巳雅集〉并序》。全文如下：

丁公蔼蔼盛华筵，南极群仙鹤鹿缘。
夫子观泉弥益壮，鲁姨酣酒晚霞连。
蔡翁矍铄龃犹健，富老龙蛇宛若翩。
一路风霜追理想，且留头颅念前贤。
我今献赋歌仁者，未及擎杯已忘年。
癸巳五月十三，丁公景唐先生设宴梅园村，邀请老友相聚。席中公为尊长九秩有四，富华老米寿，蔡耕老、观泉先生和夫人鲁秀珍女士都年过八秩，可谓寿星聚会。丁公与观泉先生订交甲子，与蔡、富两老订交四十年，可谓香泽流芳。余等均为后辈，举杯齐颂仁者长寿，情谊长存。近日读韦泱兄《癸巳雅集》记录盛宴，深感不可无诗，特作续貂之举，以娱大方。陈思和记。

这次老友聚会，是丁景唐晚年最后一次外出，以后再也没有离开华东医院一步，就是有人来访，也都在医院里接待，或由丁言昭做代表，到北楼去吃饭。

王观泉先生于2017年6月11日零点因病去世，享年85岁。

2017年5月28日下午，在王先生侄子昌昌的陪同下，言昭和女婿赵崴到医院去看望王先生。病房很大，住了十几个人，王先生的病床就在进门第一个，只见他消瘦了许多，三十多年前，因写作劳累而视网膜脱落，近年来，目疾更为严重，一两米之内根本看不清东西，更糟的是耳朵也听不见外界的声音了，他自嘲是聋子加瞎子。言昭走进去，看见他背朝着门卧睡着，昌昌轻轻地推了推他,示意有人来看他,他扭过身来,一下子就认出是言昭,非常激动,伸出双手,握住对方,言昭觉得他双手软绵绵的,不似平时那么有力,手上没有血色,皮肤下的血管看得一清二白,心中一紧,忙说:"你好吗?"这话问得很苍白无力,他身体里的坏东西已经肆无忌惮地横行,怎么会好得了呢?

他并不回答,说:"丁老师好吗?"

其实王先生吐血生病住院的事,家人没有告诉丁景唐。这会儿,言昭听王先生如此关心父亲,心里很不好过,连忙说:"他很好,你不用担心,你要好好听医生的话,吃药,不要老想着换医院。"

在这之前,听昌昌说:"大伯伯一门心思要住到华东医院,与丁伯伯住一个病房。"昌昌是王观泉弟弟的儿子,称他为大伯伯。丁景唐在病房里就一个人住,旁边还有一个床,王先生去看望时,都记得,所以一生病,就吵着要与丁先生一起住。他心里一直想着丁先生啊!

关于王观泉去世的消息,家人没有向丁景唐提过,怕他太伤心。王观泉给丁景唐写过许多许多信件,丁言昭在整理这些信件时,发现2016年3月22日王先生给丁景唐的信中写道:"我要求先生为我写——想在'自白'书上用的语录。"以上是横的,下面两行是竖写的:"回忆的沉重乃在于——记得一切 丁景唐。"后面又写:"不知这个措词是否恰当,要不要上款?"丁景唐在信封上端写道:"要写字 3月22日"。显然,丁景唐收到信后,怕忘记,于是,在信封上写了几个字,到时可以提醒自己。现在谁也不知道丁景唐是否给王观泉写过"语录"?王观泉在信中说的"自白",是晚年写的一部长篇回忆录《一个开国少尉的自白》,当时说好,写好一章,就给《上海滩》刊登一章,可惜到他去世还没有完工,大家只看到前面几章的打印稿:《我是一个兵来自老百姓》《从吨到盎司与俄国人的一个字条》《站在悲多汶书店前》《哈尔滨面包公司和一个不孤的孤儿》《参军潮中的青年 惊魂动魄的四天》等。文章朴实多情,读来令人感动。如果王先生继续写下去的话,一定更加精彩……

丁景唐写给王观泉的许多信件,目前都由复旦大学图书馆收藏着,其他还有王观泉的书、手稿等。

丁景唐曾说:"我为这样的学生而自豪!"

五四　文坛挚友

黄源本名黄河清,早在1920年代后期,便结识和追随鲁迅、茅盾,活跃于左翼文坛。在两个口号:"民族革命战争的大众文学"和"国防文学"的战斗中,黄源始终不渝地站在鲁迅一边,于是有人攻击他,说他吹捧鲁迅,对鲁迅"一副献媚之相"。鲁迅闻言,拍案而起,并著文讨伐,这样不仅保护了黄源,而且黄源的名字也在鲁迅的笔下响亮起来。一次,有人请鲁迅吃饭,席上几个有地位的人指责黄源的缺点,鲁迅听后没等终席竟拂袖而去。鲁迅认为黄源是一位勤奋工作的年轻人,称赞他是"一个向上的认真译述者"。

1949年10月1日,全国解放后,黄源曾任上海军管会文艺处副处长、华东军政委员会文化部常务副部长兼党组书记、浙江省委宣传部副部长兼浙江省文化局局长等职。

1950年代初,丁景唐在上海市委宣传部工作,与黄源时常一起开会,逐渐熟悉起来。1950年代初,于伶和黄源同在军管会文艺处工作,夏衍兼任处长,他们和陆万美都是副处长。他们平时都穿军装,于伶一直在地方上工作,对穿军装、戴军帽有些不习惯。当过新四军的黄源就告诉他,这军帽何时戴,何时脱,都有讲究的,可是他自己往往忘了脱帽、戴帽的规矩。

有天,在兰心大戏院召开文化系统的大会,由于伶主持会议。

于伶宣布大会开始时,牢记黄源的告诫,所以他一说话,就把帽子脱下,放在桌上。于伶简单地讲了大会的内容后,说:"下面请黄源同志讲话。"

黄源清了清嗓子,刚要开口,忽然看到桌上的军帽,以为是自己的,随手拿过来戴在头上,全场立刻爆发出热烈的掌声。黄源被热情的观众所感动,神采奕奕地开始讲话。在黄源发言的过程中,剧场里不断地传来掌声和笑声。他以为是大家喜欢听他的讲话,谈兴越来越浓。就这样,黄源戴着两顶军帽,做了一个长长的报告。

黄源与帽子似乎挺有缘分,总会惹出一点事来。1924年的暑假,黄源从南京一个中学转学到浙江上虞白马湖春晖中学。当年寒假前他买了一顶黑色的毡帽,即范爱农在辛亥革命后,到鲁迅家去时戴的那种农夫常用的毡帽。

上早操课时,黄源与往常一样戴着它,谁知体育老师一看到,立刻怒气冲冲地勒令除去,说戴这种毡帽成何体统,不准上早操。黄源不服气,说校章上没规定学生不准戴毡帽上早操。早操课在争执中结束了。事后,学校行政当局要对黄源作记过或开除处分。

当时担任训育主任的匡互生知道此事后,认为黄源上早操课戴帽子根本算不上什么错误,但学校坚决要处分他。于是匡互生愤而辞职,立即离校。同学和老师们挽留不住他,挥泪送行。回校后,同学们宣布罢课,学校当局不得不采取紧急措施,提前放寒假。

匡互生到上海后,与友人创办了立达学园。不久,黄源和一些爱戴匡互生的师生一起进了立达学园。

"文化大革命"结束后,丁景唐和黄源的私交更密切了。如去杭州开会,一定到葛岭山13号去探望他。他来上海,他们俩也相约见面畅谈,平日里书信常来往,后来他们节假日就通电话。1990年代末因上海作家协会的傅艾以要编一本中国作家书信大词典,好不容易才找到一封1979年3月23日黄源给丁景唐和三女丁言昭的信。挺有意思。信如下:

老丁、小丁同志:

好久没有复信,你们要骂我了。实在为改正事,来客不断,因为浙江文化界划为右派的和我不无关系,现在总算告一段落,昨天见报了。工作安排,我倒不着急。

听章昆华同志说,你老小两人,求得一个时期,从事写作,最好。出产品最扎实。当然写作也是苦差事,一文未成,日夜头脑开动,不息,这苦头非脑力劳动者,不体悉的。

林淡秋、陈学昭同志看过陈白尘的《大风歌》后,同车回去,撞车,陈在医院包后当晚回家,林住院,现已出院。我那时也去看他,都是陈白尘请去的。我福大,或者因处黄山时翻过车,这次免了。你们在上海行路,也要小心。

现在先答问:

所谓《文学》与《太白》在敦和里办公,实际上是,傅东华和我,二人住在敦和里的二幢房子(紧隔壁),号数,《文学》杂志上有的,我已记不清。我住的一幢,楼下作办公室,门上钉着文学社牌子。1936年傅东华搬家,文学社也搬出敦和里。傅的新地址,鲁迅的日记或书信集里有的(一展住址名单),一时找不到,请你翻一翻。

萧红萧军,在拉都路,住了二处,他们最初住的地方,未去过,后来住的地方常去,但地址已记不清,鲁迅书里也有的。北四川路住处,我未去过。

下次我去沪时,和你们(嫂夫人)到那里走一走,有些回忆很有趣的。

油条之《表》事,是我后来看书信才知道的。鲁、许、萧都秘而不宣。

陈望道也住在敦和里,他住在前面几幢,地址《太白》上也有的。他的《太白》助手,先是丘东平,后来是夏征农。在二楼亭子间办公。

(二)陈学昭现住在杭州学军路河东杭大宿舍1幢2楼。她的丈夫原来也是留法学医的,在延安离婚,他叫什么名字,我未问她。她在法国现在还有一个好朋友,她离婚因战事去法未成,因为憾事,他叫什么名字,我也未问。这类事,我只听不问,怕触动伤处。

前一些,魏金枝骨灰葬礼时,本想去沪,因为淡秋受伤,此间要开文联各协理事会,我不便走开,未果。现在又想巴金兄赴法前来一次,但不知能否实现否?如去沪,必去奉访。我和老王也许在拉都路上撞见过,不过不相识而已。

为郁飞事,我到处在设法,但积案如山,他这类事,放在后面处理。浙江省现在还有5名省级干部尚未处理。3名已报中央,2名还在查研。

小丁的文章(劳大)尚未弄好。因为手头有些限期东西,拖下来了。望小宝贝原谅。客来了,就此搁笔。

1979年,许多老同志、老作家劫后余生,重新拿起笔踏上工作岗位,黄源是其中一个,所以信一开头就写到事情如何多。

"老丁"指丁景唐,"小丁"指丁言昭。

"听章昆华同志说,你老小两人……"章昆华是上海电视台的同志,约老丁与小丁为纪念"左联五烈士"写电视艺术片,后来写了《龙华桃花带血开——纪念左联五烈士》,连续几年逢清明节、"七一"、2月7日左联五烈士牺牲纪念日,都在上海电视台播出。

林淡秋和陈学昭都是丁景唐的熟人。1984年,丁景唐和夫人王汉玉同去杭州休养时,在浙江文艺出版社严麟书的陪同下去看陈学昭。丁景唐送她《学习鲁迅作品的札记》,陈回赠一本自传《天涯归客》。

当时言昭正在写《萧红在上海事迹考》,准备参加在哈尔滨举行的纪念萧红诞辰70周年研讨会。因文中要谈到有关黄源的事宜,故写信去问。

萧红和萧军在上海拉都路(现襄阳南路)上住过三个地方:283号、411弄22号和351号。

1935年3月初,两萧搬到拉都路351号后,有一次萧红到敦和里隔壁的大饼油条店(店址在拉都路324号)买点心,发现包油条的纸,竟是鲁迅译《表》的原稿(萧红误记成《死魂灵》的原稿),感到非常惊讶,也很生气,当即写信给鲁迅。可是鲁迅自己不以为然,反而写信安慰她:"我的原稿的境遇,许知道了似乎有点悲哀;我是满足的,居然还可以包油条,可见还有一点用处。我自己是在擦桌子的,因为我用的是中国纸,比洋纸能吸水。"鲁迅的手稿怎么会落到大饼油条店的呢?这与黄源有关。

敦和里是拉都路(现襄阳南路)、西爱咸斯路(现永嘉路)口的一条大里弄。它在拉都路上辟有286弄、306弄、326弄三个出入口,通道上筑有三座过街楼。弄内纵列6排,共有六十几幢三层楼房(解放后因与比邻的生生里合并编号,达84号),是当年拉都路上最大的居民住宅群。现在286弄口已改为商店铺面,326弄口的通道,也改筑为街面居民住房,只留出中间的306弄作为敦和里唯一通道。

1930年代中,生活书店出版的三大文学杂志:傅东华、郑振铎主编的大型文学综合杂志《文学》月刊,陈望道主编、丘东平、夏征农先后助编的小品文大众语文刊物《太白》半月刊,鲁迅主持、黄源主编的《译文》月刊的编辑部都设在敦和里。

此外,1933年秋起,敦和里21号(现22号)住着刚从法国归来的翻译家马宗融、罗淑夫妇。1936年秋,马氏夫妇去广西任教,就让给巴金住,直到1937年抗日战争前夕。

文学社在敦和里11号,太白社在58号(现79号)。黄源在《鲁迅书简漫忆》中曾回忆道:

> 《文学》和《太白》,都是上海生活书店发行的。《太白》主编陈望道,也是《文学》的编委。鲁迅、茅盾都同样支持《太白》。在1934年下半年到1935年下半年,在文化"围剿"的检查制度的严重压迫下,这二个刊物是文化"围剿"中联合作战的有力的进步刊物,它们的编辑室都设在上海法租界的敦和里。其实,编辑室只是我们的住宅,望道先生住在亭子间,当作编辑室,他的助手,先是丘东平,继任者是夏征农。文学社设在我家的客堂间里,人手比《太白》只多一位收发兼校对。

《文学》创刊于1933年7月,由郑振铎与茅盾倡议,得到鲁迅的积极支持,并与胡愈之、邹韬奋商量,交生活书店出版发行。鲁迅、茅盾、叶圣陶、郁达夫、陈望道、胡愈之、洪深、徐调孚、郑振铎、傅东华10人组成编委会,推郑振铎、傅东华为主编。傅在上海具体负责,郑振铎在完成筹备工作后,仍回北平燕京大学任教,并负责组织平津作家的稿子。黄源为编委,协助傅东华工作。实际上《文学》的领导核心人物是茅盾。这在茅盾的回忆录《我走过的道路》一书中写得极为详细。

《译文》创刊于 1934 年 9 月 16 日,鲁迅主编 3 期后,由黄源主编。鲁迅的手稿就是从敦和里的编辑部流散出去的。黄源在《鲁迅书简追忆》(1980 年 1 月浙江人民出版社出版)中说:"这原稿是我丢失的。我当时不懂得鲁迅的原稿之可贵,清样校完后,就把有的原稿散失了。一张原稿落在拉都路一家油条铺内来包油条,和我同住在拉都路的萧红去买油条,发现包油条的是鲁迅先生的原稿。"黄源把鲁迅的原稿散失后,那小铺子里的人就顺手拿去当包油条纸了。现在这张原稿保存在上海鲁迅纪念馆。

1994 年,黄源到上海来参加纪念莎士比亚的活动,丁景唐和丁言昭陪同他去参观了敦和里,感慨万分。

信中提到:"我和老王也许在拉都路上撞见过,不过不相识而已。"

"老王"指丁景唐夫人王汉玉。王汉玉的母家自 1932 年起就住在拉都路 446 号,离敦和里很近,而两萧住在拉都路 411 弄,即福显坊(现已拆除),就在对马路,因此黄源和老王可能在拉都路上碰到过,但相见不相识。1986 年 10 月,萧军夫妇重临阔别 50 年的上海,到丁宅来玩,用茶、聊天、拍照,还到敦和里和两萧在拉都路上住过的三个地方去看,倍感亲切。

郁飞是郁达夫和王映霞的长子,从外地回来后,经黄源的努力,在浙江文艺出版社工作,后去美国生活,现已去世。

"小丁的文章(劳大)尚未弄好。"丁言昭那时写了篇关于鲁迅到劳动大学去演讲的文章。因黄源当时是记录者,所以请他过目。此文不知藏在哪儿。黄先生记不清,言昭也没有留底稿,就此作罢。或许过若干年整理东西或大扫除时会找到,这是常有的事,丁景唐也经常找不到自己和别人的稿件。

1995 年 4 月 28 日,浙江文艺界祝贺黄源九十华诞和从事文艺活动 55 周年,巴金为他题辞:"河清兄,衷心祝您生日快乐,健康长寿。"

黄源与巴金有着七八十年友谊,几十年的风风雨雨,人生道路上的坎坎坷坷始终没有把他们两个分开。当年,巴金给《文学》月刊的稿费都寄给黄源;黄源从鲁迅家出来,顺便到巴金家通报鲁迅近况;宴请聚会时,鲁迅、巴金、黄源在融融的气氛中侃侃而谈……难怪巴金每逢春季(1998 年止)到杭州小住之时,必与老友黄源会面叙旧。他生日时,巴金题辞表示祝贺。

2003 年 1 月 2 日黄源去世,丁言昭整理了他的来信,约有三四十封,其中谈到萧红、萧军、郁达夫、陈学昭等现代作家及一些珍贵的文史资料。过了几年,黄源儿子黄明明把丁氏父女寄给黄源先生的信复印送给言昭。等有机会,编一本与黄源先生的书信集,肯定非常精彩。

五五　拜会大师

1904年巴金生于四川成都，从1920年代初开始文学活动。他的大量作品教育了几代青年，小说《激流三部曲》《爱情的三部曲》《寒夜》等，一直受到国内外读者的喜爱。他说过一句很有名的话："讲真话，把心交给读者。"巴金的一生用笔说话，性格内敛、沉静，不苟言笑，而且谨言慎行，从不夸夸其谈或者口若悬河。到晚年，他思考更是多于言谈，他晚年力作《随想录》，全书逾五十万字。为了完成此书，巴金几乎推辞了所有社会活动，全力以赴，闭门写作。

丁景唐年轻时也看过巴金的作品，被书中的人物所感动。

1950年代以后，因为工作关系，丁景唐与巴金时有来往，是多年的老朋友，以前在书店里还时常遇到。"文化大革命"后，巴老出版的各种文集，几乎都会送给丁景唐。北京媒体记者曾为撰写有关巴老的专题报道，在上海采访丁景唐，得出一个结论：巴老对丁景唐是"有求必应"。

说来也巧，巴金的女儿李小林与丁景唐女儿丁言昭是上海戏剧学院的同学，他的儿子李小棠与丁景唐的儿子丁言模在安徽插队落户时，是一个集体户的。

巴金致丁景唐的信，目前留存下来的仅有1978年7月30日这一封。信如下：

景唐同志：
　　来信收到。邢铁华同志的问题我一时无法回答，过些时候找出旧作查看才能解决。请把这个情况转告他。将来我直接给他写信。
　　匆致。祝
　　好！

巴金
卅日

丁景唐在此信后面加了个注:"此信写于1978年7月30日,有邮戳作证。巴金于1978年9月2日、9月25日复邢铁华两信,并在邢编的巴金创作'顺序表'上写了补充,邢则未抄给我,故不知补充内容如何。1990年10月14日从旧箧中理出后记。"

这是怎么一回事呢?1978年6月,丁景唐到厦门去参加会议,会间,安徽师范大学教师邢铁华慕名请教丁景唐一些现代文学方面的问题,同时请他把信转给巴金,想问问关于巴金作品的事。丁景唐答应了他的请求。

回沪后,丁景唐委托文艺出版社的同事李济生,将信转交给巴金,他是巴金的弟弟。巴老看了信后,于7月30日写信给丁景唐。不久,他查看了自己的旧作,分别在9月2日和25日给邢铁华写信,答复有关提问。

在丁景唐的旧信札中寻到一封李济生于1990年4月5日来信。信中写:"老丁:幸不辱命,阁下索求之信封已由仰晨兄寄来,另整理旧箧得田一文(散文作家)一信封,特此附上,以平富贵走之'信廊'也。"

当时鲁迅博物馆的王世家向丁景唐请求,能不能帮助要到巴金给人写信的信封,王可能要编一本什么书,缺巴金的信封。丁景唐二话没说,立即写信给李济生。果然,李帮助找到巴金的信封,还加了另外一位作家的信封。

那是1987年12月11日巴金给王仰晨写信所用的信封,王仰晨是人民文学出版社资深编辑。信封上写:北京朝外十里堡北里2号楼四门301室王仰晨同志。下署:上海武康路113号李芾甘。李芾甘是巴金常用的名字,熟悉的人平时总是叫他为"芾甘、芾甘"的。这些字是用蓝黑墨水写的。

巴金寄的是航空挂号,右上角贴有一枚四角邮票、二枚四分邮票,用的是上海文具部印制的航空信封。在三枚邮票中间盖的邮戳上,可以清楚地看到巴金寄出的时间为"1987年12月11日"。王仰晨是1987年12月13日收到的,他在信封背后写上了日期。

丁景唐接到李济生寄来的信封后,马上寄往北京的王世家。

在一大堆信札中,有一封1981年11月李济生写给丁景唐的信,信封上丁景唐写有一行字:"内有巴金给言昭题字留念"。打开信封一看,里面有一封李先生的信:"老丁:幸不辱命嘱签名题字,已办妥,特将邮票集邮卡附上,请查收。敬礼!李济生11月16日。"信是用毛笔直书在宣纸上的。再看那张集邮卡,是用图书馆的分类卡做的,长4寸,宽2寸,左上角贴了枚鲁迅百年纪念的邮票,下面就是巴金的题字:"学习鲁迅,永远前进!为丁言昭同志题　巴金1981年11月14日"。李先生只隔了一天,即寄给丁景唐。

1980年代中期,丁景唐到宁波开会,认识了在宁波师范教书的老师张沂南,她的父亲是老干部,大概是这个原因,丁景唐与她交往比较多。张老师多才多艺,参加时装队等文艺活动,对美术也挺有造诣,现在家里有一张她画于1989年11月24日的巴金肖像,非常棒。可惜我们家与她失联好久,不知道她在何处。

1980年代以后,丁景唐与巴金的接触就更多了,常去他家拜访。

1984年,丁景唐正任上海文艺出版社的社长兼总编辑。这年8月11日早上,风和日丽,丁景唐和几位编辑到巴金寓所去,向他报告一个好消息:《中国新文学大系(1927—1937)》的小说集,已经正式出版了。

在宽敞的客厅里,丁景唐和其他几位编辑围坐在巴老的两旁。巴老拿着还飘洒着阵阵墨香的《大系》,边看着,边不时轻轻地抚摸着。巴老的神情,深深地感染了大家。记得,当《大系》的编纂工作刚开始时,巴老就答应为小说集撰写序言,他虽住在医院中,却一直关心着《大系》的工作。1983年元旦,巴老在再次住院的前一天,派人送来了为《大系》小说集撰写的序言。他说这是自己献上的"新年礼品"。如今这"礼品"和着《大系》小说集,一起成为献给国庆35周年的厚礼了。

望着巴老喜滋滋的神情,丁景唐说:"巴老,《大系》的出版,得到了你的很大支持。你为我们写的序,对我国新文学运动第二个十年间小说创作在中国革命史上的意义和作用,作了深刻的论述。"

巴老微微摇了摇头,说:"这个谈不上,这只是尽了我很小、很微薄的一点力。"说着巴老翻开手中的《大系》,边看边说:"几十年来的中国新文学取得了很大的成就。你们的工作确实是有意义。这套新文学大系的出版,实际上也是对中国现代文化作了一个很好的总结。我个人的一些意见,倒是觉得微不足道的。"

丁景唐恳请巴老在身体状况允许的条件下,能出席《大系》出版座谈会。巴老说:"近二年,我常有病,身体不好,平时不大出门,也讲不出什么来。这次就不来参加了。这样有时间关起门来,在家写点东西。我个人的天性就是这样,也许是我的缺陷吧。"

不知不觉已过了半个多小时,众人准备起身告辞,巴老留大家一起合影留念,并执意将大家送到门口。

1986年4月上海书店出版《文艺日记》,有平装本和精装本两种,色彩也有好几种,有红的、绿的、黄的……

当时丁景唐不知从哪里发现一本1935年的《文艺日记》,这是邹韬奋创办的上海生活书店在1935年编印的1936年《文艺日记》。他仔细翻阅了这本日记,觉得非常有特色,很棒。该日记簿除日记芯子之外,还印刷有:文坛名家的每月献词——1月是夏丏尊、2月是郭沫若、3月是郁达夫、4月是叶圣陶、5月是吴祖缃、6月是欧阳山、7月是洪深、8月是老舍、9月是祝秀侠、10月是王任叔、11月是丰子恺、12月是茅盾。还有文学名句三百余则等。

像这类日记簿在1930年代初，蔚为风气，但日后多被忽视。

丁景唐与担任副总编辑的郝铭鉴商量，能否也编辑一本类似的《文艺日记》，在征求一些内行的意见后，决定出版这本书。经过几次商量后，大家觉得这本书应该既有实用价值，又有观赏意义，于是分头找资料，如作家的照片和题辞，由郝铭鉴负责文字编辑，当时丁景唐还要丁言昭去翻译片厂寻找得奥斯卡奖的名单等。陶雪华任美术编辑，与上海书店编辑部合作编纂。

《文艺日记》每页的角上都有名人名言，有鲁迅说的："我有一言应记取，文章得失不由天。"茅盾说的："善于描写典型的伟大作家不但用大事件来表现人物的性格，而且不放松任何细节的描写。"叶圣陶说："写作之前为读者着想，写作之中为读者着想，写完之后还是为读者着想。"后面有张天翼、聂耳、郭沫若、冰心、老舍等古今中外名人的名言。隔几页，即有一张老作家的照片和题字或名画家的作品。如第一页是巴金的照片和题字，他写道："人为什么需要维修，需要它来扫除我们心灵中的垃圾，需要它给我们带来希望，带来勇气，带来力量，让我们看见更多的光明，我五十几年的文学生活可以说明：我不曾玩弄人生，不曾装饰人生，也不曾美化人生，我是在作品中生活，在作品中奋斗。"下面写上名字（巴金）和日期（1985年10月17日）。其他还有朱光潜、柯灵、艾青、曹禺、高晓声、茹志鹃、王蒙、谌容、李国文、蒋子龙、叶辛等作家题词，每月按手迹、肖像刊录。

插页上，有米开朗琪罗、安德斯·左恩、莫奈、伦勃朗、徐悲鸿等人的名画。后面的附录有：《中国著名文学家》《外国著名文学家》《中国著名艺术家》《外国著名艺术家》《历届诺贝尔文学奖金获得者》《历届奥斯卡金像奖获奖影片及最佳男女演员》《中国文艺之最》《世界文艺之最》《常用文史工具书举隅》《常见文艺样式举隅》《文艺知识百题》等11种，使读者一目了然。

丁景唐与郝铭鉴所编《文艺日记》，可称是后来居上，在编制、格式与纸质上，都有突破。

1986年6月的一天，丁景唐和上海书店经理俞子林、副经理林国华和编辑室主任刘华庭等，带着《文艺日记》样书，去看望巴金。那天丁言昭、周忠麟也去了。为了表示谢意，上海书店还捎去巴金托购的1930年代旧书。

由于身体欠安，那时巴金已很少为人题词，但在《文艺日记》里的题词十分认真和真诚。

那天巴金精神很好，让客人开了电扇，自己一点也不避风。他翻阅着装帧精美的《文艺日记》，当见到制版得清清楚楚的自己题词和其他作家题词后，面露笑容，感叹地说："长远没有看到这样精美的日记了。"

书店的同志对巴老说:"你一年写一本,可以写它10本。"巴金听了哈哈大笑,说:"写不了那么多。"

巴金是个平易近人的人,有问必答,坐在他身边如沐春风。丁景唐说:"上海最近在开书市,你想去看看吗?"巴金答:"到书店看书是高兴的事,但自己身体不好,身体好我一定去。"

"那你能否叫女儿去代买?"丁景唐问。

"不行,书一定要自己去买,自己买书有味道。"巴金答道。

上海书店出版部的同志拿出巴金托购的一本1929年以前出版的《自由月刊》,并告诉巴老,他托的其他旧书还没有全找到,如作过较大修改的第10版《家》(开明书店版)及巴金主编的1929年《自由月刊》1至5期等。

巴金告诉大家,这几天他正在做一件事,就是整理自己的藏书,包括各种版本的自己的旧作,拟分门别类理好后,捐献给中国现代文学馆。

丁景唐听了连忙说:"我这里有你的一些版本书,还有萧珊译的屠格涅夫《初恋》,都送给你作纪念,好吗?"

巴金听丁景唐说还保留着萧珊译的书,似乎动了感情:"我收下来看看,将来还是要捐献出来的。"

时间不早了,巴金为每个来客一一签名留念。

1992年12月28日,按照事先与巴老约定的日期,丁景唐作为韬奋基金会理事,由韬奋基金会的邹加力(邹韬奋的女儿)、陈理达两位邀请,同去巴金家中拜访。巴老是韬奋基金会的倡议人和名誉理事,为的是去向他汇报韬奋基金会的工作情况,并致慰问之意。

那天他们驱车到常熟路、巨鹿路转角处,见有一花店,陈理达等人就下车去买花。卖花的中年妇女听说鲜花是韬奋基金会送给巴老的,分外热情来帮助陈理达挑选鲜花,并介绍说自己看过邹韬奋的书,也读过巴金的著作。她选了玫瑰、菖蒲、康乃馨、文竹,把它们搭配成一束色彩和谐的鲜花。然后她又说,紫红色的玫瑰象征温馨,菖蒲显示清雅秀丽,康乃馨表示对长者的尊敬,至于成束簇生的竹,则给老人以安宁的感觉。

确实,这一束鲜花蕴藏着人们对巴老衷心的祝愿。

上午10时30分,车辆到达巴老寓所。步入会客室,见到巴老正和《巴金传》作者徐开垒说话。邹加力代表韬奋基金会和她的母亲沈粹缜向巴老致了问候。接着,她和理达献上那束蕴含美好祝愿的鲜花和一盒生日蛋糕,祝巴老健康长寿。

巴老接过鲜花,对加力说:"你母亲好,大家好。以前,我住在华东医院时,恰好你母亲也住在华东医院,那时常常见面。"加力说:"谢谢巴老,母亲还住在华东医院,母亲要我向你问好。"加力还说:"好久没有来看你了,今天我们一起来看看你,并向你汇报韬奋基金会在长乐路325号一座三层小楼的办公房子,现在已经修竣了。"这时,理达向巴老递上办公楼的一张照片,同时也把照片分赠给丁景唐和徐开垒。巴老拿着照片,端详一会说,这幢房子造得好,是座优雅的小洋房。加力、理达接话说:房子外部整修一新,现在室内尚待装潢,还要添置设备,要花很多钱,正在想法化缘,待弄舒齐了,就可供新闻出版单位开讨论会、聚谈和接待国内外客人之用。巴老听后笑了。

丁景唐问开垒兄:"你们在谈《巴金传》吧。打断了巴老和你的谈话,很抱歉。"开垒说:"《巴金传》上卷虽已出版,但续卷在《小说界》连载完毕后,我又作了不少修改,准备仍让你们文艺出版社出版。现在修改稿正请巴老审阅,主要核对事实。你们来得巧。"

说到"巧",丁景唐和理达同声把卖花女是一位邹韬奋的忠实读者,和她为巴老配花的巧事说了一番。开垒说:"巴老身体还健,思路清楚,听觉也不差,只是体质弱,多说话有困难。"

丁景唐说:"今天在巴老家中相聚真巧。巴老是上海文艺出版社的前身——文化生活出版社、平明出版社的老前辈。他帮助我们文艺出版社出了不少好书,如《第四病房》《憩园》《寒夜》《还魂草》《雾·雨·电》《巴金六十年文选》和《巴金论创作》等。去年巴老搁笔几年后,还专为我社的《文化老人话人生》写了一篇《向老托尔斯泰学习》的散文。巴老多年来积极支持文艺出版社的各项工作。记得1982年文艺出版社30周年纪念时,我特地请巴老写过一篇纪念文章,由黄宗英在纪念会上朗读,后来收入《随想录》和《巴金六十年文选》。开垒兄是上海文艺出版社的老作者,我们是结交近五十年的老朋友了。"这时,开垒开玩笑说:"老丁很早就是中共地下党员,四十年代我们相识时,他对我一直保密,现在想起来,你真不够朋友啊!"说得大家都笑了。

丁景唐又接着说:"巴老的妹妹李瑞珏同志也在座,她和她弟弟李济生又都是文艺出版社的同仁,加力是'老文艺',理达是文艺出版社的'媳妇',我们都是一个大家庭啊!"理达的先生孙颙,先在文艺出版社工作,后来担任上海新闻出版局的局长。巴老点点头说:"是呀,是呀。"在座诸位发出欢快的笑声。

巴老对丁景唐说:"你还常常到旧书店去吧。可惜我行动不便,不能和你在旧书店碰面了。"丁景唐说:"上海交通太挤,我也难得出去,书店里很难淘得好书。许多书店的书架还是封闭式,不让读者直接选书,有时还不免受点气。"以前,在1950年代、1960年代,丁景唐还逛书店,常遇到巴老选书。这回上巴老家做客,话题也常转向淘书的乐趣。近些年来,淘书的乐趣渐渐愈来愈少了!

巴老坐在靠窗的小书桌前,桌上堆着书和文具。这时,丁景唐才发现老人手中有一只小小的暖手盒,室内没有生火。拍照片时,巴老手中捧着那束鲜花,大家站在巴老的后面。

加力邀请巴老在天气温和时,到韬奋办公室去看看。巴老说"好好"。

大家起身告辞,巴老站了起来,一位青年扶着他。客人齐道:"巴老不要站起来。"瑞珏说:"他已坐了一会,要让他走动走动。"

加力、理达忙不迭搀扶巴老,几个人塞在会客室门口,相持了几秒钟,此时,众人又齐声说:"巴老不要送了,不要送了!"

巴老还是坚持送到外间的门边,见此景,丁景唐急了,说:"1982年,有一次,我去华东医院北楼看望巴老,他站起来送我,一个转身,倒在床边幸好没出事,我到现在还有点后怕。"开垒笑道:"巴老如再一次摔跤,我可不放过你了!"巴老也笑了,说:"没事,没事。那次转身不自然,随势在床边躺倒在地,一点没有扭损。"大家听着,都急急地转身开门出去,怕门外的北风吹坏了老人,齐声向老人招手:"巴老您留步,祝您身体健康长寿!"

巴金的创作从未脱离时代,脱离人民;他的思考从未离开祖国前途,民族的命运。几十年风云变幻,他始终没有改变那颗挚爱祖国和人民的赤子之心。他用手中的笔,为我国民主革命的胜利和社会主义精神文明建设做出了出色的贡献。

丁言昭在整理丁景唐与巴老交往的材料时,发现了三张"巴金文学创作生涯六十年展览"的首日封,每张信封上都写了一段纪念巴老的文字,其中一张首日封上,丁景唐录下了鲁迅先生《答徐懋庸并关于抗日统一战线问题》一文中的这段话:"巴金是一个有热情的有进步思想的作家,在屈指可数的好作家之列的作家。"落款日期是:1989年12月7日。

五六　山城雷电

"快去看看陈伯伯,他又住院了。"

"他不是刚出院不久,怎么又住进来了?"

"这次是来检查身体的。"

可不是吗?陈伯伯有时为了感冒,有时为了眼睛,有时为了牙齿,常常进院、出院,那位勤劳的谢阿姨,总是紧跟在身边,寸步不离,尽心尽力地照顾陈伯伯。

那天,丁言昭刚踏进华东医院19楼病区,就听见父亲丁景唐招呼她,并把她带到隔壁的病房,只见陈伯伯身着火红的毛背心,头戴银灰色的贝雷帽,一副很酷的模样。

陈伯伯就是影剧界大导演陈鲤庭先生,生于1910年,比丁景唐大10岁。他一见到言昭,就用食指点着她,说:"言昭!"哇,说起话来掷地有声,双眸炯炯有神,哪像百岁老人啊!言昭赶紧上前握住他的手,手凉凉的,软软的,倒是有点像上了年纪的人。

陈伯伯和丁景唐早就知道对方,可是两人坐下来,面对面的说话,已是1984年了。

去看望陈伯伯的起因,是丁景唐于1983年春主持《中国新文学大系1927—1937》。在这之前,他做了大量的案头工作,到北京访问夏衍、叶圣陶、周扬、聂绀弩、吴组缃、艾青、陈翰伯等老前辈,化了近两年的功夫。丁景唐在编纂《大系》的时候,最大的特点是要找到最初发表作品的报刊或单行本的初版本,几个编辑都很辛苦,不过心里还是挺敬佩父亲的,认为他这样做,是因为《大系》带有文献性,要对历史负责,所以仍然千方百计地寻找初版本。

丁景唐自己也身先士卒,寻找初版本。1984年年底,他对言昭说:"你搞戏剧的,应该把《放下你的鞭子》(简称《鞭子》)的来龙去脉弄弄清楚。"

"从哪儿入手呢?"言昭问道。

"找陈伯伯呀!"

"哪个陈伯伯?"言昭有点弄不明白,又问道。

"就是陈鲤庭伯伯呀。"

"为什么找他?"

"他是这个戏的原作者呀。"

"啊!"言昭恍然大悟。

那时,丁景唐为了寻找《鞭子》的初版本,伤透了脑筋,最后才确定《鞭子》的原作者是陈鲤庭。当时,有3种说法:第一,佚名说。第二,集体创作说。第三,由《眉娘》(又称《迷娘》)改编说。

1984年12月2日和1985年9月19日,丁景唐和言昭去拜访了陈鲤庭,并作了长谈,后来熟悉了就常常去玩。

陈鲤庭住在复兴西路,靠近乌鲁木齐南路口的一座高楼里。那里面住了很多作家和艺术家,有吴强、王西彦等。听说当年《红日》得了一笔稿费后,作者吴强为大楼里所有的住户付了水电费。

他们一进门,迎面是一个大房间,既是会客室,又是书房和卧室,旁边还有两个小房间,不过言昭没进去过,大概是女儿的闺房吧。

他们一落坐,陈伯伯马上将两杯准备好的咖啡冲好,递给他们,立刻,一股香味进入客人的嗅觉:啊,太好闻了。

当他们把来意一讲,陈伯伯马上说:"其实,谁是作者并不重要,重要的是从左翼戏剧家联盟(简称剧联)成立以后,剧运发展迅速,需要有能够演出的剧本,要反映现实生活,我们要从人们思想转变的角度来阐述《鞭子》的诞生。"接着,他具体介绍了剧本创作的一些情况。

1930年上半年,陈伯伯从大夏大学毕业后,由其同学介绍,到同学当校长的南汇县大团镇大团小学任教。从1930年下半年,到1931年的一年多小城镇的教师生涯,使陈伯伯得以深切地感受到官绅勾结的国民党统治下,广大内地人民遭受的苦难与生活的动荡,特别是他目击路过城镇逃荒的难民。他们成群结队地要饭吃——当时叫作"吃大户"的悲惨景象。这些感受,促使陈伯伯在1931年的暑假,花了好几天,在大团镇写成一个短剧,题名为《放下你的鞭子》。

剧本写的是一个街头卖艺、献艺的难民姑娘哀愁疲乏,难于支撑,卖艺的汉子竟然动用鞭子打她。此时,从观众中突然跳出一个青年,他大声呵斥汉子,责问情由。原来汉子和姑娘是相依为命的父女俩,只因家乡连年灾荒,苛捐杂税,官绅欺压,兵痞骚扰,生活难以为继,只能逃到异乡客地,以江湖薄技沿途卖艺,却还难得温饱。可那老汉只管抱怨天意不顺,穷人命苦,竟还要抽打女儿。于是,青年愤怒呼吁:放下你的鞭子,把鞭子抽向那些迫使你们离乡背井的罪魁祸首。结尾是观众响应,扮演群众的演员带头喊口号,借以点明"鞭子"该"指向谁"的主题。

1931年,丁景唐才11岁,与陈伯伯虽然相差10岁,可是民族恨,不愿意当亡国奴的心情是相通的。

按惯例,每年10月10日总要举行大型游艺会,于是,陈伯伯写信给赵铭彝、姜敬舆,希望剧联派人来进行宣传演出。没多久,剧联派了4个人。他们是谢韵心,即章泯,"文化大革命"中被迫害惨死;阿梁,即梁耀南;还有就是卜落和密司张。其中只有谢韵心的名字,陈伯伯见过,因为他看过谢韵心登在戏剧杂志上的文章,见面后,叫他老谢。在谈论演什么戏时,陈伯伯就把《鞭子》拿给他们看,老谢说:"就演你写的。"

于是,陈鲤庭领他们到县城,由老谢导演,阿梁等协作,于1931年10月10日这天在南汇县的游艺会上演出了这个戏。当时只在街头搭了个草棚,观众有学生、过路人,乱哄哄的,效果并不太理想。前后只是一两天的演出活动,这是陈鲤庭同剧联直接交往的开端。

1932年陈鲤庭从南汇转到上海,认识了不少剧联的人。老谢要陈鲤庭到青浦剧社去辅导戏剧演出。他嘱咐负责演出的黄鲁不要刻印或复写《鞭子》剧本,不要署作者名字,万一出事,特务无法追查。崔嵬1932年看到的剧本,大约就是这一份。

这次演出的时间是1932年中秋节,地点在上海浦东劳工新村的小礼堂(解放前称烂泥渡桥,今为东昌路)。洪大本演青年,王为一演卖艺汉子,是陈鲤庭从美专邀来的。朱铭仙演艺女香姐,她当时才19岁,是基督教女青年会的劳工小学老师,能说一口流畅的国语,解放后在上海戏剧学院任台词老师。

观众是工人子弟、青工及其家属,他们对该剧的主题有切身之感,反应强烈。演出者是他们熟悉的老师,当打抱不平的青工从台下跳上台时,仿佛不是演戏,而是他们自己在采取正义行动。当青工提出应把鞭子指向谁的问题时,台下迸发出一阵鼓动性的战斗口号。

此后,剧联所属各剧社纷纷上演《鞭子》。1933年陈鲤庭主持骆驼演剧队时,《鞭子》是他们的基本剧目之一。

1995年5月,丁景唐与电影局办公室干部马积先一起去看望陈伯伯,起因是想为纪念抗日战争胜利50周年写一篇文章,内容是关于陈伯伯抗日战争期间在重庆导演的郭沫若话剧《屈原》。

丁景唐与马积先老师早在1946年就认识了。那年2月10日,他主持的上海文艺青年联谊会(简称"文谊")成立,参加这天大会的有郑振铎、许广平、许杰、蒋天佐、叶以群、陈烟桥、朱维之等一百多人。"文谊"其实是中国共产党领导的年青文艺新军,当时参加的有近二百人,后来这些人多成为文化艺术界的领导和骨干,马积先老师就是其中一位。

1995年的陈伯伯已85岁高龄,记性特别好。他清楚地记得,在他受命导演《屈原》前不久,也就是他成功地导演了《钦差大臣》之后,周恩来在天宫府的文工会召见他,同他亲切交谈《钦差大臣》,又叮嘱他要搞好剧团的内部团结。陈鲤庭说:"这次召见,很可能与不久之后要我导演《屈原》有关。"

周恩来说的"剧团",指的是由阳翰笙筹划,专门组建的一个民间剧团——中华剧艺社(简称"中艺"),理事长为应云卫,陈鲤庭是理事兼导演。

这个剧团产生的时代背景是这样的:1941年"皖南事变"发生后,以周恩来为首的中共南方局,高举坚持抗日的大旗,团结一切爱国进步力量,推进抗战大业。鉴于话剧在当时重庆文化生活中的重要位置,确定以话剧为突破口,成立了"中艺"。剧团利用重庆十月雾季来临,日本飞机无法轰炸时,举行雾季公演。演出声势浩大,《屈原》的演出,更是轰动了山城。

陈鲤庭老说:"这个戏的实质,是借用屈原之口,抨击国民党顽固派的黑暗统治,推动团结抗日。说它是文艺战役,指的恐怕就是这一点。我是这个戏的导演,但在政治上,在实际上,从编剧、演出一直到宣传评介,都是在周恩来同志的直接关怀参与下进行的。可以说,这个戏以及整个重庆雾季公演出的总策划、总导演是周恩来。"

五幕历史剧《屈原》,是郭沫若在周恩来的关心支持下,用10天时间一气呵成。剧本通过屈原投江前一天的生活,概括了他悲壮的一生,反映了楚国以屈原为代表的爱国力量与上官大夫、南后为代表的投降力量之间的尖锐斗争。它借古讽今,表达广大人民反专制、反迫害、反投降、反卖国的正义呼声和要求民主自由、团结抗日的强烈意志。

丁景唐和马老师问道:"你导演这个戏,郭老当时有什么交待吗?"

"不记得有特别交待,只记得他对《雷电颂》这场戏很关心。周恩来同志对《雷电颂》也很欣赏。还说屈原并没有写过这样的诗词,也不可能写得出来。这是郭老借着屈原的口说出自己心中的怨愤,也表达了蒋管区广大人民的愤恨之情,是向国民党顽固派压迫人民的控诉,好得很!"陈鲤庭深情地回忆道。

周恩来还关照阳翰笙,要为这个戏配置强有力的演出阵容。于是,当时在重庆的优秀演员金山、白杨、张瑞芳、顾而已、施超、石羽、周峰等等,都集中到这个戏来。

有一天,周恩来派人把两个主要演员请到红岩村,听他们反复念了好几遍《雷电颂》。然后说:"注意台词的音节和艺术效果固然重要,但尤其重要的是充分理解郭老的思想感情,要正确表达。这是郭老说给国民党顽固派听的,也是广大人民的心声,可以预计,在剧场中一定会引起观众极大的共鸣。"

《屈原》1942年3月初开排,4月3日起在国泰大戏院正式公演。刚从香港脱险回来就挑起饰演屈原重担的金山,在演出那天发表的《参加〈屈原〉演出有感》(载1942年4月3日《新蜀报》,后收入《金山戏剧论文集》)中激动地说:"这不是剧,也不是戏,这是古代的史诗,这是今日的战旗。"大家把这次演出看做是一场政治进攻,作为导演的陈鲤庭,更是废寝忘食,竭尽心力。

丁景唐和马老师听得津津有味,情不自禁又问:"在你导演的众多话剧中,最称心也最成功的是否要数《屈原》?"陈伯伯的脸上浮现一片光彩,点头称是。

当时32岁的陈鲤庭,正处于话剧导演的成熟期。可以说,在导演《屈原》这部戏上,他的艺术修养和经验,对剧场艺术的追求和抱负,对表演艺术的探索和见解,经多年实践形成的自成系统的导演工作方法,都充分发挥了出来,在舞台上再现了郭老原作的澎湃气势和战斗诗篇的风格。

《雷电颂》是这部戏的核心和精华,其中有中国舞台上从未有过的最长独白。当时担心,这样长的独白观众是否坐得住? 陈鲤老笑着说:"这在当时就有人担心,但我相信能够处理好。"他告诉客人,当年读剧本时,最激动他的正是这场戏;感到最难演、又最能充分发挥史诗剧魅力的,也是这场戏。陈鲤庭和演员们终于不辱使命,对这场戏,导演处理得异峰突起,演员表演得淋漓尽致。陈鲤庭运用舞台艺术的整体性原则,除了充分发挥声光效果之外,还糅合了歌剧的一些表现手段,请著名作曲家刘雪庵为剧中的歌词,特别是长达半小时的独白《雷电颂》谱曲,还不惜拆掉剧场前三排座位辟为乐池,把乐队安排到舞台前面,这在我国的话剧演出中还无人尝试过。

更为匠心独具的是,他以周密的场面调度来推动演员理解人物、表现人物;把剧本规定的"东皇太乙庙"这场景,巧妙地安排成几个层次的表演区——前台作为地下庙堂,其后是高于庙堂的长廊,一根巨大的圆柱和一个广阔的天幕,台右有连接长廊、庙堂的台阶。这样,金山扮演的屈原就有了广阔的演区,可以上天入地,抨击黑暗,叱问苍天。演到这里,阴沉的天幕上电闪雷鸣,乐队的伴奏惊心动魄,古代伟大的爱国者屈原披发怒吼:"爆炸了吧!""烧毁了吧!""叫那些没有心肝、没有灵魂的天神们滚下云头来!"台下观众也心潮激荡,抒发他们对国民党顽固派"消极抗战,积极反共"的义愤。

山城因《屈原》的演出而沸腾了。许多观众半夜三更就到戏院等待买票,许多人冒着大雨来看演出,还有人专程从成都、贵阳、桂林等地赶来;在嘉陵江边、缙云山头、大学校园,不时可以听到"爆炸了吧!"的呼声;苏联驻华大使潘友新在观看演出时,握着郭老的手说:"可惜是在战时,否则我一定想法子把你们全班人马请到莫斯科去。"黄炎培、郭沫若、沈钧儒、董必武、柳亚子、陈铭枢、张西曼、沈尹默、田汉、潘梓年、华岗、龙潜等社会名流、文坛老将以及机关干部、医生、教师和学生，纷纷在《新华日报》和其他进步报刊刊登《屈原》的唱和诗，赞颂爱国主义，嘲讽卖国投降，形成轰动一时的大联唱，持续达半年之久。

《屈原》演出的巨大成功和深刻影响，激动着人民的斗志，也引起国民党顽固派的恐慌。为祝贺演出成功，周恩来同志在天宫府郭老办公处设宴庆功，与在座的每一个人碰杯。他说："在连续不断的反共高潮中，我们钻了国民党顽固派一个空子，在戏剧舞台上打开了一个缺口。在这场特殊的战斗中，郭沫若同志立了大功。"

国民党的中宣部副部长潘公展，则在另一个会上当着郭沫若的面气急败坏地说："什么叫爆炸？什么叫划破黑暗？这是造反！"他还宣布："我们的领袖不是楚怀王！"有个御用文人跟着诋毁《屈原》，和潘公展一搭一档地叫嚷要立即禁演。话音刚落，郭老便潇洒自如地昂首退出会场，以不屑一驳的态度表示严正的抗议。

应云卫、陈鲤庭他们把队伍拉到北碚，从 6 月 28 日起继续公演。演出前两天，郭老特地坐船赶去慰问，并把自己书斋里的主要陈设——一只古铜色的大瓷瓶抱去，给张瑞芳饰演婵娟做道具。真是好事禁不绝，天下知音多，不少人又从远方赶过来看戏，一时间，北碚旅馆的生意也特别好，"爆炸了吧！"的吼声，更是越传越远。

一个凝结着人民信念的伟大作品，一种担负着历史使命的高亢呼声，依然是铭刻在人民心中的丰碑！

丁景唐问言昭："你知道陈伯伯的前任夫人是谁吗？"

"不知道，是谁啊？"

"赵慧深呀，是赵景深的堂妹。她除了是位出色的演员，上个世纪的三十年代还出版过多幕剧《自由魂》和《如此北平》，以及独幕剧《重逢》，散见的文章还有不少。"

"是吗？"

"而且，她拍过一部电影《马路天使》。你一定看过。"言昭点点头。

从此，言昭开始注意收集赵慧深的材料。

赵景深先生的儿子赵易林告知，祖上的名字是按照金火水木土的排行来取的，祖父辈带"土"，父辈带"金"，轮到赵慧深一辈，带"水"，用三点水来表示"水"，赵易林的"林"，是表示"木"。

赵慧深生于 1914 年，关于这个出生年，有几种说法。赵慧深有三个妹妹和一个弟弟，据三妹赵琼告知，大姐于 1910 年出生在杭州外祖父家，也有些文章说是1911年出生。为什么说是1914年出生呢？这是根据赵慧深1956年1月1日的日记。这天她写："今天过年了，又大了一岁，不像话，我今到42了。"计算一下，不是1914年吗？据说，那时候演员为了自己能够年轻，故意把出生年份往后挪几年。

赵慧深祖籍四川宜宾市人，后随家人迁居天津，入天津女子师范小学读书，受堂哥赵景深影响，热爱文学和戏剧。两人感情不错，因为赵慧深经常在外地，两人不太见面。2016年10月4日，赵易林在电话里告诉言昭，当他十岁不到时，有一天，父亲带他到群众剧场门口去见赵慧深，因为继母李希同不让赵慧深进门。赵易林觉得她说话蛮好听的，一口京片子。

不久，赵慧深又迁居南京，到上海后，加入"梅花少女歌舞团"。为了学得更多知识，到南方大学攻读文科。1932年去山东济南省立实验剧院任干事，始在田汉《父归》《湖上悲剧》等名剧中扮演角色。

唐槐秋领导的中国旅行剧团，筹备于1933年11月，当时全团只有六个人，1934年赵慧深参加时，已增加到九个人，后来人员不断增加。当时曹禺的剧作《雷雨》搬上舞台，经过一番磨难才上演。赵慧深在中国旅行剧团的宣传册《三年来的中国旅行剧团》(1936年上海杂志无限公司出版)中说："最使我们感到痛苦的是剧本问题。剧本本来不够演，同时平津的当局限制得非常厉害，《雷雨》三次在平驳回，原因是乱伦。"。

终于，《雷雨》上演了。由赵慧深演繁漪，戴涯演周朴园，陶金演周萍，唐槐秋的女儿唐若青演鲁侍萍。

1935年10月12日起，在天津新新影剧戏院公演《雷雨》，这是国内职业剧团以"大演出的号召"，首演《雷雨》。

《雷雨》作者曹禺晚年曾对多年研究曹禺的曹树钧老师说过："中旅在商业上的成功，有一部分得力于《雷雨》。我看的是赵慧深和陶金演的。他们这一台戏，在当时还是比较整齐、严肃的，非常受市民和学生的欢迎。"曹禺还特别赞赏赵慧深的繁漪和唐若青以十八岁的少女演的鲁妈。

上海戏剧学院导演系教授胡导老师当年看过赵慧深的演出，在《干戏七十年杂忆——上世纪三四十年代上海的话剧舞台》(2006年12月中国戏剧出版社出版)中特别立了一章，谈《赵慧深女士创造的繁漪形象》。文章一上来，他就说，赵慧深创造的繁漪形象"是我终身不能忘怀的"。

赵慧深有一对极深沉的眼睛，这似乎是繁漪才有的，而且那眼神是那么深邃，那么幽深，在戏中发挥得特别神奇。胡老师说，繁漪的形象，在看剧本时，在脑子里已经"过"了好几遍，当繁漪一出场，赵慧深那素雅的服装，能诗善画的高教养，"心偏天般高"的气质，立刻使胡老师认准了这就是剧本中的繁漪。让他惊奇的是她的眼神竟是他脑子里没有"看"到过的。

赵慧深的眼神一时好像在寻觅,在期待;一时又像利箭般直刺四凤心底……闪现了一股劲儿,一股魅力。接着冲儿上场,她那阴郁的眼神刹那间明亮起来,显现了母性的一面。当冲儿一提四凤,她眼神马上又阴郁起来。周萍上场后,她那深渊般的眼神里翻滚起了波涛,直到周朴园上场,她才抑制着使自己平静下来……

正是赵慧深有着高深的文艺修养,让她把繁漪十几年来在周公馆受到的一切迫害、苦难、折磨都融合在那双深渊般的眼神里。

赵慧深是我国话剧史上第一个饰演繁漪的职业女演员,在此之前,曾有三个学生团体上演过《雷雨》,有浙江上虞春晖中学学生(1934年12月)、中国留日学生(1935年4月)、天津孤松剧团学生话剧团(1935年8月)。多少年来,《雷雨》上演过无数次,却没有一个繁漪演得像她那样成功,这是众所公认的。繁漪的演出成功,不仅奠定了赵慧深在话剧界的地位,也使她成为引起电影界关注的演员。

赵慧深在舞台上演过四十多部话剧,但是在银幕上只塑造过一个形象,那就是在《马路天使》中的妓女小云。她虽然是第一次走上银幕,却以深刻的心理活动,通过人物外表的冷漠再现了对幸福生活的向往。她那双似乎永远凝视的目光,闪现着对黑暗社会的深切仇恨,仿佛表达了无限悲愤的控诉。

这部由袁牧之编导的影片于1937年7月同观众见面,人们记住了周旋、赵丹、魏鹤龄等演员,也记住了她——演小云的赵慧深,大大的眼睛,薄薄的嘴唇,她的形象拨动了一位先生的心——陈鲤庭。

陈鲤庭先生是位很有成就的戏剧电影人,1931年夏,他创作的《放下你的鞭子》,在全国各地流传。1936年任上海业余剧人协会理事、业余实验剧团理事、编导部副主任。抗日战争期间,上海共成立十三个演剧队,陈鲤庭担任上海救亡演剧队第四队队长,后又任旅川上海业余剧人协会理事兼导演、山西文艺界抗敌协会话剧队队长兼导演、重庆中国电影制片厂编导委员、中央电影摄影厂编导委员等。期间导演舞台剧《夜光杯》《魔窟》《钦差大臣》《结婚进行曲》《复活》《屈原》等,特别是《屈原》,它是中国话剧艺术史上重大成果。

赵慧深恰恰被编在陈鲤庭带领的抗敌演剧四队,从上海出发辗转到西北、成都、汉口,在战区和后方为宣传抗日战争呐喊。那时的赵慧深不太爱说话,演出休息时,就在一旁写东西,别人起先不知道她在写啥,等到报上刊登了她的文章,才知道她在为报社写东西。其实赵慧深是个能说会道的人,在重庆时,她的房间里总是高朋满座,欢声笑语不断,她好像天南海北都知道,侃起来没完。对不熟悉的人保持沉默,人们不知道,此时,爱情的星星之火已在心中蔓延。

在去西北的路上,这一对优秀青年:赵慧深与陈鲤庭生活在一起了。

赵慧深非常热爱戏剧,在上海加入由剧联领导的上海业余实验剧团后,便成为陈鲤庭的秘书:组织剧目、编写宣传稿件、联系进步演员、作家等,是个好帮手。夏衍的《上海屋檐下》、曹禺的《原野》,都是由她亲自组织后,第一次搬上舞台的。

1941年年底,周恩来在重庆天官府的文管会召见陈鲤庭和赵慧深,由阳翰笙陪同。这次他俩第一次见到周恩来,有力的握手、慈祥的笑容、亲切的话语,给他们留下美好的回忆……

人们很看好这一对青年夫妇,有的还挺羡慕的,谁晓得,不知什么时候,两人分居了。也许是性格不合吧。陈鲤庭除了排戏,就是看书,或者写文章、翻译,不管外面发生天大的事,都不能动摇他看书的决心。大有"躲进小楼成一统,管他冬夏与春秋"之势。

网上有文这么一说:陈鲤庭的母亲对赵慧深特别好,常常买赵喜欢吃的菜肴等等,纯属无稽之谈。陈鲤庭是个弃儿,是养父母不知从哪儿把他抱来的。据朱孝庭先生告知,陈鲤庭对他说过,其亲生母亲在他脚上做过一个记号,梦想某一天可依据这个记号找到她,但是这个梦想一直没有实现。养母对陈鲤庭视如己出,可惜养父母很早就去世,转由叔叔照顾,将他从私塾转入飞虹国民小学读书,12岁即离家独立生活,1924年到上海。当陈鲤庭与赵慧深在一起时,哪来的陈母呢?

关于朱孝庭先生,在这里稍作介绍。他是同济医院的资深医师,与陈鲤庭有多年的友谊。一天,丁景唐在报上看到朱先生写关于陈鲤庭的文章,觉得非常好,便打电话给报社的熟人,与朱先生联系上以后,他俩就常来往。朱先生不但医术好,医德好,平时还写诗,丁景唐曾看到过他写的《我的梦——纪念抗战胜利70周年》:

  斜撑一柄小伞,
  独自个,清明夜,
  自忠路上徜徉,
  邂逅将军的英灵,我惊讶,
  依然披着战袍,我景仰,他
  轻声对我叮咛,父亲般慈祥……

2015年4月18日,朱先生特地为丁景唐写了一首:

> 丁老不算老,
> 百岁尚未到。
> 呼称老丁好,
> 还他十年少。

可惜朱先生于2017年不幸得了白血病,2018年去世,享年86岁。那一年是狗年,是他的本命年。在一本书里,曾看到过这样一段文字:

> 赵慧深,富有情感而努力文学的,但,她在舞台上所演的各戏,大部分是扮演个性很坚强的人,在舞台下也确是有她的相当的理智。她是文学与戏剧并进的,把自己的身子糟蹋得非常虚弱,在北平的时候,每次她所得的稿费大半得作为请客费用,这次一到寓所喊着对大家说:我又要请客了,果然,这两天她又大请其客了。

赵慧深除了在报刊上发表文章后,还创作了不少剧本:《不怕鬼的故事》《三不愿意》《乡下姑娘的春天》《蜘蛛与麻雀》《臭虫与跳蚤》《夜百合》《如此北平》《重逢》,根据荷兰人的《夜未央》改编的《自由魂》,与人合作的《穷汉岭》等。

赵慧深于1946年6月回沪后,由地下党派往苏北解放区,从事文艺工作。解放后,历任旅大教育厅社团戏剧指导、旅大文协艺委会副主任、东北戏改处编审科科长、东北戏曲研究院研究室主任、东北戏校校长,后调北京,任中国戏曲研究院编剧、中央电影局剧本创作所编剧、北京电影制片厂编辑部主任等职。1960年参加全国第三次文代会。

言昭于2016年10月28日在上海图书馆查到剧本《穷汉岭》,是大连市寺儿沟区大粪合作社集体创作,由赵慧深与孙树贵、白玉江、田稼执笔,1949年4月由新中国书局发行。

几十年来,穷汉岭的老百姓在国民党反动派及汉奸的压迫下,吃尽苦头,现在翻了身,报了仇,日子好过了,编成戏一定好看。起先剧名叫《祭瘟神》,一面编,一面排,都是以大粪合作社的人为主,排了十几天,引来更多人观看,领导也来了,嘱咐道:这是群众创作,要好好搞,多花些力量。此时,忽然接到通知,要到乡下去做征粮工作,无奈只能停下来。

一停就停了近两个月,1948年11月初,旅大教育厅专门派了赵慧深、田稼到大粪合作社,并且行李也搬来了,"下定决心,要把这个戏搞好;有了这么两个热心的名手做指导,于是大家都热情又鼓起来了"。(方冰 白玉江:《为甚么要演出〈穷汉岭〉》(代序))

这个戏很成功,在"关东教育行政会议座谈《穷汉岭》"的会上,到会人对此戏评价很高,说它"写得好,演得好",旅市教育局长金纯太讲:"从我看新戏,第一次看《白毛女》我很钦佩,后看《升官图》,这次是我看新戏的第三个最好的,这个戏把穷人翻身的事实完全表现出来了……"

参加《穷汉岭》的创作,赵慧深非常有感触,这是她第一次写新中国的戏,第一次与不是专业的同志合作,得到大家的肯定。以后似乎再也没有这样的机会了。

1960年代,赵慧深住北影厂单人宿舍,请了个保姆照顾生活起居。

"文化大革命"一起,北影厂造反派以不可阻挡的威力冲击"走资派"、名导演、名演员,赵慧深在所难免。她身体虚弱,精神官能症加剧,常常昏倒,胃痉挛,走路打飘,连做饭或者到食堂买饭都困难,只能请保姆来照顾。可仍遭到多次批斗。后来造反派在她宿舍门口张贴所谓按江青指示写的大字报,说赵慧深是"三十年代的幽灵"。

为什么江青要整她呢?原来1930年代,她们两人都是业余剧人剧团演员,赵慧深的戏好、人好,比她红,后来又创作了剧本,在戏剧界名气很响,于是江青记恨在心。

1967年12月3日星期日下午,赵琼去看她,赵慧深的情绪还好。第二天早上,有两三个人跑到赵慧深家,明明看到她虚弱不堪,还凶狠地大声叱骂,逼她交代什么黑思想、黑目的。就在这天下午,她服毒身亡。

1979年3月15日,北京电影制片厂发了一张《通告》:

> 我厂原编导室编剧王莹、赵慧深同志、编辑徐清扬同志、原置景车间工人梁万福同志,因受林彪、"四人帮"反党集团迫害,不幸先后于1968年至1974年逝世。现定于3月22日上午十时在八宝山革命公墓礼堂举行追悼会。特此通知。

至此,赵慧深得以平反。

赵慧深的感情生活很不如意,前后与袁牧之、陈鲤庭相爱过,可是都无圆满结果。她无子嗣,亲友们代为保存着她的遗物。因为信任,赵慧深弟媳妇、夏衍之女沈宁寄来赵慧深的日记等珍贵材料,其中,有一封陈鲤庭于1978年3月写给赵琼的信:

> "读到来信,知你工作所在,很高兴。'文革'期间,很多人十年仅一见,而你我竟廿余年未见一面,思之悔然……你大姐的死,我是一直到75年被宣告解放后才听到,很悲痛。四害欺人太甚,她是无辜的,死是

她无声的抗议。"

在53年的日子里,她曾辉煌过,她还活着,让我们记住她——赵慧深!

1942年陈鲤庭在重庆导演《屈原》,丁景唐在上海仍然坚持在沦陷区做中共地下工作。

1940年代,陈鲤庭导演电影《遥远的爱》《丽人行》,新中国成立后,导演的电影不多,那是因为他当了上海海燕电影厂的厂长,而丁景唐在市委宣传部、出版局等处担任领导工作的同时,仍在研究鲁迅、瞿秋白、左联五烈士和左翼文化运动。两人工作不同,但都在同一个大文化领域,谈起来有说不完的话。

令陈鲤庭遗憾的是,上世纪六十年代中期,原拟由他导演、陈白尘执笔的电影《鲁迅传》剧本,已选定赵丹、于蓝扮演鲁迅、许广平的,因"文化大革命"骤起,没能拍摄。

每次只要陈鲤庭住进华东医院,丁景唐总带着女儿丁言昭去看望他,谈起过去的事情,聊起每天的伙食……瞧,他俩笑得多开心啊!

五七　会面萧军

丁景唐在研究鲁迅时,即知道鲁迅与青年作家写信最多的是萧军和萧红,并看过他们的作品。可是从来没有见过面,直到1979年丁景唐去北京参加全国第四届文代会期间,才第一次见面。其实,在这之前,丁景唐为了言昭,曾通过老朋友找到他。

丁言昭小时候,每次爸爸下班,总是盯着他手里提着的一捆书,只要书一放到桌上,言昭立即挑那些封面漂亮、书名有趣的书,有《一只想飞的猫》《芬芬为啥剃光头》《大林和小林》等。一直到那疯狂的年代,言昭在爸爸的书橱里,找到一套精装的《鲁迅全集》,一本本地读。当祖国的春天来到时,开始跟着爸爸学写关于鲁迅、瞿秋白、左联五烈士、左翼文化运动的研究文章。从研究鲁迅,扩大到与鲁迅有关的一些作家,其中就有萧红。

言昭看了很多萧红的作品及有关她的文章,一天,她突发奇想,如果请见过萧红的人题辞,一定非常有意义。于是就请爸爸的一些朋友帮忙,首先是木刻家戎戈先生为言昭刻了三枚萧红头像,然后又请王观泉帮忙,找其刚调到北京鲁迅博物馆的好朋友王世家到印刷厂,印制了精致的萧红纪念卡,有横的和竖的两种版本。接着,言昭就四处发信或登门拜访,请萧红的同辈人在纪念卡上题辞。

这些都是热心肠的老人,很快就满足了言昭的要求。经过几年的努力,已收集到丁玲、丁聪、巴金、丰村、孔罗荪、白危、田间、冯和法、叶露茜、沙梅、陈涓、吴朗西、吴似鸿、沈玉贤、杨范、周玉屏、季峰、范泉、姚奔、骆宾基、赵蔚青、姜椿芳、徐迟、徐微、高兰、高原、聂绀弩、黄源、萧军、梅林、曹靖华、傅秀兰、舒群、塞克、贾容、端木蕻良、戴爱莲、周海婴、梁山丁等40位前辈题辞的萧红纪念卡。

目前这些前辈都已成故人,萧红纪念卡更显珍贵。

研究萧红,言昭第一个想到的是找萧军伯伯,虽然她知道萧军在北京,可怎么找呢?父亲丁景唐说:"没关系,转个弯,保准能找到。"于是他写信给老朋友方蒙,方叔叔是位资深新闻工作者,在新闻研究所工作。言昭将自己想知道的事情,另外写了信,夹在一起。果然不久,1979年3月8日,方叔叔来信,告知萧军地址,并说,信是由《北京日报》的顾行转去的。同时,萧军的信也在同一信封里,那是用毛笔直书在宣纸上,共有四大张,写于1979年3月5日。详细地解答了她提的六个问题,主要是讲他与萧红在上海住过的几个地方等。

在萧伯伯给言昭的信中,时时可以感觉到前辈对她的期望和期待,以及他们广阔的胸怀。他在1979年3月15日夜写的信中说:"从剪影和信中来判断,我相信您是一位善良的、聪明的好姑娘。"还说:"我们这老一辈的人,总愿看着青年一辈的人,像一棵美丽的花,一株成材的树……逐日成长起来,尽管我们遭受任何折磨和痛苦,我们愿意做一撮撮泥土,一滴滴水……提供出自己能有的力量以至最后的生命来使你们茁壮!"

同一封信里,萧伯伯送言昭一首诗,题为《忆故巢并序》,他在序中说:"丁言昭同志函询1934年冬春间,我和萧红在上海法租界'拉都路'所居诸处,除函复外,谨口占一律赠之。"

诗如下:

梦里依稀忆故巢, 拉都路上几春宵。
双双人影偕来去, 霭霭停云瞰暮朝。
缘结缘分终一幻, 说盟说誓了成嘲。
闲将白发窥明镜, 又是东风曳柳条。

毕竟是老作家,惜字如金,对自己的作品精益求精,一点也不含糊。1979年3月23日落雪之夜的信中,萧伯伯对言昭说:"请您把我寄您的诗改两个字:第四句的'霭霭停云伴暮朝'伴字可改为'瞰';第六句'说盟说誓了堪嘲'堪字改为'成'字。"

信中对言昭做了"小批评"。那时候,她每写完一封信或者一篇文章,都必须由爸爸过目,帮助改过才发出去。给萧伯伯的信也如此。他说:"再写信,不必请您爸爸纠正或代改了,所谓'童言无忌'您完全可以'信口开河'要说什么,就说什么,要怎么说就怎么说罢。"以后言昭写信就不要爸爸改了,不过文章还是要改的,不然心里没底。

那时,言昭想让萧伯伯看看自己的长相,于是寄了张照片给他。照片上的她穿了件大襟服装,围了个小兜兜,手里装模作样地捧了个碗,是她从家里找出来的白底蓝边的粗碗。你猜,萧伯伯是如何评价这张照片的?

"您很像一位东北的'大姑娘',只是'土气'少一些,'海气'有一些,所以只能算为都市的东北'大姑娘'。那只碗也不大像'东北'的（我指的是过去我幼年时的东北）。"信的最后，萧伯伯风趣地写道："这回好不容易凑写了两页稿纸，'大作家'总是'惜字如金'，这如按时价稿费七元一千字计算，也可拿到四、五元呢。"

在1979年4月10日的信里，萧伯伯谈到萧红喜欢美术之事，特别讲到萧红成名之作《生死场》的封面。

《生死场》初版封面是萧红自己设计的，线条简练，色彩强烈，一半红，一半黑，原先人们以为封面的上半部画的是祖国东北三省版图，拦腰一条斜线，宛如利剑将东北从祖国的土地上劈开。这可真是丰富的想象力啊！言昭本来也非常赞同这种看法，可是看了萧伯伯的信后，才明白这完全是误会。萧红作画时，萧伯伯就在旁边，记忆犹新。他说："我记得，在她设计、制作这封面时，我在场，因为封面纸用的是紫红色，想要利用这纸本色，把封面做成半黑、半红的样子。算作代表'生'与'死'。当她用墨笔把双钩的书名钩出以后，正企图把二分之一封面完全涂成黑色时，我觉得这太呆板了，就建议她只把书名周围涂黑就可以了，不必全涂，就像'未完成'的样子就可以了。她听从了我的主张，就随便地涂成这个样子，它既不代表东北的土地，也非是城门楼子……如果说它'像'什么，那只是偶合而已。"

《生死场》是"奴隶丛书"三部中的一本，由鲁迅作序，自1935年12月初版后，解放前重版了不下二十次。当时言昭想每一个版本的封面也许不一样，于是，1980年代她到上海图书馆去查阅旧版本的《生死场》，结果大获丰收。

重版的《生死场》封面装帧，有的与初版本的一样，但色彩不是红色和黑色，有的是白色和红色，有的则是白色和玫瑰红色。

有的连图案也换了。如1945年11月容光书局十版的封面，是一幅木刻：一位瘦如干柴的妇人，头高仰，双臂蒙面，只露出痛苦的嘴。背景是铁丝网，表现劳动人民在生死线上痛苦挣扎。

1947年2月上海生活书店二版的《生死场》封面，是一尊雕塑，题为《奴隶》，是意大利文艺复兴时期大雕塑家米开朗基罗的作品，作于1513年到1516年，藏于法国巴黎鲁佛尔博物馆（现翻译成卢浮宫博物馆）。

出版者选《奴隶》为封面，其寓意是很深的。《生死场》里一方面描写了挣扎在生死线上奴隶的生活，另一方面也喊出了不愿当奴隶的心声："革命不怕死，那是露脸的死啊……比当日本的奴隶活着强得多哪！"封面体现了小说的主题思想。封面改用米开朗基罗的《奴隶》，还有另一层意思：改换了封面设计，却不改鲁迅先生把《生死场》列入"奴隶丛书"的初衷。这个封面设计绝对上乘。

另外,言昭在上海图书馆还看到一本《生死场》连环画,为1939年4月浙江丽水潮锋出版社出版,是大众战斗图画丛书之一,由张鸣飞绘制。这位年轻的美术家,在1940年代即得肺病去世,在世上只活了二十多年。他在饥寒交迫、病魔缠身的困境中,出版此书,真是难能可贵。

言昭与萧伯伯通讯来往,一直没有见面,到1980年,爸爸到中央党校学习,言昭和妈妈王汉玉及二姐初中的班主任陆老师,一起到北京,才见了面。

那年10月的一天,她们和萧伯伯女儿萧耘约定在车站碰头,然后再去鸦儿胡同6号。那天晚上,街灯已亮,因为她俩没见过面,也没约定什么暗号,就是见了面也不认识。言昭用沪语对妈妈说:"那能还勿来啊?"忽然耳边响起一个女声:"你是言昭吗?我听见上海话,想一定是你了。""对,你是萧耘?"两人紧紧地握手。

到了萧家,满桌的菜肴,还有热腾腾的水饺,这是东北人接待客人的最高规格。席间,萧伯伯问:"你觉得我凶吗?"

"原先,我觉得您挺凶的,与人打架,现在看见您真人,一点儿也不觉得。"

后来言昭又去了萧家,那是1980年10月18日,他们在鸦儿胡同门前、在什刹河边拍了好几张照片,萧伯伯边拍边开玩笑地说:"拍一张一毛钱啊!"言昭笑着说:"当然,当然,若干年后,这可是珍贵的照片。"

1981年6月,言昭到哈尔滨参加纪念萧红诞辰七十周年国际研讨会,再一次见到了萧伯伯。

为了参加会议,言昭准备了一篇论文:《萧红在上海事迹考》。她根据萧伯伯信上所说的,进行实地考察,并请朋友拍照。

两萧于1934年11月从青岛到上海,1937年10月离沪去武汉,期间萧红两度离开上海去日本和北京,在沪只住了两年光景,共住过六个地方:1934年11月至12月,两萧住在拉都路(现襄阳南路)283号;1934年12月底至1935年3月,仵拉都路411弄22号;1935年3月至6月住拉都路351号,就是丁景唐家的后弄堂;1935年6月至1936年3月,住萨坡赛路(现淡水路)190号;1936年3月至7月,住北四川路(现四川北路),据萧军回忆,在"永乐里",最近发现四川北路1999弄"丰乐里",比较靠谱;1937年1月至10月,住吕班路(现重庆南路)256弄。

在哈尔滨,言昭把照片拿给萧军看,有的一看就觉得对,有的吃不准。

1979年四届文代会期间,丁景唐约了好友王观泉去拜访萧军。那时,萧军被人视为"出土文物",仍然住在令人憋闷的鼓楼烟袋嘴斜街曲里拐弯的鸦儿胡同"蜗蜗居"里。房前是一个做蜂窝煤的大煤场,成天煤灰在空中飞舞,不时地飞上阳台,进入内室。

那天去得早,萧军刚练完拳脚回来,一见客人已到,几乎是冲过来,与他们握手,左手一个,右手一个,好不亲热。那时萧军已72岁,其腕力实在过人,王观泉开玩笑说:凭借你讲武堂的出身和1930年代在哈尔滨以酡颜三郎为名办武术学校的英气,腕力脚劲仍不减当年!

这时,萧军夫人王德芬拿出一本签名簿,是本学生用的练习本,请客人签名,丁景唐记得在他前面签名的是张志民。他签完名后,四周围看看,发现进门的左边墙上有一块匾,上写"蜗蜗居",里面是二平方米的小小房间,是萧军的工作室。

萧军说话中气十足,口吐东北话,丁景唐说一口宁波话,两人根本无法交流,亏得王观泉从中当翻译,进行南北交流。那天萧军说话毫无遮拦,几句话后,萧军问:"你们吃过早饭吗?"回答:"没有。"他就要萧耘准备早餐。在狭窄的凉台上,有一个肥皂箱权当桌子,旁边有三只小板凳,正好坐下用餐。家人端上几碟腌菜、辣子、小米粥、馒头,还有鸡蛋挂面等。大家刚要动筷,萧军忽然问丁景唐:"丁先生,喝几口酒怎么样?"丁景唐说不会。王观泉可会喝酒了,在北大荒喝橡子酒,这种酒是橡实酿的,一般人一喝就头痛,但王观泉喝了不会醉。就这样,他们就着腌菜、辣子,喝着酒,美美地吃了一顿早餐。

丁景唐非常关心萧军今后有何打算。又说言昭与萧耘在合编萧红著作系年,准备收入王观泉编的《怀念萧红》中。这时,只有在这个时候,萧军一反中气十足的嗓门儿,低声谈起他在延安惊闻萧红死讯的心情。王先生告诉他,有人传言萧红临死前说过,萧军不管在何处,只要一个电报,他二话不说就会来看她的……萧军说东北最了解萧红的还有舒群和白朗,他还问及哈尔滨"牵牛房"的人和事,"牵牛房"当时是作家活动的一个布满牵牛花的小房。王先生说,活着的人都盼着你去哈尔滨看看。此时,太阳已升起老高,客人起身告辞,大家一起拍照留念。

1986年10月,萧军与王德芬到上海来,23日到丁宅,由丁景唐和夫人王汉玉接待,拍了照片,萧军坐在丁景唐旁边,只见他上穿米色的风衣,下着一条黑色练功裤和一双跑鞋,双手扶着拐杖。丁景唐穿着西装,平时他不是这样打扮的,衣着很随便,只有会见贵宾时,才穿西装。王德芬也穿着浅灰色风衣,王汉玉穿咖啡色两用衫,他们四人显得那么和谐、那么亲切,简直可以参加摄影展览会。1986年11月3日,萧军写了一幅字送给丁景唐。这是萧军在1986年到上海参加鲁迅先生逝世五十周年纪念会,路经杭州,适值鲁迅先生铜像揭幕典礼,他便吟诗一首:"铜筋铁骨铸精神,西子湖边认自真。百代千秋读'呐喊',行吟泽畔斯何人。"这幅字,后来丁景唐将它捐给了"左联"纪念馆。

1982年11月6日萧军曾为言昭的萧红纪念卡题诗二首,是他在1932年赠与萧红的,诗如下:

浪抛红豆结相思, 结得相思恨已迟。
一样秋花经苦雨, 朝来犹傍并头枝。

凉月西风漠漠天, 寸心如雾复如烟。
夜阑露点栏杆湿, 一是双双俏倚肩。

五八　七月流火

于伶(1907年2月23日—1997年6月7日)给丁景唐写信时,有时署尤竞,有时署老迁。

丁景唐比于伶小十几岁,但他俩相识很早,交往很深,这也许是因为都是很早投身革命,又长期从事党的宣传文艺领导工作,自身也是戏剧家或作家的关系吧。他俩一见面,聊起来就没个完,说得最多的就是1930年代的趣事。一位老人就是一部书,此话一点不错。

于伶是1932年入党的老党员,是中国左翼戏剧家联盟第四任党组书记和中国左翼文化总同盟的领导。抗日战争爆发后,于伶任中共上海市委文委委员、上海文化界救亡协会秘书长、上海戏剧电影界救亡协会组织部长兼秘书长,创办上海剧艺社和《剧场艺术》月刊。皖南事变后,于伶去香港,负责香港进步影剧运动。香港沦陷后即转重庆,任中共渝办文委委员。抗日战争胜利后,于伶重返上海,担任上海艺社负责人、昆仑影片公司编剧。新中国成立后,历任上海市军管会文教委员会委员、上海电影制片厂首任厂长、市文化局局长、中国戏剧家和电影协会副主席、上海市文联副主席、华东作协和上海作家协会副主席等。1950年代受到潘汉年、杨帆冤案的牵连被罢官。"文化大革命"期间遭残酷迫害。

有一次,丁景唐和丁言昭去看望他时,他说:"我在监狱里,有一天,睡觉醒来,觉得脸上好像有什么东西,用手一摸,你猜是什么东西?"

"不知道。"

"是'油盐鲁'(沪语)。就是那种滑溜溜、粘答答的,长在阴沟洞里的虫子。"

在言昭的眼中,这是不可思议的事情,但于伶先生像在讲一件笑话似的,说得人心里好酸。

1976年后,于伶当选为上海作家协会主席、中国文联委员、全国政协委员。

于伶从1930年代起,创作了几十部话剧、电影,有《花溅泪》《夜上海》《长夜行》《夜光杯》《七月流火》《戏剧春秋》(合作)《心狱》《聂耳》(合作)等。《聂耳》曾获捷克国际电影节优秀传记片奖。1990年代出版4卷本《于伶剧作选》和《于伶戏剧电影散论》。

1980年代初,言昭为了写叶灵凤小传,到各个图书馆去查阅资料,拜访了赵景深、施蛰存、马国亮等与叶灵凤同辈的老先生,自觉材料收集得差不多,可以开首写了,可等她摊开纸,拿起笔想写的时候,却卡壳了,很明显,还没到火候,不能揭锅啊。于是,父亲丁景唐建议她去拜访于伶伯伯,说:"由于工作关系,凡是你能想拜访的文学界、电影界、戏剧界的前辈,他都认识。"

有一天,言昭事先没通报就直接闯去了。

那时,于伶住在常熟路、巨鹿路拐弯角上一座小洋房里,后来成为《上海老年报》编辑部。言昭到了门口,只见门锁着,便"嘣嘣嘣"敲响黑铁门。从门缝里望去,一位老人戴着墨镜,瘦瘦的,正慢吞吞走过来,打开门,问:"找谁?"

"找于伶伯伯。"

"什么事?"

"我想问他关于叶灵凤的事。"

"奥,就是那个涂雪花膏的朋友。"

老人顺手从邮箱里取出一些报纸、信件之类的东西,就自顾朝楼里走去,既不说"跟我来",也不说"他不在"。但言昭还是尾随老人进楼。当时言昭有种感觉,这肯定是她要拜访的于伶伯伯,果然,她的感觉非常准确。后来言昭写了篇《坐拥书城的叶灵凤》,刊登在1991年11期《语文学习》。

其实,丁景唐与于伶非常熟悉,那次让言昭一个人去,是他故意的。

1987年3月14日《广州日报》娱乐版上,刊登了一篇"艺坛回顾":《洪深和〈汉奸的子孙〉》,文中说:"独幕话剧《汉奸的子孙》就是他(洪深)那时期的作品之一。"丁景唐父女看后,凭记忆,觉得这个戏不是洪深一个人的作品,似乎还有丁伶等人参加。好在手头有于伶家电话,很方便。于是,父亲让女儿立即打电话给于伶。

事情很顺利,电话一下子就接通了,于伶正巧在家。他在电话里说:"《汉奸的子孙》是五个人一起搞的,有夏衍、洪深、张庚、章泯和我。不过正式发表时,夏衍没有署名。"言昭问:"发表在什么刊物上?""在洪深和沈起予主编的《光明》上。"

丁氏父女都是些"好事之徒",他们赶紧又翻出《光明》影印本,在1936年7月10日出版的《光明》1卷3号上,找到《汉奸的子孙》,署名洪深、章泯、尤竞、张庚集体创作,尤竞执笔。尤竞是于伶的笔名。

1937年1月,生活书店出版于伶的独幕剧集时,书名为《汉奸的子孙》,洪深为他写序,题目是《时代与民众的戏剧》。

言昭已记不清到于伶伯伯家去过多少次,有时随父亲一起去,有时一个人去,起先到常熟路、巨鹿路的小洋房,后来他搬到吴兴路的高楼去了。现在留存下来的照片有1986年12月17日、1992年2月18日、1992年6月23日、1994年3月5日、1994年12月7日,这都是丁景唐和言昭轮流拍的,现在是珍贵的纪念啊。

他俩一见面,就会天南海北,说古道今,谈笑风生,完全没了时间观念。他们说的每一件事、每一个人,都是动人的故事,写出来都是一篇篇佳作。

1984年10月20日下午,丁景唐和丁言昭到上海宾馆参加上海书店成立30周年茶话会后,一同去拜访于伶,这天他讲了几件有趣的事情。

于伶告诉丁景唐,近来有人在香港发表文章,写到他,一个说他功课名列前茅,但体弱无力;另一个说他功课呆板,但体育很好。丁景唐听了哈哈大笑:"那能加滑稽啊!"

言昭忍不住问:"那你在中学里功课究竟如何?"

"当然是名列前茅。"

"那身体呢?"

于伶推推墨镜,并不正面回答,只说:"我在运动会上,参加1500米、1000米、500米田径比赛,得过三块金牌,当时《时报》的头版上还登过我的照片。"

"真的?哎,用什么名字?"

"我不告诉你。"

嗨,还卖关子呢。这又何妨,说不定言昭真的会去查这份报纸呢。不过说实话,到现在言昭还没有查到。

于伶写过许多剧本,有个剧本的名字叫《水横枝》,印象特别深,丁景唐说鲁迅曾在文章中提到这种植物,只要有水,它就能活,生命力特别强。《水横枝》后来改名为《七月流火》,是反映茅丽瑛烈士革命斗争生涯的,创作于1960年代,不料却遭到禁演的厄运,在"文化大革命"中更是成了作者种种"罪行"中的一条。"文化大革命"中,言昭曾到上海人艺参加过一个批判《水横枝》的会,什么内容完全想不起来了,只是加深了这个戏的印象。

"文化大革命"结束后,《水横枝》以《七月流火》之名重登银幕。正巧这时丁景唐的朋友从厦门给她带来一株水横枝,言昭把它放在一个精致的花盆里养着,不时地给它换水,不久就钻出嫩绿嫩绿的小树叶,煞是可爱。上海文艺出版社《旅游天地》的编辑寻遍上海,找不到一株水横枝。丁景唐得知此事,告诉他们"我女儿有"。于是编辑前来商借,后来将它拍了照,登在刊物的扉页上。

在于伶那月牙形的书房里,丁景唐发现一本非常独特的书:《聂耳全集》,这部书不仅用眼睛看,还能够用耳朵欣赏,真可以说是"乐在书中"。书是十六开硬纸套里装着皇皇三册重磅道林纸印制的精装本,收入聂耳的全部创作、书信、日记、曲谱等,并附有图片和年谱。另外有一册是由国家乐队和著名音乐家演奏、演唱聂耳作品的两盘立体声盒式录音带,其中尤为珍贵的是保留了半个多世纪前,聂耳自己演唱的《扬子江暴风雨》、陈波儿和袁牧之演唱的《毕业歌》、金焰等演唱的《大陆歌》、王人美演唱的《铁蹄下的歌女》等的录音。

丁景唐一边爱不释手地翻阅着聂耳的手稿、照片,一边倾听着于伶追忆与聂耳的友谊。

说起聂耳,于伶总觉得他还活着,语气中充满了思念和留恋。

1962年初春,于伶特地赶在聂耳50周年生日之际,到昆明去祭墓,并到植物园去买了五株云南的名树——云树,栽在聂耳墓前。

1980年于伶到日本,向聂耳纪念碑献花时,禁不住流了眼泪。事先,同去的刘厚生一再提醒他:"到时别哭!"但他还是哭了。他说:"当我再三仰望纪念碑上那么熟悉与亲蔼地憨笑着的聂耳同志的遗容,想着这位党的音乐艺术家的党性、品德、胸怀、气度与见识,想着同志间的掏心掏肺与肝胆照人的关系,俯仰今古,感慨系之!我能噙着眼泪不流吗?"

于伶是1932年夏天在北京认识聂耳的。

聂耳原在上海明月歌剧社工作。1932年7月22日他在左翼刊物《电影艺术》上发表了一篇短评《中国歌舞短论》,文中一方面肯定明月歌剧社的创办人黎锦晖的作品,有反封建的因素,另一方面尖锐地批评了他在民族存亡的危急关头,仍然主张"为歌舞而歌舞"的错误。聂耳这些忠告不被明月歌剧社里人理解,反而在上海《时报》上刊登启事,声明聂耳"因故退出本社","以后所有一切言语行动,与本社无关"。聂耳一气之下,于8月7日离沪赴京。

聂耳住在宣武门外的云南会馆里。一天,来了位戴着眼镜,书生模样的青年,那就是于伶。原来,于伶收到上海剧联总盟赵铭彝的信,信中说,他已经向聂耳介绍了他,要于伶做聂耳在北国的唯一朋友。在他俩第一次狂热的握手时,聂耳的朝气、矫健、热情和聪敏深深地打动了于伶的心。他们一见如故,像老朋友一样聊起天来。在于伶的介绍下,聂耳于9月中旬起参加剧联北平分盟。10月28日,聂耳随北平剧联参加清华大学东北同乡会为抗日义勇军募捐的游艺会,登台用小提琴独奏无产阶级战歌《国际歌》。

这时,忽然来了一位"左联"的同志,他怕清华大学内人员复杂,会出事,在大幕后隔着幕布想把聂耳拉进来,叫他不要再演奏。与此同时,正在大幕后的于伶和宋之的却把聂耳推了出去,让他不要中断演出。聂耳全然不顾幕后的一拉一推,全神贯注地演奏。第二天,清华大学内的国民党支部策划,贴出许多标语,有的上边写着:普罗戏剧污辱了清华艺术之宫。剧联的同志没理会他们的挑衅,照常演出,取得了胜利。后来于伶在电影《聂耳》中,再现了这个激动人心的场面。

聂耳于11月6日离京返沪,过了两个月,于伶也到上海,两人住得很近,经常见面。他们谈艺术,谈生活,谈人生,友谊日渐递增。

于伶是很早参加革命的老同志,有着丰富的斗争经验,他的帮助使聂耳在人生道路上走得更正,避免走上岔道。1934年,就发生过这样一件事。

1934年秋,国民党文人在江西南昌成立怒潮剧社,直属蒋介石的南昌行营"剿匪"总部。怒潮剧社内设戏剧组、音乐组、美术组。怒潮剧社成立后,将《父归》改名为《子归》,塞进反共内容在南京公演。不久,剧社回南昌,因内部分裂而解体。剧社从成立到解体,只有几个月的时间,个中解体的原因是我地下党派同志进去,进行瓦解工作的结果。当时,上海剧联派沙蒙、吕班进戏剧组,王人美的哥哥王人艺进音乐组。上海剧联除自己派人去工作外,还要求南京分盟也派同志去。

后来,言昭与上海剧协的姚时晓合写"中国左翼戏剧大事记",到北京等地采访了夏衍等戏剧界老前辈,并且给各地的老同志去函,询问当时的一些情况。听到于伶和父亲丁景唐说到怒潮剧社,想起自己手上有这方面的材料,就告诉了他们。

1989年11月20日,吕复在给言昭的信中说:"1934年国民党组织一个怒潮剧社,目的是在江西进行反共宣传,上海左翼剧联总盟,找瞿白音、王逸去开会,他们回宁后,分盟开会说总盟要南京分盟派个人打进怒潮剧社,了解情况,进行瓦解。本来是要派我去的,我因有家庭负担,改派王逸。他打进去以后,曾带我们去看怒潮剧社去南昌前的准备节目,出我意外,他们把《放下你的鞭子》的内容改成父女逃难是由于红军'进犯'的受难逃亡。这个反共剧目,由左明主演。"

1934年,戴启人、屈光和原怒潮剧社的凌罗、陈新民、周钟、孙达人、王家绳等组织了一个南地剧社,演出《沙乐美》《可怜的裴迦》《生之意志》《抗争》《最后一计》等,这是怒潮剧社解体之后的事了。

丁景唐问于伶,"你刚才说的那些情况聂耳知道吗?"

"他当然不知道。他那时应友人邀请,准备去南昌,参加怒潮剧社的管弦乐队。说来也巧,那天我到他家去,他正在整理行李,准备第二天启程。"

"这有点像戏里说的:无巧不成书啊!"

"是啊。"

那时,于伶负责文总的组织工作,他把一些党的机关刊物放在聂耳处,他是去拿刊物的。于伶一进去,聂耳就把于伶寄放在他那里的一包刊物交给他,口中说着:"走了,有机会,可以利用。"于伶觉得很奇怪,看看四周,有整理好的行李,便问:"你要出门?"

聂耳告诉他,准备上南昌参加怒潮剧社。于伶听了很着急,因为他知道怒潮剧社的政治背景,坚决地阻止他去。限于当时的政治条件,于伶无法把详细情况告诉他。但聂耳立刻接受了他的劝告,留在上海,没有去南昌。

1934年7月,聂耳写信给在昆明的三哥聂叙伦,说:"我决定不到怒潮社时,我便又开始了奋斗的生活,整天整夜地写东西、作曲子。"

聂耳没去南昌,在上海为田汉的新歌剧《扬子江暴风雨》创作了《码头工人》《苦力歌》等四首歌曲,为影片《桃李劫》和《大路》写了主题歌《毕业歌》及《大路歌》《开路先锋》等。

于伶感叹地说:"幸亏聂耳没去,不然这些优秀歌曲就不会诞生!"

丁景唐听着于伶讲他与聂耳的交往,顿时产生一种渴望,渴望自己也能有这样一部书。他与女儿同于伶告别后,赶紧托人购买《聂耳全集》。音乐书店的同志知道他在寻找这套价格昂贵的书,无不感到惊奇,他们都知道丁景唐是专攻现代文学研究的,怎么一下子热心于音乐方面的书籍了呢?他也不解释,反正买到了书,终于如愿以偿。二女丁言仪来时,丁景唐马上给这位从事音乐的人观赏,她由衷地发出感叹:太珍贵了!

要知道,丁景唐一生俭朴,对生活要求不高,爱好就是看书、写书、买书、赠书、藏书,但这套书属于音乐类别,而且价格不菲。丁景唐在《我听到了聂耳的歌声》一文中自释道:"在一阵熟悉的音乐旋律中,响起了我年轻时代为之激动的歌声:《义勇军进行曲》《扬子江暴风雨》《毕业歌》……我仿佛又回到了那个灾难深重的,令人难忘的战斗岁月,这是我将青春年华奉献给它——共产主义事业的主旋律。我阅读聂耳的作品,我重温了聂耳的战斗业绩,我又听到了聂耳的歌声,但《聂耳全集》带给我的不仅是这些,它牵连着我生命的追求,它唤起我蛰伏在心灵深处的青春、激情和向往。"抗日战争中于伶负责组成13个上海救亡演剧队、三个战地服务队、一个京剧救亡演剧队。因此,夏衍说:"于伶写的剧本和剧评都不过是他的副产品,他的'正业'是革命活动的组织工作和领导工作。"

于伶在几十年的戏剧活动中,碰到过许多各种稀奇古怪的事情,他与丁景唐聊天时,曾讲到过这样一件事。

抗战中,于伶带着一个演出队,到外地去演出,经过四川一个小镇时,不巧汽车抛锚,大伙只得下车,当时女演员柏李、张瑞芳等都穿得花枝招展,车上有许多装服装、布景、道具的箱子。当地的土匪见了,以为他们是富商,商量着要把他们宰了。

此话正好被一个和尚听见,这个和尚半路上搭过他们的车,非常感激。所以一听到土匪的话,立即奔过来告诉演出队。说:"大事不好,他们要宰了你们,快想想办法吧。"大家一听都吓坏了,汽车一时三刻还修不好,天已晚,只能在这里过一夜,那可怎么办呢?

不知是谁出的主意,晚上把这帮人的头头都请来吃饭。于伶觉得这个主意不错,于是把女演员都锁在楼上的屋子里。席间,大家介绍于伶是报社的主编,能够连喝三大碗白酒,面不改色,心不跳!此话一出,把那帮人都镇住了,可是他们有点不相信,马上叫人拿来大海碗,倒上酒,让于伶喝。为了大家的安全,不喝也得喝,只见于伶毫不犹豫地拿起碗,连喝了三大碗。那些土匪头头见了,立即改变态度,夸奖他:"海量,海量!"其实,于伶不胜酒力,肚里像火烧似的,脸上红彤彤的,难受极了……第二天,于伶带着队伍安全上了路。

于伶说:"我的肝不好,大概就是那时喝酒喝的。"

回家的路上,丁景唐问女儿:"你知道吗?柏李阿姨当时是非常有名的演员,不久,与于伶伯伯结婚了。"

"是吗?"

言昭从那时开始,比较注意收集柏李阿姨的材料。功夫不负有心人,果然,言昭在上海图书馆里,看到一篇记者采访她的文章。作者叫申英(不知是否为笔名),标题是《柏李小姐——艺人访问记》,刊登在 1940 年 12 月 10 日《海沫》上。从 1937 年"八一三"事变后,柏李阿姨参加剧社,开始演出话剧,到 1940 年已闻名戏剧界。

申英去采访她,是因为看了柏李出演了夏衍写的《上海屋檐下》,她饰演剧中的女主角杨彩玉,一个房东太太,剧场里不时地发出笑声,一位仁兄看得下巴都要落下来了……在她演过的众多角色中,自己比较喜欢的是——独幕剧《母亲》,柏李担任母亲的角色。她说:"在演过的戏里,自己比较爱好的,是一个独幕剧—高尔基原著、田汉改编的《母亲》,因为它的那种伟大,很使我感动。至于角色方面,倒也不一定欢喜饰哪一类角色,随便什么角色都爱演。……就演过的角色来说,自以为还是《母亲》里的母亲演得比较称心些。"柏李很喜欢曹禺、夏衍写的戏。

柏李非常爱戏剧,觉得一个人活了一生,不可能知道社会上形形色色的人,然而当演员"就能体验到了各式各样的生活经验,另外一方面,也因为戏剧是一种武器,它本身就有着非常丰富的教育意义。"柏李对记者说:"如果他(她)希望成为一个演员,首先需要有严肃认真的生活态度。"柏李阿姨在平日生活中确实是这样的。

丁氏父女去拜访于伶时,柏李阿姨总是默默地给客人沏上一杯香茶,有时陪在一旁,有时去忙家务事……

丁景唐和于伶的通信不多,主要是关于《新文学大系(1927—1937)》的事。

于伶的第一封信写于1983年10月16日星期日,信是写给金名、丁景唐和罗建华三人的。信中说,他在病房中已读到简报。他问了许多关于"大系"编纂的问题:"1927—1937"的下延之底是否1937年之底? 戏剧集预计是一卷还是两卷? 总字数共多少? 现已选了多少字,将割爱多少,如何割去? 如选到1937年之底,问题与字数就更大了。新老作家:王文显、余上沅、阿英、阳翰笙、陈白尘、宋之的、章泯等在"七七"之前都有长剧。几位东北作家在《光明》上亦有剧本。"七七"事变、"八一三"事变到1937年底,剧作更多。信中还说,当然,剧本质量问题是首要的。作家面、风格体裁、社会影响大小、作家名气,等都得在查阅、审读、比较研究和大家研究之后,再做取舍、增补、割爱,才便于进行。中央苏区时期,瑞金有高尔基戏剧学校,有工农剧团;瞿秋白、李伯昭、钱壮飞、赵品三、无名氏等都有剧本。历经浩劫,还可以找到一些,即使少数,亦是珍贵的。中央刚到陕北时,《西行漫记》与《续西行漫记》中亦可查查。1937年之后,是后话了。

过了一年多,1985年2月2日丁景唐给于伶写了封信(此信不知怎么一回事,原信一直留在手边,也许是重新抄一遍再寄出去的),信中说:戏剧集已付清样。序文弄了二份,讨论后,由另一同志再改得好些,然后去于伶家听取意见,请他修改审定。序文草稿在改写中。

信中还说,委托文艺出版社总编办公室胡杰华同志给于伶送上夏衍为电影集作序的《电影选刊》1984年第6期,巴金为小说集作序的《小说界》1984年第2期,聂绀弩为杂文集作序的《书林》1985年第1期。芦焚(师陀)为报告文学集写的序文也已交来,也托出版社同志抄送一阅。同时,还送了一本1985年第1期的《小说界》。

过了一周,于伶在1985年2月9日回信,对赠他新刊表示感谢。他说曾多次打电话给丁景唐,主要是记挂戏剧卷的序或导言。他说,第一个十年中,前辈洪深为我们写得那么博大精深! 这第二个十年,耽误那么久! 现幸决心大气魄大,已印出如此精美辉煌的小说卷了;现在出书不易,如此讲究更不易,那我们还有何理由不把戏剧卷搞得尽可能更好些? 他说,他很负疚,说是《新文学大系(1927—1937)》的内容收录时间既然到1937年,应把《保卫卢沟桥》收作"殿军",如此始不负1937年! 因为1931年起爱国抗日救亡剧兴,左翼剧联苦斗于前,"国防戏剧"呼号于后,"七七"事变一声枪响,全国剧作者大联合大协作,党的多少年努力心血结成此果。联合演出如火如荼,继之是他负责组织的抗日救亡十三个演剧队分赴全国,平津学生演剧队配合,开始了承先启后的戏剧大繁荣大普及。《保卫卢沟桥》应是苦斗之果,以后高潮之首自也。现在,此剧已不能收入了。第三个十年时,亦是未必会收的。补救之道,他认为可在序中写入之。他希望,三稿如已搞好,望能早日拜读。

丁景唐和于伶的通信,肯定不止这些,等将来找到后再补充吧!

五九 "北山"伯伯

1989年2月27日施蛰存先生写信给丁景唐,信中说:松江县志要一篇洪野传,想请丁景唐撰写,文字不必长,只要叙述其生平就可以了。并希望三月上半月完成。

洪野是我国第一位女油画家关紫兰的老师,是很有成就的美术家和美术教育家,与施蛰存熟悉。丁景唐收集洪野的资料时,曾拜访过施蛰存先生,因此,当施先生的家乡要搞地方志时,第一个想到的就是丁景唐。

1989年11月1日至22日,丁景唐写了篇《中国现代美术教育的先驱》,刊登在安徽《艺术界》1990年第1、2期合刊上。不知道施蛰存先生要他为松江方志办的那篇写了没有。

奇怪的是,在施先生向丁景唐约稿后不久,丁又向施先生约稿。不知道是不是替什么刊物代为约稿。1989年7月31日施先生给言昭的信中说:"告诉你父亲,洪野文我不写了,想想,没有更多的事可说,已经写过一篇,再来一篇,自觉口臭。"估计后来没有再写。

在1989年2月27日给丁景唐信的反面,施蛰存先生给言昭写信,并且在前一封信中寄了一份剪报,是季子写的《印话三则》,刊于1989年2月21日《团结报》上。文章一开头写:"老友施北山先生……"

言昭不知道施北山是谁?也不知道季子是谁?写信去问。施先生回信说:"言昭小妹:施北山当然是我,季子是老友周退密。"接着又说:"你的戏成功了,有多少经济效益?"那时,言昭写的木偶戏《迷人的雪顿节》,获得全国少数民族剧本的团结奖,经济效益嘛,似乎没有。最后他写:"反面一信请呈你父亲,我连信纸也要省省了。"下面署名"北山"。

"文化大革命"结束后,丁景唐恢复工作,整天忙着,言昭有事情要拜访施蛰存先生,父亲让她自己去。当时,被收掉的房子还没有归还施蛰存先生,他在二楼亭子间里接待了言昭。

这是一个朝北的小房间,一走进去,就是个靠窗的方桌子,施先生坐在右边,让言昭坐在左边的"凳子"上。那天去,是问他关于叶灵凤的事。谈的时间不长,当言昭站起来,向他告辞时,才发现刚才坐的"凳子",原来是个抽水马桶。言昭看后心里很不好受,想这样一位大学问家、大教授,居然住房条件如此差……

1979年5月29日,施先生写信给言昭,说:"叶灵凤虽然可以说是我朋友,但我只有和他在现代书局同事四年的关系,在这段时期以前及以后,我都不知道他的情况,你要写叶灵凤传,最好另外找合适的人去了解,潘汉年知道他的早期情况,夏衍知道他的晚期情况,都比我知道得清楚。我在三十年代,孤立于一切文艺帮派社团之外,有许多事情,我其实并不知道,因此我不想谈三十年代文艺界的事,非常抱歉。"

施蛰存先生的书斋名叫北山楼,这个斋名的出处有两种说法:一说是抗日战争时期,他曾在福建长汀的北山脚下住过多日,对其时其地留下了难忘的印象;另外一种说法,是因为他近三十年来历经坎坷,一直住在朝北的亭子间里,故命其名。丁景唐认为,前种出处是对的,有施先生自己的文章为证;后种出处是采访的客人们为施先生的遭际鸣不平的。

丁景唐与施蛰存先生的照片,现在能够找到的,分别摄于1984年11月6日、1988年3月12日、1992年8月21日、1995年4月23日、1996年5月5日。实际上,丁景唐去看望施先生不止这些日子。

在当代文化界,像施先生这样学贯中西、博古通今、兼涉创作与史论的大学者,已不多见了。他对丁景唐说:"我的文学生活有四个方面,故以四扇窗子为比喻:东窗指中国文学;西窗指西洋文学;南窗指创作生活,因为我的创作代表中国的南方文学,也就是楚国文化的传统;全国解放以后,我的兴趣转入金石碑版,这就又开了一扇北窗,因为这是冷门学问。"

接着,施蛰存先生拿出新近出版的书:东窗有《唐诗百话》,南窗有《施蛰存小说集》,西窗有《域外诗抄》,北窗有《水经注碑录》。

施蛰存先生自1930年代起,被人为地排入所谓"第三种人"以后,一再受到不公正待遇。可是中国知识分子在大难中发奋治学的传统精神,支持了他的生活信念,在逆境中他的学问愈做愈大,学术道路愈走愈宽,终于成为一座八方来风的宏大构建。

施蛰存先生在1957年被打成右派,工资降级,稿费断绝,而家中人口多,嗷嗷待哺,不得不卖掉珍存的两部《金瓶梅》,换了二百元人民币以度日糊口。"文化大革命"中再次受到冲击,施先生那时已是花甲之年,站在批斗台上,头上的帽子被打飞掉了,他拾起来,拍去灰尘,重新戴上,继续从容站在那里挨批斗。在没有批斗的日子里,他仍然在资料室中做卡片。然而生活突变的困苦,骤然而降的打击、凌辱,并没有把施蛰存压倒。他说:"随便人家怎么斗我,怎么批我……右派也好,牛鬼蛇神也好,靠边站也好,我照样做自己的学问,我还是我。"说得多好啊! 正是:磨难当等闲,风骨更依然。

打这以后,言昭写信的开头,总称施蛰存先生为"北山伯伯"。还时常与父亲一起去看望他。1996年春节过后不久,施先生传话来,要言昭帮他送近作《沙漠上的脚印》给两位德高望重的女作家:赵清阁和罗洪,她们俩都住在吴兴路,相隔不远。言昭骑上自行车,一溜烟就完成任务了。

送完书,言昭在电话里向施先生进行了汇报,老人问:"言昭小姑娘在写什么?"

"我在写《丁玲传》,要您老指教呀。"

这时,电话里传来老人的笑声,"哎哟,小姑娘不简单! 丁玲、戴望舒和我是1920年代中上海大学中文系同学。我看不了许多,挑一章送来看吧。"

施先生在1996年4月18日给言昭的信中又一次提到丁玲传,并说:"你写丁玲传,我很怀疑,能否写得好? 给我看几章。"

其实,当时持这种观点的不少,连丁景唐也觉得言昭写不好《丁玲传》,但暗中还是为她寻找资料、介绍一些人,提供方便。

言昭自有自己的看法。

莎士比亚的剧本,不同的导演有不同的演法;为丁玲写传,也有许多种写法。或仰视,或俯视,或平视,站在不同的视角和方位,自会写出各有千秋的丁玲传。

尽管到1990年代初,已有好几种丁玲传问世,但是言昭还是想写,她觉得中国的女作家中,最值得大书特书的就是丁玲。写好丁玲是有一定难度,她的人生遭遇、革命经历、创作生涯,桩桩件件看似透明度极高,却是又有道不明说不清之处。正因为有难度,才更具有挑战性。

丁景唐父女经常到施家去。1996年5月5日,他们又到愚园路去。由于比较早,施先生正用早餐:一只粽子、一个鸡蛋,还有6个枣子的汤。老人唯恐听不见他们说话,便戴上助听器,大声地说:"还是吃粽子方便。我不喜甜食,爱吃肉粽。我让儿子每周从乔家栅买7只粽子,每天一只,刚好吃7天。"

听了老人的话,言昭和父亲相视一笑,便说:"乔家栅在我们家旁边,今天我们就替你送粽子来了。"

老人忙说:"谢谢,谢谢!"接着就发表对粽子的议论。他说:"嘉兴和湖州的粽子不错,淮海路上的土特产商店有卖。现在价钿贵了,味道反而不及从前了。乔家栅的肉粽还可以,不过全是木乎乎的精肉,也不合老人的胃口。顶好是夹精夹肥。我倒想出一个办法,过几天我来设计,让保姆用夹精夹肥的肉酱当馅子,包成的粽子味道一定蛮好。"

大家都笑了:"施先生办法好,可申请专利权,取名'施氏肉粽'。"

"这种粽子适合老年人胃口,一定会受欢迎。我要保姆包好了,请你们尝尝味道。"

说完粽子之事,丁景唐好像问过施先生关于戴望舒与施的妹妹谈恋爱情况,还说到《现代》杂志上有张照片等等。

这时,言昭将《丁玲传》的一章《冬夜漫长》,即讲丁玲与冯达的那章给施先生。施先生说,他写过关于丁玲的文章,大约在1980年代。根据施先生提供的线索,言昭在1986年7月26日《新民晚报》和1981年12月出版的《艺谭》4期上,找到他写的两篇文章,分别是《丁玲的"傲气"》和《怀丁玲诗四首》。

施先生回忆1920年代在上海大学上课的情形,写道:"每堂上课,总是男生先进教室,从第三排或第四排课桌坐起,留出最前的两三排让女生。待男生坐定后,女生才鱼贯入教室。她们一般都是向男生扫描一眼,然后垂下眼皮,各自就坐,再也不回过头来。"因此,坐在丁玲后边的施先生,与她同学半年,光看到她的后脑勺,只有当老师发讲义,让第一排的同学传给后排时,才偶尔打个照面。所以施先生在诗里说:"六月青云同侍讲,当时背影未曾忘。"

历经几年的写作,丁言昭不断地得到父辈和朋友们的帮助,在前人研究的成果上,努力踏上更高一层的台阶。1998年5月台湾业强出版社出版了她的《在男人的世界里——丁玲传》,1998年11月上海文艺出版社也出版了该书,2011年1月复旦大学出版社又出版了一次。言昭自认为这是她写的传记中最好的一本。

由于经常与施蛰存先生交往,丁景唐和女儿为他写了好几篇文章。

六〇　情深袁鹰

　　袁鹰本来叫田钟洛,因此小辈都称他为田叔叔。

　　在言昭的脑子里,田叔叔是个大诗人,小时候读过他的《丁丁游历北京》,一直想到北京去瞧瞧天安门、故宫等。1956年她考入中国福利会少年宫小伙伴艺术团的童声合唱队,唱过许许多多中外好听的歌,但是印象最深的是田叔叔作词、杜马舍夫(苏)作曲的《三毛和阿廖沙》,当时还出版了一本单行本,收了他俩五六首歌,封面是张乐平爷爷画的——三毛和阿廖沙互相戴红领巾。现在言昭还能背唱词:"一个名叫小三毛/一个叫阿廖沙/他们两人相亲相爱……"还有一首是这样的:"莫斯科有个米国华/他原来名叫米沙/北京的刘力/取了一个苏联名字阿廖沙/取外国名字为什么/为什么/只是因为这个爱苏联/那个爱中国/他们成了好朋友……"

　　改革开放以后,田叔叔到丁家来,言昭第一次见到这位心目中的大诗人,笑容可掬,说话爽朗,走路大步流星。1945年初春的一个下午,袁鹰和一位朋友路过上海博物院路(今虎丘路),偶然走进一家小书店。在书架间翻书时,看到一位眉目清秀、两道浓眉、满口宁波口音的青年人,正同书店老板热烈交谈。走出书店,同去的朋友悄悄地告知,那就是丁英即歌青春。"真的?"袁鹰大为惊奇。"歌青春"这个名字在当时上海一些爱好新诗的青年朋友中常常被提起。袁鹰读过他的诗集《星底梦》,他的诗常见于那时比较有读者的《女声》《文友》等杂志上。至今袁鹰还能记住几首诗,如《五月的雨》《弃婴》《我爱》等。这些诗都曾引起在日寇铁蹄下黑暗年月里青年人的共鸣,表达了他们郁闷和希冀。而与它们的作者不期而遇,却未能结识,未免有点怅然,对那位看起来比袁鹰长不了多少的青年诗人留下了很深的印象。

　　1945年夏天的一日,袁鹰的入党介绍人廖临通知他,7月11日星期三下午三时在家等候,并告知暗号,这是党组织第一次派人来联系他。到了那一天,袁鹰从上午便兴奋地坐立不安,觉得时间过得特别慢。

　　好不容易等到约定的时间,门外响起敲门声,袁鹰赶紧去开门,门外站的竟是那位在书店碰到过的诗人,袁鹰有点意外的惊喜,没想到原来他是共产党员。丁景唐是袁鹰入党后的第一位领导,他按约定的暗号同他接上关系后,就直率地问:"侬认得我伐?""你是丁英同志吧?"

那天,丁景唐先是讲了欧洲反法西斯战争胜利后的国际形势,讲了党中央在延安刚刚举行的第七次全国代表大会,讲了日本侵略者尽管已经日暮途穷,但是还会孤注一掷,作困兽之斗;又讲了上海为迎接胜利的战斗任务。这些袁鹰听了都觉得新鲜,而且有一种作为一名革命战士的光荣感和责任感,渴望党分配给他任务。后来袁鹰填表格,就以这一天作为入党日期,他的生命史上从此掀开新的一页。袁鹰崇敬那些为人类解放事业英勇捐躯的革命烈士,景仰在延安和各个抗日根据地领导军民艰苦奋斗的共产党领导人和浴血奋战的八路军、新四军将士,也钦佩那些在敌人心脏里出生入死、默默工作的地下党员,如今自己终于也成为这支战斗队伍中的一员了!

那时,袁鹰就读于上海之江大学,课余参加学生刊物《莘莘月刊》的工作,他认为这是一份进步刊物,在大学生和高中生中很有些读者,编辑来自几所大学,都是进步青年。他在与丁景唐见面时,就一五一十地作过介绍。丁景唐不动声色地静静听着,只叮嘱他认真当好编辑,并不多说话。其实,这份刊物正是他领导沈惠龙等两位地下党员创办的,刊物情况和包括袁鹰在内的人员情况,都十分清楚,只是遵守地下党的纪律,不能说明罢了。

1946 年丁景唐和袁鹰几位同志承担筹组上海文艺青年联谊会、办刊物等工作,一直到全国解放。

1953 年夏,丁景唐以文艺处长的身份,与华东局宣传部理论处干部,去北京学习《联共党史》。这是他第一次到北京,住在中宣部丰盛胡同宿舍,参加为期两个月的中直机关《联共党史》讲座。期间,丁景唐在琉璃厂旧书铺购得一本延安出版土纸本鲁迅的《一件小事》,后来捐赠上海鲁迅纪念馆。

言昭在一大堆照片里,发现两张黑白照片,照片里有两位先生很神气地站在九龙壁前,看不清楚是谁。幸好在其中一张的背后,父亲用钢笔写了时间、地点、人物。时间:1953 年 7 月 12 日;地点:北京;人物:丁景唐和田钟洛。为了搞清当时的情景,言昭写信给田叔叔,等了好久,2012 年 11 月 30 日田叔叔终于来信了。

信的开头,首先问候老朋友丁景唐,他说:"言昭:你好!进入冬季,上海室内没有暖气,你们身体都好吗?老人在医院,大约没有问题,也需多多注意为好。"接着,便解释为什么这么晚才回答提问。

"你前年寄来两张照片,要我写上说明,当时忘了,塞在信件堆里。直到不久前搬家时才发现,一看已经耽搁了两年多,实在不像话了。"言昭看到这里,真觉得不好意思,田叔叔与父亲差不多年纪,也已近九旬的老人了,可还去麻烦他。

田叔叔在信中述说了当时的情况:"两张照片是1953年7月老丁来京时我陪他去游北海公园时所照。我是1952年底由上海《解放日报》调来北京的,半年后他来京参加一个会,那时他在市委宣传部工作,尚未管出版工作,好像是中宣部召开一个会。我们抽空去游了一次北海公园。小一点的那张,背景就是北海九龙壁。两张是同一天所摄。这已是近60年前的照片,能保存到现在,真不容易。"后面又说到"老丁特别喜欢拍照和保存照片,如果你能编一本照片集,用照片侧面表现他多姿多彩、又历经风雨的一生,是一件特有意义的事,就不从大的方面说它的价值了。盼你努力完成,功莫大焉!"

丁景唐与袁鹰书信常常来往,早先谈的都是书稿、最近的工作情况等。找到一封袁鹰写于1981年9月8日的信,信中问丁景唐,纪念鲁迅先生会前后可能有些活动,不知他能否来京?同时告知,他7月自哈尔滨寄来的稿件,已发在《大地》第5期上。袁鹰还说,去年他寄上海出版社的一部散文集稿,已有二编室同志告知将发稿,书名《天涯》,都是关于国际题材的。此稿由交稿到审定,约有一年光景。

丁景唐9月6日写信,袁鹰只隔了一天即回信,说明关系之密切。

1981年是左联五烈士就义50周年、鲁迅诞辰100周年,很多作家在各媒体上发了许多文章。丁景唐也发表20多篇文章,有《殷夫的生平事略——纪念殷夫烈士英勇就义50周年》《左联成立前后的柔石》《鲁迅签名本〈呐喊〉〈彷徨〉》《鲁迅和瞿秋白友谊的丰碑——鲁迅帮助出版瞿秋白著译的经过》《"重要的是在死后还继续活着"——记上海"孤岛"时出版的〈鲁迅五年祭〉》……

所以袁鹰信中说:"纪念鲁迅文章也约了一些,也来了一些。"还问老朋友是否能够到北京去?说实话,1981年丁景唐还挺忙的,整理旧作,写新文章,应邀作报告,接待来客。7月下旬至8月19日,与赵超构同往哈尔滨参加国家出版局和中国出版工作者协会举办的读书班;在王观泉陪同下,参观了萧红当年住过的地方;年底随中国作家团出访香港。

丁景唐赴哈尔滨后,写了好几篇文章,在言昭收集的目录里只有手稿《哈尔滨读书散记》(1981年8月17日)和抄件《赵超构、谢云、王纪华、丁景唐致龚赞麟及黑龙江省出版局》(1981年8月17日于哈尔滨),没查到袁鹰信中说的发表在《大地》上的文章。也许是言昭遗漏了。

袁鹰每次写信,都不会忘记向丁景唐夫人王汉玉问好,同样,丁景唐回信时,也都向袁鹰夫人致意。

2015年是抗日战争胜利70周年,《文艺报》头版刊登一批名单,均为抗日战争中参加革命的文艺工作者。言昭看到后,没有找到袁鹰的名字,即把报纸拿到华东医院给父亲看。丁景唐看后非常生气,立即要言昭到单位,让上海文艺出版社出面给中国作家协会发函,说明此事,并写信告诉袁鹰。

袁鹰十分感动,2015 年 9 月 15 日致信丁景唐,对此事表示非常感谢。为这件小事还有劳有关党委发公函,实在过意不去。并告知,报社领导已发给他纪念章和慰问金,其夫人吴芸红也由团中央送来纪念章等。信中还说,想起当年丁景唐来景华新村他的住处接关系,并从此在丁景唐的指引下参加革命工作,对他亦师亦友,匆匆七十年矣!往事历历在目,恍如昨日。他俩的革命友情溢于纸上。

丁景唐和袁鹰几乎每年过春节,都会互赠贺年片,有时是一幅字,有时是合家欢的照片。2015 年 12 月 27 日袁鹰寄来一张贺年片,这是他与夫人吴芸红在抗日战争胜利 70 周年时摄的合影照,两人胸前挂着抗战纪念章,肩靠肩,并排坐在椅子上,带着胜利的微笑。贺年片上写:"景唐老哥:敬祝新春全家幸福!"下面题了一首诗:

满眼风光又一年,
欢欢喜喜看新天。
愿花长好人长健,
恬静安康胜似仙。

丁家的小辈似乎都没有见过吴芸红阿姨,但是见过照片,瘦瘦的,慈祥的脸上经常泛着笑容,好像是老师,又像个知心姐姐,给人一见如故的感觉。1946 年初,吴阿姨参加地下党创办的《新少年报》。解放后担任《中国少年报》总编辑。

吴阿姨读初中时,即投身党领导下的抗日活动,是个有革命理想、很能干又很有成就、口碑很好的人。

1944 年吴阿姨考入上海之江大学教育系,与袁鹰成为同班同学。他们由于彼此志趣相投,性情相似,渐渐互相吸引,于 1950 年 7 月结为伉俪。

你可别以为大诗人的生活特别浪漫,每天花前月下,情意绵绵,卿卿我我地在一起,事实上完全两码事。他们结婚前,一面上大学,一面教书,晚上还要写稿或批学生作业,空闲时间极少,根本没有时间和余钱逛公园、看电影、下馆子。由于长期从事地下工作,两人走在一起时,只要一个手势,一个眼神,就能心领神会,此时无声胜有声,无言胜有言。

"文化大革命"中的一天,袁鹰突然被关进"牛棚",什么东西都没带,在造反派的监视下,打电话给爱人,让她送些衣服等。当袁鹰收到衣物,打开一看,心中一热,眼泪都快落下来了,你猜,他看见什么了? 是四盒前门牌香烟! 平时袁鹰不抽烟,吴阿姨想丈夫蹲"牛棚",整天不是写检查,就是写"揭发材料",这不是写自己想写的东西,而是被迫的,心情肯定不好,又不能送营养品,只能让香烟来解解闷吧。这殷殷之情,切切之爱,尽在其中了。

2016年5月27日,吴阿姨离他而去,当丁景唐得知这个不幸消息后,立即写了好几封信,并派在北京工作的老六丁言伟去袁鹰家探望。

袁鹰与吴阿姨濡沫相依70年,千言万语也说不尽。2016年,《生正逢辰》散文集出版,他在书中有一段专门写了与他终生厮守的吴阿姨,他说:"这短短的一两千字,连'提要'都说不上,只是简单抽象地点点题罢了。"此文写于1999年清明时节前后,朋友问袁鹰,吴芸红是否看过? 回答:"读过。"

言昭想吴阿姨一定知道袁鹰对她有多少爱,多少情,他们俩的心粘在一起,谁也离不开谁……

随着年龄的增长,袁鹰信件中逐渐谈论起身体状况。如果听到对方身体不好时,就特别着急。

1999年5月9日袁鹰给言昭信中讲:"老丁因心脏病住院,使我十分惦念和焦虑,不知详情如何,近日可有好转? 至以为念! 请便中示知。去医院时,务代向他问好,望他安心治疗和休养,千万不能着急! 也请汉玉嫂多多珍重。"

1999年丁景唐两次住医院,一次是4月至5月,另一次是10月至11月。这一年上海文艺出版社打算第二年为丁景唐80岁诞辰搞活动,但是被他婉言谢绝。11月25日,特写一信面交前来看望的上海市新闻出版局局长孙颙,请他转告上级领导和版协、编辑协会等。信上说:"年纪大了,难免生病住院治疗。1999年4—5月、10—11月,我因心脏病和胃出血两次住院治疗。承同志们关怀,感到温暖与鼓励。特致谢忱。10月25日,郝铭鉴、徐保卫、张小云同志代表文艺出版社来华东医院看我,谈起2000年是我80诞辰,拟按惯例为我祝寿。我在感谢组织和同志们对我的关爱之外,我向他们并通过他们向局、社和版协、编辑学会表达我思考多年的一点心愿,希望不要为我举行任何纪念的仪式(即使九十岁、百年之后,也不要为我举行任何纪念仪式),让我静清地安度晚年。恳请组织和同志们理解我的心愿,给予认可。"这样就有了2004年1月的丁景唐《犹恋风流纸墨香——六十年文集》,这是上海文艺出版社为他出版的。他给子女们每人一本,并题字,言昭的一本扉页上写:"六十年辛苦一字一句虽由我砚田笔耕,却也一字一句赖你母亲的无微不至的照顾相系。言昭铭记于心,勿忘记　父亲　老丁景玉公　2004年3月12日",并盖了三方印章,一方在右上角:"春风又绿江南岸",两方在左下角:"景唐"、"景唐赠书"。

2012年袁鹰给言昭的信中说:"我这一年来为了搬家,经常在劳累中,又加上糖尿病,体质大不如以前,出门要带手杖,且走不快。在你父亲前不能讲老,也已是88岁了。"

2015年12月27日袁鹰给丁景唐的信中说:"岁尾年头,不胜系念。今年通过电话,你虽在病房,声音洪亮如故,思路清晰,更令京中朋友惊叹不止。百岁大庆就在眼前了!"

言昭记得那天去华东医院,父亲说,"给田叔叔打个电话。"电话拨通后,父亲和袁鹰交谈甚欢,一直说到累了,才放下手机。每次言昭到医院,有个任务就是帮父亲打电话,给北京的成幼殊、王殊、姜德明、王景山、梅娘……每次放下手机,父亲的脸上总是露出满足的笑容。

袁鹰在信中还讲到自己的身体状况:"我从去年春摔跤导致股骨颈骨折,卧床几个月,回家用助步器训练走路,略有进展,但腰肢乏力,衣食睡行都需人护理,心中着急也无用,只好慢慢来吧。"

言昭每次从医院回家,父亲总是一再关照,给叔叔阿姨们写回信,因此,给袁鹰的回信也是言昭写的。

2015年12月30日言昭给袁鹰写信,然后给父亲过目,他仔细修改后,再交给言昭重抄一遍,最后看一次,定稿后再寄出。信中说,父亲听说《人民日报》文艺部的同志要写回忆录,非常高兴。袁鹰和姜德明老师是他在文艺部最好的朋友,可以请姜老师记录一篇,别的同志也可纪录一篇,他建议可开个小型座谈会,大家一起回忆一下文艺部的历史。他还建议应充分利用《人民日报》资料室,此事不能急于求成,但一定要逐步完成,为中国文艺发展史留下珍贵的史料。

言昭多年来一直撰写女作家传记,出书后,忘不了给叔叔阿姨们寄去,而且父亲比女儿更加高兴,有时,他在言昭的书上写上自己的名字,说是代女儿送的。关于言昭的写作情况,袁鹰知道得一清二楚。2012年11月30日他写信给言昭,说:"你的'女作家系列'也是一件了不起的工程。《安娥传》想必早已完成,快出书了吧?"

1998年言昭为父亲写过一个传记,因故停了下来,2015年想重新为父亲写传,将这个想法告诉袁鹰,他非常支持,而且为她寻找资料。2015年9月5日他在信中说:"你要为你老爸写传,太好了!我作为他的老部下、老朋友,衷心拥护。他这一生太精彩、太丰富了。对革命文化事业多方面的贡献,不是一般文化前辈所能比拟的。即如搜集、复印三十年代进步报刊这一项,他坚持多年,成绩卓著,是别的老作家、老文化人做不到的。希望你尽量搜集有关资料(他自己就写过不少),我也相信你一定能写出一本精彩、丰富、生动的好书。"

言昭在电话中曾向袁鹰询问过书名之事,因此,他信中说:"电话中曾建议一个书名:百年青春。是因为他很快就到百岁诞辰,一生青春焕发,早年又用过'歌青春'的笔名,仅供参考。"最后,又再一次关照:"如有垂问,请随时来信来电。"

言昭看到此信,受到很大的鼓励,更加努力写传。

2016年8月29日丁景唐写信给袁鹰,这大概是他们之间的最后一封信了。信中说,他在《文艺报》上读到郑荣来为袁鹰祝寿的文章,感到高兴,后又接到袁鹰自己写的《生正逢辰》,更觉得异常大喜。他还说到日前,前辈戈宝权同志的外孙孙戈来访,送来戈老的论文集《中外文学因缘》,还检出他几十年前写给戈老的七八封信件,引起了往日或访鲁迅纪念馆、或往四马路淘外国文学材料、或交换读书心得的种种回忆,感到不亦乐乎。

六一　梅娘信札

找一找,理一理,看一看,哇,梅娘致丁景唐和丁言昭的信,竟然有七十多封。梅娘毕竟是位老作家,每一封信都是非常优美的散文,只要接到她的来信,丁家人都抢着看。

第一封写于 2002 年 7 月 17 日,最后一封写于 2012 年 4 月 18 日。在这十年的来往信件里,内容相当丰富,有关于三十年代的事和人,谈到各自的经历,互相寄赠书籍、材料、照片……

梅娘最初称丁景唐为"景唐先生",后来称其为"景唐乡兄"、"丁大哥"、"景玉乡兄"、"乡兄";对言昭也有所改变,起先写"言昭",后写"亲爱的言昭"、"言昭姑娘"、"昭姑娘"、"亲爱的昭姑娘"。

为什么称丁景唐为"乡兄"呢？他的祖籍是浙江镇海,现已归属宁波市,但出生在东北的吉林,而梅娘是东北人,小时候在吉林读书,所以说他们俩也算是同乡。

"每逢佳节倍思亲",2002 年中秋节是 9 月 21 日,在中秋节前一天,梅娘写信给丁景唐,第一次称"景唐乡兄"。她说:"这个'乡'字,完全属于你那浪漫的文学情怀——一种温馨的对出生地的美好想象。你愿意把'乡'送给我,我感谢松花江潺潺轻波,用扩大了的涟漪联结了两个完全相异的人生。""看过了你的简短自传,是意料之中的意外。80 年代中期,为了出版《南玲北梅》,该书的策划者人民文学出版社的刘小沁,她要我向你询问,她说:'你是出版界的权威。'"

刘小沁是丁景唐的"小朋友",很熟悉,认识时间很长。虽然小沁向梅娘介绍了丁景唐,可是当时梅娘刚刚恢复工作,"不想与大官对话,主要是心里尚存疑惧"。接着,梅娘向乡兄解释为什么"尚存疑惧"。

"开国不久即被归入另类的我,如果说'忠诚老实运动''肃反运动'还是一种感情上的拷问的话,'反右'则是思维和心灵的磨难了。我感谢我那开明的资本家父亲,他给我的最好教育就是事要看远了。反复印证现实,我认定:加给我的一系列整肃,属于历史的误会。就是这个颇具天真成分的认定,支撑着我从苦难中活了过来。我不讳言,这一系列的整肃,给我一心报国的初志带来了多么大的侮辱与伤害。我惧怕一个又一个的书记,他们不单单是在执行政策,更是在推波助澜,使得政策的理念变得愈加荒唐。我不愿意想象你读了这个心迹的独白之后,会不会感到过分。之所以还说了这些,是你的乡情赋给我真正的心理中的温暖。"

梅娘说:"请原谅我上述的一时逆反。"

丁景唐非常理解梅娘的内心路程,不但给她写信,还寄了自己小时候在上海虹口区生活的文章,边上写了一行字:"同一片蓝天下,同龄人的少男。"

2002年10月7日梅娘致丁景唐,"我在节日的假期里,如你所预期,读到了你温馨的来信。不过狂风没有忘记北京,沙化了的塞外草原也仍然眷恋着北京;假期中,风来了,沙也来了,从窗纱渗进来的荒漠的细沙,擦去一层,又覆上了一层。正像生活中的琐细一样,擦也不尽。"

你别以为梅娘是为了写景而写景,她是为了下面的话而进行铺垫:"你这位实际上是在江南长大的男士,怕是没有这样的经历。风扬着沙,沙随着风,完全是种躲不开的困扰,使你无可奈何。"

梅娘被乡兄的两句话深深感动,她说:"苍凉丛生。更使我明白了你为什么能相信关露,能理解我。我们亲爱的祖国太辽阔了,同一时空的不同地域,孕育造就了不同的中华儿女。你这样的领导者,不是以简单的划分来判定是或不是,我很替你覆盖下生活过的文化人庆幸。我也曾企盼权威人士能够聆听我真诚的述说……"

2003年1月4日梅娘写信的开头称丁景唐为"丁大哥":"按东北习俗,称你大哥,这是松花江清波流淌的潺潺细语,我想你一定能接受。我接到成幼殊寄来的诗,接触到了你作为诗人的一面。你的诗,有种昂扬的意韵,对生活充满信赖。正像由那部有名的苏联电影中流传开来的台词一样:'面包会有的!'多么乐观的你。我欣赏这种'精气神儿',精气神儿是北京方言,形容人的精神面貌。你有这样的精气神,准能活得坦然、长寿,跟你照片上的那乐呵呵的模样完全吻合。"

2011年丁景唐已住进华东医院,但是收到梅娘5月8日的来信,还是兴致勃勃地提笔回信。他在5月20日的回信中说,每次读梅娘的来信,总有一种欣赏美文的愉悦心情。他称赞梅娘来信的信封极别致,有一种东洋风格的美,右上角为中国母亲和三个儿童,左下角为一对日本女孩男孩,上下犄角相称,二张画面凸显在洁白的信封上,真乃一幅艺术藏品。梅娘信中说到丁景唐14岁时的一张照片,丁景唐很感慨地说:这张77年前的照片也让他回忆11岁(1931年)从镇海乡下由人带到叔父、姑妈处的情境。他和姑姑住在虹口下只角的三昇里赤膊弄堂六平方米的亭子间,二年中读了弄堂小学和学店小学,没有毕业。姑姑就要他跳二级去投考清心男中的初中二年级插班,没有考上,就改考进入四川路桥南塊的青年会中学。这张 14 岁的照片就是改进青年会中学的小照。从母校一直读到 1939 年高中毕业。听说梅娘也有一张从杂志上复印下来的少女照片,他表示很想一看。虽然上海和吉林(还是长春)时间、空间跨度太大,但对比一下,也是老人追回同学少年的美好回忆。

每逢 4 月 25 日快到的时候,丁景唐总会收到梅娘从北京寄来的礼物。有时是一份贺卡,有时是笔,有时是画片,有时是从国外带来的物品。

为了买一张别样的贺卡,梅娘是动足了脑子,有时因为人上了年纪,走路比较困难,托人去买,但是往往不太满意,可也无可奈何,只要心愿到了就行。

2011 年 4 月 19 日,梅娘在信中说:"不良于行有一段时间了,想买什么也难,需借助轮椅,借助他人相助,一进 4 月我更添了一项心事,那位生活在浦江之滨的老头,该过生日了,我一定要买一张燃烧着的碧桃寄给他,唤起他那逝去的峥嵘岁月。"可是梅娘失望了,凡是她有能力走到的几个超市,贺卡上都是玉兔,因为这年是兔年。最后,她在年初别人寄来的贺卡中,发现一张是红梅相伴的,于是将此卡发往上海,上写:"梅娘祝你兔年吉祥!" "Have a nice day. 祝你不要为老烦心,过好每一天,顺从天意,顺从自然吧!这是诚心诚意的寿祝,希望笑纳。"

第二年是龙年,梅娘选了一张蛟龙的书笺送给乡兄。她在 2012 年 4 月 18 日写道:"景玉乡兄:我向一个青年文友诉苦,我想出去选一件生日礼物送您。她试搀我下楼,结果腿软,楼没下成。她便选了这张蛟龙的书笺给我聊以弥补而已。我衷心祝贺您的华诞,龙年吉祥,这不成敬意,祝您快乐!"

有一次,言昭从邮电局取回一个小包裹,打开一看,里面是一个金属小圆盒,梅娘在盒内留了张小纸条,上写:"加拿大的格兰·拉别娜设计并手工制作了这个精美苍鹭的小盒。苍鹭是横跨加拿大沼泽地的珍禽,路边都能看到它们,艺术家表现了它与人类和谐相处的雍容美姿。"原来这是柳青陪母亲到加拿大度假时,买回来的礼物。

梅娘在 2004 年"五一"长假期间,写信给言昭:"你 4 月 24 日和乡兄 4 月 28 日的信,先后收到……4 月 25 日我打电话到上海,祝贺乡兄华诞,万幸,他那乡音浓重的普通话我还能听懂,表达了我的祝寿之情。你们举家祝寿,乡兄儿女成行,乐在其中,我非常羡慕。"

在梅娘送的礼物中,有一件非常特别。一张凹凸的本色白纸对折,右边贴着一小张浅绿色纸,上面贴着一束纸花和树叶,显得淡雅、高贵,让人看后赏心悦目,这是梅娘祖孙三代自己制作的。

起先梅娘想去邮电局办个礼仪服务,送束鲜花。可是2003年正值"非典"流行时期,邮电局停止这项服务,如果要办,必须到总局去。这让梅娘觉得很难,公交车不能坐,出租车又不敢坐,想想还是自己做吧。"这很简陋,但很实在,请接受我们的真诚。"媚娘在2003年4月23日梅娘致丁景唐的信里说。

丁景唐收到后,在信封上写了一行字:"孙嘉瑞和她的女儿柳青、外孙女柳如梅三代人制作纸花和叶一幅,祝贺景玉公八十三生日,盛情可感。"

每年12月的前夕,丁景唐总是对三女言昭说:"孙阿姨生日准备送什么呀?哎,请北京的成阿姨代我们去问候她吧。"

"我想想。"言昭故作沉思状。其实她早就想好了,让在北京工作的弟弟丁言伟送鲜花和蛋糕前去祝寿。

那天,丁言伟和爱人苗小丽带着礼物和丁家门的问候,去看望梅娘。2011年1月17日梅娘给丁景唐的信中说:"你家的传人——丁言伟给我的印象深刻,看得出这是位老实人,是位立本于孜孜以求的有心胸的人。无论作什么,他的孜孜以求的意念都会,祝他成功。他送致的亲情不张扬,很实在,这是我90岁生日收到的最好的祝愿。"

丁言伟夫妇去的时候,梅娘的女儿柳青正好从国外回来看母亲。柳青长得非常漂亮,小时候在电影《祖国的花朵》里扮演小队长。她与从小长在北京的苗小丽聊得特别愉快。梅娘情不自禁地说:"那位北方佳丽苗女士和我家的柳青颇多一致之地,因此两人一见如故,交流起女人之间的悄悄话来,这很和谐,合乎生命的多彩,合乎代际之间的分寸,我们都很高兴。只有没来得及品尝她俩带来的蛋糕,因为她们还有约会。"

也许梅娘知道这是言昭想出来的,所以在信末说:"感谢三姑娘的筹划,我也是家中的三姑娘,至今,还有家人、亲戚叫我三姐,有意思吧!"

可是每年送一样的礼物没意思,于是有一年他们别出心裁,精心制作了一张贺卡,上面签上大家的名字,包括丁景唐的小朋友们,"小朋友"指的是比丁景唐年纪小的朋友。还有两首诗,一首是:"老丁不老,快乐是宝。故交新知,共贺永好。"另外一首是陈鲁直和成幼殊夫妇的贺诗:"梅香题图苦寒来/娘暖在心冷时念/生息何不休养好/日照终将云雾开/快活慢活皆有味/乐在人间友情天……"这是一首藏头诗,第一个字联起来念就是:"梅娘生日快乐"。

2009年8月5日丁景唐住进上海华东医院诊治并疗养。2010年快到年底时,丁景唐让言昭请上海戏剧学院舞台美术系同学张寿华画一幅国画。没过几天画完成,丁景唐父女打开一看,眼前一亮:啊,那一片娇艳夺目的梅花,像桃色的云,像迷荡的雾,像透明的泡沫,比飞絮更轻柔,比宝石还耀眼,好一幅红梅迎春图!丁景唐马上拿起笔,在图上题词,并写下"红梅迎春"四个字。

接下来,言昭往邮电局奔去,寄给九十大寿的孙阿姨,她一定非常开心。

丁景唐在北京有许多老战友、老朋友,如袁鹰、许觉民,也有小一辈的小朋友,如郭娟等。其中有一位叫成幼殊,她出身名门,父亲是中国著名新闻家成舍我。她与夫君陈鲁直1940年代就读于上海圣约翰大学,投身学生运动,全国解放后,长期从事外交工作,先后出使印度、联合国、丹麦,是新中国第一代外交官员。2004年以六十年诗集《幸存的一粟》,获得第三届鲁迅文学奖的诗歌奖,引起文坛的关注。

1944年丁景唐参与编辑《小说月报》,应东吴大学同学相邀主讲的文学讲座,成幼殊前往参加,随后把自己手抄诗稿交给丁景唐,其中有她用"金沙"为笔名的诗《金沙》,经丁景唐介绍,发表在1945年4月《女声》3卷11期上,这是她公开发表的第一首诗。丁景唐还把她另一首诗《羽翼》编入上海诗歌丛刊《抒情》。

成幼殊在1960年代写过一篇《金沙的自白》,"虽然我很小,我是金的,把我放在火里,我还是金的。"

1945年5月成幼殊从大学毕业后,辗转到安徽无为县汤沟根据地,担任新四军七师的交通员,回到上海不久,加入中国共产党,此后编辑刊物的同时,创作不少优秀诗歌,曾受到郭沫若的称赞。

丁景唐将成幼殊介绍给梅娘,让她在晚年得到更多的关爱和友情。梅娘对此非常感谢他,时不时地在信中说起她与成的交往。2003年2月5日年初五这天,梅娘在信中说:"成幼殊来电话,我们交流了对写成舍我一书《报海生涯》的看法,彼此都很高兴,谢谢你为我所作寻友辐射,我很快乐,请你放心。"

2003年3月27日又写:"周六(21日)成幼殊由她的儿媳开车来看我,我们都很高兴,你这位友谊使者该为我们谱一曲'相见欢'了吧!"

她们俩在2005年4月仲夏,给丁景唐寄生日贺卡,还联合写了封信,写得相当精彩。信中说,她们选了传统形式的贺卡,奉上两颗迟暮的心,为他祝寿。大红的衬底,烫金的"寿"字,还有与中华情思缱绻着的喜庆话语:"福如东海"。这如东海之福,正是给他的写照,这完全不是物质,而是精神。他不仅自己走着无愧的人生,贡献了留香的纸墨,还培养了好几位发扬中华美德的好儿女。这福是升华的中华民族的神魂,这感动着她们,也震撼着她们。因此,适逢他八十五年的华诞,送致衷心的祝愿,是她们真正的心曲,祝他诗情永驻。

信的末尾说,春花璀璨,碧柳垂垂,祝愿他有个开心的生日。

两位女朋友互相关心着对方的作品,梅娘看到成幼殊的新作品后,立刻写了篇文章。2004年3月6日丁景唐晨起展阅《文汇读书》,读到梅娘这篇文章,非常欣喜,马上致信梅娘。信中还写到他嘱言昭致电成阿姨,问孙阿姨已否回京。中午,丁景唐在弄堂里漫步,言昭开窗探头告诉他,已与孙阿姨直接通电话,她已回京。丁景唐父女同住一条弄内,一个是71号,一个是60号。60号的窗口对着71号的后门,因此信中会写"言昭开窗探头说"之类的话。

2007年言昭亲眼看到梅娘与成幼殊"相见欢"情景。这年6月,受父亲丁景唐之嘱托,与大姐丁言文、大姐夫沈祖钧一起专程去北京看望梅娘,丁言昭称她为孙阿姨,她原名孙嘉瑞。

6月23日天气晴朗,一大早,我们坐出租车到海淀区中关村2号楼前,上得三楼,敲304室的门,"笃、笃、笃——"过了一会儿,只听到隔壁门里传出声音:"昭姑娘吗?"原来是两套房间连在一起的。

"哎,是我呀。"

"进来,快进来!"好听的北京音调。

吱呀一声,门开了,开门的是荣挺进,丁景唐的"小朋友",常从北京来上海看望丁景唐。他是《梅娘近作及书简》的策划者和责任编辑,费好大劲力才出版此书。

"呀,是你啊!"我惊叫着。

"为什么不是我呢?"一个厚实的男声。"孙阿姨早就对我说,你们要来,所以我早早地来这儿,恭候大驾光临。"

这时言昭看见一位眉目清秀的老人站起身,迎了过来,言昭早在照片里就认识了她——孙阿姨,连忙上前请安,大姐以前来看望过梅娘,并不陌生,在向她问好的同时,介绍了自己的先生。

孙阿姨也将几个朋友介绍给客人。言昭看见很书生气的张泉,他是北京文学所所长,专事研究沦陷区文学的大家,言昭看过他不少文章。还有一个小青年侯健飞,听说是孙阿姨的干儿子,在解放军文艺出版社当编辑。

孙阿姨虽然年过九旬,除腿脚不太方便外,其他一切都行。她上身着一件黑色短袖,下穿一条彩色长裤,脸上满是慈祥的笑容。客人在沙发上坐下,言昭环顾四周,只见三面均是绿色植物,有一种是名叫勿忘我的小花,墙上是字画,这间大约是会客室,所以没有看到书桌。

过一会儿,侯健飞看看表,招呼大家往"大宅门"进军。

"大宅门"是典型的老北京酒店。一进门全是仿红木家具,古色古香,很有味道。忽然言昭听到有人在喊:"言昭,言昭!"回头一看,竟是成幼殊阿姨。她今天穿得可时尚呢:上面是白底小花衫,下面是洁白西装裤,与孙阿姨截然不同,黑与白,在色彩学中,这包含了世界上所有的颜色。言昭说:"你们俩就好像一对快乐的姐妹,难得一聚,穿得山清水秀,好开心啊!"

一句话,逗得两人一个仰天大笑,一个低头微笑,大姐夫立刻按下快门,留下一幅欢乐图。

2004年1月丁景唐出了一本60年文集《犹恋风流纸墨香》,他在2004年3月6日写给梅娘的信中说:"言昭和几位朋友帮我编校的60年文集《犹恋风流纸墨香》(取关露囚秦城牢狱诗中一句)经8年的努力,方才问世。书中收照片40幅,装帧设计精美,堪比为一件艺术品。不久,当递请指教。"

"满蘸风雨,无尽文思的乡兄结集——《犹恋风流纸墨香》来到北京。"收发室的大姐一看是给梅娘的书,立刻捧着上了三楼,一进门,便说:"又有人给你寄书了。这么厚,有三四本呢。"因为书有一千多页,再加上是精装本,所以显得特别重。梅娘想:"她只说了个表面。这本文集,论重量,绝对顶得过三四本书,她没说也不可能说出我的心态;我想向她说的是:这本书包容的时光,岂止是三四本书的重量!"

当梅娘收到书的时候,正在翻阅几份报纸,一看到乡兄的新书,立刻"迫不期待地翻阅起来:一个个时段、一段段真情、一行行留香的纸墨,这不是简单的字而是真实的人生,乡兄能猜出我最想先看的是哪一个时段吗?"

2004年3月24日梅娘在致丁景唐的信中说:"我最先析读的是诗,我渴想搜索一个灵魂,那个和我同龄、同在一片蓝天下、却行走在不同轨迹的一个少年、一个男人,甚至已经是一个老头……"她把乡兄的诗情不自禁地写下:"……愿化作蚯蚓,把贫瘠的土壤变成沃野……"梅娘的眼睛停留在诗上,"心却飞向了无垠的天外"。

丁氏父女还曾赠寄媚娘《瞿秋白画册》《萧红传》等书及单篇文章。

2003年3月27日梅娘写信说:"两本《瞿秋白画册》,飞舞而来……言昭的《萧红传》,我还没有来得及仔细欣赏,似乎文笔轻俏活泼,很有人情味,在写传中,这很不容易。我们故乡那位苦难的先驱——萧红,肯定会满意言昭如此为她树像。"

2005年丁宅收到梅娘寄赠的《梅娘近作及书简》后,丁景唐立刻托人到北京买了好多,分送给老朋友、小朋友。这天,丁景唐聚集几个小朋友,然后打开沉甸甸的书本包裹,吩咐小朋友们手捧书拍照留念,寄到北京。

书中收了31封梅娘致丁景唐、丁言昭的信,实际上远远不止,现在看下来有七十多封。希望有机会请柳青将丁宅致梅娘的信复印一份来,编辑一本来往书信集,那就太棒了。

2013年5月7日梅娘驾鹤西去。丁景唐得知后,立刻让言昭写信给成幼殊,请代为送花。2013年5月10日言昭收到成幼殊阿姨的来信,信是成的儿子写的。她说:"因梅娘生前遗嘱:不举行任何悼念仪式。所以我自己没有送花,也没有遵嘱替丁老送花。……因我重发腰痛,此信由我儿子代笔。"

六二　感恩家宴

　　2015年11月6日在父亲丁景唐的带领下,全家在华东医院举行感恩敬老家宴。

　　上午九时多,家人陆续来到华东医院,有丁言文、丁言仪、杨振荃、丁言昭、丁言模、张亚男、丁言勇。

　　进入餐厅,桌上已经摆了八个冷盘,有熏鱼、南瓜、酱萝卜、色拉、咸鸡、海蜇头、素鲍鱼、糖醋排骨。

　　在旁边的桌上摆放着八张老照片:

　　1. 1927年春在家乡宁波镇海江桥头下新屋家门口。28岁的母亲胡彩庭坐在竹椅上,穿着大襟棉衣,腋下挂着一块手帕,左边站着7岁的丁景唐,右边是4岁的丁训娴,两人都穿着棉长袍。

　　2. 1941年在上海复兴公园,当时叫法国公园。前面坐着姑妈丁秀珍和叔叔丁继昌,后面站着丁训娴、丁景唐和王汉玉。衣服都穿得很鲜亮,外面是大衣,女的里面是旗袍,丁继昌穿着长袍,丁景唐里面是西装,脖子上系着领带。大家的脚上都是皮鞋。

　　3. 1944年秋在周家花园的游园会上,参加的有《小说月报》的作者俞良洪夫妇、张莲青等友人。照片上有丁继昌、丁景唐、王汉玉和童趣盎然的丁言文。

　　4. 1948年春节前。阿爷丁继昌抱着丁言昭,两旁分别站着丁言文、丁言仪,三个小孩子都穿着花棉衣,那是阿婆朱瑞兴做的。照片寄给在广州避难的丁景唐、王汉玉,报告家中一切都好,不用担心。

　　5. 1956年春全家在瑞金花园合影,由阿爷、父母亲带着七个小孩子。摄影者是父亲的好朋友束纫秋。

　　6. 1963年8月2日在复兴公园。有丁继昌、王汉玉、丁言文、丁言昭、丁言穗、丁言模、丁言伟、丁言勇。小孩子身上的衣服、鞋子均是阿婆朱瑞兴缝制,丁言昭和丁言穗穿的短裙衣料是姑婆丁秀珍送的,言昭特别喜欢,是白底上五颜六色的花,质地是人造棉,中国人刚刚研究出来的。由束韧秋摄。

7. 1968年8月25日在复兴公园。有阿婆朱瑞兴、母亲王汉玉以及丁言文、丁言仪、丁言昭、丁言穗、丁言勇。

8. 1994年3月25日,在永嘉路291弄71号(以前是69号)三楼丁宅卧室兼书房、会客室。这天,言昭不知说了件什么好笑的事,乐得父母相视哈哈大笑,言昭不失时机地按下快门。

在照片前安放着八杯酒。在父亲率领下,大家向前辈三鞠躬。

父亲让大家坐下,并说今天由老大丁言文当主持人。

丁言文就开始主持:"今天是阿爷的忌日,生辰112岁。今天又是一个欢乐的日子,兄弟姐妹欢聚一堂。爹爹把这次聚会称为感恩敬老家宴。八位老前辈:祖父122岁、阿娘118岁、姑婆115岁、阿爷112岁、外公130岁、外婆128岁、阿婆109岁、姆妈98岁、孃孃93岁。其中我们自己的阿爷、阿娘没见过。我这几天一直在回忆阿爷、姑婆、外婆、阿婆、姆妈。阿婆最好的年华在我们家。"

丁景唐接下来侃侃说了很长一段家史。他说:"在《生辰表》中,丁氏家族里,第一代是我父母、岳父、岳母、姑妈和叔父,还有阿婶。我的祖父是开小茶馆的,我父亲过世后,祖父也生病了,躺在床上,我母亲很好地照料他,但不久也都去世了。由于我父母早逝,叔父丁继昌20岁起就担负起照顾家里的责任,昌叔对我们家的贡献最大,他无愧是我们的户主。丁家重要的大事都是由他去办的。1946年到宁波乡下为我的祖父和父母造墓,还负责给我和妹妹操办婚事,除在上海举行婚礼,还到乡下祠堂里请客。1948年春节,阿爷与三个孩子一起照了个合影,然后寄到广州,向正在那里避难的我和你们妈妈报了个平安,让我们放心。

"叔父一生努力奋斗,虽然他只有初中文化程度。我父亲是红帮裁缝,跟舅舅到吉林,所以我出生在吉林。妹妹于1923年1月在乡下出生。1926年我父亲去世时才33岁,姑妈把我从乡下带到宁波,进幼儿园,关于这一段历史,我在《名人童年》里写过一文。这一年,姑妈到武汉参加革命,把我送回乡下,我与叔父一起回到乡下。1927年那张照片就是这时候拍的。

"岳父和岳母培养了这么好的女儿,你们的姆妈一生病就住到她母亲家去,不用我照顾。

"姑妈走上革命道路,一直培养我,我文学上的成就,是姑妈的功劳。我把她当娘,代替母亲。她当过小学教员,1935年出嫁,丈夫是德国西门子的上海代理商。她参与我与妹妹的婚姻,为我负责大学学费,给我买自行车。我写过《我的母亲与姑母》《我的虹口少年》等。

"阿姆朱瑞兴1946年下半年从乡下来我家,从42岁到70岁,为我们丁家服务了28年。阿姆的生卒年,是老三设法从派出所查来的。

"'文化大革命'中,把阿姆一生积蓄都抄走了。那次银行来抄家其实是抄错的,因为银行里查到一个与丁继昌同名同姓的人。

"阿姆很聪明,小孩子身上的衣服,都是她做的,她看到别人穿的衣服好看,回来马上就能裁剪做成。有一次,老二跟外公出去,外公走得快,老二年纪小,走着走着,找不到外公,她也不着急,路边一户人家,看到她,觉得这个小女孩长得挺可爱,胖乎乎的,就邀老二进屋。外公回家,发现老二不见了,阿姆她立即敲镗锣,最后在淡井庙那儿找到,就是永加路,靠近瑞金路的地方,老二正在人家家里吃饭。"

丁言文插话说:"六弟出痧子时,阿婆日日夜夜陪在床边。"

父亲最后总结性地说:"我们的家是个快乐家庭,幸福家庭,精神文明家庭,在全国也不太有的。我得到抗日战争胜利70周年奖章,也有子女们的一份。现在让我们向八位前辈敬一杯酒。"

大家敬完酒,就七嘴八舌地回忆起前辈们的一件件往事。

丁言文说:"阿爷过世已有二十多年,对爹爹的帮助,对我们的帮助都很大。"

丁言勇回忆道:"1993年我在浦东周浦工作,一周回来一次。11月6日一清早六点多,孙丽敏打电话来,告诉我阿爷去世了,我很难过。阿爷在'文革'中风后,我一直陪阿爷睡觉。他有个好习惯,每天晚上看电视,我和蔚蔚一人一张桌子,我看书,她做功课。冰冰出生后,将摇篮放在阿爷房间里,他每天摇摇篮,哄冰冰睡觉。"

丁言文、丁言仪说:"阿爷也为青青、蔚蔚摇摇篮的。"

丁言勇讲:"阿爷喜欢吃青菜,他有糖尿病,每个月国家供应两斤油和豆制品,那时是困难时期,为我们全家帮了很多忙。我结婚后,冰冰五六岁时就搬到阿爷房间去了。我为他剪脚指甲。"

丁言勇还说:"二姐有条黑的哔叽裤,阿婆改给我穿的。后来我工作拿了工资,我自己买了条同样的裤子。我第一次吃油煎带鱼,是在嬢嬢家里吃的。"

丁言文回忆:"我结婚时穿的衣服,包括夹袄、棉袄等,都是阿婆做的。记得每年过春节,阿婆总是向邻居借了石磨,磨糯米,我们小孩子也凑热闹,去磨几下,然后做猪油馅,大年夜晚上,一家人一起包汤团。"

……

此时,热菜已经端上来,大家开始动筷吃起来,好不热闹……

六三　魂归大海

五月的天气真好,风和日丽,2018年5月14日早上7时,7辆参加海葬的大客车同时出发,每辆车上有40人左右。按照海葬的有关规定,每个家庭最多只能派6位代表参加,丁家后人去的是:二姐丁言仪夫妇、丁言昭、丁言模夫妇和丁言勇。大姐丁言文原来要去的,可是腿突然疼痛,无法行走,只得在家休息。

七辆大客车往吴淞码头驶去,由于早,路上不堵,八时多就抵达码头。码头上,迎面两个大花篮,两旁站着两位穿着制服后背笔挺的战士。花篮的两条飘带上写着:"骨灰归大海情谊留人间　上海市殡葬管理处敬挽"。仪仗队后面是一个小型乐队,一个电子琴,两把小提琴,琴手都是小青年,两男一女,他们朝气蓬勃,意气风发,弹奏的是《大海啊我的故乡》《月亮代表我的心》《茉莉花》《天鹅之死》……都是一些中外经典名曲。

走进船舱,又是一种景象,这里可以容纳399人。正中有个小舞台,三位琴手不知啥时,已经在那里演奏。天蓝色幕布上写着:"上海市第372次骨灰撒海仪式",舱里的柱子上,挂着用白绸制成的花球,下面是一长串生气勃勃的绿萝,很美。

记得2002年母亲王汉玉海葬时,才30多次,现在父亲丁景唐海葬居然已有372次了,据说,民政局每年要举行十几次这样的活动,参加的家庭越来越多,人们的观念在变。

海上堵得很厉害,小驳船来来往往,满载着各种货物,一船接一船,一片繁忙景象。没有接到上级命令,船不能前进,只得停留在原地待命。因为我们的船体大,如果开出去,会掀翻小驳船,发生海事。

好在暖烘烘的太阳照着大地,也照耀着大船,人们纷纷来到甲板上,依着栏杆,望着波光粼粼的海面,有的晒太阳,有的抽烟,有的闲聊……丁言昭站在一个志愿者身边,问:"你们参加这次活动的有多少志愿者?我看,到处都是穿蓝背心的。"

"有二十多个。"

"各行各业都有吗?"

"是的。"

"那么你们今天在单位请假?"

"当然。"

"你们都是招聘来的?"

"但不是每个人都能当志愿者的……"

那个小伙子是个爱说话的志愿者,对言昭连珠炮的提问,都愉快地回答。在他们说话时,不时有乘客来问:"何时开船?""接到命令就开船。"小伙子耐心地回答。

过了一个小时,9时半,船终于开了。

大约十时半左右,主持人宣布,撒海仪式正式开始。两位战士迈着大步,将两个大花篮抬到小舞台的两侧,随着一声口令,战士转身正步向前走……

主持人开始说话,言昭感觉讲得非常得体,请丁言勇用手机将这份发言稿拍下来。

各位家属:

今天,我们聚集在这里举行上海市第372次撒海活动。

参加今天撒海活动共有108户家庭,562位家属,将有120位先人的骨灰归向大海。上海自1991年3月19日首次举办骨灰海葬以来,已举办了371次海葬活动。有34,665户家庭,169,224人次参加,共有40,061位先灵融入大海。

海葬,是现代文明社会的一种生态葬式,现在已得到越来越多市民的理解、支持和参与。落葬在海底陵园,也成为了许多逝者的夙愿。因为海的葬礼,是符合现代人类文明礼节的举措;海的葬礼,更是社会文明发展进步的必然!魂归大海,浪涌园沙。美丽的花瓣将伴随着您亲人的骨灰,捎带着人间永恒的挚爱,畅游在五彩缤纷的海底仙境,融汇在大海中远行!愿您在那个世界适得其所,休养生息,也让我们生者了无遗憾!

各位家属,你们的亲人选择了海葬,这是他(她)们生命的最终权利!这为他们高尚的人生写下了浓墨重彩的珍贵一笔!是他们如此英明的抉择,给我们后人多留下了一寸赖以生存的土地;是他们,为我们留下了永不磨灭的精神;也是他们,留下了最具价值的人生文化!海在,魂在……!为此,我代表上海飞思海葬服务部,向已栖居并对即将栖居在海底陵园的先人们,致以崇高的敬意及深切的思念。遗愿托飞思,故人爱犹生。我辈存敬仰,挚爱碧海存!你们的精神我们将永远铭记,并激励我们把毕生的精力奉献给我们可爱的祖国。

……

骨灰融大海,情意留人间。最后,请允许我向参加本次撒海活动的亲属们表示深深的敬意,祝愿你们的亲人在大海的怀抱中诗意地栖居着……

海葬,是父亲丁景唐生前正式作出的决定。父亲去世前一年,自我感觉不好,给丁言昭打电话,希望开个会,并且要单位领导也能来,言昭一一照办。

2016年12月20日下午,丁家人凡是在上海的都聚集到华东医院东2号楼19楼10床,那天到的有丁言文、丁言仪、丁言昭、丁言模夫妇、丁言勇夫妇、周志云、周珍妮,还有上海文艺出版社副社长、支部书记谢锦和工会主席李霞。现在把当时记录的主要内容整理出来:

父亲:本来要请院长、党委书记来,可是他们有事,现在请护士长陆敏来。

陆敏:丁爷爷肺部有点感染,慢慢会好的。待会儿请护工邢阿姨帮你喷雾、拍拍背。

丁言文:今天爹爹的面色比过去好了许多,体温37.5度。现在人到齐了,你讲吧。

父亲:我好像生命已快结束,饭吃不下,大小便拉不出。医院里各种措施都采用了。我家孩子很多,我的遗产很少。但是有一部分,我声明,不开追悼会,不开纪念会,不收任何人的礼品,最后与夫人的骨灰一起撒向大海,回到母亲河。

丁言文:我们都听到了,会按照你的愿望去办的。

父亲:革命会遇到很多磨难,孩子们对新社会都有感情,万一受到不平,或者困难时,要像我一样,听党的话,不要自作主张,为难领导。

谢锦:我进文艺出版社时,丁社长的名字如雷贯耳,大名鼎鼎。我到你家去,你每次都要问起社里的情况,把它当做自己的事情。我在丁老师的身上,看到老文艺人的凝聚力,对我们年轻一代的期望。我没有与丁老师共过事,但他们热爱出版事业、对工作的认真、对同仁的真挚,我们会传承下去的。

父亲:我有点累了,今天就到这儿吧。

船开到长兴岛、横沙岛,长江入海口抛锚停下,全体家属依次下到底舱,分好几个窗,在志愿者的带领下,把亲人的骨灰伴着花瓣撒向大海,愿父母汇合后,一起涌向家乡……

望着鲜花随波逐流,孩子们情不自禁地对着一望无际的大海,发出心声:"爸爸妈妈,我们爱你们!永远,永远!"忽然海面上白浪滔天,似乎在回应孩子们的喊声,然后向着前方奔流,流向远方……

船舱里弥漫着李叔同《送别》深情委婉的旋律……

附录一：丁景唐年表

1920年，1岁

1920年4月25日（农历三月初七）出生在吉林。族名、学名丁训尧。原籍浙江镇海（今宁波市北仑区）江桥头下新屋（村）。祖父一代弃农去上海南市开小茶馆，父亲丁良骏是成衣匠，母亲胡彩庭是农家女。因家贫，父母随亲友闯关东。丁良骏任吉林殖边银行庶务。

1923年，3岁。

殖边银行倒闭，随父母回到浙江镇海江桥头下新屋。2月27日，妹妹丁训娴出生，家中生活更加艰难。

1926年，6岁。

父亲丁良骏去世，接着祖父去世，母亲胡彩庭29岁。丁良骏二妹丁瑞顺，又名丁秀珍，人称皑姑，在上海受过中学教育，此时在宁波小学教书，把丁景唐带到宁波，寄托在宁波教会办的鼓楼幼儿园。不久，丁秀珍去武汉，投奔宋庆龄主持的妇女运动讲习班。丁景唐回到乡下。以后，在镇海乡下读私塾和小学。

1931年，11岁。

夏，乡下发大水，母亲胡彩庭托人把丁景唐带到上海，交给在小学教书的皑姑。从此，依靠在基督教书店任职的叔父丁方良，又名丁继昌和姑姑丁秀珍为生，定居上海。在弄堂小学读书。

1932年，12岁。

随母亲、舅母回宁波江东，住泥瓦弄（今银杏巷）。

5月，被姑姑接到上海，入金陵公学读小学四年级。

母亲去世，随姑姑回乡奔丧，后又回沪。

1934年，14岁。

越级考入上海基督教青年会中学初中二年级。开始阅读《小说月报》《语丝》《创造季刊》《创造月刊》《中学生》《新月》《文学》等新文学杂志及创造社和左翼作家作品。常去各类图书馆、书店、旧书摊。

1936年,16岁。

9月,入上海青年会中学读高中。将名字正式改为丁景唐。

1937年,17岁。

9月中旬,青年会中学恢复上课。

冬,参加中国共产党领导的外围组织——上海学生界救亡协会(简称"学协"),任"学协"刊物《学生生活》的通讯员和发行员。

1938年,18岁。

春,改任"学协"的中学区干事。

秋,与王韬办刊物《蜜蜂》,开始文艺编辑生涯。

11月,加入中国共产党,任青年会中学支部书记。

12月,《蜜蜂》停刊。

1939年,19岁。

1月,在家中,举办一期大中学生支部书记训练班。

暑假中,参加由上海基督教学生团体联合会(简称"上海联")举办的中学夏令营。

秋,同时报考之江大学和东吴大学,后被东吴大学录取,在校开展学生工作,编辑学生刊物《东吴团契》,并任东吴大学支部书记。

1940年,20岁。

12月1日,与同学王汉玉结婚。王汉玉是东吴大学学生团体鸿印团契主席。

冬,编辑上海基督教学生团体联合会的刊物《联声》。

1941年,21岁。

9月10日,《联声》自动停刊。

1942年,22岁。

9月,转学沪江大学中文系三年级,开始治学之路。

负责学委系统的宣传调研工作。自己不能办刊物,就组织一些党员向敌伪办的刊物或商办刊物投稿。他自己从12月15日起,至1945年7月,在《女声》杂志上,发表作品56篇。

1943年,23岁。

接受任务,组织油印并散发《评〈中国之命运〉》。

1944年,24岁。

光华大学中文系毕业,参加编辑《小说月报》,发起"大中学生征文"和学生文艺奖金,发现和培养了不少文艺新人。

1945年,25岁。

2月,参与创办《莘莘月刊》,由地下党员沈惠龙等负责。

7月,与地下党员萧岱、王楚良合办《译作文丛》第一辑《谷音》。

暑假中,为基督教男女青年会合办的暑假文学讲座讲课。

8月,抗日战争胜利,与沈惠龙、袁鹰等编辑出版《新生代》。与郭明、陈绐、董乐山、董鼎山等,支持张朝杰创办《时代·文艺》。

10月,指导、帮助阮冠三(袁援)、成幼殊(金沙)、潘惠慈等创办《时代学生》。

本年,将《小说月报》改出《文坛月报》,由魏金枝任主编,丁景唐负责编辑、印刷、校对。

1946年,26岁。

2月10日,与郭明、廖临、袁鹰、杨志诚(陆以真)等组织成立上海文艺青年联谊会,丁景唐负责主持。

1947年,27岁。

4月,被列入黑名单,离沪隐蔽。先到嘉定廖临家,后到浙江省镇海岭里山下岳父家。

5月,由上海沪江书屋出版《怎样收集民歌》。

11月中旬,与妻子王汉玉去香港、广州隐蔽。

1948年,28岁。

夏,应朱维之老师之邀,自港穗返沪,任沪江大学中文系助教。因仍被列入国民党黑名单,停止参加学内和社会活动。

圣诞节前夕,调至宋庆龄领导的中国福利基金会(后改成中国福利会),任第三福利站站长。

1949年,29岁。

年初,兼任上海临时联合救济会儿童救济小组负责人之一。

春节后,住进西摩路(今陕西北路)369号宋庆龄老宅困难童救济站。

5月25日,凌晨,迎来上海解放。

冬,调回宣传工作岗位。

1950年,30岁。

1月2日,到中共中央华东局兼上海市委宣传部报到。

3月后,历任市委宣传部科长、副处长、文艺处处长、宣传处处长、新闻出版处处长,至1962年5月。

10月,新华书店华东总分店出版发行《南北方民谣选》(第一、二集),署名丁英。

1951年,31岁。

春,上海鲁迅纪念馆开馆,前往瞻仰。

1953 年,33 岁。

夏,第一次到北京,参加为期两个月的中直机关理论讲座。

1954 年,34 岁。

为劳动报社、上海工人文化宫主讲文艺问题。

1955 年,35 岁。

1 月至 12 月,任市委宣传部宣传处处长。

1956 年,36 岁。

10 月,参加鲁迅迁墓仪式。

1958 年,38 岁。

6 月 13 日,出席宋庆龄举办的晚餐。

策划并参与规划上海文艺出版社出版"中国现代文学史资料丛书(甲、乙种)"。

与方行、孔罗荪主编《中国现代文学资料丛刊》。

与方行、叶以群主持修改上海鲁迅纪念馆陈列方案。

1959 年,39 岁。

1 月,与文操(方行)合编《瞿秋白著译系年目录》由上海人民出版社内部出版,印数 2000 册,立即被香港翻印。10 月,再版 500 册。

1960 年,40 岁。

7 月,上海市委宣传部组织"报刊编辑训练班",作"学习韬奋,继承和发扬韬奋精神"报告。

1961 年,41 岁。

5 月至 1966 年,任上海市出版局副局长。

主持并组织上海各出版社编印《工农通俗文库》。

12 月下旬,与李俊民、杭苇带队,到全国征求《辞海》(16 卷本未定稿)意见。丁景唐负责南方组,到南昌、长沙、广州、厦门、福州、杭州,征求意见。

1962 年,42 岁。

1 月底,回沪后,参与起草向中央修订《辞海》的请示报告。

1963 年,43 岁。

8 月,带领出版局、文化局、电影局干部,组成农村文化工作调查组,到青浦、松江调查研究,集体写成一批调查材料。

1965 年,45 岁。

10 月 1 日,出席文化部召开的各省市文化厅(局)长会议,参加庆祝中华人民共和国成立十六周年天安门观礼。

12 月 25 日,和辞海编辑所副主任鲁平赴京汇报《辞海》修订稿工作。

1966 年,46 岁。

"文化大革命"开始,被划入"三十年代文艺黑线人物"和"走资派"的行列,被指斥为"为文艺黑线树碑立传",原定的整理、影印革命文艺史料计划被迫取消。已印成的,有些也被毁之一旦。被轮番批斗,抄家,备受凌辱。

1969 年,49 岁。

到"五七干校"。

1975 年,55 岁。

9 月底,到上海人民出版社"七二一"业余学校工作。

1976 年,56 岁。

10 月,与蒯斯曛、刘金等清理"文革"中的出版物。

1978 年,58 岁。

夏,出席在厦门大学召开的北京大学、南京大学、厦门大学等八校编写《中国现代文学史》教材讨论会,并作发言。

10 月,出席在庐山召开的全国少年儿童读物出版物座谈会。

1979 年,59 岁。

3 月 1 日,陪戈宝权参观上海鲁迅纪念馆座谈会后,同访鲁迅 1931 年避难的花园庄。

4 月,与吴中杰结伴去西安,经洛阳在师专作现代文学史的报告。在西安召开的八省(区)十七所以高等院校现代文学教材定稿及学术讨论会上宣读《略论瞿秋白在中国现代文学史上的贡献》。

6 月,看望郑伯奇夫人,在郑女儿陪同下晋谒郑骨灰盒。又访八路军办事处,去延安参观访问。

秋,应上海芭蕾舞团编导、演员之约,介绍鲁迅《祝福》和绍兴鲁迅纪念馆情况,写信介绍他们去绍兴鲁迅纪念馆并体验生活。后上芭根据《祝福》创作独幕舞剧《魂》。

11 月,赴京参加全国第四次文代会。参加中国鲁迅研究学会,被选为理事。出席冯雪峰追悼会。

本年出任上海文艺出版社社长兼总编辑和党组书记。任国际笔会上海中心会员、中国鲁迅学会理事、中国现代文学研究会理事、中国民间文艺协会理事和上海分会副主席、中国出版工作者协会理事、上海出版工作者协会副主席、上海编辑学会副会长。

1980 年,60 岁。

3 月 2 日,参观"左联文物史料展览"。

6 月,与夫人王汉玉到常州。

秋至 1981 年初,入中共中央党校学习。

1981年,61岁。

6月29日,应邀在上海市工人文化宫作《回忆我的父亲李大钊》读书辅导报告。

7月下旬至8月19日,与赵超构往哈尔滨,参加国家出版局和中国出版工作者协会举办的读书班。

12月,随中国作家团出访香港。

1982年,62岁。

4月,为上海文艺出版社成立三十周年纪念,去北京、南京,访问叶圣陶、夏衍、周扬和匡亚明,约请他们题词、撰写纪念文章。

5月,随陈沂、陈修良、张承宗等赴南京,参加华东七省市党史征集工作会议。

同月,到民立中学参加该校校友殷夫烈士纪念碑揭幕仪式并致词。

6月1日,上海文艺出版社假上海文艺会堂,举行社庆三十周年纪念座谈会。陈沂讲话,黄宗英宣读巴金的纪念文《对默默无闻者的极大敬意》,丁景唐作《上海文艺出版社成立三十年致词》。

秋,应兰州军区萧华将军之邀,与编辑吴早文、吴金海赴兰,共商萧华回忆录《艰难年代》定稿。中秋佳节,参观黄河刘家峡水库和炳灵寺石窟。

12月,受上海市人民政府聘任为上海市高级科学技术、专业干部、技术职称评定委员会文学艺术专业(学科)评审组成员。

1983年,63岁。

春,完成影印出版赵家璧主编的《中国新文学大系》第一个十年10卷本后,上海文艺出版社的重点工程《中国新文学大系(1927—1937)》破土动工。丁景唐任主编,赵家璧任顾问。组织力量编纂"大系"的第二个十年,在京沪访问叶圣陶、夏衍、周扬、聂绀弩、吴组缃、艾青,向巴金、于伶、师陀(卢焚)征求意见,约巴金、夏衍、艾青等为各卷作序。共20卷,一千数百万字,是一项重大的文学出版工程。

4月1日,参加上海纪念孙冶方座谈会。

5月,花一年多时间,为上海市中山故居二楼陈列的宋庆龄藏画《第聂泊河水电站建设图》进行考证,写了鉴定书,得到确认。

6月1日,为《中国新文学大系(1927—1937)》撰写总序,与郝铭鉴赴京访问胡乔木。

1984年,64岁。

3月,与夫人王汉玉,访问绍兴鲁迅纪念馆、秋瑾故居、沈园。

8月,在哈尔滨召开、由王瑶主持的中国现代文学研究会上,作《中国现代文学的一项重大工程——介绍〈中国新文学大系〉(1927—1937)》发言。

12月21日，随陈沂去潘漠华家乡参加"纪念潘漠华烈士牺牲50周年"会议，作《最大的敬意，深切的悼念——纪念潘漠华烈士牺牲50周年》的发言。丁言昭、丁言勇、孙丽敏随行。

1985年，65岁。

1月11日，出席纪念内山完造诞辰一百周年座谈会，会后去内山完造墓敬献花圈。

4月26日前后几天，陪同日本友人尾崎秀树参观鲁迅纪念馆、景云里、花园庄，并寻访其兄尾崎秀实在沪住处等。

1986年，66岁。

4月，和郝铭鉴任文字编辑，陶雪华任美术编辑，与上海书店编辑部合作，由上海书店出版的《文艺日记》。

10月上旬，去宁波参加巴人（王任叔）学术讨论会，并去奉化大堰瞻望巴人故居和墓祭。

10月22日，陪同萧军夫妇谒鲁迅墓、鲁迅故居。

10月23日陪同看望吴朗西夫妇，随后到丁宅作客。

1987年，67岁。

中国文学研究者太田进在日本大阪经济大学的中国文艺研究会上，作《上海孤岛文学之一面——诗人丁景唐》的学术报告。

1988年，68岁。

10月，在丁言模陪同下，与钱谷融等去安徽潜山出席张恨水作品研讨会。

1990年，70岁。

2月，主编《中国现代著名编辑家编辑生涯》，并为该书作序、写文，由北京中国展望出版社出版。

3月2日，出席"左联"成立六十周年纪念大会。

3月3、4日，参加学术讨论会。

6月30日，参加"殷夫诞生八十周年纪念座谈会"。会上，将一批有关"左联"史料和茅盾1946年为上海文艺青年联谊会题词的手迹、萧军1986年赠丁景唐的字幅等赠送给上海左联纪念馆。

8月29日，在上海文艺出版社分址，原中华学艺社旧址，接待日中艺术研究会三山陵、奈良和夫、泷本泓之。此后，三山陵等多次来沪。

1991年，71岁。

3月，与金笛等赴象山，参加殷夫八十诞辰纪念会，并发言。

4至5月，先后到苏州、江阴，参加叶圣陶和刘半农的两次学术研讨会。访叶圣陶、刘半农、徐霞客故居，又去无锡参观张闻天纪念室。

6月7日,日本丸山昇率日本中国三十年代文学研究会江上幸子等访沪,参加在上海鲁迅纪念馆座谈会,并多次通信,互赠著作。

1992年,72岁。

主编的《中国新文学大系(1927—1937)》获第六届中国图书奖一等奖。

上海文艺出版社的同仁们于1990年代初,完成"大系"第3辑(1937—1949)20卷,1990年代中期,完成第4辑(1949—1976)20卷。丁景唐、赵家璧续任顾问。

1993年,73岁。

偕丁言昭出席在湖南桃花源举行的"丁玲文学创作国际研讨会",并发言。

10月,与王汉玉应邀到扬州刘小中家做客,住十天,审看丁言模四十多万字的《鲍罗廷与中国大革命》。

11月6日,叔叔丁继昌逝世,享年92岁。与夫人王汉玉合写悼词《向昌叔告别,为昌叔送行》。

1994年,74岁。

6月18日,与丁言模出席由常州市瞿秋白纪念馆和瞿秋白研究会召开"丁氏父子瞿秋白研究学术报告会",介绍学习体会。会后,与瞿秋白母校觅渡桥小学师生见面讲话。

6月19日,偕夫人和子女应邀去无锡参观无锡革命博物馆、王昆仑故居、聂耳纪念室。

1995年,75岁。

5月,编选《陶晶孙选集》,由人民文学出版社出版。

6月,赴京,参加瞿秋白就义六十周年纪念会及研讨会。与杨国宇、刘备耕去八宝山烈士陵园晋谒瞿秋白、任弼时以及其他革命前辈墓。

7月,获中国作家协会颁发的参加抗日战争老作家纪念牌。

10月10日—13日,参加在上海川沙召开的张闻天研究学术讨论会,并参观张闻天故居。

1996年,76岁。

6月18日—20日,出席中国版协老委会上海座谈会,作发言。

7月2日,出席上海市作家协会召开的"纪念茅盾诞辰100周年座谈会",作发言。

本年,上海文艺出版社社长室同仁约丁景唐编订六十年文集,丁自拟集名《犹恋风流纸墨香——海沫文谈六十春》。

1997年,77岁。

12月17日,出席姜椿芳纪念会。

12月18日,出席陶晶孙诞辰百年纪念会,并发言。
1998年,78岁。
本年,上海有线电视台播放《寻常人家》,介绍丁景唐与丁言模。
1999年,79岁。
1月29日,与李良倬、高建国、丁言模去常州,出席纪念瞿秋白诞辰100周年瞿秋白生平和思想研讨会,并发言。
11月25日,为婉谢同志们拟为丁祝贺八十诞辰,特写一信面交前来看望的上海市新闻出版局局长孙颙,并请转告上级领导和版协、编辑学会等。
本年,春秋两次入华东医院治病。
2000年,80岁。
4月25日,全家祝贺丁景唐生日,电视台来拍录像。
7月13日,与夫人王汉玉、子女、王观泉夫妇,去鲁迅纪念馆续赠书刊等,并以自书"丁景唐书库"题字面交副馆长王锡荣。
9月1日,经过4年的收集、整理、编选的《犹恋风流纸墨香——海沫文谈六十春》告成,送交上海文艺出版社。
2001年,81岁
4月19日,与夫人及子女到鲁迅纪念馆。
6月12日,在家接待日本友人三山陵,并午餐。
8月的一天,夫人王汉玉半夜脑溢血昏迷,即送瑞金医院急救。
2002年,82岁。
1月19日,夫人王汉玉去世,悲痛万分,不思茶饭。
2005年,85岁。
11月5日,出席邹韬奋诞辰110周年纪念会。
2009年,89岁。
8月5日下午,由丁言文、丁言昭、张亚男送丁景唐到华东医院,自此到逝世,一直没有回过家。
2015年,95岁。
11月6日,带领全家在华东医院举行感恩敬老节。怀念已去世的夫人王汉玉及长辈。
2016年,96岁。
丁景唐自感不舒服,12月20日下午,在华东医院东2号楼19楼10床,召开全家会议,到的有:丁言文、丁言仪、丁言昭、丁言模、丁言勇、周志云、张亚男、孙丽敏、周珍妮;文艺出版社的谢锦、李霞。交代身后事。
2017年,97岁。
12月11日,在华东医院逝世。

12月15日,丁景唐子女们为父亲举行小型告别会

2018年。

5月14日由丁言仪、丁言昭、丁言模、丁言勇、杨振荃、张亚男为代表,送父亲海葬。

附录二：丁景唐单行本目录

《星底梦》（歌青春）
1945年3月上海诗歌丛刊社初版
1986年5月湖南文艺出版社再版

《妇女与文学》（丁英）
1946年2月上海沪江书屋出版

《怎样收集民歌》（丁英）
1947年5月沪江书局初版

《南北方民谣选》第1、2集（与林东白合作）
1950年11月（上海）新华书店华东总分店出版

《怎样开展工人业余文艺活动》（与修孟千合作）
1954年12月（上海）文化生活出版社出版

《学习鲁迅和瞿秋白作品的札记》
1958年6月新文艺出版社出版
1959年7月上海文艺出版社新一版
1961年9月上海文艺出版社再版

《瞿秋白著译系年目录》（与文操合编）
1959年1月上海人民出版社出版
1959年10月上海人民出版社再版
1959年1月香港翻印

《上海新儿歌选》(与章力挥　姜彬　沙金　徐景贤合编)
1959年9月(上海)少年儿童出版社出版

《左联五烈士研究资料编目》(与瞿光熙合编)
1961年7月上海文艺出版社初版
1961年9月上海文艺出版社再版
1962年10月上海文艺出版社三版
1981年1月上海文艺出版社四版

《学习鲁迅作品的札记》
1980年5月上海文艺出版社初版
1983年12月上海文艺出版社再版

《诗人殷夫的生平及其作品》(与陈长歌合作)
1981年8月浙江人民出版社出版

《殷夫集》(与陈长歌合编)
1984年2月浙江文学出版社出版

《瞿秋白研究文选》(与陈铁健　王关兴　王铁仙合作)
1984年9月天津人民出版社出版

主编《中国新文学大系(1927—1937)》20卷
1984你5月—1989年10月上海文艺出版社出版

柔石小说散文集《为奴隶的母亲》
1990年2月中国展望出版社出版

《鲁迅和瞿秋白合作杂文及其他》(与王保林合作)
1986年10月陕西人民出版社初版
1993年陕西人民出版社再版

《王礼锡诗文集》(与贾植芳合作)
1993年7月上海文艺出版社出版

《陶晶孙选集》(编选)
1995年5月人民文学出版社出版

《瞿秋白印象》(与丁言模合作)
1997年12月学林出版社出版

《犹恋风流纸墨香——六十年文集》
2004年1月上海文艺出版社出版

《犹恋风流纸墨香》(续集)
2015年1月上海文艺出版社出版

附录三：丁景唐单篇目录

1940 年
春天的忧郁（洛丽扬）　1940 年 4 月 16 日《联声月刊》3 卷 10 期

1941 年
慈善家（诗）（洛丽扬）　1941 年 1 月 25 日《联声月刊》3 卷 6 期

1942 年
三男跟一女——一位女学生底手记（微萍）　2942 年 12 月 15 日《女声》1 卷 8 期

1943 年
敏子，你还年青（诗）（歌青春）　1943 年 1 月 15 日《女声》1 卷 9 期
寒窗琐语忆之江（微萍）　1943 年 2 月 15 日《女声》1 卷 10 期
弃婴——小下的生命（诗）（歌青春）　同上
《诗经》民歌中反映的妇女生活·恋爱·婚姻（乐未央）　1943 年 3 月 15 日《女声》1 卷 11 期
春天的雪花（诗）（歌青春）　同上
青春（辛夕照）　同上
春日雅诗（诗）（歌青春）　1943 年 4 月 15 日《女声》1 卷 12 期
烛光（辛夕照）　1943 年 5 月 15 日《女声》2 卷 1 期
她的一生——从民歌中看中国妇女的生活（乐未央）　同上
桃色的云絮：夜雨、朝雾、阳光（诗）（歌青春）　同上
风筝与小草——献给童年的幼小者（诗）（歌青春）　同上
《增订百喻经》（寓言）2013 年 9 月上海书店出版社出版
她的一生（乐未央）　1943 年 6 月 15 日《女声》2 卷 2 期

生活、江上、乡恋(诗)(歌青春)　同上

她的一生(续)(乐未央)　1943年7月15日《女声》2卷3期

妇女与文学(辛夕照)　同上

我爱(诗)(歌青春)　同上

生活在孩子群中(辛夕照)　1943年8月15日《女声》2卷4期

陆放翁出妻事迹考(上)(乐无恙)　同上

五月的雨(诗)(歌青春)　同上

夏夜之风(诗)(歌青春)　1943年8月15日《文友》1卷7期

中秋谈月(乐无恙)　1943年9月15日《女声》2卷5期

开学、病中吟(诗)(歌青春)　同上

一场争辩(包不平)　同上

陆放翁出妻事迹考(下)(乐无恙)　1943年10月15日《女声》2卷6期

不祥与祸水(辛夕照)　同上

红叶诗话(辛夕照)　同上

向日葵(诗)(歌青春)　同上

雁(诗)(歌青春)　同上　周良沛编选:《抗日诗钞》2015年8月花城出版社出版

从《子见南子》谈到儒家的妇女观(乐未央)　1943年11月15日《女声》2卷7期

红叶题诗的故事(辛夕照)　同上

十二月的夜街(诗)(歌青春)　1943年12月15日《文友》2卷3期

我的自省(戈庆春)　1943年12月15日《女声》2卷8期

出妻史话(上)(乐无恙)　同上

星底梦(诗)(歌青春)　同上

1944年

出妻史话(下)(乐无恙)　1944年1月5日《女声》2卷9期

红叶(诗)(歌青春)　1944年2月15日《文友》2卷7期

风雅的说教(包不平)　1944年2月15日《女声》2卷10期

朱淑贞与元夕词(上)(乐无恙)　同上

寒园集、囚狮(诗)(歌青春)　同上

女性中心的蚂蚁(小泉八云作)(译作)(辛夕照)　同上

朱淑贞与元夕词(下)(乐无恙)　1944年3月15日《女声》2卷11期

人面桃花及其他(乐无恙)　1944年4月15日《女声》2卷12期

三春抄:鸽铃、瓶花、窗(诗)(秦月)　同上

世纪的花园——日本(英国非利甫作)(译作)(宗叔)　同上
目疾(歌青春)　1944 年 5 月 15 日《女声》3 卷 1 期
改卷散记(宗叔)　1944 年 6 月 15 日《女声》3 卷 2 期
美人迟暮(辛夕照)　同上
谈人生(宗叔)　1944 年 7 月 15 日《女声》3 卷 3 期
西子湖边(诗)(歌青春)　1944 年 8 月 15 日《女声》3 卷 4 期
阿秀(小说)(辛夕照与胡生权合作)　同上
秋瑾墓前(诗)　1944 年 9 月 5 日碧流丛书第一册:《九月的海上》碧流社出版社
诗人秋瑾(歌青春)　1944 年 10 月 15 日《女声》3 卷 6 期
从"女子二十四孝"谈起(包不平)　1944 年 12 月 15 日《女声》3 卷 8 期

1945 年

别看我是个女子(诗)(歌青春)　1945 年 1 月 15 日《女声》3 卷 9 期
友情草:歌青春:有赠、洛风:南风、金沙:辑前小语(歌青春)　1945 年 3 月 15 日《女声》3 卷 11 期
诗与民歌(歌青春)　1945 年 3 月《诗歌丛刊》(上海)1 辑《蓝百合》
杏花·春雨·江南(歌青春)　1945 年 4 月 15 日《女声》3 卷 12 期
烛光(辛夕照)　1945 年 5 月 15 日《女声》2 卷 1 期
池边(诗)(歌青春)　1945 年 5 月《诗歌丛刊》2 辑《抒情》
毕业行(歌青春)　1945 年 5、6 月《莘莘月刊》1 卷 3 期五六月号
雨天(诗)　1945 年 7 月 15 日《女声》4 卷 2 期
六朝的民歌(丁英)　1945 年 7 月《谷音》沪江实验公司出版
新生代进行曲(黎扬)　1945 年 8 月 26 日《新生代》
新女性典型的创造(洛黎扬)　1945 年 10 月 15 日《时代·文艺》
关于孟姜女传说的演变(丁英)　1945 年 11 月 25 日《文汇报·世纪风》

1946 年

灯(丁英)　1946 年 1 月 20 日《文坛月报》1 卷 1 期
重庆文化出版界近况(禾田【丁景唐】洛生【董乐山】)　同上
上海文艺青年联谊会的诞生和成长(洛黎扬)　1946 年 5 月 4 日上海文艺青年联谊会编印《文艺学习》1 期
王任叔(洛黎扬)　1946 年 10 月 3 日《世界晨报》
宁波东钱湖纪游(丁英撰文　玄衣摄影)　1946 年 12 月 5 日《茶话》7 期

1947 年

旧历年与歌谣(丁英)　1947 年 2 月 10 日《茶话》9 期

叫化子的歌(丁英)　1947 年 4 月 10 日《茶话》11 期

歌谣中的官(丁英)　1947 年 4 月薛汕、李凌、沙鸥编上海《新诗歌》第 2 号

鲁迅先生的一封信(于封)　1947 年 9 月 19 日《时代日报》

1948 年

香港的侧面——香港航讯(卫理)　1948 年 1 月 10 日《茶话》20 期

谈民歌的鉴别、创作及其他——从"愤怒的谣"想起(丁英)(抄件)　1948 年 3 月 14 日于账室

香港的"阻街女郎"(芜菁)　1948 年 3 月《妇女》(上海)2 卷 12 期

三次战争的回忆(左拉原作　卫里重译)(抄件)　1948 年 6 月 25 日《生地》26 期　1948 年 7 月 2 日《生地》28 期

1951 年

评陆静山同志《小黑人》一书中所暴露的错误思想　1951 年 1 月 21 日《解放日报》

对《消灭战争》一诗的意见　1951 年 2 月 25 日《解放日报》

必须给饿狼以狠狠的打击(与陈给合作)　1951 年 5 月 5 日《解放日报》

斥天主教务协进委员会的几本反动书刊　1951 年 6 月 18 日《解放日报》

反对歪曲党的斗争历史　1951 年 8 月 31 日《解放日报》

1952 年

文艺工作者应当自觉地积极参加风贪污、反浪费、反官僚主义的斗争　1952 年 1 月 6 日《解放日报》

1953 年

加强工人业余文娱活动　1953 年 5 月 20 日《解放日报》

简评上海出版的儿童文学作品　1953 年 10 月 8 日《解放日报》

工人业余文艺活动的方针——上海工人业余艺术训练班第一讲　1953 年 11 月至 30 日讲　1954 年 4 月 10 日至 12 日根据记录修改

给孩子们丰实的精神粮食　1953 年 11 月 20 日《文汇报》

让英雄人物的高贵形象鼓舞青年前进　1953 年 12 月 13 日《青年报》

荣誉归于把一切献给党的英雄　1953 年 12 月 29 日《解放日报》

1954 年

介绍《苏联的业余艺术活动》 1954 年 5 月 17 日《解放日报》
党怎样培养一个英雄人物的成长 1954 年 6 月 3 日《文汇报》
向民间文艺学习 1954 年 6 月 7 日《解放日报》
关于儿童文学 1954 年 6 月 15 日《文艺月报》1954 年总 18 期
怎样阅读文艺作品：和工人同志们谈谈读文学作品的态度和方法问题
 1954 年 9 月 13 日《新民报晚刊》
我们伟大的祖国万岁！ 1954 年 9 月《少年文艺》
对搞工人业余文艺活动的意见 1954 年 12 月 25 日《文艺月报》
加强工人业余文艺活动思想领导 1954 年 12 月 17 日《新民报晚刊》
介绍《下班以后》 1954 年 12 月 20 日《解放日报》
积极开展少年儿童的音乐活动 1954 年 12 月 28 日《解放日报》

1955 年

上海工人文艺活动发展概况 1955 年 5 月 15 日《文艺月报》1955 年 5 月号
胡风——善于伪装的阴险的敌人 1955 年 5 月 20 日《新民报晚刊》
略论图画故事的教育意义 1955 年 6 月 6 日《文汇报》
简评上海出版的儿童文学作品 1955 年 9 月 15 日《文艺月报》
瞿秋白同志的上海紫霞路的时候 1955 年 6 月 16 日《新观察》1955 年 12 期

1956 年

少先队员的好榜样 1956 年 5 月 26 日《展望》20 期
读《志愿军英雄传》一集 1956 年 7 月 13 日、17 日《青年报》
《人民中国画库》 1956 年 7 月《读书月报》
鲁迅和瞿秋白友谊的一例 1956 年 9 月 25 日《新民报晚刊》
关于鲁迅给邹韬奋的一封信 1956 年 10 月 15 日《文汇报》
从鲁迅日记看鲁迅和瞿秋白的友谊 1956 年 10 月 16 日《萌芽》8 期
鲁迅和瞿秋白友谊的一二事 1956 年 10 月 19 日《劳动报》
这样的一本《苹果树》 1956 年 10 月 20 日《新民报晚刊》
并非笑话 1956 年 12 月 10 日《新民报晚刊》
不要取笑残废者 1956 年 12 月 18 日《新闻日报》
读《鲁迅论美术》 1956 年 12 月 26 日《文汇报》

1957 年

继承和发扬鲁迅编译、出版儿童文学作品的优良传统——重读《小约翰》《小

彼得》《表》有感　1957年1月10日《儿童文学研究》1期
谈凡尔赛的《格兰特船长的女儿》　1957年1月24日《文汇报》
关于《乱弹及其他》的出版（上下）　1957年1月28、29日《新民日晚刊》5版
瞿秋白和鲁迅友谊的一例——关于《引玉集》　1957年1月29日《文汇报》
凯绥·珂勒惠支的木刻《牺牲》的文字说明为鲁迅所作　1957年4月21日《新民报晚刊》
我们永远不忘　1957年7月2日《青年报》
李大钊同志的战斗道路　1957年7月29日《解放日报》
李大钊同志在上海的几次演讲　1957年8月4日《新闻日报》
鲁迅主张青年要有广博的知识　1957年8月13日《青年报》
反对社会主义出版事业是一个政治立场问题　1957年9月2日《文汇报》
一份14年前介绍苏联的刊物　1957年11月12日《文汇报》
李小峰在《鲁迅先生与〈语丝〉》中贩卖私货　1957年12月1日《文汇报》
鲁迅论里维拉的壁画　1957年12月23日《文汇报》

1958年

瞿秋白同志的生平　1958年1月18日《新民报晚刊》
关于《中国现代文学史》　1958年1月21日《新民报晚刊》
文艺作品必须坚持社会主义思想教育儿童的原则　1958年1月26日《新闻日报》
《乱弹及其他》在解放区出版的第一个版本　1958年1月28日《新民报晚刊》
瞿秋白同志的旅俄通讯　1958年1月30日《文汇报》
欢呼《大字报选》出版　1958年4月7日《文汇报》
民歌——生产大跃进的战鼓和号角　1958年4月17日《文汇报》
读民歌　1958年4月22日《解放日报》
丁景唐来信　1958年4月30日《通讯》2期
马克思著作在我国出版概况　1958年5月5日《解放日报》
为革命而读书　1958年5月6日《文汇报》
春风吹来百花开　1958年5月29日《新闻日报》
中国现代儿童文学资料史论之一《文学月报》介绍《儿童文学史》　1958年5月《儿童文学研究》5期
我们的家——祝贺中国福利会成立20周年（诗）　1958年6月1日《儿童时代》1958年11期
瞿秋白同志创作的革命民歌　1958年6月18日《文汇报》

我们永远不忘——读杨之华同志《离别》 1958年6月18日《青年报》
介绍上海出版的《大字报选》 1958年7月12日《读书》1958年10期
只有政治挂帅才能提高出版物质量——评几幅有关总路线的年画 1958年7月28日《上海出版工作》7期

1959年

瞿秋白的笔名、别名集录补正 1959年1月10日《学术月刊》
瞿秋白同志在介绍马克思、列宁生平及其理论上的贡献 同上
读杨之华同志《忆秋白》 1959年1月27日《青年报》
石在，火种不灭！——记上海发现的几本瞿秋白同志藏刊 1959年1月29日《文汇报》3版
关于艺术剧社——读《艺术剧社史料》 1959年1月瞿光熙编：《艺术剧社史料》上海文化出版社出版
关于《庶联的版画》 1959年3月9日《文汇报》
关于《凯绥·珂勒惠支版画选集序目》 1959年3月22日《文汇报》
"公民科歌"的一字之差 1959年3月25日《文汇报》
《〈凯绥·珂勒惠支版画选集〉序目》校读记 1959年3月29日《文汇报》
关于《革命时代底文学》 1959年4月1日《文汇报》
关于《十字街头》 1959年4月6日《文汇报》 《业务通讯》（上海旧书店）1959年8期
纪念《守常全集》出版20周年 1959年4月29日《文汇报》6版
记瞿秋白同志论妇女解放的一篇文章 1959年5月4日《解放日报》6版
瞿秋白在五四时期的文学活动 1959年5月8日《文学知识》1959年5期
读瞿秋白同志的《美国的真正悲剧》 1959年6月6日《语文教学》6期
革命的干劲和革命的乐观主义精神 1959年6月18日《解放日报》
书评写作的范例——读瞿秋白对邹韬奋编译《革命文豪高尔基》的评介 1959年6月19日《语文学习》6期
《鲁迅全集》以外的一篇佚文 1959年7月12日《文汇报》
飞跃的祖国 光辉的童年 1959年10月10日《少年文艺》10期
太阳底下花儿红 1959年10月24日《解放日报》
最新最美的诗篇 1959年10月26日《解放日报》
对《鲁迅全集》注释本的几点意见 1959年10月27日《读书》20期
鲁迅和柔石为介绍外国美术作品而作的努力——纪念《艺苑朝华》出版30周年 1959年《东风》10期
最近新最美的诗篇——读《1959年上海民歌选》 1959年11月29日《读书》

22 期

柔石烈士的两部译稿并未被毁　1959 年 12 月 27 日《文汇报》

五四初期的瞿秋白　1959 年 12 月《纪念五四运动 40 周年论文集》上海人民出版社出版

1960 年

什么思想把韦德福引进黑弄堂　1960 年 1 月 6 日《支部生活》1 期

瞿秋白在介绍马克思列宁的生平和理论上的贡献　1960 年《学术月刊》1 月号

发挥敢想敢说敢做的共产主义风格　1960 年 3 月 7 日《支部生活》期

革新花开遍地红　1960 年 3 月 31 日《新闻日报》

连环画《长石的变化》出版的意义　1960 年 4 月 11 日《解放日报》

从《老虎长牙齿》到《一条龙》　1960 年 6 月 4 日《新民晚报》

毛泽东思想放光芒（与徐庆凯合作）　1960 年 6 月 5 日《解放日报》

技术大革命的赞歌　1960 年 6 月 9 日《文汇报》

从鲁迅手稿中学习些什么？　1960 年 12 月 14 日《文汇报》

1961 年

冯铿烈士和她的作品　1961 年 2 月 5 日《上海文学》总 17 期

冯铿烈士的手稿（于奋）　1961 年 2 月 5 日《文汇报》

为了永不忘却的纪念　1961 年 2 月 7 日《解放日报》

殷夫烈士的手稿　1961 年 2 月 8 日《文汇报》3 版

《高尔基和济难会》史料的出处　1961 年 4 月 2 日《文汇报》

关于艺术剧社　1961 年 5 月 15 日《上海戏剧》5 期

殷夫烈士和《摩登青年》（与陈长歌合作）　1961 年 7 月 10 日《学术月刊》7 期

为《瞿秋白与〈文学大纲〉》一文订误　1961 年 8 月 27 日《新民晚报》

记新版《鲁迅全集》以外的佚文　1961 年 9 月 5 日《上海文学》9 期

为《瞿秋白文集》订误　1961 年 9 月 7 日《新民晚报》

学习鲁迅的韧性的战斗精神（与陈长歌合作）　1961 年 9 月 23 日《青年工人》

鲁迅参加社会活动和政治斗争的一些文献资料——纪念鲁迅诞生 80 周年　1961 年 10 月 10 日《学术月刊》10 期

丁景唐同志的来信　1961 年 11 月 4 日《民间文学》1961 年 11 期

党的第一个出版社　1961 年 12 月 10 日《解放日报》4 版

《柔石小传》校读记——《鲁迅全集》补注　1961 年 12 月 20 日《图书馆》1961

年 4 期

1962 年
李伟森烈士的一本译作 1962 年 2 月 16 日《羊城晚报》
胡也频烈士的著作和手迹 1962 年 3 月 20 日《图书馆》1962 年 1 期
《冯铿活着的时候》（于奋） 1962 年 3 月 23 日《新民晚报》3 版
一幅纪念左联五烈士的木刻 1962 年 4 月 5 日《解放日报》
龙华桃花红似火——烈士们参加流血牺牲的地方（与闵晓思合作） 1962 年 4 月 26 日《儿童时代》8 期
《少年先锋》和广东 1962 年 4 月 20 日《羊城晚报》
文学研究会和五卅运动（于奋） 1962 年 5 月 30 日《新民晚报》
胡也频烈士的优秀小说《黑骨头》 1962 年 6 月 10 日《学术月刊》1962 年 6 月号
《文艺生活》和殷夫烈士的遗文 1962 年 6 月 10 日《文汇报》4 版
《在延安文艺座谈会上的讲话》出版史料介绍（与闵晓思合作） 1962 年 6 月 20 日《图书馆》2 期
柔石的第一部小说集 1962 年 7 月 1 日《羊城晚报》
《冯铿小传》的新史料 1962 年 7 月 5 日《上海文学》7 期
鲁迅与书刊核对工作 1962 年 10 月 10 日《文汇报》
殷夫烈士和《列宁青年》（与陈长歌工作） 1962 年 8 月《中国现代文艺资料丛刊》2 期
上海书店 1962 年 12 月 23 日《解放日报》

1963 年
记鲁迅关于学生运动的谈话——《鲁迅全集》拾遗（于奋） 1963 年 1 月 10 日《文汇报》
殷夫烈士的一些新史料 1963 年 1 月 10 日《学术月刊》1 期
关于柔石烈士的诞生日期 1963 年 2 月 16 日《人民日报》6 版
记柔石烈士的一批日记和遗稿 1963 年 3 月 10 日《学术月刊》3 期
关于柔石烈士的手稿 1963 年 3 月 20 日《图书馆》1 期
程十发绘《〈阿 Q 正传〉108 图》前言 1963 年 5 月上海人民美术出版社出版
记柔石烈士的七封书信 1963 年 6 月《学术月刊》6 期
李求实烈士和《革命歌集》 1963 年 7 月 23 日（26 日？）《文汇报》
鲁迅博物馆收藏的潘漠华烈士的手迹 《文物》1963 年 10 期
鲁迅致郁达夫书简一封（于奋） 1963 年 11 月 4 日《文汇报》

柔石烈士的两封狱中遗书　　1963年11月17日《人民日报》6版
关于左联机关刊物《前哨》的出版日期(于奋)　　1963年11月20日《学术月刊》1963年11期
给农村知识青年以更多的支持　　1963年12月6日《文汇报》

1964年
鲁迅是怎样评介《二月》的　　1964年9月17日《人民日报》

1965年
接过战士的枪(诗)　　1965年3月20日《青年报》
小石子赞(诗)　　1965年5月《收获》3期
精益求精为少年儿童编好革命故事　　1965年6月22日《文汇报》
为革命,做好人好事——三谈王杰叔叔学习什么?(与孙厚璞合作)　　1965年12月《儿童时代》1965年23期
为革命勤奋学习　　1965年12月《儿童时代》1965年24期

1966年
学习英雄　自觉锻炼——向王杰叔叔学习什么?　　1966年1月《儿童时代》1966年1期

1977年
"小喇叭"又响啦!(诗)(与钟嘉陵、丁言昭合作)　　1977年4月《小朋友》1977年4期
关于《阿Q正传》日译者山上正义回忆鲁迅在广州的一些补充说明(丁景唐说明　吴元坎译文)　　1977年9月《文教资料简报》总69期　　1977年12月《鲁迅在广州》

1978年
伟大共产主义者鲁迅的光辉的战斗的丰碑——纪念《鲁迅全集》出版40周年　《厦门大学学报》1978年2、3合刊　　1979年11月《中国现代文艺资料丛刊》4辑上海文艺出版社出版
鲁迅和里维拉　　1978年《山东师范学院学报》3期　　王观泉编:《鲁迅与里维拉》2015年6月山东画报出版社出版
关于鲁迅《阻郁达夫移家杭州》诗的一些史实　　1978年11月10日《安徽师大学报》1978年4期

纪念《鲁迅全集》出版40周年 1978年12月1日《文汇报》

1979年

记陶行知祝贺《鲁迅全集》出版的一首诗 1979年《读书》2期
略谈瞿秋白及与鲁迅的友谊 1979年3月5日《文汇报》
鲁迅参加社会活动和政治斗争的一些文献资料 1979年3月30日《语文教学通讯》2期
关于鲁迅《阻郁达夫移家杭州》诗的一些史实 1979年3月《西湖》编辑部：《西湖丛书》1辑 山东师院聊城分院：《鲁迅史料丛刊》8辑
《关于瞿秋白……》《活页文史丛刊》1979年4期淮阴师专编辑出版
诗人殷夫的生平及其作品——纪念殷夫烈士诞生70周年（与陈长歌合作） 1979年5月《社海科学》1期 1979年7月《社会科学》2期
一件血迹斑斑的绒线背心（与丁言昭合作） 1979年6月《党的生活》1979年1期
应修人、潘漠华烈士和《支那二月》 1979年8月《郑州大学学报》1979年3期
由整理"孤岛"文学史料引起的一些感想和回忆 1979年9月15日《资料与研究》8期
关于两个文艺界联合宣言 1979年《学术月刊》9期
从收集整理胡也频烈士的遗文想起 1979年9月《榕树文学丛刊》1辑
关于殷夫烈士的光辉史料 1979年10月15日《语言文学》1979年5期
鲁迅和瞿秋白的革命友谊 1979年10月《社会科学》1979年3期
鲁迅和凯绥·珂勒惠支（与王观泉合作） 1979年11月《中国现代文艺资料丛刊》4辑上海文艺出版社出版

1980年

党的最早的出版发行机构之一：上海书店 1980年2月10日《上海出版工作》1980年2期
略论瞿秋白在中国现代文学史上的贡献 1980年2月20日《文史哲》1期 1980年9月《常州古今》（革命烈士资料汇辑）1辑
前驱者的血 1980年3月1日《人民日报》5版
左联史话——纪念左联成立50周年 1980年3月2日《文汇报》4版
纪念左联成立50周年所想起的 1980年3月10日《上海出版工作》1980年3期
1930年左联成立前后史料散记——为纪念左联成立50周年而作 1980年

3月20日《学术月刊》1980年3月号

王任叔(洛黎扬)　1980年3月《资料与研究》23期

略论诗人殷夫的创作——纪念左联成立50周年(与陈长歌合作)　《中国现代文学研究丛刊》1980年3辑

左联在上海的成立和北方左联　1980年4月《书林》1980年2期

鲁迅——热情培育文艺新军的典范　1980年5月16日《书讯》2期

丁景唐同志致函本报　介绍革命历史博物馆中有关秋白烈士陈列说明　1980年6月17日《常州报》1版

缅怀秋白同志　继承革命传统——纪念瞿秋白同志就义45周年　1980年6月20日《语文学习》1980年6期

有关窦乐安路的几件史实　1980年8月(上海)《文史资料》1980年3辑

左联成立前后的柔石(与郑择魁合作)　1980年9月《宁波师专学报》1980年2期　1981年3月15日《文学评论》1981年2期

瞿秋白——中国无产阶级革命文学运动的主要奠基者之一　1980年12月25日《上海师范学院学报》1980年4期

1981年

丁景唐同志的来信　1981年《宁波师专学报》1期

"让暴风雨来得厉害些吧！"——高尔基的《海燕》和瞿秋白的译文(与钟嘉陵合作)　《名作欣赏》(双月刊)1981年1期

殷夫的生平事略——纪念殷夫烈士英雄就义50周年　1981年2月10日《东海》1981年2期

阿英《殷夫小传》校读杂记及其他——对于殷夫史料的探索和正误　1981年2月22日《新文学史料》1辑

论鲁迅和瞿秋白合作的杂文——《真假堂·吉诃德》(与王保林合作)　1981年《柳林》3期

鲁迅和瞿秋白合作的第一篇杂文——《王道诗话》(与王保林合作)　1981年《兰州大学学报》3期　《鲁迅研究》1981年9期

鲁迅和瞿秋白合作的杂文——《最艺术的国家》(与王保林合作)　1981年《绿野》3期

中国设会科学联盟成立史话　1981年4月《中国现代文艺资料丛刊》6辑　上海文艺出版社出版

鲁迅留日初期若干史实述略——读《清国留学生会馆第一次报告》及其续篇(与倪墨炎合作)　《文学论文集及鲁迅珍藏有关北师大史料》1981年6月北京师范大学出版社出版

鲁迅和瞿秋白合作的杂文《内外》(与王保林合作) 1981年7月《宁波师专学报》2期

茅盾关心文学青年——记35年前的一次会见(与杨志诚合作)1981年8月《青年一代》4期

从瞿秋白想到黄仲则和两当轩 1981年9月《大地》5期

谈鲁迅、瞿秋白杂文中的一句诗(与王保林合作) 1981年《辽宁师范学报》5期

鲁迅签名本《呐喊》《彷徨》 1981年8月26日《解放日报》4版

赞学习鲁迅、宣传鲁迅、研究鲁迅的一项大工程——向语文教师介绍1981年版《鲁迅全集》新注 1981年《语文学习》8期

读者·作者·编者 丁景唐来信 《新华文摘》1981年8期

"重要的是在死后还继续活着"——记上海"孤岛"时出版的《鲁迅五年祭》 1981年9月25日《上海师范学院学报》1981年3期

鲁迅和瞿秋白友谊的丰碑——鲁迅帮助出版瞿秋白著译的经过 1981年9月《上海出版工作》1981年9期 1982年1月10日《中南民族学院学报》1982年1期

鲁迅和瞿秋白合作的一篇形式独特的杂文——《曲的解放》(与王保林合作) 1981年9月《鲁迅诞辰百年纪念文集》黑龙江大学《求是学刊》丛书1辑 黑龙江大学《求是学刊》编辑部出版

祝芭蕾舞剧《魂》《伤逝》《阿Q》献演 1981年9月《纪念鲁迅诞生100周年芭蕾专场》说明书

对《辞海》(1979年版)"瞿秋白"词条的意见 1981年11有30日《辞海通讯》1981年10期

1982年

在实事求是的道路上探索前进——回顾四十年代关于鲁迅思想的研究(与王铁仙合作) 《海峡》1982年1期

郑伯奇在左联成立前后的活动 1982年《新文学史料》1期

论鲁迅和瞿秋白合作的杂文——《关于女人》(与王保林合作)1982年《艺谭》2期

四十年代初期上海的鲁迅研究概述 1982年3月15日《社海科学》3期

把重版书当新版本书看待 1982年4月10日《上海出版工作》1982年4期

谈鲁迅致郁达夫的一封佚信(与王观泉合作) 1982年4月20日《鲁迅学刊》1982年3期

鲁迅、丁玲、珂勒惠支 1982年5月15日《克山师专学报》1982年1期

关于参加中国左翼作家联盟成立大会的盟员名单(校订稿) 1982年5月
《左联回忆录》(下册)中国社会科学出版社出版
论鲁迅和瞿秋白合作的杂文——《出卖灵魂的秘密》(与王保林合作) 1982
年《奔马》5期
关于邵飘萍及其他(胡元亮) 1982年9月29日《新民晚报》
民间文艺架起了友谊的桥梁——记土耳其民间文学研究会主席的来访
1982年11月《采风》30期
《中外民间故事选》序言 1982年11月上海教育出版社出版
论鲁迅和瞿秋白合作的杂文——《大观园的人才》(与王保林合作)1982年
12月25日《上海师范学院学报》4期
记郭老书赠我的《咏梅》词字幅 1982年12月《资料与研究》2期
鲁迅和华兹的《希望》 1982年12月《艺术世界》6期
搜集鲁迅著作版本的乐趣——兼谈建立鲁迅著作版本目录学的一点设想
1982年《鲁迅版本丛谈》书目文献出版社出版
囚狮(诗) 1982年《儿童诗刊文选》 中国少儿出版社出版

1983年
努力做好文艺图书的出版工作 1983年1月10日《书讯》73期2版
从鲁迅联署《高尔基的四十年创作生活——我们的庆祝》谈起 1983年1月
15日《社会科学》1983年1期
加强调查研究 1983年1月15日《出版工作》1983年1期
《中国设会科学家联盟成立史话》补遗 《中国现代文艺资料丛刊》1983年7
期 1983年1月上海文艺出版社出版
鲁迅与马克思主义的断想 1983年1月《延边大学学报·纪念马克思逝世
百周年专号》
革命摇篮育新人——记江苏省委办的一次大、中学生支部书记训练班
1983年1月(10月？11月？)《上海文史资料选辑》44辑
从左联时期的"大众文艺小品"说起 1983年2月《小说界》1983年1期
《卡尔·马克思》早期中译本——记冯雪峰翻译的《科学的社会主义之梗概》
1983年3月10日《读书》3期
郭沫若同志《咏梅》词立轴 1983年4月20日(19日？)《人民日报》8版
彩虹片片抒诗灵——在纪念殷夫烈士的日子里 1983年5月12日《文学
报》
瞿秋白传略 1983年5月《中国现代作家传略》(下)四川人民出版社出版
记冯雪峰同志在鲁迅逝世10周年墓祭时的一张照片 1983年《资料与研

究》5 期

象山——殷夫故乡行(与丁言昭合作)　1983 年 6 月 10 日《厦门日报》

四十年代上海的鲁迅研究工作　《鲁迅研究文丛》4 辑　1983 年 7 月湖南人民出版社出版

重新发现的一批鲁迅研究资料——关于鲁迅的稿费单和名片的档案　1983 年 9 月 20 日《延边大学学报》1983 年 3 期　《鲁迅研究》(复印报刊资料)1983 年 10 期中国人民大学书报资料社　1984 年 6 月 15 日《鲁迅研究》3 期

一篇文章引起的回忆——关于越剧《祥林嫂》改编的一段插话　1983 年 10 月《艺术世界》5 期

《中国新文学大系(1927—1937)》编纂随感　1983 年 10 月《文艺新书》7 期 1 版　1984 年 1 月《书林》1984 年 1 期

关于鲁迅领取北新书局稿费单据和名片的档案资料　1983 年 11 月 10 日《上海出版工作》1983 年 11 期

记冯雪峰同志在鲁迅逝世十周年墓祭时的一张照片　1983 年 12 月《资料与研究》3 期

"在马克思主义的旗帜下"的《社会科学讲座》——兼谈郭沫若的一段佚文　1983 年 12 月《出版史料》2 辑

1984 年

如何理解瞿秋白杂文《儿时》　1984 年 1 月 20 日《语文学习》1984 年 1 期

瞿光熙著《中国现代文学史札记》序　1984 年 1 月上海文艺出版社出版

王铁仙著《瞿秋白论稿》序　1984 年 2 月华东师范大学出版社出版

关露同志与《女声》　1984 年 2 月《古旧书讯》1 期上海书店出版

《中国新文学大系(1927—1937)》宣传手册　1984 年 2 月上海文艺出版社出版

谈鲁迅和瞿秋白合作的杂文《迎头经》(与王保林合作)　1984 年 3 月 20 日《辽宁师大学报》2 期

殷夫　《民国人物传》4 卷　1984 年 3 月中华书局出版

读瞿秋白和鲁迅合作的杂文——《〈子夜〉和国货年》(与王保林合作)　1984 年 4 月 20 日《学术月刊》4 期

关于回忆田汉约见袁雪芬的一点更正　1984 年 4 月《艺术世界》2 期

爱的大纛　憎的丰碑——推荐新版《殷夫集》　1984 年 6 月 15 日《浙江文艺书讯》3 期

星底梦·囚狮(诗)　1984 年《文教资料简报》6 期

谈谈我的笔名　同上
在宋庆龄同志领导下工作的日子　1984年7月8日《人物》1984年4期
题头殷夫画像的说明　1984年7月《书林》1984年4期
重视文化积累工作——出好《大系》迎国庆　1984年8月10日《上海出版工作》1984年8期
倪墨炎著《鲁迅后期思想研究》序　1984年8月人民文学出版社出版
乐为天下播芳馨——祝上海书店成立卅周年　1984年8月《古旧书讯》1984年4期
丁景唐同志来信　1984年9月20日《上海青运史资料》1984年2辑
常州，我久已向往的地方——为纪念《常州日报》创刊30周年而作　1984年9月26日《常州日报》
吉娜的摄影艺术　《浙江画报》1984年9期
《大系》和现代文学研究　1984年12月《文艺新书》11期4版
殷夫（白莽）著译版本丛谈　1984年12月《古旧书讯》1984年6期

1985年

40年前西湖客　1985年1月10日《浙江画报》1期
为丰富人民的文化生活出版更多的好书新书　1985年1月《上海发行通讯》1985年1期
关于瞿秋白和鲁迅第一次见面的问题（与丁言昭合作）　《徐州师院学报》1985年2期
编好《中国新文学大系(1927—1937)》为开创现代文学研究的新局面而努力　1985年3月10日《上海出版工作》1985年3期
中国现代文学的一项重大工程——介绍《中国新文学大系(1927—1937)》　1985年3月《南通师专学报》1985年1期　1985年5月25日《新华文摘》1985年5期
王保林编《怀念瞿秋白诗钞》序　南京师范大学《文教资料简报》1985年4期　改书名《怀霜诗钞》1991年2月天津人民出版社出版
陈漱渝著《鲁迅史实求真录》序　《鲁迅研究动态》1985年4期　1987年9月湖南文艺出版社出版
瞿秋白的教育活动——从小学教员到人民教育委员　1985年5月20日《语文学习》1985年5期
读鲁迅和瞿秋白的《关于翻译的通信》（与王保林合作）　1985年5月《常州教育学院院报》1985年1期
钱虹编《庐隐选集》序言　1985年5月（福建）海峡文艺出版社出版

柔石烈士的两封狱中遗书　1985年5月《宁海党史资料》(3)
丁景唐同志的贺信　1985年6月3日　《春草》2期
茅盾悼念瞿秋白的一首遗诗　1985年6月20日《人民日报》8版　同日《羊城晚报》转载
星光照汗青——记郭绍虞纪念秋白同志一首诗　1985年6月23日《解放日报》4版　《怀霜诗钞》1991年2月天津人民出版社出版
隆重纪念瞿秋白烈士英勇就义五十周年大会暨瞿秋白烈士纪念碑揭碑仪式　1985年6月28日《起飞报》
鲁迅博物馆收藏的潘漠华烈士手迹　1985年6月中共浙江武义县委宣传部、中共武义县委党史办公室、武义县文学艺术联合会编《潘漠华纪念文集》
最大的敬意　深切的悼念——纪念潘漠华烈士牺牲50周年　同上
论茅盾对瞿秋白的崇高评价——从茅盾的一首遗诗谈起　1985年7月10日《江海学刊》4期
谈谈关于瞿秋白的研究状况——在长汀县"瞿秋白学术讨论会"上的发言　中共龙岩地委党史资料征集研究委员会编《浩气贯长虹——纪念瞿秋白就义50周年》1985年7月(封面上作)1985年9月(封底上作)出版
回忆《莘莘月刊》　《抗日风云录》1985年8月上海人民出版社出版　《中共上海党史大事记》1988年8月知识出版社出版
记茅盾悼念瞿秋白同志的一首遗诗——兼茅盾对瞿秋白的崇高评价　同上　《闽西文丛》(季刊)1985年3期　1985年9月上海鲁迅纪念馆《纪念与研究》7辑　1991年2月《怀霜诗钞》1991年2月天津人民出版社出版　1998年2月12日《黑龙江日报·人与书》
郑振铎纪念胡也频的文章(与丁言昭合作)　1985年8月23日《福建日报》4版
致编辑同志　1985年9月5日《书讯报》
难忘的1938年——上海出版史上光辉的一页　1985年9月10日《上海出版工作》1985年9期
《星底梦》我的第一本书　1985年11月5日、15日、25日《书讯报》(上海)
播种者的回忆——读赵家璧《编辑忆旧》　1985年12月16日《人民日报》8版　伍杰、徐柏容、吴道弘主编《中国书评精选评析》1997年山东教育出版社出版
上海"孤岛"时出版的《鲁迅五年祭》　1985年"王麦秆教授画展"

1986年
怀冯雪峰同志　1986年《鲁迅研究动态》1期

难忘的一面——忆王任叔同志　1986 年《新文学史料》3 期　上海鲁迅纪念馆编《巴人先生纪念集》2001 年人民文学出版社出版

星底梦　1986 年 7 月《袖珍诗丛·新诗钩沉》湖南文艺出版社出版

鲁迅的稿费单和名片档案　1986 年 7 月《鲁迅学刊》总 6 期

丁景唐　《中国社会科学家词典》（现代卷）1986 年 10 月甘肃人民出版社出版

应修人、潘漠华烈士和《支那二月》　中国新文学社团流派丛书·湖畔诗社评论资料选　1986 年 12 月华东师范大学出版社出版

丁景唐同志的发言（摘要）　1986 年 12 月上海鲁迅纪念馆《纪念与研究》9 辑

二进沪江　1986 年《沪江大学纪念集》(1906—1986)

1987 年

来信选刊　1987 年 3 月 30 日《鲁迅研究动态》1987 年 3 期

我又听到了聂耳的歌声　1987 年 4 月 14 日《新民晚报》8 版

丁景唐为中学生改稿手迹　《春草》1987 年 4 期

赵丹的最后几年　1987 年 5 月《文学港》总 11 期

关于 1931 年龙华 23 烈士被捕牺牲等 5 件史料简述　1987 年 8 月 15 日《新文化史料》1987 年 4 期（双月刊）

欢迎校正　相互切磋——兼谈冯铿烈士《红的日记》的版本问题　1987 年 10 月《出版史料》1987 年 3 期

《鲁迅史实求真录》序言　陈漱渝《鲁迅史实求真录》1987 年湖南文艺出版社出版

1988 年

《中国新文学大系》主编丁景唐先生的七点建议　1988 年 1 月 16 日《〈中国新文学大系〉编辑工作信息》

《正路》主编张耀华健在——为"湖风书局介绍"校正二三事　1988 年 3 月《出版史料》1988 年 1 期

喜见出成果还需更着力！——评纪维周编《鲁迅研究书录》　1988 年《鲁迅研究动态》1988 年 4 期

缅怀朱香晚先生　1988 年 5 月《光华校友通讯》6 期

宋庆龄的一幅藏画——兼谈 1936 年苏联版画展览会赠送鲁迅的 7 幅版画　1988 年 9 月《上海鲁迅研究》1 期学林出版社出版

1989 年

一幅宋阳先生照片的由来——记李何林先生的一次赐教　1989 年 1 月 20 日《鲁迅研究动态》1989 年 1 期　北京鲁迅博物馆编:《李何林先生纪念集》1996 年 9 月天津人民出版社出版

新版《瞿秋白文集》的特色——为瞿秋白烈士九十诞辰而作　1989 年 1 月 29 日《解放日报》

王观泉著《瞿秋白——民族心海的灯塔》序言　1989 年 1 月常州瞿秋白纪念馆《瞿秋白研究》1 辑　1989 年 6 月 19 日《书讯报》　后改书名《一个人和一个时代——瞿秋白传》1989 年 4 月天津人民出版社出版　1998 年 4 月天津人民出版社再版

忆念矢志保存革命文物的谢旦如先生　1989 年 6 月《古旧书讯》1989 年 3 期

三、四十年代的文氓史济行——对鲁迅、郁达夫等人行骗污蔑的各种劣迹（与丁言模合作）《江淮论坛》1989 年 2 期（双月刊）

陈东摄影展前言　1989 年 5 月

建国以来瞿秋白著译和瞿秋白研究出版简史（景玉）　1989 年 6 月 19 日《书讯报》

瞿秋白同志和上海书店（1923—1926）——为纪念瞿秋白同志 90 诞辰而作　1989 年 6 月 22 日《新民晚报》

从潘汉年的佚文谈到一些新的文化史料　1989 年 6 月 25 日《上海党史资料通讯》1989 年 6 期

健忘患者——劳丁氏自罚法　1989 年 8 月 16 日《宁波日报》　张登贵主编:《明州晨笔》1993 年 6 月北京师范大学出版社出版

功在千秋——致范泉　1989 年《中国近现代文学争鸣》1 集　1989 年 10 月上海书店出版

谢旦如先生和西门书店、《出版月刊》——并辨正有关的若干史料　1989 年 11 月《出版史料》1989 年 3、4 期

明日书店书目综述——并祝许杰先生九十寿辰　1989 年 12 月《古旧书讯》1989 年 6 期

1990 年

反馈短波　1990 年 2 月 20 日《人民日报》

主编《中国现代著名编辑家编辑生涯》并序:《鲁迅帮助编辑出版瞿秋白著译记略》　1990 年 2 月（北京）展望出版社出版

中国现代美术教育的先驱——画家洪野　1990 年《艺术界》1990 年 1、2 期合刊　《松江县志》1991 年 8 月上海人民出版社出版

从潘汉年的佚文谈到一些新的文化史料　1990年3月《长沙水电学院学报》1990年1期
何公超同志和春潮书局《热血日报》的二三事　1990年3月《出版史料》1990年1期
一本震动世界的名著　同上
我的母亲和我的姑母　《我的母亲》新2辑1990年5月香港中国文化馆母亲节初版
从诗集《星底梦》说起　1990年8月《宁波文化报》4版
上海"孤岛"时期的一曲青春之歌（代序）　王兴华：《孤岛集》1990年9月哈尔滨出版社出版
深切悼念包子衍同志——在包子衍追悼会上的发言　1990年9月发言　1993年6月《包子衍纪念集》
爱书家谢旦如　1990年9月《出版史料》3期
瞵城梦忆　1990年10月15日《上海文化史通讯》10期
中华艺术大学校史探源　1990年10月28日《企业文化报》1期3版、中版
记韬奋三本书的封面设计（与丁言昭合作）　1990年11月4日《新民晚报》6版
"把鲁迅还给鲁迅"——我为鲁迅纪念馆征集文物　上海鲁迅纪念馆编：《四十年纪程》1990年12月出版　1991年7月20日《鲁迅研究月刊》1991年7期

1991年

新的发现新的收获——新时期十年来殷夫作品综述　中国左翼作家联盟成立大会会址纪念馆　上海鲁迅纪念馆编：《左联研究资料集》1991年1期
《怀霜诗钞》序　王保林编注：《怀霜诗钞》1991年2月天津人民出版社出版
中国左翼文化总同盟的机关刊物——《文报》（与陈长歌合作）　1991年《上海党史通讯》1991年2期
谈《大系》的编纂、出版和发行（郑晓方记录）　1991年3月21日《〈中国近代文学大系〉编辑工作信息简报》7期（总67期）
为《宁波文化报》题字（标题为丁言昭拟）　1991年3月《宁波文化报》
为《中国大百科全书·中国文学》中的三个词条正误　1991年《中国现代文学研究丛刊》1991年3辑
我与《中国新文学大系（1927—1937，1937—1949）》　1991年5月《光华校友通讯》9辑
革命摇篮育新人——记江苏省委办的一次学生支部书记训练班　中共上海

市委党史资料征集委员会主编:《抗日战争时期上海学生运动·专篇》1991年7月上海翻译出版公司出版

旧梦的拾得——致钟洛 1991年8月6日《文汇报》3版 袁鹰:《上海:未褪色的梦忆》1997年上海三联书店出版

三十年代中国文艺家协会给高尔基的慰问信 1991年8月15日《新文化史料》1991年4期

巴金致丁景唐信附记 1991年9月13日《读书人报》5版

在鲁迅精神的光照下——《鲁迅赞》序 吴天才:《鲁迅赞》(诗集)1991年9月25日(马来亚)东南亚文学研究中心出版 1991年9月16日《社会科学报》3版

在伟大人格感召下的纪念——宋庆龄和鲁迅的二三事 1991年10月10日《民主》1991年10期 1991年12月14日《中国福利会会史资料》4期

怀赵丹 1991年12月1日《文化娱乐》1991年12期

二进"光华" 1991年12月14日《华东师范大学》4版

苏联高尔基博物馆收藏的中国文艺家协会致高尔基的慰问信——兼谈中国文艺家协会的成立 1991年《文教资料》1991年5期(双月刊)

1992年

田汉住在打浦桥日晖里的时候 1992年1月《卢湾史料》3辑

中国左翼文化总同盟的机关刊物——《文报》(与陈长歌合作) 1992年2月5日《上海党史》1992年2期

我与《中国新文学大系》 1992年5月《书海知音》上海文艺出版社庆40周年编印 1992年6月《出版史料》2期

周永祥编《瞿秋白年谱新编》序(与王铁仙合作) 《瞿秋白研究》1992年4辑 1992年8月(上海)学林出版社出版 1992年9月20日《鲁迅研究月刊》1992年9期

丁景唐先生致编者信 1992年9月5日《作家报》

新的发现 新的收获——新时期10年来殷夫史料和作品出版综述 1992年9月25日《广西师范大学学报》(哲学社会科学版)28卷3期

胡绳同志谈《中国新文学大系(1927—1937)》中杂文《报复》 1992年11月11日上海文艺、文化、音乐出版社内刊《文艺通讯》24期

知错就改 同上

十年辛苦非寻常——《出版史料》创刊随感 1992年12月《出版史料》1992年4期

难忘的1938年——入党前后 1992年12月上海市新闻出版局老干部办公

室编《难忘的岁月》

照片及题字　　1992年《上海浦光中学建校90周年》

1993 年

第一次见到宋庆龄　　1993年1月27日《中国福利会会史》1993年1期　　1993年1月28日《新民晚报》10版

鲁迅在中华艺大的三次演讲综述　　1993年3月2日《中华艺术大学》

中华燕山大学校史、探源与拾遗　　同上

'92岁暮访巴金　　1993年3月27日《光明日报》5版　　1993年11月4日《读者导报》10版

每周人物：丁景唐　　1993年4月6日《读者导报》

毕勋坊10号——瞿秋白住过的地方　　1993年6月28日《徐汇报》4版

这里，留下了鲁迅温暖的脚印——拉都路351号　　1993年7月12日《徐汇报》4版　　1994年10月27日《社会科学报》4版

"中国话剧演员的摇篮"南国艺术学院——记原西爱咸斯路371号　　1993年8月9日《徐汇报》4版

丁玲来信的说明和注释　　1993年9月10日《书城》1993年2期

"敦和"旧事话沧桑——文学社、太白社和译文社旧址　　1993年9月13日《徐汇报》4版

飘落在银杏巷的梦片　　1993年9月15日《宁波日报》8版

《民间故事·序》　胡晓晴选编：《民间故事》1993年9月上海教育出版社出版

1994 年

《王礼锡诗文集》在海内外学者中引起热烈反响　　上海文艺、文化、音乐出版办公室1994年4月10日《简报》1994年10期　　潘颂德编《王礼锡研究资料》1995年天津社会科学院出版社出版

文坛也有假货——揭穿三四十年代史济行伪造鲁迅作品劣迹　　1994年5月5日《社会科学报》4版

宋庆龄和1947年中秋游园会　　1994年9月29日《社会科学报》4版　　1995年3月25日《上海文化史志通讯》36期　　1995年11月12日《中国福利会会史资料》4期

重梦的拾得　　1994年12月《中外书信大观》上海文化出版社出版

音容宛在——记丁玲同志写给我的二封信　《中国现当代文学一颗耀眼的巨星——丁玲文学创作国际研讨会文集》1994年湖南文艺出版社出版

1995 年

《鲁迅和瞿秋白合作的杂文及其他》出版的补充说明　《广东鲁迅研究》1995
年 2 期

水阁云天怀赵老　1995 年 3 月 1 日《新民晚报》10 版

我参加夏衍主持的两次文化考试　1995 年 3 月 2 日《社会科学报》　1995 年
6 月 15 日《上海文化史志通讯》37 期

丁景唐学习研究瞿秋白书目（附：为朋辈研究瞿秋白著作写序书目）　1995
年 3 月《常州教育学院学报》1995 年 1 期

懒寻旧梦二三事——怀念夏衍同志　1995 年 5 月 10 日《书城》3 期（双月刊）

编选《陶晶孙选集》并《编后记》　《陶晶孙选集》1995 年 5 月人民文学出版社
出版

忆念许广平同志二三事　1995 年 6 月 20 日《鲁迅研究月刊》6 期　《许广平》
1995 年 10 月开明出版社出版

长忆虹口少年游——1931—1937 年虹口见闻散记　1995 年 6 月《上海市虹
口区文化史辑》13 辑　1995 年 8 月 25 日《虹口文化》3 版

赤膊弄堂的三升里和中外杂处的常乐里　1995 年 9 月 26 日《虹口文化》
4 版

风雨长夜忆故人——怀念田辛同志　《静安文史》1995 年 10 辑　1995 年
《金秋文苑》

三.弄堂小学和粪码头旁的学店　1995 年 11 月 25 日、12 月 25 日《虹口文
化》3 版

丁景唐　费滨海编：书香缘——作家捐书题词集　1995 年 11 月上海人民出
版社出版

是"犁宫"，不是"梨宫"　1995 年 12 月《咬文嚼字》1995 年 12 辑

朱义宽《洪流——五卅运动中的刘华》序　1995 年 12 月上海远东出版社
出版

1996 年

六十年代影印《申报》与编制《申报索引》的一些回忆　1996 年 1 月 18 日《申
报大楼专刊》

我有史沫特莱自传的签名本　1996 年 1 月 20 日《文汇报》11 版

五.影事旧闻　1996 年 2 月 28 日《虹口文化》3 版

引我乡思　1996 年 2 月 29 日《新民晚报》

记夏衍为《陶晶孙选集》写序　1996 年 3 月 10 日《书与人》1996 年 2 期

1998年《上海鲁迅研究》9期　张小红编《陶晶孙百年诞辰纪念集》1998年上海百家出版社出版

我在宋庆龄老宅迎接上海的解放　1996年5月29日《中国福利会史志资料》2期

施蛰老话粽子　1996年6月13日《上海食品报》4版

抗战话剧史上的丰碑——陈鲤庭忆《屈原》在重庆的演出（与马积先合作）　1996年6月15日《新文化史料》1996年3期

普陀对话——致友人书　1996年6月20日《厦门日报》8版

追忆与王韬合办《蜜蜂》半月刊　1996年6月25日《上海文化志通讯》41期

郭明烈士小传　同上

虹口杂忆　《上海滩》1996年6期

瞿秋白与毛泽东——读《毛泽东年谱》等　1996年8月《瞿秋白研究》8辑

谈新出8卷本《鲁迅文集》和《鲁迅全集》的一二质量问题　1996年9月16日《出版参考》18期

三分之一世纪行——从《鲁迅著译版本书目》到《鲁迅著译版本研究编目》　1996年9月26日《社会科学报》4版

丁景唐先生来函摘登　1996年10月19日《广州鲁迅研究》1996年3、4期

民办教育之我见　1996年10月20日《天地》1996年5期

周国伟编著　丁景唐顾问《鲁迅著译版本研究编目》序　1996年10月上海文艺出版社出版

"拉都路"上的文化人踪迹（上下）（与丁言昭合作）　1996年11月29日、12月6日《上海文化报》4版

谈新版《鲁迅文集》和《鲁迅全集》的质量问题　1996年12月18日《读书人报》1版　1997年3月24日《文艺理论与批评》1997年2期

六十多年以前：田汉创办南国艺术学院——西爱咸斯路371号（与丁言昭合作）　1996年12月27日《上海文化报》4版

《百年故事精品·序》：民间文学的一束鲜花　盛巽昌、朱守芬编：《百年故事精品》1996年12月上海社会科学院出版社出版

一张40年前照片引起的思念——石西民同志二三事　姚北桦、王淮冰主编：《俯仰之间——石西民纪念文集》1996年12月江苏人民出版社出版　1997年3月25日《编辑学刊》1997年2期

1997年

关于延安出版的《一件小事》　1997年1月20日《鲁迅研究月刊》1997年1期

身残翻译家王志冲　1997年1月7日《黑龙江日报》7版
悠悠百年史　煌煌百卷书——《中国新文学大系》三人谈　1997年2月17日《文汇报》8版
甘当民族音乐"小学生"——胡乔木学扬琴　1997年8月15日《音乐爱好者》1997年8期　1997年9月20日《读者导报》6期　《笔下波澜·上海音讯文萃》2014年10月上海音乐家协会编印
忆念胡乔木同志的三件事　1997年8月22日《新文学史料》1997年3期
厚望于中国文化事业的繁荣——回忆胡乔木同志　1997年9月19日《上海教育报》4版
许豪炯著《五卅时期文学史论》序　1997年9月上海社会科学院出版社出版
喜相叙——从宋庆龄创办的第三儿童福利站到虹口图书馆　1997年9月《绿土》19期2版　1997年12月1日《中国福利会史志资料》1997年5期　虹口区图书馆编：《虹口历史文化研究资料汇编》2017年6月上海科学技术文献出版社出版
《中国新文学大系(1949—1976)》第19集《史料·索引卷》序(与徐缉熙合作)　1997年11月上海文艺出版社出版
我们应当纪念他——为陶晶孙一百岁诞辰而作　1997年12月18日《社会科学报》4版
《瞿秋白印象》并《编选小序》(与丁言模合编)　1997年12月(上海)学林出版社出版
忆念张承宗同志二三事　《张承宗纪念文集——浦江忠魂》1997年12月《张承宗纪念文集》编辑委员会编印
播种者的回忆——读赵家璧《编辑忆旧》　何杰　徐伯容　吴道弘主编《中国书评精选评析》1997年12月山东教育出版社出版

1998年

丁景唐题字　1998年1月《绿土》1版
丰富复杂的近三十年文学运动的历史(与徐辑熙合作)　《小说界》1998年1期
我家邻近的人文景点　1998年2月19日《社会科学报》4版
上海的田汉故居和南国社旧址——田汉在打浦桥日晖里的时候　1998年4月15日《新文化史料》2期
丁景唐自传　一松花江边的婴儿(陆石浩整理)　1998年4月20日《读者导报》8版
丁景唐自传　三寄宿朱家姑妈家(陆石浩整理)　1998年6月5日《读者导

报》8 版

柘林残梦　1998 年 9 月《无罪流放——66 位知识分子五·七干校告白》光明日报出版社出版

丁言模著《曹靖华》代序《话说曹靖华小说二三事》　1998 年 9 月上海外国语教育出版社出版　1998 年 11 月 15 日《文学报》3 版　1998 年 11 月 5 日《文学报》3 版

张小红编《陶晶孙百岁诞辰纪念集》序《写在前面的话》　1998 年 12 月（上海）百家出版社出版

记夏衍为《陶晶孙选集》写序　同上

纪念陶晶孙先生百年诞辰　同上　1998 年 9 月《上海鲁迅研究》9 期

忆念赵家璧同志　《赵家璧先生纪念集》1998 年上海文艺出版社出版

1999 年

关于《中国新文学大系·史料索引卷》的讨论（与古远清　徐缉熙）　1999 年 1 月 20 日《书与人》1999 年 1 期

盛仰红　殷浩浩《20 世纪中国名人儿童作品精选——生活故事》序　1999 年 1 月广西民族出版社出版

《星底梦》（诗）　盛仰红编《20 世纪中国儿童文学系列百年诗歌精品》　1999 年 1 月上海社会科学院出版社出版　《20 世纪汉语诗选》1999 年 12 月上海教育出版社出版

《囚狮》（诗）　同上

我与《中国新文学大系》——为纪念上海解放 50 周年而作　1999 年 5 月 6 日《文学报》4 版

难忘 1949 年——在乍浦路 245 号中国福利基金会第三儿童福利站　1999 年 5 月 6 月《绿土》39 期、40 期 3 版　1999 年 9 月 1 日《中国福利会会史》1999 年 3 期（总 42 期）

关于《女声》的一些情况　1999 年 6 月 5 日《文汇读书周报》12 版

半个世纪的雪泥鸿爪——老出版家追怀出版生涯·《申报》影印 30 年（1957—1987）　1999 年 10 月 2 日《文汇读书年报》4 版

《中国福利会六十年》画册中的第三儿童福利站历史图片　1999 年 12 月《绿土》46 期 1 版

2000 年

青山依然在　几度夕阳红　2000 年 2 月 4 日《青年报》13 版

瞿秋白与米夫　2000 年 4 月《瞿秋白研究》11 期

关于译诗《生命诚宝贵》 2000年8月29日《新民晚报》21版
追思戈宝权同志 2000年8月20日《鲁迅研究月刊》2000年8期
我在嘉定避难的十天 2000年9月7日《社会科学报》4版
夏衍一信的注疏 2000年10月30日《新民晚报》20版
忆念吴朗西先生 上海鲁迅纪念馆编：《吴朗西纪念集》2000年10月上海文艺出版社出版
寻找《新俄诗选》译校者（与卢正言合作） 2000年11月9日《社会科学报》4版
怀念范泉同志 《范泉纪念集》2000年12月中国三峡出版社出版 钦鸿 潘颂德编：《范泉纪念集》2013年10月上海书店出版社出版
陶继明著《疁城漫笔》序《书人陶继明》 2000年12月香港天马有限公司出版 2001年5月31日《嘉定报》 2006年6月《疁城风情》

2001年

为《宁波日报·世纪金版》题词 2001年1月1日《宁波日报》
新世纪寄语 2001年1月6日《青松林》2期
张小红著《左联五烈士传略》序 2001年1月上海人民出版社出版
丁景唐口述 朱守芬整理：《八十回忆》 2001年2月20日《史林》2001年1期
良师益友与忠实读者——人民文学出版社之与我 2001年3月3日《文汇读书周报》2版 《我与人民文学出版社》50周年纪念集 2001年3月人民文学出版社出版
文字结缘的佳兆 2001年3月7日《中华读书报》22版
思乡怀乡 寄语片片 2001年4月9日《宁波日报》10版 2006年7月《东吴大学会讯》1期
引我乡思 2001年5月5日《新民晚报》
八旬老人爱唱歌 2001年6月2日《青松林》
八十老人爱唱歌 2001年6月徐汇区天平街道党工委编：《"八十春秋"征文获奖作品选》 2001年7月9日《徐汇报》10版
胡乔木有关外国儿童文学出版的三封信 2001年7月12日《社会科学报》4版
不啻是出版事业的大好事 2001年7月《出版史料》1辑
戎戈编《戎戈版画选集》序 2001年9月文汇出版出版
胡英淑整理《保林文集》序言《忆念王保林同志——王保林纪念文集序》 2001年东煤地质技校印刷厂印刷

2002 年

瞿秋白、杨之华在白色恐怖的上海　2003 年 2 月《常州师范专科学校学报》2002 年 1 期

署名"秋华"一文　2002 年 6 月《常州师专学报》2002 年 3 期

题"江南水乡"邮片小诗一首　2002 年 8 月 31 日《厦门日报》

从华东作家协会到上海作家协会　2002 年 8 月《上海作家》2002 年 3 期　《巨鹿路 675 号》2004 年 12 月上海文艺出版社出版　2005 年 2 月 25 日《读者导报》

我家有四个市二中学生　2002 年 9 月《百年沧桑》

瞿秋白纪念馆编《江南第一燕——瞿秋白画册》序言　2002 年 9 月上海书店出版社出版

为《诗芽》题刊名　2002 年 11 月 8 日《诗芽》1 版

刘小中著《瞿秋白与中国现代文学运动》序言　2002 年 12 月南京大学出版社出版

2003 年

追思田仲济先生　2003 年 2 月 22 日《新文学史料》2003 年 1 期　《田仲济纪念文集》2002 年 7 月山东画报出版社出版

丁景唐口述　朱守芬整理：《我的文艺编辑生涯（1938—1946）》　2003 年 6 月 25 日《档案与史料》2003 年 3 期（上）　2003 年 8 月 25 日《档案与史料》2003 年 4 期（下）

怀念范泉　2003 年 6 月 25 日《出版史料》2003 年 2 期

"群贤毕至，少长咸集"——再贺《出版史料》季刊发刊　同上

著名文史学家丁景唐先生来函　2003 年 6 月《我们》1 期

信念是不灭的光源——答友人垂询（诗）　附：菡子致丁景唐　2003 年 7 月 20 日《青松林》2 版

周国伟、柳尚彭著《寻访鲁迅在上海的足迹》序　2003 年 7 月上海书店出版社出版

在《怀念老歌　怀念"同志"》题字　2003 年 10 月 22 日《中华读书报》

程十发绘《〈阿 Q 正传〉一〇八图》前言　2003 年 10 月《连博》2003 年 4 期

飒爽英姿　女性荣光——《菡子文集》序　《菡子文集》2003 年江苏文艺出版社出版

白色恐怖下的惊天呐喊——《文艺群众》首次发表纪念瞿秋白烈士的悼文及其他　2003 年 12 月《常州工学院学报》2003 年 5 期　《纪念中国左翼作家

联盟成立 80 周年文集》2010 年 7 月香港东方艺术中心出版社出版

2004 年

丁景唐忆出版　2004 年 4 月 7 日《文汇报》11 版

我的自述　2004 年 6 月 25 日《出版史料》2004 年 2 期　2006 年 5 月 1 日《飞天》2006 年 5 期

丁景唐题字:范泉文艺论稿　2004 年 6 月中国戏剧出版社出版

姚福申著《中国编辑史·序一》　2004 年 6 月复旦大学出版社出版

从目录版本折射文坛的嬗变　陈燮君　盛巽昌主编:《二十世纪图书馆与文化名人》2004 年 7 月上海社会科学出版社出版

忆念吴朗西先生(1、2、3、4)　2004 年 8 月 27 日、9 月 10 日、9 月 17 日、9 月 24 日《读者导报》13 版

在我家:地下党训练班(丁英)　2004 年 10 月 13 日《新普陀报》4 版

丁景唐题字　2004 年 10 月 28 日《诗芽》4 期

关于王观泉《麦绥莱勒在中国》　2004 年 10 月《连博》2004 年 4 期

收集鲁迅著作版本的乐趣——兼谈建立鲁迅著作版本目录学的一点设想(代序)　陈漱渝主编:《鲁迅出版本书话》2004 年 10 月北京图书馆出版社出版

健身三曲亦怡然　2004 年 11 月 3 日《文汇报》

《千字文集》序　2004 年 12 月 1 日《东方剑》2004 年 12 期

三访周扬话《辞海》(丁景唐口述　朱守芬整理)　2004 年 12 月 30 日《史林》2004 年增刊

2005 年

关于《一张 50 年前的珍贵照片》的补遗(与任溶溶合作)　2005 年 2 月《上海作家》2005 年 1 期

追忆梅益同志二三事　《80 年来家园——梅益纪念集》2005 年 2 月社会科学文献出版社出版

戴辉同志活在我的思念中　2005 年 4 月 1 日《读者导报》10 版

金色年华,迎来晚霞满天　2005 年 4 月 22 日《读者导报》10 版　2005 年 8 月《上海作家》3 期

纪念编辑家出版家赵家璧　2005 年 5 月《上海作家》2005 年 2 期

张乐平笔下的旧上海众生相　2005 年 5 月《世纪》(双月刊)2005 年 3 期　2005 年 8 月 17 日《文汇报》11 版　2012 年 12 月 5 日《党史信息报》6 版

地下工作与接近文学　《上海文学》2005 年 8 期

悼原放同志　2005年9月25日《出版史料》2005年3期
上海辞书出版社最新推出《上海MEMORY张乐平笔下的三十年代》　海上风云　传世之作　2005年11月11日《读者导报》2版

2006年
周国伟著《鲁迅与日本友人》序　2006年9月上海书店出版社出版
丁景唐　《北仑人物》(中)2006年10月宁波北仑区地方志编纂委员会编

2007年
香岛相处更相知——回忆与辛笛先生香港之行　《香港文学》2007年3月号
"文学研究会"成立考　2007年6月17日《文汇报》
严复佚文——商务印书馆《华英音韵字典集成》序文(与丁言模合作)　2007年6月《出版博物馆》2007年1期
丁景唐常用印存　2007年6月25日《出版史料》2007年2期
我们的心是相通的——悼潘世和同志　2007年12月《嘉定政协文史资料》25辑
首次发表纪念瞿秋白同志的悼文——记左联后期机关刊物《文艺群众》　瞿秋白纪念馆编:《瞿秋白研究》14辑2007年12月中国福利会出表示出版
丁景唐　《开国将士风云录》(第3卷)2007年

2008年
我小时候的弄堂生活　2008年3月《上海滩》2008年3期
丁景唐字　袁滨:《盈水集》2008年4月中国戏剧出版社出版
序一　俞子林主编:《那时文坛》《百年书业》　2008年5月上海书店出版社出版
忆念矢志保存革命文物的谢旦如先生　《那时文坛》同上
俞平伯、施蛰存和画家洪野　同上
明日书店书目综述——并贺许杰先生九十寿辰　《百年书业》同上
上海《古旧书讯》书系总序两篇及编选说明(与陈子善合作)　2008年9月25日《出版史料》2008年3期
《瞿秋白年谱详编》序言　丁言模　刘小中编著:《瞿秋白年谱详编》2008年12月中央文献出版社出版

2009年
提高和超越　2009年6月15日《江南一燕》3版

诗友和文友　韦泱:《人与书渐已老·序》2009 年 7 月上海远东出版社出版　2009 年 8 月 10 日《新民晚报》B5 版

丁景唐序言两篇　2009 年 9 月 25 日《出版史料》3 期

纸墨伴我七十年　宋应禹　刘小敏编:《亲历新中国出版 60 年》2009 年 10 月河南大学出版社出版

喜庆《中国新文学大系》百卷问世　2009 年 11 月 9 日《新民晚报》B13 版

2010 年

丁景唐题字两幅　《百年殷夫——纪念殷夫烈士诞辰 100 周年书法作品集》2010 年 6 月上海人民出版社出版

殷夫——革命家和革命诗人　2010 年 6 月浙江省象山殷夫中学:《白莽特刊——不曾忘却的纪念》

丁景唐与马越的通信　2010 年 9 月 25 日《出版史料》2010 年 3 期

迎校庆忆同窗　致魏嵩寿学兄信　2010 年 11 月《东吴大学会讯》2 期总 46 期

记 1943 年关露约我到她住处的一次会见　2010 年 12 月 10 日《档案春秋》2010 年 12 月

我和鲁迅纪念馆　2010 年 12 月《绿土》1 版

《〈中国近代文学大系〉编辑工作信息》序　2010 年 12 月《出版博物馆》2010 年 4 期

亲切的感受　衷心的感谢——庆贺上海鲁迅纪念馆建馆 60 周年　上海鲁迅纪念馆编:《上海鲁迅研究》2011 年春 2010 年 12 月上海社会科学院出版社出版

2011 年

从重印《鲁迅杂感选集》毛边本谈起　《书人》2011 年 2 期　2011 年 8 月 5 日《联合时报》6 版

迎春献词——记朱维之师 24 年前兔年贺卡和书信　2011 年 3 月《瓯风》新刊第 2 集　2011 年 6 月上海理工大学沪江校友通讯 97 期

徐海安、丁景唐往来信函　2011 年 3 月《出版博物馆》2011 年 1 期

李子云,一位不断努力前行的秀外慧中的坚强女性　《一朵雅云》2011 年 5 月上海文艺出版社出版

丁景唐自用印谱选　2011 年 6 月 25 日《出版史料》2011 年 2 期

二进沪江　2011 年 6 月《上海理工大学沪江校友通讯》97 期

刘晓、陈修良同志为我们上党课(丁景唐口述　余雪霁　林雅琳整理)　《岁

月见证》2011年6月上海人民出版社出版

第一次听党课（丁景唐口述　余雪霁　林雅琳整理）　2011年10月27日《上海老年报》7版

难忘的1938年——入党前后　2011年10月浦光中学110周年校庆纪念文集《浦光记忆》

序　同上

恩师朱维之掩护我　2011年10月《瓯风》新刊第3集　2012年6月《沪江校友通讯》99期

2012年

丁景唐（今当代作家、出版家）　2012年3月30日《联合时报》4版

景唐自用印存（自印本）广告　《芳草地》2012年3期

《关于郭沫若的生死》及其他　2012年3月《郭沫若学刊》（季刊）2012年1期

序《中国近代文学大系争鸣录》　2012年7月上海书店出版社出版　2012年9月25日《出版史料》2012年3期

学术民主的良好学风令人获益匪浅　谈《大系》的编纂、出版和发行　同上

《〈中国近代文学大系〉编辑工作信息》序　2012年8月13日《藏书报》5版

丁景唐为《海派文化》题字　2012年8月15日《海派文化》4期

丁景唐题字：岁月留痕　张昌华：《名家翰墨》2012年8月凤凰出版传媒集团　凤凰出版传媒股份有限公司　江苏文艺出版社出版

菌子与史沫特莱　《理想在我心中》（续编）2012年9月上海文艺出版集团中西书局

丁景唐先生为《藏书报题字》　2012年12月24日《藏书报》5版

丁景唐信三封　《赵家璧文集》（第5卷）2012年6月上海文艺出版社出版

纪念陈烟桥同志——写在陈烟桥同志一百岁诞辰　2012年9月上海社会科学院

丁景唐题字　2012年10月《书简》

2013年

瞿秋白与《前哨》《文学导报》——兼谈《前哨·文学导报》（与丁言模合作）　2013年2月22日《新文学史料》2013年1期

为《谷音》题记　2013年6月15日《海派文化》1版

我与王楚良、萧岱合办《谷音》　2013年6月《出版博物馆》2013年2期

关于《谷音》的回忆　《百家湖》（月刊）2013年7期

每一方印都有友情相伴——《景玉常用印选》说明　2013年8月5日《藏书

报》9 版

柘林落难见真情(丁景唐口述　丁言昭整理)　2013 年 12 月 1 日《上海滩》2013 年 12 期　苏智良编:《上海"五七"干校忆往》2014 年 10 月上海辞书出版社出版

1973 你,柘林遇赵丹(丁景唐口述　丁言昭整理)　2013 年 12 月 20 日《作家文摘》11 版

2014 年

关露与我　2014 年 1 月 14 日《文汇报》11 版

瞿秋白研究六十载　2014 年 1 月《开卷》2014 年 1 期

当代名家书简　丁景唐两封　2014 年 2 月《香港文艺家》45 期

《犹恋风流纸墨香续集》序　2014 年 6 月《香港文艺家》46 期　《上海作家》(双月刊)2014 年 4 期　2015 年 5 月 22 日《参差》1 期　2015 年 6 月《出版史料》1 辑

和一百多个孩子,一起迎解放(丁景唐口述　吕林荫整理)　2014 年 7 月 27 日《解放日报》5 版　《上海,我的 1949》2014 年 8 月上海三联书店出版

"朋友喜欢阿丹"——赵丹的最后几年　蔡耕:《茶熟香温三集》2014 年 7 月上海科学技术文献出版社出版

崇高友谊赞　《永远的微笑》(自费出版　无出版日)2014 年 8 月收到

四代人的友谊,绵延长青——怀念好朋友应锦襄老师及其他　同上

李求实烈士和《革命歌集》　《笔下波澜·上海音讯文萃》2014 年 10 月上海音乐家协会编印

丁景唐题字　《远东反战会议纪念集》2014 年 11 月东方出版中心出版

2015 年

影印《申报》与编制《申报索引》的回忆　2015 年 3 月《上海滩》2015 年 3 期

2017 年

富有生命力的一本新书　2017 年 1 月 17 日《新民晚报》A29 版

2020 年

我心中的沙面　2020 年 3 月 10 日《世纪》(双月刊)2020 年 2 期

附录四：评论与纪念文章目录

1945 年
祝无量：青春的歌手　《星底梦》1945 年 3 月出版
穆逊：《星底梦》读后　载同上
石琪：《星底梦》及其他　1945 年 5 月 15 日《诗歌丛刊》2 辑《抒情》
梦茵：读了《星底梦》　1945 年 7 月 15 日《女声》4 卷 2 期
古道：青春之歌　1945 年 7 月《译作文丛》1 辑《谷音》

1946 年
丁英近作《妇女与文学》不日出版　1946 年 1 月 1 日《妇女》3 期

1980 年
丁景唐同志致函本报　介绍革命历史博物馆中　有关秋白烈士陈列说明　1980 年 6 月 17 日《常州报》1 版

1981 年
李仑：袁雪芬的艺术道路·(9)与许广平谈《祝福》的改编　1981 年 1 月 8 日《文汇报》4 版
杰华：《左联五烈士研究资料编目》增订本出版　1981 年 4 月 10 日《书讯报》

1982 年
徐英：丁景唐——图书馆的友人　1982 年 4 月 22 日《文学报》4 版

1983 年
海：响震诗坛的强音——介绍《殷夫选集》　1983 年 4 月 3 日《文学书窗》2 版
丁勤：被迫看"球"　1983 年 4 月 17 日《新民晚报》

1984 年

林云忠:进军的号音——新版《殷夫集》小记　1984 年 2 月 12 日《杭州日报》3 版

丁玲:《殷夫集》续序　载同上

亦夫:读《学习鲁迅作品的札记》　1984 年 6 月《文艺新书》9 期 4 版

林路　王培年:丁景唐的诗集《星底梦》　1984 年 6 月《文教资料简报》1984 年 6 期

王翼:诗五首　1984 年 7 月 20 日《厦门日报》3 版

1985 年

周忠麟:东方的微光　冬末的萌芽——写在《殷夫集》出版的时候　1985 年 2 月 5 日《博览群书》1985 年 2 期

周忠麟:"诸夏怀霜"的好文选——写在《瞿秋白研究文选》出版之时　1985 年 3 月 28 日《常州日报》

茅盾悼念瞿秋白的一首遗诗　1985 年 6 月 20 日《羊城晚报》3 版

冯江　潘震:巧遇　1985 年 6 月 21 日《起飞报》

奚青　陶红:关怀　1985 年 6 月 28 日《起飞报》

郑卫华:捷足何人踞上游——访研究瞿秋白的专家丁景唐　1985 年 6 月 28 日《福建日报》4 版

鲁迅瞿秋白合作的杂文及其他　1985 年 8 月 20 日《陕西新书目》

丁言昭:黄宗英的题字　《文化娱乐》1985 年 10 期

陈挥:编辑·学者·战士——上海文艺出版社原总编辑丁景唐印象记　1985 年 11 月 25 日《编辑之友》1985 年 4 期

1986 年

30 年研究的结晶——评《学习鲁迅作品的札记》　1986 年 2 月 21 日《福建日报》

周忠麟:评《学习鲁迅作品的札记》　1986 年 3 月 14 日《人民日报》(海外版)　1986 年 8 月《鲁迅研究动态》1986 年 8 期

周忠麟:鲜血和艺术的结晶　1986 年 6 月 8 日《光明日报》4 版

葛昆元:最美的事——访中国现代文学研究家丁景唐　1986 年 7 月 14 日《书讯报》4 版

贲炜:鬓如霜又何妨——记丁景唐、王观泉师生走访本报　1986 年 8 月 11 日《书讯报》4 版

赵莹:"我来看望同行"——记黄源、丁景唐走访本报　载同上

1987 年
倪墨炎:从《星底梦》想到怎样评价沦陷区文学　1987 年 1 月 17 日《文艺报》8 版
周思源:新发现的殷夫佚信　1987 年 9 月 19 日《文艺报》8 版

1988 年
张卫华:孤岛诗坛的一棵明星——丁景唐的《星底梦》　1988 年 8 月 9 日《常州日报》
胡道静:《梦溪笔谈校证》泼墨录(2)题丁景唐邺架本　1988 年 11 月 12 日《文汇报读书周报》
尹敏:战士·编辑·学者——记上海文艺出版社名誉社长丁景唐　中共中央宣传部出版局编:《编辑家列传(二)》1988 年 11 月中国展望出版社出版

1989 年
修晓林:双鬓作雪　著述不已——访丁景唐　1989 年 2 月 25 日《文汇读书周报》
修晓林:瞿秋白研究两师友——访丁景唐和王观泉　1989 年 6 月 19 日《书讯报》

1990 年
吴百星:丁景唐　1990 年 8 月《宁波文化报》4 版

1991 年
丁玲:祝《殷夫集》出版——致丁景唐　《左联研究资料集》1991 年 1 期
陈挥:"捷足何人踔上游"——记丁景唐的瞿秋白研究　1991 年 1 月《瞿秋白研究》3 期
张沂南:老丁还乡——景唐先生在宁波　1991 年 3 月《文学港》1991 年 2 期
丁言昭:丁景唐和赵丹　1991 年 5 月 28 日《上海工业经济报》
丁言昭:爸爸和赵丹　1991 年 7 月 20 日《郑州晚报》
桂国强:三个人——三个难懂的故事　1991 年《萌芽》8 期

1992 年
丁言昭:爸爸的多功能房间　1992 年 1 月 9 日《社会科学报》　1996 年 5 月

15日《小花朵》1996年3期
姚锡佩:诸夏何人不怀霜——读《怀霜诗钞》 1992年2月14日《读书人报》
潘振铎:书情——丁景唐师赠我的书之一《学习鲁迅和瞿秋白作品的札记》
　　1992你2月28日《读书人报》
潘振铎(报上错印成"赵"姓):书情——丁景唐师赠我的书之二《现代六十家散文札记》 1992年3月13日《读书人报》
潘振铎:书情——丁景唐师赠我的书之三《许杰散文集》 1992年3月27日《读书人报》
陈思和　丁言昭:希望之孕——记丁景唐编辑生涯50年 1992年8月22日《新文学史料》1992年3期
丁玲:祝殷夫烈士诗文总集《殷夫集》出版——致丁景唐 1992年9月25日《广西师范学院学报》(哲学社会科学版)28卷3期
施建伟:让春天和他同行——遥寄丁景唐先生 1992年9月30日《泉州晚报》
魏绍昌:七旬三照 《艺术界》1992年9月、10月号合刊
丁言昭:爸爸的宁波话 1992年12月13日《上海家庭报》

1993年

每周人物:丁景唐 1993年4月26日《读者导报》
李良倬:我的"忘年交"——丁景唐 1993年5月10日《徐汇报》4版
丁言模:粥与书 1993年10月13日《宁波日报》

1994年

丁言昭:裂缝 1994年1月4日《劳动报》
王观泉:一丝淡淡的回忆——中国福利基金会第三儿童福利站记事 《中国福利会史志资料》1994年3期
纪维周:十年辛苦非寻常　一书波折亦荒唐——《鲁迅和瞿秋白合作的杂文及其他》出版始末 《广东鲁迅研究》1994年4期
吴颖之　邵玉健　林以勤:纪念瞿秋白英勇就义59周年"丁氏父子瞿秋白研究学术讨论会"昨举行 1994年6月19日《常州日报》
潘颂德:一张照片 1994年7月24日《海口晚报》3版
丁言模:木楼梯 1994年8月31日《上海商报》
潘颂德:一张有趣的照片 1994年10月21日《太平洋化工厂》4版

1995年

张剑杰:兴趣、学习的原动力——访老出版家丁景唐先生 《活动天地》(上

海)1995 年 2 期

丁伍:重逢　1995 年 5 月 5 日《新普陀报》

侯涤:丁氏父子瞿秋白研究学术报告会在常州举行　常州瞿秋白纪念馆编《瞿秋白研究》7 辑 1995 年 5 月学林出版社出版(上海)

丁景唐先生来信　1995 年 9 月 21 日《瞿秋白研究信息》总 96 期

丁言昭:爸爸的衣着　1995 年 12 月 5 日《新普陀报》4 版　《吉林民情》1996 年 1 期　1996 年 2 月 4 日《宁波日报》

丁言昭:爸爸的趣闻　1995 年 12 月 5 日《小花朵》1995 年 6 期

1996 年

丁言昭:丁英是谁?　1996 年 2 月 3 日《文汇报》10 版

王文强:鲁迅瞿秋白友谊课题新篇章——读《鲁迅和瞿秋白合作的杂文及其他》　1996 年 2 月 20 日《鲁迅研究月刊》1996 年 2 期

董鼎山:上海的朋友们　1996 年 5 月 14 日《新民晚报》14 版

1997 年

朱亚夫:寻访"一步楼"　1997 年 5 月 30 日《房地产报》

桂国强:甘于清贫的"富翁"——我所知道的丁景唐　1997 年 7 月 29 日《上海经济报》3 版

盛巽昌　朱守芬编撰:《学林散叶》　1997 年 9 月上海人民出版社出版

1998 年

丁言昭:丁景唐与《蜜蜂》　1998 年 1 月 20 日《读者导报》8 版

丁言昭:丁景唐与《联声》　1998 年 3 月 15 日《读者导报》

陆石浩(丁言昭):丁景唐自传　1998 年 4 月 20 日　5 月 20 日　6 月 5 日　6 月 20 日　7 月 5 日　7 月 20 日　8 月 5 日《读者导报》8 版

1999 年

陆其国:"捷足何人蹴上游"——访文化老人丁景唐先生　1999 年 1 月 14 日《上海档案》1999 年 1 期

丁言昭:爸爸的毛巾何其多　1999 年 1 月 23 日《上海家庭报》3 版　1999 年 5 月 12 日《新普陀报》4 版

李桃:老丁与小友——我与丁景唐先生的交往点滴(打印稿)　1999 年 7 月

陆其国:耐看的文化风景——丁景唐的风雨人生　1999 年 7 月 10 日《电视·电影·文学》1999 年 4 期

余秋雨:以书为砖　《我与上海出版》1999年9月学林出版社出版
白云(丁言昭):丁景唐《星底梦》　1999年11月20日《读者导报》8版

2000年
郭娟:认认真真做编辑　郭娟:《写在水上》2000年1月天津百花出版社出版
葛昆元:孤儿·战士··学者　《上海滩》2000年4月号
袁鹰:从青春歌者到白发书生　2000年《小说界》4期
朱国顺:为了不能忘却的纪念——"左联"研究专家、出版家丁景唐纪事　2000年6月20日《新民晚报》26版
王观泉:躬耕半世纪——丁景唐和瞿秋白研究(未刊稿)　2000年7月19日写
郭娟:青山依然在,几度夕阳红——访编辑家、学者丁景唐　2000年8月1日《夕阳红》2000年8期
王志冲:丁老　老丁　2000年8月25日《上海老年报》9版
夏弘宁:与文化名人忘年交　2000年9月5日《读者导报》8版
顾念林:忘年之交两地书　2000年9月13日《新民晚报》21版
许觉民:为丁景唐《海沫文谈六十春》序　2000年11月30日《社会科学报》4版
张小红:丁景唐先生与"左联"研究　2000年11月30日《虹口文化》3版
袁鹰:赠丁景唐同志　2000年

2001年
程海麟:钻石婚的祝福　2001年2月9日《上海老年报》9版
刘玉龙:学者丁景唐　2001年2月28日《滁州师专报》
朱守芬:丁景唐80纪年　《文教资料》2001年2期
夏其言:更可贵的钻石婚　2001年3月9日《上海老年报》10版
李云鹏:撑伞的丁景唐先生　2001年4月17日《兰州晨报》　2001年5月《风·火·海》1期　李云鹏:《剪影,或者三叶草》2016年8月敦煌文艺出版社出版
周国伟:丁景唐的鲁迅研究　2001年9月《上海鲁迅研究》12期
成幼殊:永嘉路上——陪老丁散步(手稿复印件)　2001年11月19日
夏秀玫:丁景唐:从孤儿到战士、学者　2001年12月5日《世纪风采》2001年12期

2002 年

王殊:一张 56 年前的照片　2002 年 1 月 14 日《新民晚报》22 版
韦泱:老丁的"鲁迅情结"《鲁迅世界》2002 年 1 期
胥智芬:知识和文化的信念　是最高的幸福气质——春节文化老人走访记
　　2002 年 3 月 1 日《读者导报》13 版
王观泉:金不依纸墨而留存(代序)(打印稿)　2002 你 4 月 20 日　2011 年 6
　　月 25 日《出版史料》2011 年 2 期
许觉民:丁景唐文坛六十春　2002 年 6 月《出版史料》2 辑
韦泱:我收藏的作家签名本　2002 年 11 月《上海作家》2002 年 4 期

2003 年

成幼殊:永嘉路上——陪老丁散步(诗)　成幼殊:《幸存的一粟》2003 年 1 月
　　山东画报出版社出版
王一桃:赠丁景唐(诗)　2003 年 3 月 28 日《书友》2 版　2003 年 4 月《香港
　　文艺家》2003 年 8 期　《新文学史料》(季刊)2003 年 1 期　2003 年 4 月 11
　　日《文汇读者周报》14 版
史力群:丁景唐老人的惊喜　《连博》2003 年 4 月号
韦泱:两个曾经的诗人　2003 年 6 月 16 日《徐汇报》7 版
骆斌:丁景唐品位高雅的文化老人　骆斌:《书友情怀——签名本其书其人》
　　2003 年 8 月中国文联出版社出版
毛东初:丁景唐的"书话式签名本"　2003 年 9 月 1 日《旧书信息报》4 版
张磊:永远不知疲倦的青春歌者——记丁景唐　《上海出版人》2003 年 11 月
　　学林出版社出版
徐葛:老丁半日谈(打印稿)　2003 年 12 月 12 日

2004 年

华振鹤:《丁景唐自用印谱》选介　2004 年 3 月 22 日《新民晚报》25 版
葛建平:弄堂啊,弄堂　2004 年 3 月 25 日《新民晚报》23 版
程海麟:信念是不灭的光绪　2004 年 4 月 20 日《上海老年报》
韦泱:老丁的"鲁迅情结"(打印稿)　2004 年 5 月 8 日
竹子:犹恋风流纸墨香——读丁景唐六十年文集(打印稿)　2004 年 5 月 9
　　日写网上下载
韦泱:他们曾经是诗人　2004 年 5 月 30 日《文汇报》
王观泉:立雪"丁"门者言　2004 年 6 月 2 日《今晚报》
王雅军:丁景老为我题签的一本书　2004 年 6 月 21 日《旧书信息报》3 版

王雅军:《书带芊芊》2015年6月上海文艺出版社出版
程海麟:作家"胡元亮" 2004年8月《上海作家》3期(季刊) 2004年12月10日《作家文摘》6版 2005年4月8日《读者导报》6版
王湜华:从手铃《丁景唐先生用印》说开去 2004年9月25日《出版史料》3期
竹子:相见处晚晴天(未刊稿) 2004年10月6日
周国伟:学者型的编辑出版人丁景唐(原名:丁景唐的学术研究生涯)(打印稿) 2004年秋一稿 2005年夏二稿
刘玉龙:随丁景唐先生走进文学的现代史 2004年11月30日《滁州学院报》9版
梅娘致丁景唐函 2004年12月2日《读者导报》2版
秦玉兰:暗香浮动月黄昏——记梅娘、幼殊与景玉公交往 载同上

2005年

葛芸:老丁半日谈 2005年1月12日《新民晚报》B38版
朱金顺:说说丁景唐先生赠我的签名本 2005年1月31日《旧书信报》3版
丁惠增:邂逅丁景唐 《上海宁波人》2005年1期
李冷路:老丁,真逗! 2005年4月26日上海文艺总社编《青松林》4版 2008年2月29日《新民晚报》B6版 李冷路 陈羽:《江南腔调》2013年8月上海三联书店出版
秦玉兰:天平雅集小记(未刊稿) 2005年5月2日
李丹:照片·浓情——拜会丁景唐先生 2005年5月27日《读者导报》6版
陆峰:丁景唐:纸墨人生的歌者 2005年6月24日《上海新书报》A4版
丁景唐先生为觅小 小小讲解员题词 2005年6月28日《瞿秋白研究信息》2005年4期
韦泱:题丁家猫咪(打印稿) 2005年6月
王鹏飞:抗战时期上海文坛杂忆——丁景唐先生访问记(打印稿) 2005年7月18日
学习前辈崇高品质 确立高尚文化追求 《故事会》临时支部邀请丁景唐上课反响热烈 上海文艺出版社总社保持共产党员先进性教育活动 2005年7月25日《简报》11期
秦玉兰:为谁盛放花满路 2005年9月23日《编辑学刊》2005年5期
张勤龙:景玉公印象 2005年10月14日《联合时报》
言鸣:书中自有人生乐——出版家丁景唐先生印象 2005年10月25日《上海老年报》

鲁秀珍:韬奋楼前的沉思　鲁秀珍:《国门内外》2005年10月黑龙江人民出版社出版
秦玉兰:秋天里的春天　2005年11月10日《社会科学报》8版
邢悦:一个"85岁的青年诗人"——丁老印象(未刊稿)　2005年11月8日
上林早苗(日)　周蒋锋译:刻在印章里的两情爱　2005年《上海风》(日文版)12月号
周蒋锋:"爱"的关键词——拜访出版家丁景唐先生(未刊稿)　2005年12月
葛芸:可爱的丁老头和姑娘们(未刊稿)　2005年

2006年
雷娜:一个美好的垃圾桶　2006年1月24日网上下载
李云鹏:一位编辑家的大工程、细工程及其他的抒情　2006年5月1日《飞天》2006年5期　李云鹏:《剪影,或者三叶草》2016年8月敦煌文艺出版社出版
言模:书海结缘思巴金　2006年8月10日《档案春秋》2006年8期
丁惠增:老丁题字　2006年10月4日《书法导报》
刘玉龙:与丁景唐夫妇的交往日子　2006年11月30日《滁州学院报》B2版
陈怡:拉都路上忆萧军　2006年12月8日《东方早报》C10版

2007年
韦泱:播撒现代文学珍稀种子——丁景唐编辑出版生涯片断　2007年2月《芳草地》2007年1期
秦玉兰:冬日的手温　载同上
韦泱:1938·从《蜜蜂》开始——记丁景唐早期文学编辑生涯　2007年3月《上海作家》2007年1期　韦泱《人与书,渐已老》2009年7月上海远东出版社出版
丁惠增:犹恋风流纸墨香——喜读丁景唐先生大作　2007年3月《海上宁波人》2007年3期
梦小竺:爱照像的爹爹　2007年4月30日《虹口文化》4版
才能怡:"慎成里"的诗意闲情(未刊稿)　2007年4月30日
韦泱:"把鲁迅的还给鲁迅"——记鲁迅研究专家、海上出版精英丁景唐　2007年6月11日《藏书报》4版
韦泱:纸墨香伴七十载——记丁景唐编辑出版生涯　2007年6月25日《出版史料》2007年2期
王湜华:《丁景唐常用印存》赏析　载同上

张翔:我与丁景唐先生的一段短暂交往　2007年10月1日《藏书报》4版
韦泱:自然·坦然·怡然——出版家丁景唐的健身三部曲　2007年《行家》11期
程海麟:丁老和老童生　2007年12月5日《海派文化》1版

2008年
张红玉:一位慈祥可爱的老人　2008年4月8日《虹口文化》4版
致丁景唐　《范泉晚年书简》2008年10月大象出版社出版

2009年
虞时中:丁景唐活跃在文艺战线上的"蜜蜂"《海濡之士　北仑名家》2009年2月人民文学出版社出版
秦玉兰　刘琼:纸墨更寿于金石——出版家丁景唐访谈记　2009年3月《编辑学刊》2009年2期

2010年
朱金顺:介绍《学习鲁迅作品的札记》(增订本)　2010年3月8日《藏书报》
鲁歌:谈丁景唐先生的一封信　2010年3月29日《藏书报》3版
信芳:漫漫百年文学皇皇百卷大书——《中国新文学大系》在接力中诞生　2010年3月《上海采风》2010年3期
王雅军:丁景老为我题签《文艺日记》　2010年4月12日《藏书报》3版
丁言昭:旧札引起父亲回忆　2010年4月26日《藏书报》3版
鲁歌:谈丁景唐先生的书信(之二)　2010年5月17日《藏书报》3版
高信:话说丁景唐先生"札记"的源头　载同上
蔡鹏飞:犹恋风流纸墨香港——丁景唐先生专访　2010年5月《溯源:东吴校友访谈录　苏州大学110周年》
朱金顺:殷夫诗片成励语——记丁景唐先生赠我的第一本书　2010年6月7日《藏书报》4版
朱金顺:略说丁景唐先生的瞿秋白研究　2010年6月21日《藏书报》5版
韦泱:犹恋风流纸墨香——记九旬老人丁景唐　2010年10月22日《文汇读书周报》5版

2011年
龚明德:犹恋风流纸墨香——丁景唐先生与我的"书来往"　2011年1月17日《藏书报》3版　2011年2月《绿土》2版

袁鹰:从青春歌者到白发书生:怀念丁景唐　袁鹰:《申江寻梦——一个老报人的文化情怀》2011年2月上海文艺出版社出版
张翔　吴萍莉:丁景唐先生来信　2011年3月25日《出版史料》2011年1期
朱金顺:丁景唐先生的赠书题词　2011年5月2日《藏书报》5版
马信芳:著名学者丁景唐谈"左联"　中国革命文学先驱者播种者　2011年6月7日《深圳特区报》A5版
言模:书海结缘惜文字　往事倍亲茶未凉——巴老与丁景唐　2011年8月26日《联合时报》6版
余淼:丁景唐学长采访录　《浦光记忆》2011年10月
一木:老丁追思巴老　书海结缘　追思倍亲　2011年11月9日《新普陀报》4B版
孙言　粟亚雷:丁景唐藏印趣谈(打印稿)　2011年11月12日
孙言:文化老人丁景唐先生藏印趣谈(前月丁景唐题字)　2011年11月《秋石印苑》秋石印社成立25周年特刊
胡子林:在白胡子家做客　2011年12月4日《新民晚报》B2版
丁言昭:记"青中"歌咏队队长丁景唐　2011年12月25日　2013年11月4日《虹口文化》4版

2012年

章洁思:丁景唐先生与我　2012年1月6日《文汇读书周报》5版
韦泱:一言难尽话《女声》　韦泱:《纸墨寿于金石》2012年1月文汇出版社出版
应锦襄:给景玉公　芮鹤九　应锦襄:《并肩行》2012年3月
丁言昭:百岁大哥与九旬小老弟　2012年4月13日《文汇读书周报》5版
张韧:家长代表丁景唐　2012年5月22日《文汇报》11版
袁鹰:郁郁葱葱绍兴路——祝贺上海文艺出版社六十华诞　2012年5月《书香飘过一甲子》上海文艺出版社出版
韦泱:曾有一个"民歌社"　《芳草地》2012年3期　2012年7月《绿土》1版　2012年8月1日《建设银行报》　2012年9月3日《藏书报》5版
张林风:革命阵营的战士　文化领域的大家——探寻丁景唐在虹口的岁月片断　2012年8他27日《虹口报》4版
王志冲:欢欢乐乐年复年　2012年9月4日《长宁时报》B2版
王圣思:"90后"桃源人丁景唐　2012年9月15日《新民晚报》B13版
史力群:丁景唐老人的惊喜　2012年10月《史力群文集》《连博》编印出版
史力群:《连博》满十期　文化名人丁景唐高度评价并寄厚望　载同上

蔡耕:赵丹湖州行　2012年11月《上海滩》2012年11期
沈爱良:刀笔传情——《景玉常用印集》弁言　2012年11月《秋石印苑》
丁惠增:老作家丁景唐和他的儿女们　2012年11月《金秋文学》4期

2013年

丁言昭:来自郭老家乡的感谢信　2013年2月7日《文学报》12版
陈钐:景唐汉玉　印意绵长　2013年3月18日《虹口报》4版
韦泱:地下党办《谷音》　2013年4月《开卷》14卷4期　2013年9月16日《藏书报》5版　2014年《上海作家》3期
康锋:我与殷夫母校——民立中学的情缘　2013年5月《新乐》6期
丁言昭:我和父亲访吴天云老妈妈　《上海鲁迅研究》2013年春　2013年5月上海社会科学院出版社出版
姜德明:丛刊识小·《谷音》·《青春》2013年5月南京师范大学出版社出版
丁言模:瞿秋白与书籍报刊——丁景唐藏书研究　2013年9月中国社会出版社出版
孙言:有缘尊前临风坐　红雨楼前也清香　2013年11月
丁言昭:丁景唐与刘苇的交往　2013年11月《绿土》1版
丁言昭:又恋风流纸墨香·后记　2013年12月4日《虹口文化》4版

2014年

丁景唐藏书三人谈　2014年1月20日《藏书报》8版
汪里汶先生给丁景唐先生的信　2014年3月25日《上海音讯》1版
王性昌:我把印谱当诗读　2014年3月17日《藏书报》
马信芳:学者、出版家丁景唐　为中国新文学存迹留痕　2014年5月12日《深圳特区报》B1版
丁言昭:父亲的诗:《新生代进行曲》　2014年上半年《碧柯诗词》总75期
丁景唐　郑绩:《浙江现代文坛点将录》2014年8月海豚出版社出版
岳洪治:丁景唐先生与人文社的友情　2014年9月《出版史料》2014年3期(季刊)
俞子林:记老丁　载同上
葛昆元:老丁与他的《星底梦》　2014年10月9日《社会科学报》
张朝杰:我和70年老友丁景唐　2014年10月23日《虹口报》4版
海麟:每一方印都有爱和友情相伴　《上海作家》2014年5期(双月刊)
张林风:山阴路上,丁景唐成了赵家璧家中的常客……　2014年11月5日《党史信息报》3版

朱孝庭:《周报》替我结了缘　2014年12月19日《文汇读书周报》3版
卢润祥:犹恋风流纸墨香　2014年12月30日《新民晚报》A33版
丁言模:景唐藏书　2014年12月《芳草地》2014年4期

2015年
陈钇:鼓棹扬帆行万里——记左翼文学研究专家丁景唐　2015年1月19日《联合时报》7版
张朝杰:丁景唐、董乐山和我　2015年2月10日《档案春秋》2015年2期
丁言昭:书背后的故事——记丁景唐《犹恋风流纸墨香:续集》　2015年4月13日《虹口报》3版　2015年6月1日《读书乐之友》3版
丁言昭:父亲新书的幕后故事　2015年4月20日《新民晚报·天平家园》7版
韦泱:《时代·文艺》:抗战胜利第一刊　《上海作家》2015年2期(季刊)　2015年9月2日《中华读书报》14版
王雪霞:在抗战中走上革命文学之路——专访丁景唐　2015年6月29日《藏书报》4、5版
丁言模:丁景唐及子女与《瞿秋白研究》结缘　《瞿秋白研究》18辑2015年6月南京大学出版社出版
陈思和:作为编辑的美德　2015年9月14日《文汇读书周报》6版
薛保平:风流犹念丁景唐　2015年11月1日《太原晚报》14版
陈辽:真正的人,真正的学者　《上海作家》2015年4期(季刊)

2016年
马信芳:丁景唐:犹恋风流纸墨香　2016年4月《上海采风》2016年4期
丁言昭　马信芳:从小说《祝福》到越剧《祥林嫂》　2016年3月21日《徐汇报》8版(上)　2016年3月28日《徐汇报》12版(下)
马信芳:《祥林嫂》与丁景唐　2016年5月3日《上海老年报》7版
修晓林:犹恋风流纸墨香——丁景唐印象　修晓林:《文学的生命　我和我的作家朋友》2016年7月上海文化出版社出版

2017年
郝铭鉴:出版好有一比　郝铭鉴:《出版的灯光》2017年4月上海文化出版社上海咬文嚼字文化传播有限公司出版
郝铭鉴:"一本书主义"　载同上
张昌华:丁景唐　张昌华:《我为他们照过相》2017年9月商务印书馆

讣告　2017年12月13日《解放日报》6版
本报讯:文史学者、出版家丁景唐去世　2017年12月14日《文学报》5版
孙颙:老丁垂范　后人受惠　2017年12月18日《文汇读书周报》3版
马信芳:犹恋风流纸墨香——悼念丁景唐先生　2017年12月18日《徐汇报》8版
朱亚夫:纸墨香飘"一步楼"　2017年12月21日《虹口报》
江俊绪:老舍长的"零距离"——悼学者、出版家丁景唐　2017年12月22日《新民晚报》19版
赵南荣:怀念丁景唐先生　2017年12月25日《新民晚报》17版

2018年

丁言昭:父亲·导师·偶像——怀念父亲丁景唐　2018年1月8日《文汇读书周报》1版2版
宫立:丁景唐书简三通释读　载同上2版
韦泱:多少往事暖心窝　忆与丁景唐相处的日子　2018年1月8日《藏书报》3版
朱亚夫:"一步楼"中书香浓　载同上
陈钰:丁景唐先生的文学研究生活　2018年1月12日《文汇学人》15版
葛昆元:学人原来是诗人　2018年1月13日《新民晚报》12版
修晓林:怀念您,丁景唐先生　2018年1月16日《新民晚报》17版
韦泱:丁景唐说我是"自瓜人"　2018年1月26日《文汇报》11版
赵庚林:研究秋白,一往情深——追思丁景唐先生　2018年1月29日《文汇读书周报》4版
王性昌:原来都是爱印人　我与丁景唐先生的往来　2018年1月29日《藏书报》3版
彭伟:冬忆丁景唐先生　载同上
陈克希:老宁波丁景唐　《点滴》2018年1期
陈钰:丁景唐与《中国新文学大系》　2018年1月《绿土》1版
张林风:他伴着快乐远行——我所见到的丁景唐先生　2018年2月1日《虹口报》3版　2018年2月20日《读书乐之友》4版
郭娟:一书结缘20年　2018年2月7日《光明日报》悦读版
刘锡诚:给丁景唐先生的信　2018年2月11日《解放日报》7版
陈小琴:鼓励年轻人搞研究的丁景唐先生　2018年2月20日《读书乐之友》4版
赵乐乐:咫尺回忆——我的小丸子爷爷　载同上

寒漫思:先生之风后世仰　2018年2月23日《新民晚报》20版

赵家圭:"他在丛中笑"——我为丁老拍照　2018年3月25日《上海音讯》4版

秦建鸿:真正的人,真正的学者——纸墨风流丁老景唐先生　2018年4月10日《上海市地下管线》2018年2期　2018年9月3日《劳动报》4版　2018年10月18日《读书乐之友》4版

丁言昭:听晚年王映霞忆往谈旧　2018年4月16日《文汇读书周报》1版2版　2018年4月20日《报刊文摘》8版转载　2018年5月4日《作家文摘》转载

王锡荣:怀念丁景唐先生　2018年4月《上海鲁迅研究·鲁迅与出版》

丁言昭:父亲丁景唐结识郭沫若茅盾经过　2018年5月10日《世纪》2018年3期　2018年5月29日《作家文摘》

陈学勇:难忘丁景唐老人　2018年5月11日《南方都市报》7版 2018年8月《绿土》2版

陈漱渝:犹恋风流纸墨香——关于丁景唐先生的琐忆　2018年5月22日《新文学史料》2018年2期(季刊)总159期

马国平:丁景唐和徐开垒的一组合影　2018年6月10日《档案春秋》2018年6期

潘颂德:怀念逐日深——重温丁景唐先生给我信　2018年6月15日《海派文化》4版

丁景唐口述　林丽成采访整理:丁景唐谈《中国新文学大系》　2018年6月《上海出版博物馆》2018年1期

沈飞德:"侬要写得严谨些啊"　2018年7月12日《新民晚报》21版

叶奇:深切怀念丁伯伯　2018年7月26日《虹口报》4版

陈思和:纪念丁景唐先生　2018年7月30日《文汇读书周报》3版

卢润祥:花落春色在,人去纸墨香——怀念丁景唐先生　2018年7月《绿土》2版

家伶　慕春:四十如歌,那些老照片背后的人和事　回眸出版走在改革开放路上的一些瞬间　2018年8月12日《新民晚报》20版

马信芳:从小说《祝福》到越剧《祥林嫂》　2018年8月《上海采风》2018年4期(双月刊)

刘平:怀念丁景唐先生　2018年9月14日《中国社会科学报》4版

丁言仪:父亲的歌声永响我的心中　2018年9月25日《上海音讯》4版(上)　2018年12月25日《上海音讯》4版(下)

宓重行:老丁:"犹恋风流"　2018年10月28日《文汇报》8版　2018年11

月 13 日《作家文摘》11 版

丁言昭:丁景唐与施蛰存　2018 年 10 月《绿土》1 版 224 期

丁言昭:丁景唐和巴金的交往　2018 年 10 月《点滴》2018 年 5 期(双月刊)

乐融:永不疲倦的人——怀念丁景唐先生　《上海鲁迅研究·赵家璧与出版研究》上海社会科学出版社 2018 年 10 月出版

李浩:老丁先生　载同上

丁言昭:丁景唐与王观泉　2018 年 11 月《绿土》1 版 2 版 225 期

2019 年

郝铭鉴:难以磨灭的记忆——怀念丁景唐先生　2019 年 1 月 15 日《编辑学刊》2019 年 1 期

2020 年

章洁思:开怀大笑　2020 年 6 月 15 日《今晚报》9 版

后记

朋友对我说:"你写了那么多人物传记,何不写写你父亲呢?""是啊,我是写的呀。"我说。

那是在1997年年底,中国人民大学一位编辑上我们家来约稿,父亲与他认识,名字我已经忘记。他请父亲写一本自传,还带来一张合同书。这天父亲似乎情绪很好,在那编辑的一再请求下,再加上我在边上敲边鼓,说:"我来记录,你只要动动嘴就行。"于是,父亲答应了,并在合同书上签了名,按照合同于1998年12月31日前交稿。

写父亲的传记并不难,第一,平时与父亲闲聊时,经常谈过去的事;第二,父亲的朋友们来时,我只要在家,总是在一旁陪同,听他们讲过去的往事;第三,我与父亲住在同一条弄堂,他71号,我60号,上父亲家,不用坐车,开门就到。

于是,我于1998年2月开始写父亲的传记。《读者导报》编辑秦建鸿得知我在写父亲传记,对我说:能否把先完成的章节让他们发一发?我当然同意。

1998年4月20日《读者导报》8版上刊登了第一章《松花江边的婴儿》,题目是我请周扬大公子艾若写的:《寻觅昔日　丁景唐自传》,并配有照片,作者名字是"陆石浩",那是我家门牌号码60号的谐音。

父亲的传记一直连载到1998年8月5日第七章,因故没有再登下去。1998年6月5日《读者导报》刊登第三章《寄宿朱家姑妈家》里,写到我的姑婆,文章旁边配有一帧父亲与姑婆的合影。父亲看后,于2000年8月16日在文章旁边写了一段话:"今年是姑母的百岁诞辰纪念。她生于1900年8月8日(阴历七月十四日),殁于1978年2月21日,享年78岁。这张照片为1938年夏与姑母的合影。时姑母38岁,我18岁。"下面父亲写上"景玉公"。这是父亲丁景唐与母亲王汉玉名字中,各取一个字,父亲曾请名家特地篆刻过几方印章:"景玉公"、"景玉共赏"等。

我在1993年即用电脑写作,但从不联网,只把它当打字机,这次每写完一章,就打印一份给父亲过目。他在稿纸的四周,用蓝的、红的笔写满了字,然后我再根据他的修改,重新写。就这样,经过父亲的修改,1998年5月我基本完成。眼看交稿的时间快到了,我对父亲说,"我请朋友发给中国人民大学的编辑吧?"谁知父亲思忖半天,说:"不行,不要发过去,不要写了。""为什么?"父亲不响,只叫我写信,告诉他们不要出版他的传记。并让我打电报、打长途电话……后来中国人民大学编辑也没有找过我们。

  2005年父亲对朋友说过这件事,他说:"几年前,北京一个大学出版社一位编审朋友来约稿,要我女儿为我写部口述的传记,有十几万字,后来被我写信撤销了约稿合同,女儿的稿子在一份刊物上登了2000字,也被我中止了。"①过后,我想父亲不愿出版他的传记,肯定是有道理的。首先,"文化大革命"这段时期是一个大空白,另外胡风、潘汉年等与他的关系,都有一些说不明,道不白……

  过了没多少时间,上海历史研究所的朱守芬女士来找我,说想写父亲的传,我说:"好啊,我把写好的传统统借给你吧。"谁知道,也没有出版。

  2017年12月11日晚上8时40分,虚岁98的父亲仙逝,与亲爱的母亲在天堂相会了。此时,为了纪念父亲,我想这本传记还是要写,要出版。

  其实我于2015年2月26日就重新写父亲的传了,并拟定书名为《丁景唐传——播种者的足迹》,我想父亲的一生播种革命、文化……后来田钟洛叔叔题名为《百年青春——丁景唐传》,遗憾的是父亲没有能活到百岁,因此还是用了《丁景唐传——播种者的足迹》。

  可是这本书最大的困难是"文化大革命"这段空白点怎么办呢?父亲不太谈这方面的情况,我们也从来不问,怕触动他的痛处……

  2009年8月5日下午,我和大姐丁言文、弟媳妇张亚男,一起送父亲进华东医院,一直到逝世,他没有再回过家。我从这个时候起开始替父亲整理材料,共分四大部分:父亲的作品、朋友写父亲的文章,朋友致父亲、父亲致朋友的信札。在整理过程中,意外发现一大包资料,上面写道:"可怕的十年屈辱",我心里咯噔一下,这肯定是"文化大革命"中的材料,打开一看,果然有父亲每天写的思想汇报、认罪书……写的如蝇头小楷,每个字都是端端正正,毕恭毕敬,原来这是单位在十年"文革"后,发还给父亲的。

  我在传记中尽量不改动父亲的本意,只做一些补充。父亲在"反胡风运动"、"文化大革命"中的历史肯定是要写的,可怎么写呢?为此我请教了一些老前辈、资深编辑等,他们告诉我:采访一些老同志,再运用手边的材料,实事求是地写。

---

① 见2005年1月12日《新民晚报》B38版《老丁半日谈》,作者葛芸。

后面一部分,主要写父亲的一些老朋友,我写得比较顺手,因为都是我亲身经历的事和人,不用多动脑子,一切都历历在目,就好像发生在昨天的事情一样。

每本书的前面总该有个序吧,平时我写的书,都是自己写序,这回可不同,这是给父亲写传,一定要请一位对父亲非常熟悉的专家学者,原来想请与父亲同辈的叔叔、阿姨,但是他们都是高龄,况且身体欠佳,那就请身边的朋友吧。想啊想,一个名字闪烁在眼前——陈思和,对,请他来写,太合适了。

1980年代初,我跟父亲到复旦大学去看望贾植芳先生。一进门,看到玻璃窗外布满了绿盈盈的叶子,纱窗上爬着两三只四脚蛇,笃悠悠地在散步,我很惊奇,问:"怎么有那么多的四脚蛇啊?"贾先生手上拿着烟,笑嘻嘻地回答:"这是我养的。""啊?!"

父亲在旁说:"莫问了,我们要谈正事了。"我立刻闭上嘴,安静地坐在父亲身边。这时,我才发现屋里还有一个年轻人,头发有点卷卷的,鼻子上架着一副眼镜,他是谁?此刻听见贾先生对父亲介绍道:"这是我的助手陈思和。"陈思和……他的名字里有六个口,应该是吃开口饭的,可不,后来他当了中文系的老师,后来又当了博士生导师。

1984年10月陈思和陪贾先生到徐州,参加江苏省第二届瞿秋白学术讨论会,我代表父亲也去了。到的第一天,大家一起共进晚餐。席间,有人说起贾先生是山西人,大家说山西人最会做生意,而且最节约。于是贾先生讲了个故事,说山西人买了把扇子,永远是新的。因为他扇扇子时,把扇子放在桌上,将自己的脑袋对着扇子不停地点头……在座的听后,都笑得前仰后翻,只有陈思和很文雅地微微一笑,也许他曾听讲过这个故事,也许性格如此。后来我们和周忠麟一起编《写给爱人的信》,请贾植芳先生写序,合写《希望之孕——记丁景唐编辑生涯50年(1938—1988)》等,逐渐熟悉起来。他告诉我,第一次见到我,还以为我是个中学生,向贾先生打听考复旦大学的事情,一句话把我逗乐了。那时我已大学毕业,在剧团当编剧呢。

但愿父亲能够满意!

最后,感谢父亲的"娘家人"——上海文艺出版社的同志,为出版此书而做出的贡献。

> 图书在版编目（CIP）数据
>
> 丁景唐传：播种者的足迹/丁言昭著.-上海：上海文艺出版社.2020
> ISBN 978-7-5321-7683-0
> Ⅰ.①丁… Ⅱ.①丁… Ⅲ.①丁景唐（1920-2017）—传记
> Ⅳ.①K825.42
> 中国版本图书馆CIP数据核字(2020)第174581号

发 行 人：毕　胜
责任编辑：胡远行　张艳堂
封面设计：周志武

书　　名：丁景唐传：播种者的足迹
作　　者：丁言昭
出　　版：上海世纪出版集团　上海文艺出版社
地　　址：上海市绍兴路7号　200020
发　　行：上海文艺出版社发行中心
　　　　　上海市绍兴路50号　200020　www.ewen.co
印　　刷：杭州宏雅印刷有限公司
开　　本：710×1000　1/16
印　　张：22.5
插　　页：8
字　　数：403,000
印　　次：2020年10月第1版　2020年10月第1次印刷
ＩＳＢＮ：978-7-5321-7683-0/K·0412
定　　价：63.00元
告 读 者：如发现本书有质量问题请与印刷厂质量科联系　T:0571-88855633